내 인생의 멘토
붓다

화령 **이중석** 지음

내 인생의 멘토 붓다

Mentor

화령 이중석 지음

불광출판사

일러두기

- 인명, 지명 등 고유명사는 팔리어 표기를 원칙으로 하였다.
- 한자로 많이 알려진 경우 맨 처음에 병기倂記를 하였다.
  예; 목갈라나目犍連
- 이즈음 팔리어는 경음을 쓰는 경향이 있는데, 이 책에서는 한글맞춤법 외래어표기법에 준하여 격음을 썼다.
  예; 카필라바스투, 사리풋타
- 알파벳 v를 'ㅇ'으로 발음하는 경우도 있지만 한글맞춤법 외래어표기법에 준하여 v를 'ㅂ'으로 발음하였다.
  예; 데바닷타, 바라나시, 우루벨라
- 산스크리트나 한자로 이미 정착되어 있는 경우는 예외로 했다.
  예; 싯다르타, 숫도다나, 야쇼다라, 쿠시나가라, 죽림정사 등

| 머리말 |

내 인생의 멘토 붓다!

　내가 붓다를 만난 것은 20대 초반이었다. 삶의 목표를 정하지 못하고 인생관의 확립을 위하여 이리저리 지적인 방황을 일삼던 나에게 붓다는 너무나 신선한 느낌으로 다가왔다. 과거의 전통을 고수하며 기존의 틀을 고집하는 유교, 개인적인 평안만을 주장하는 노장 철학, 나름대로의 정교한 이론은 갖추었으나 그것을 달성하기 위한 실천체계가 미비한 서양철학 등은 내게 약간의 지적인 호기심은 만족시켜 주었으나 인생의 지침으로 삼기에는 부족했다. 물론 유일신교의 독단적이고 배타적인 교리는 내 마음 어느 한 구석에도 끼어들 틈이 없었다.

　그러나 붓다의 가르침은 객관적이고 합리적인 시각을 갖고 있었다. 무엇보다 스스로 진리를 자각할 수 있도록 이끌어주는 힘이 있었다. 지혜와 자비에 바탕을 둔 붓다의 가르침은 인생의 근본적인 고뇌를 통찰하고, 그것을 초월하기 위한 길이었고, 너무나도 명확한 가르침이었다. 더구나 그 가르침은 개인의 행복 추구라는 일차원적인 목적을 초월하여 모든 생명이 조화를 이루며 함께 행복을 누릴 수 있는 길이었다.

나는 붓다를 만남으로써 모든 책임을 나 자신에게 돌리는 당당하고 의연한 생활태도를 지니게 되었다. 또한 스스로의 노력 여하에 따라서 삶이 달라질 수 있다는 긍정적인 생각을 지니게 되었다. 이후 붓다는 내 인생의 멘토로서 내가 삶에 지치고 삶의 진정한 방향성을 상실했을 때에 힘이 되어 주었고, 삶의 목표를 자각하게 해 주었다.

붓다는 최고의 깨달음을 얻어 모든 괴로움에서 벗어나고 열반을 얻었다. 하지만 붓다가 생존했던 시대에도 여전히 온갖 고통이 상존하고 다툼이 그치지 않았다. 그뿐 아니라 영원할 것 같았던 붓다도 수명을 다하여 육신이 사라지게 되었다. 그럼에도 불구하고 어째서 붓다는 최고의 평안과 무너지지 않는 행복인 열반을 얻었다고 하는가?

그것은 붓다의 내면의 세계가 변했기 때문이었다. 행복은 스스로가 만드는 것이며 자신의 내면의 세계가 바뀌어져야만 가능한 것이다. 불교는 자신의 내면을 성찰하고 스스로 행복을 만들고, 내 이웃, 우리 사회, 온 세상을 행복하게 만드는 법을 일깨워주는 종교이다.

진정한 행복은 신에게 의지하거나 불가사의한 힘에 의지하는 데서 오는 것이 아니라 지혜로써 바로 지금 이 자리에서의 현실을 잘 직시하여 괴로움과 괴로움의 원인, 그리고 괴로움에서 벗어나는 길을 스스로 모색하여 그것을 실천하는 데에서 온다. 그러한 길을 일러

주신 붓다의 가르침과 생애를 통하여 우리의 삶의 방향을 설정하고 영원한 평안과 행복을 모색하기 위한 길잡이가 되었으면 하는 바람으로 이 책을 집필하였다.

우리의 인생을 바르게 이끌어 주는 멘토로서의 붓다의 모습을 그리기 위하여 신화적인 부분은 가급적 배제했으며 현실적인 내용을 중심으로 붓다의 인간적인 모습을 드러내는 데 치중하였다. 특히 붓다와 여러 사람들의 일화, 생활 속의 법문을 통해 붓다의 가르침이 우리의 일상생활과 결코 동떨어진 것이 아니라는 것을 강조하고 싶었다. 붓다께서는 출가자들을 위하여 심오한 말씀도 하셨지만, 일반 재가자들의 수준에 맞춰 알기 쉬운 말씀으로 교화하셨다. 붓다의 가르침은 오늘날과 같은 물질 위주, 황금만능의 세상에서 가치관과 삶의 목적을 잃고 헤매는 이들에게 큰 도움이 될 것이다.

이 책을 통하여 많은 사람들이 삶의 멘토로서 붓다를 가까이 할 수 있기를 바라며, 붓다의 지혜와 자비에 힘입어 행복한 삶을 누릴 수 있게 되기를 진심으로 기원한다. 아울러 흔쾌히 출간을 허락해 주신 불광출판사 사장 지홍 스님, 그리고 좋은 책이 되도록 조언을 아끼지 않으며 편집과 교정을 해 주시고 여러 모로 도움을 주신 사기순 편집부장님과 직원 여러분들께 감사를 드리며, 이 책의 출간에 관심을 가져주신 주위의 모든 분들에게도 감사를 드린다.

불기 2555년 새봄 유가실瑜伽室에서
화령華靈 합장

멘토 붓다를 닮아가기 위한
일상에서의 자기 점검

∴

* 각 항목마다 1에서 5점까지 스스로 점수를 매겨보세요.
* 잘하면 5점, 보통이면 3~4점, 잘 못해도 1~2점은 주세요. 우리는 이생에 사람의 몸을 받은 것만으로도 훌륭한 존재입니다.
* 합산해서 80점 이상이면 당신도 붓다, 이미 주위 사람들의 멘토입니다.
* 60점 이상은 조금만 더 분발하세요. 하루에 한 편씩 이 책을 읽으면서 붓다의 모습을 마음에 그려보세요. 짧으면 21일, 길면 365일 안에 훌륭한 멘토가 될 수 있습니다.
* 50점 이하, 어쩌나? 삶이 고달프시겠어요. 하지만 걱정할 것 없습니다. 이 책과 인연을 맺었다는 것만으로도 당신은 붓다가 될 수 있습니다. 하루하루 붓다의 모습을 닮아가려고 습관을 조금씩 바꾸세요. 어느새 운명이 바뀌고, 당신도 붓다처럼 멘토가 되어 주위를 밝히고 있을 것입니다.

자기 점검 리스트 20가지

1. 불쌍한 사람을 만나면 연민이 생기고, 적은 금액이라도 돕는다.
2. 시민단체, 복지단체, 종교단체에 가입해서 후원금을 내거나 직접 봉사를 한다.
3. 남의 것을 탐내지 않고, 공공의 물건을 내 것처럼 아낀다.
4. 좌석 양보, 짐 들어주기 등 하루 한 가지씩이라도 기분 좋은 일을 한다.
5. 부정한 성행위를 하지 않고, 음란물·술·담배·마약·오락·도박 등을 탐닉하지 않는다.
6. 나를 사랑하듯 남을 사랑하고, 주위에 웃음과 활력을 준다.
7. 남의 말을 잘 들어주고, 조언을 해 준다.
8. 남의 마음을 아프게 하는 말을 하지 않는다.
9. 남의 성공을 질투하지 않고, 칭찬해 준다.
10. 화를 내거나 폭력을 휘두르지 않고 친절하게 대한다.
11. 집안일을 돕고, 부모님께 인사(안부전화)하고, 용돈 드리기 등을 실천한다.
12. 모든 사람을 존중하고 인연에 대해 고마운 마음을 갖는다.
13. 나쁜 친구와 어울리지 않고, 좋은 친구가 될 수 있도록 노력한다.
14. 남을 업신여기지 않고, 용기를 북돋워준다.
15. 하루에 10분이라도 좋은 책을 읽고, 명상을 한다.
16. 선입견과 편견 없이 열린 마음으로 사람과 사물을 대한다.
17. 충동구매를 하지 않고, 낭비하지 않는다.
18. 자신의 게으름으로 주위사람들에게 부담을 주지 않고, 협동한다.
19. 이면지 쓰기, 음식물 남기지 않기 등 환경을 살리는 일을 실천한다.
20. 다른 사람의 이익과 행복을 위해 다양한 활동(블로그, 카페, SNS 포함)을 한다.

차례

5 머리말 | 내 인생의 멘토 붓다!
16 들어가는 말 | 인간을 초월한 인간, 붓다

첫째마당 ··· 내 인생의 멘토 붓다의 가르침

붓다에게 배우는 행복 수업

23 붓다의 맞춤식 멘토링
28 외아들 라훌라에게도 최고의 멘토였다
31 출라판타카의 깨달음
35 붓다 멘토링의 주춧돌
37 나라를 부강하게 만드는 방법
39 단체와 조직이 발전하는 길
40 붓다의 가정관리법
44 생각·말·행동이 운명을 바꾼다
50 좋은 벗과의 만남이 인생을 좌우한다
57 행복의 조건
64 음주의 해독
70 자신이 소중하면 남도 소중하다
75 행복을 열어 가는 삶의 지혜
86 진정한 승자는 화를 다스린다
89 붓다도 농사를 짓는다
92 순간의 마음이 지옥과 극락을 결정한다
95 행위가 귀천을 만든다
101 새롭게 태어난 앙굴리말라
105 바다가 강물을 차별하지 않듯이 …

110 며느리를 어머니처럼 대한 까닭
113 좋은 아내가 되는 법

둘째 마당 ··· 인류의 영원한 스승 붓다의 탄생과 출가

붓다 탄생 전후의 인도사상계
121 신을 위한 종교의 쇠퇴와 출가 사문의 등장
125 선악의 과보가 없다 - 푸라나 카사파
127 날 때부터 운명이 정해졌다 - 막칼리 고살라
129 오직 물질일 뿐이다 - 아지타 케사캄발리
130 인간은 일곱 가지 요소의 모임이다 - 파쿠다 캇차야나
131 객관적 진리는 없다 - 산자야 벨라티풋타
133 융통성 없는 고행주의 - 니간타 나타풋타
136 누구나 깨달을 수 있다 - 붓다

붓다의 탄생과 출가
138 태몽과 탄생에 얽힌 이야기
141 언제 태어나셨을까?
146 아지타 선인의 예언
147 싯다르타 태자의 고뇌
149 부모의 눈물, 부귀영화를 뒤로 하고···
153 생로병사의 고통에 직면하다
155 세속적 행복을 버리고 출가하다

셋째 마당 ··· 구도 수행, 영원의 진리를 깨닫다

깨달음의 길을 걷다
- 161 사문 고타마의 구도와 열정
- 166 명상의 경지를 체험하다
- 171 목숨을 바쳐 고행하다

스스로 깨달은 자, 붓다로 거듭나다
- 176 깨닫지 못하면 일어나지 않으리라
- 178 온갖 유혹을 떨쳐버리다
- 180 바른 깨달음을 이루다
- 186 목표를 향하여 길을 떠나다
- 189 쾌락과 고행의 양 극단을 버리다
- 195 진리가 모습을 드러내다
- 196 표현할 수 없는 해탈의 즐거움
- 198 윤회의 굴레에서 벗어나다
- 205 생명이 다할 때까지 따르리라

넷째 마당 ··· 모든 존재를 위하여 진리를 설하다

진리를 설하다
- 213 진흙탕에 물들지 않는 연꽃처럼
- 219 낡은 믿음은 버리라
- 221 다섯 비구에게 진리의 문을 열다

229 진리에 이르는 길
237 처음으로 깨달은 콘단냐

계급을 초월한 교단의 성립
240 청년 야사의 출가
244 최초의 재가신자
246 두 사람이 한 길로 가지 말라
252 재가자도 깨달음을 이룰 수 있다

불교 교단의 눈부신 성장
259 신통력으로 카사파 삼형제를 제도하다
266 세상이 불타고 있다
270 빔비사라 왕의 귀의
273 출가승의 일상
279 붓다의 뛰어난 제자들

화합을 위해 계율을 정하다
289 계율을 제정한 까닭
292 청정 승가를 위한 포살과 자자
297 재가신자들의 육재일

코살라 국에서의 교화
300 수닷타 장자가 기원정사를 바치다
304 파세나디 왕, 붓다의 제자가 되다
310 수많은 브라만들이 귀의하다

사캬 족에 대한 교화

- 313 친족을 교화하다
- 317 하층민들도 붓다의 제자가 되다
- 319 사캬 족 여성들의 출가
- 324 붓다의 중재로 평화를 찾다

다섯째 마당 … 붓다의 유언 - 게으르지 말고 정진하라

최후의 가르침

- 329 사캬 족의 멸망
- 332 사촌동생 데바닷타의 반역
- 342 으뜸 제자 사리풋타와 목갈라나의 죽음
- 348 노쇠한 몸을 이끌고 전법의 길을 떠나다
- 357 붓다의 가르침에는 비밀이 없다
- 362 편견과 관습, 권위에 무릎 꿇지 말라
- 365 붓다도 육신은 병들고 죽는다
- 372 다시는 윤회하지 않는 법
- 378 마지막 공양을 올린 춘다를 위로하다
- 381 게으르지 말고 정진하라

여섯째 마당 … 살아 있는 모든 것들을 행복하게 하라

지혜와 자비의 길

- 399 진리란 무엇인가
- 402 모르는 것은 설하지 않는다
- 405 치우치지 않은 붓다의 가르침
- 409 진리를 아는 사람은 다투지 않는다
- 413 실천이 따르는 붓다의 가르침
- 417 지혜가 있으면 와서 보라
- 423 붓다는 오직 길을 가리킨다
- 428 살아 있는 모든 것들을 행복하게 하라

| 들어가는 말 |

인간을 초월한 인간, 붓다

20세기 가장 위대한 역사학자로 칭송받는 아놀드 토인비는 금세기의 가장 큰 사건은 무엇이 될 것인가에 대한 질문을 받고 서슴없이 "동양의 불교가 서양에 알려진 것"이라고 대답했으며 미래 인류의 희망을 불교에 기대했다.

"신을 믿는다는 것은 유치한 미신"이라고 했던 20세기 최고의 과학자 아인슈타인은 "불교는 특정한 신의 존재를 초월하며 독단(Dogma)과 신학체계를 회피한다. 또한 불교는 자연과 인간의 영혼을 함께 아우른다."고 표현했다. 그리고 "만약 누군가 나에게 현대의 과학적 요구에 상응하는 종교를 꼽으라고 한다면, 그것은 '불교'라고 말하고 싶다."라고도 했다.

불교의 합리적 진리관과 시공을 초월한 보편타당성은 유일신 위주의 서구인들에게 새로운 세계를 일깨워 주었으며, 그들의 정신 수준을 월등히 끌어올렸다. 세계적인 석학들은 한결같이 불교를 이해하고, 불교의 정교한 수행체계를 따라 실천 수행할 때 갖가지 삶의 고통에서 벗어나 진정으로 행복한 세상이 열린다고 역설하고 있다. 개개인의 행복은 물론이고, 인간뿐만 아니라 모든 생명을 존중하는 불교가 물질 위주, 환경 파괴의 삭막한 미래사회를 구제할 대안이라고 강조하고 있다.

왜 불교가 희망인가?

불교는 신을 믿지 않으면 대립할 수밖에 없는 신 중심의 종교가 아니다. "일체중생 실유불성, 모든 생명 있는 것들은 다 붓다의 성품이 있다."는 사캬무니 붓다의 말씀에서도 엿볼 수 있듯 저 나약한 벌레 한 마리의 생명도 소중히 여기는 생명 중심의 종교이다.

인간으로 태어나 온 우주의 진리를 깨닫고 모든 생명에게 깨달을 수 있다는 희망, 아니 우리 모두는 '이미 깨달은 존재인 붓다'라는 것을 일깨워준 사캬무니 붓다는 우리에게 연기의 이치를 가르쳐 주셨다. 불교는 이 세상 만물은 서로 의존하고 관계를 맺으며 존재한다는 것, 모든 생명이 하나의 생명으로 연결되어 있다는 것을 강조하는 생명 존중의 종교이며 평화와 화합의 종교이다.

사캬무니 붓다는 인류 최고의 멘토였다. 왕위를 저버리고 출가하여 뼈를 깎는 수행을 통해 진리를 깨달은 붓다의 탄생, 붓다의 멘토링으로 인류의 의식은 진일보하였고, 세상은 평화로워졌다. 사캬무니 붓다는 브라만 계급과 왕, 귀족, 대신은 물론이고, 평범한 서민과 불가촉천민 등 모든 이들의 멘토였다.

당시 신을 빙자한 브라만들의 횡포로 카스트 제도의 신분차별 속에서 억압 받던 인도 민중은 모두가 깨달은 붓다로 새롭게 태어났다. 사캬무니 붓다는 다른 계급과 몸이 닿으면 목숨까지 잃었던 불가촉천민도 제자로 받아들였고, 그의 성격과 자질에 따라 자상한 멘토링을 통해 깨달을 수 있도록 도왔다. 붓다의 수많은 제자들 역시 붓다처럼 멘토가 되어 헤아릴 수 없는 민중에게 진정한 행복을 선사했고, 인도에서 발생한 불교는 이제 전 세계인들의 희망의 종교가 되었다.

그런 의미에서 우리나라는 축복의 땅이다. 이미 1,600년 전에 불교가 우리나라에 들어왔고, 우리는 이미 불교적 토양 속에서 살아가고 있다. 인정하든 인정하지 않든 우리의 유전자 안에는 불교가 내재되어 있고, 우리 전통문화의 뿌리는 불교이기 때문이다.

그럼에도 불구하고 우리는 사캬무니 붓다에 대해 잘 모른다. 바야흐로 세계인들이 한데 어우러져 살아가고 있는 글로벌시대이다. 문화의 다양성을 존중하는 글로벌시대의 시대적 요청에 부응하기 위해서, 우리 문화를 제대로 알리기 위해서도 우리 문화와 사상의 뿌리인 불교, 우리 조상의 가장 훌륭한 멘토였던 사캬무니 붓다에 대한 이해가 필수적이다.

이 책은 불교의 교조요, 인류 최고의 멘토였던 사캬무니 붓다에 대한 바른 이해를 통하여 불교를 더욱 잘 이해하는 길잡이가 되었으면 하는 마음에서 집필하였다. 인간으로 태어났으되 인간의 한계를 초월하였던 사캬무니 붓다의 삶을 통하여 우리가 어떻게 살아야 할지에 대한 인생관을 확립하고, 삶의 가치관을 정립할 수 있을 것이다.

붓다를 드러냄에 있어 신화적이고 신비적인 요소를 최대한 배제하고, 근본경전과 율장에 근거해서 육신을 지닌 한 인간으로서 어떻게 삶을 이끌어 갔으며, 어떻게 사람들에게 조언했으며, 그러한 삶을 통하여 우리에게 제시하려던 메시지가 무엇인가를 드러내는 데 중점을 두었다.

그래서 첫째 마당에 붓다의 가르침을 배치하였다. 둘째 마당에서는 붓다의 생애에 들어가기 전에 비교종교학적인 측면에서 당시 인도 사상계에 대해 간략하게 살펴보았다. 그리고 이 책의 결론격인 여섯째 마당에서는 살아 있는 모든 존재를 행복하게 하라는 붓다의 메시지를 총체적으로 정리해 놓았다.

모쪼록 이 책을 통해 사캬무니 붓다를 닮아가는 새로운 붓다들이 많아져, 스스로도 행복하고, 이웃과 사회에 행복과 평화를 가져온다면 더 바랄 나위가 없을 것이다.

첫째 마당

내 인생의 멘토
붓다의 가르침

나 또한 늙어가는 몸이다.
늙음을 피하는 것은 불가능한 일이다.
그런데도 다른 사람이 늙고 쇠약해진 모습을
싫어하는 것은 온당치 않다.
비구들이여, 이와 같이 생각하자
내 청춘의 교만은 모두 없어져 버렸다.

- 사캬무니 붓다

붓다에게 배우는 행복 수업

붓다의 맞춤식 멘토링

붓다께서는 제자들을 똑같은 방법으로 가르치지 않으셨다. 그 사람의 성격과 자질에 따라 적절한 가르침을 내리셨는데 일종의 맞춤식 교육이라고도 할 수 있다. 인류 최고의 스승인 붓다의 맞춤식 멘토링은 매우 다양한 일화를 통해 엿볼 수 있다.

붓다께서 마가다 국의 라자가하 근처에 있는 영취산靈鷲山에 계실 때였다. 그때 영취산 인근의 묘지 부근에서 소나(Sonā)라는 비구가 열심히 수행을 하고 있었다. 소나는 원래 부잣집 아들로서 얼마나 호강을 했는지 발을 땅에 딛지 않아 발바닥에 털이 났다는 소문이 돌 정도였다. 언젠가 빔비사라 왕이 촌장회의를 열었는데, 소나도 회의 석상에 참석했다. 이렇게 모인 김에 붓다가 계신 영취산에 가서 설법을 듣는 것이 어떻겠느냐는 의견이 모아졌다. 그때 붓다의 설법을 듣고 법안을 얻은 이들이 많았는데 이때 소나도 감동해서 출가를 원했다고 한다.

소나는 출가한 다음부터 매우 열심히 수행했다. 경행을 할 때는 부드러운 발의 피부가 벗겨져서 피가 낭자해도 아랑곳하지 않고 더욱 열심히 수행했다. 그러나 아무리 해도 깨달음이 얻어지지 않자 이런 생각이 들었다.

나는 이렇게 열심히 수행해 왔다. 붓다의 제자 가운데에서도 나만큼 열심히 하는 사람은 별로 없다. 그런데도 집착을 떠나고 번뇌로부터 해탈할 수 없다. 이럴 바에는 차라리 집에 돌아가서 재가신자로 남아 있는 것이 좋겠다. 집에 가면 재산이 많이 있으니 그것을 누리며 보시도 많이 하고 재가신자로서의 삶을 사는 것이 좋지 않겠는가?

이렇게 생각하는 것을 불교에서는 퇴전退轉[1]이라고 한다. 붓다께서는 소나의 이런 마음을 아시고 소나를 찾아가셨다. 소나가 수행하는 주위에 핏자국이 떨어져 있었다.
"소나여, 그대는 집에 있을 때에 거문고를 잘 탔다고 하는데 정말 그러한가?"
소나가 대답했다. "예, 그러하옵니다."
"그러면 소나여, 그대는 잘 알고 있을 것이다. 거문고 줄이 너무 팽팽하면 좋은 소리가 나지 않을 것이다."
"예, 그러하옵니다."
"줄을 너무 느슨하게 해도 좋은 소리가 나지 않을 것이다."

---

1) 퇴전退轉: 처음의 생각을 버리고 뒤로 물러서는 것.

"예, 그러하옵니다."

"그러면 어떻게 해야 좋은 소리를 낼 수 있는가?"

"지나치게 팽팽해도 안 되고 지나치게 느슨해서도 안 됩니다. 알맞게 줄을 조정해야 합니다. 그렇지 않고서는 좋은 소리를 낼 수 없습니다."

붓다와 소나 사이에 이런 대화가 오고 간 다음에 붓다께서 말씀하셨다.

"소나여, 불도 수행도 그와 마찬가지이다. 고행이 지나치면 마음이 격해져 고요해 질 수 없으며, 지나치게 풀어져도 게으름에 빠진다. 소나여, 수행에서도 그대는 중도를 취해야만 한다."

이렇게 붓다께서는 거문고 줄의 비유를 들어 소나에게 멘토링을 해 주셨다. 거문고 줄이 너무 팽팽하거나 느슨하면 소리가 잘 나지 않듯이 수행도 지나치게 엄격하거나 너무 나태하면 올바른 수행이 되지 않는다는 말씀이었다. 소나는 붓다의 거문고 줄의 비유를 명심하고 수행해서 마침내 깨달음의 경지에 이르렀다고 한다.

또 이런 일도 있었다.

아나룻다(Anāruddha)라는 제자가 있었다. 아나룻다는 붓다의 사촌동생이라고도 하고 사캬 족의 가난한 식사운반인이었다고도 한다. 붓다께서 사밧티의 기원정사에서 설법하실 때 출가한 지 얼마 되지 않은 아나룻다가 붓다의 설법을 듣다가 졸았던 모양이다. 붓다께서 그것을 아시고 말씀하셨다.

"그대는 왕의 법이 무서워 출가했는가, 아니면 도적이 무서워 출가했는가?"

이렇게 말씀하신 것으로 보아 아나룻다는 출가 전에 높은 신분의 사람은 아니었던 모양이다. 또 어떤 경에 보면 붓다께서는 이렇게 꾸중하셨다고 한다.

"아나룻다여, 그대는 양가집 자제로 도를 구하려는 확고한 의지를 가지고 출가한 것이다. 그런데 어찌하여 이렇게 졸고 있는가?"

이런 말씀을 보면 붓다의 사촌동생이었을지도 모른다. 아무튼 아나룻다는 붓다의 질책을 받고 다시는 졸지 않겠다고 붓다 앞에서 맹세를 했다. 그 다음부터 아나룻다는 밤에도 잠을 자지 않으려고 했다. 그러자 너무 무리한 나머지 눈병이 났다. 붓다께서는 아나룻다에게 이렇게 말씀하셨다.

"아나룻다여, 지나치게 고행하는 것은 좋지 않다. 너무 게을러도 안 되지만 지나치게 고행하는 것 역시 피해야 한다. 중도를 지키는 것이 좋다."

이렇게 충고를 하셨지만 아나룻다는 붓다 앞에서 졸지 않겠다고 맹세했기 때문에 이제 와서 맹세를 깨뜨릴 수 없다고 하였다. 인간은 잠을 자지 않고는 못 산다. 붓다의 말씀대로 중도를 지키며 수행해야 하는데 아나룻다는 붓다 앞에서 졸았다는 것이 너무 부끄러워 어떻게든 잠을 자지 않으려고 버티었다. 그러다가 마침내 눈이 멀게 되었다. 그러나 육안은 멀었어도 대신에 마음의 눈이 열렸다. 마음의 눈이 열린다는 것은 깨달음의 눈이 열렸다는 것이다. 그래서 아나룻다는 그때부터 붓다의 십대제자의 한 사람으로 '천안제일天眼第一'이라는 호칭을 얻었던 것이다.

이러한 붓다의 말씀을 잘 되새겨 보면 몸과 마음을 항상 적절한 상태로 유지하는 것이 중요하다고 할 수 있다. 우리는 무의식적으로 몸을 심하게 학대해야만 깨달음에 이르지 않겠는가 하는 그릇된 생각에 빠져 있다. 붓다께서는 6년 동안 수행하시면서 그러한 생각이 잘못된 것임을 몸소 체험하시고 녹야원의 다섯 비구들에게 그것을 가장 먼저 말씀해 주셨다. 그리고 소나에게도 중도로 수행에 임해야 한다고 말씀하셨던 것이다. 중도는 이것도 저것도 아닌 어중간한 것이 아니라 양쪽을 다 고려하는 가장 합리적인 길이다. 물리적 거리로서의 절반을 말하는 것도 아니다. 어떠한 것에도 치우치지 않고 가장 적절한 것을 취하는 것이기 때문에 중도의 실천이 쉽지는 않다.

　수행도 그렇다. 용맹 정진을 한답시고 추운 데 앉아서 버티다가 병만 얻어 고생하는 사람들도 많다. 붓다께서 분명히 몸과 마음을 가장 적절한 상태에 놓아야 깨달음에 이를 수 있다고 말씀하셨는데도 말을 듣지 않는다. 남들이 경탄할 만한 어려운 고행을 하고 나면 사실은 깨달음을 얻는 것이 아니고 스스로 깨달았다는 착각에 빠진다. 남들이 못해 본 고행을 했다는 아상我相이 붙어 고집불통이 된다. 이런 사람들과는 합리적인 대화가 이루어지지 않는 경우가 많다. 붓다께서도 고행이 지나치면 마음이 격해진다고 분명히 말씀하셨다. 불교 수행이 특공대 훈련이나 극기 훈련도 아닌데 몸을 학대한다고 해서 밝은 지혜가 떠오르겠는가.

　진정한 수행은 몸과 마음을 항상 적절한 상태에 놓고 자기의 마음을 잘 관찰하는 것이다. 욕심이 일어나면 '욕심이 일어나는 구나', 게으름이 일어나면 '게으름이 일어나는 구나', '어, 화가 치미네, 잠재워야지' 하는 식으로 늘 마음을 살펴서 제어하는 것이 불교 수행의 핵심이다. 토굴에 몇 년을 들어앉아 있거나 참선한다고 엉덩이가 짓무르도록 앉아 있어 봐야 자기 마음 하나 다스리지 못하면 다 소용없는 것이다. 아상과 오만, 독선만 강해질 따름이다. 그렇기 때문에 참선을 하든 일상생활을 하든 항상 마음을 고요히 하여 스스로를 제어할 줄 알아야 한다. 몸과 마음이 안온한 가운데에서 수행을 해야 지혜도 일어나고 사람을 대하는 데 있어 진정한 자비심이 고요히 흘러나올 수 있다.

그렇다고 고행을 무조건 비난하는 것은 아니다. 우리 인간은 서 있으면 앉고 싶어 하고 앉으면 눕고 싶어 한다. 한 번 게을러지면 점점 더 게으름에 빠지게 된다. 게으름을 방지하기 위하여 적절한 고행으로 자신의 해이해지는 마음을 다스리는 것은 바람직하다. 다만 너무 극심한 고행으로 몸도 상하고 성격까지 상하면 안 된다는 것이다. 그야말로 중도의 입장에서 심신의 조화를 이루어 밝은 지혜와 자비가 우러나오도록 해야 한다는 뜻이다.

외아들 라훌라에게도 최고의 멘토였다

붓다가 사캬 족을 방문하여 사촌형제인 왕족들과 여러 귀족의 자제들이 출가할 때 붓다의 아들인 라훌라(Rāhula)도 출가하였다.

어느 날 라훌라가 붓다가 계신 곳으로 와서 다짜고짜 "저에게 물려주실 재산을 주십시오."라고 말했다. 이때 라훌라는 열두 살 정도였는데, 어머니인 야쇼다라가 그렇게 시켰다고 한다. 라훌라의 말을 들으신 붓다께서는 빙그레 웃으시더니, 사리풋타에게 라훌라의 머리를 깎아 출가를 시키라고 하셨다. 붓다께서는 아들 라훌라에게 진정으로 물려줄 재산은 물질적인 것이 아니라 도를 닦아 깨치는 정신적인 것이라고 하셨다. 숫도다나 왕은 손자 라훌라까지 출가한 것을 알고는 무척 서운했던 모양이다. 그래서 숫도다나 왕은 어린아이들이 출가할 때는 반드시 부모의 동의를 얻도록 하라고 붓다께 건의했고, 붓다께서도 이를 받아들이셨다.

어린 라훌라는 억지로 사미가 된 데다 아직 철이 없었다. 수많은 사람의 존경을 받고 있는 붓다가 아버지라는 것을 앞세워 말썽을 많이 부렸다. 라훌라가 교단의 골칫거리임을 간파한 붓다께서는 어느 날 라훌라를 불렀다. 라훌라에게 대야에 물을 떠와 당신의 발을 씻기라고 하셨다. 라훌라가 붓다의 발을 다 씻겨 드리자 이렇게 말씀하셨다.

"네가 대야에 발 씻은 물을 보았느냐? 못 보았느냐?"

"네! 보았습니다."

"그 물로써 밥을 짓거나 양치를 할 수 있겠느냐?"

"이 물은 본래 깨끗했지만 지금 발을 씻어서 더러워졌기 때문에 다시 쓰지 못합니다."

"너도 이와 마찬가지다. 부처의 아들이요, 국왕의 손자로서 세간의 영화와 부귀를 버리고 비록 사문이 되었으나, 뜻을 바로잡고 정진할 생각은 아니하고, 삼독의 더러운 때가 가슴에 가득 찼으니, 마치 이 물을 다시 쓸 수 없는 것과 같다."라고 하시며 대야의 물을 버리게 하고 나서 다시 라훌라에게 말씀하셨다.

"이제 대야가 비었으니 거기에 음식을 담을 수 있겠느냐? 없겠느냐?"

"담을 수 없습니다. 왜냐하면 이름이 대야이며 깨끗하지 못한 것을 담았기 때문입니다."

"너도 이와 같이 비록 사문이 되었으나, 말이 성실하지 못하고 고집이 몹시 세어 정진할 생각은 하지 않고 일찍부터 나쁜 이름을 얻었으니, 대야에 음식을 담지 못하는 것과 같다."

그러고 붓다께서는 발로 대야를 굴려 밀치시니 대야가 몇 바퀴 굴러가다가 곧 멈추었다. 붓다께서 라훌라에게 다시 말씀하셨다.

"너는 대야가 부서질까 겁이 나느냐, 나지 않느냐?"

"발 씻는 그릇은 값이 싸고 천한 물건이라, 그다지 아깝지는 않습니다."

"너도 이와 같이 사문이 되어서 몸과 입을 조심하지 못하고, 추악한 말로써 중상을 많이 하면 모든 사람이 사랑하지 아니하고, 지혜로운 사람은 아껴주지 않으며, 몸이 죽고 혼신이 떠나서 삼도三道에 윤회 전전하여, 나고 죽고 괴로움이 무량하더라도, 모든 붓다와 성현들이 애석해하지 않을 것이니, 이 또한 네가 대야를 아까워하지 않는 것과 같다."

붓다께서는 아들 라훌라에게 이렇게 훈계를 하셨다. 엄하면서도 자식을 진정으로 사랑하는 자애로운 마음이 엿보이는 장면이다. 이렇게 해서 라훌라는 마음을 잘 가꾸고 정진해서 나중에는 '밀행제일密行第一'이라는 칭호를 얻게 되었으며 당당히 붓다의 십대제자의 반열에 들게 되었다.

라훌라가 이 한 번만의 훈계로 훌륭해진 것은 아닐 것이다. 붓다의 끊임없는 지도를 받아 바른 길로 접어들었을 것이다. 궁궐에서 마음껏 뛰어놀며 부족한 것 없이 고생을 모르고 자랐을 라훌라가 졸지에 사문이 되어 어머니와도 헤어지고, 주워온 천 조각을 기워 입고는 얻어온 밥으로 생활해야 하며, 한창 어리광을 부려야 할 나이에 마음껏 뛰어놀지도 못하면서 엄한 규율을 따라야 했으니 어린 라훌라의 마음고생이 매우 컸을 것이다. 붓다께서는 아들 라훌라를 진정으로 사랑하셨기 때문에 세속의 영화보다는 진리의 열매, 해탈이라는 궁극적인 행복을 가져다주기 위해서 고생을 시키신 것이었다.

옛말에 자기 자식은 못 가르친다는 말이 있다. 자식에 대한 지나친 욕심과 기대 때문에 바른 교육이 될 수가 없고, 자식 또한 부모에게 너무 의지하려고 하기 때문에 가르침이 제대로 전달되기 어렵기 때문이다. 그럼에도 불구하고 붓다께서는 엄하고도 자상한 가르침으로 아들 라훌라를 훌륭한 아라한이 되도록 이끄셨다. 붓다는 아들 라훌라에게도 최상의 멘토였다.

출라판타카의 깨달음

붓다께서는 주요 활동 무대였던 마가다 국과 코살라 국뿐만 아니라 서북쪽의 쿠루 지방까지 가서 설법을 하셨다. 쿠루는 지금의 델리 근처인데 코살라 국에서도 거의 500~600킬로미터나 떨어진 곳이었다. 또 밧차(Vatsā=Vaṃsā) 국의 수도인 코삼비(Kosambi)에도 가셨는데, 브라만들의 세력이 왕성한 곳이었다. 브라만들은 종교적·학문적 소양이 높았기 때문에 붓다께서는 주로 이들에게 십이연기, 사념처, 오온 등 비교적 어려운 교리를 많이 설하셨던 것으로 보인다.

붓다께서 밧차나 쿠루 지방까지 가신 것을 보면 붓다의 활동 영역이 얼마나 넓었는지를 알 수 있다. 붓다께서는 그 넓은 지역을 45년 동안 다니시며 수많은 사람들을 교화하시면서 많은 일화를 남기셨다. 위로는 국왕으로부터 아래로는 최하층 천민에 이르기까지 붓다의 교화를 받은 이는 수를 헤아릴 수 없을 정도로 많다.

붓다께서 출라판타카(Cūlapanthaka)를 제도하신 일화는 오늘날 정신지체장애인들이 늘어가는 상황에서 예사롭지 않게 다가온다. 어느 날 붓다는 정사 앞에서 울고 있는 출라판타카를 보셨다. 출라판타카는 머리가 우둔하여 바보 취급을 당하는 사람이었다. 그의 심성이 착한 것을 아신 붓다께서는 우는 까닭을 물으셨다. 출라판타카가 대답했다.

"붓다시여, 저는 머리가 나빠서 사형들이 가르쳐 주는 게송을 하나도 외우지 못합니다. 저보고 가망이 없다면서 집으로 돌아가라고 내쫓았습니다. 저는 정사에서 계속 수행하며 살고 싶습니다."

붓다께서 출라판타카에게 말씀하셨다.

"걱정하지 말라. 어리석은 것을 스스로 아는 자는 지혜로운 자이다. 그러나 어리석은 자는 스스로 자기가 지혜롭다고 말한다. 그렇게 말하는 것이야말로 참으로 어리석은 일이다."

붓다께서는 출라판타카를 아난다에게 데리고 가서 가르쳐 주라고 하셨다. 그러나 너무나 둔한 출라판타카에게 아난다도 손을 들었다. 붓다께서는 출라판타카에게 '티끌을 털고 때를 닦아 없애리.'라는 글귀를 외우라고 하셨다. 사람들은 모두 그 한 구절마저도 외우지 못한 출라판타카를 포기하였으나 오직 붓다만 희망을 버리지 않으셨다. 붓다께서는 출라판타카를 부르셔서 비구들의 신발을 털고 닦아줄 수 있겠느냐고 물으셨다.

할 수 있겠다는 출라판타카에게 붓다께서는 그 일을 시키셨다. 출라판타카는 붓다께서 시키시는 대로 비구들의 신발을 털고 닦아 주려고 했다. 그러나 신발을 털고 깨끗이 닦는 일은 수행의 하나였기 때문에 비구들이 출라판타카에게 신발을 맡기지 않았다. 붓다께서는 모든 비구들에게 출라판타카에게 신발을 맡기고, "티끌을 털고 때를 닦아낸다."는 글귀를 가르쳐 주라고 부탁하셨다. 출라판타카는 열심히 신발을 닦으면서 입으로는 그 글귀를 수도 없이 중얼거리다 보니 마침내 외울 수 있게 되고 뜻도 알게 되었다.

'티끌과 때에는 두 가지의 의미가 있다. 하나는 안에서, 또 하나는 밖에서 온다. 밖의 때는 재와 흙처럼 눈에 보이는 더러움이다. 안의 때는 마음의 더러움이다.'

그리고 더 나아가서 출라판타카는 이렇게 생각했다.

'티끌이나 때는 탐욕이다. 지혜로운 자는 이 탐욕을 없앤다. 이것을 없애지 않으면 여러 가지 귀찮은 인연이 생겨 사람을 속박하고 이윽고 지옥에 떨어지게 된다. 티끌이나 때는 성내는 마음이다. 지혜로운 자는 성내는 마음을 없앤다. 이것을 없애지 않으면 자기와 남을 함께 불행에 빠뜨린다. 그리고 어리석음도 티끌과 때이다. 지혜로운 자는 어리석음도 없앤다.'

출라판타카는 이렇게 생각하고 탐·진·치 삼독을 없애는 일에 마음과 힘을 기울였다. 그렇게 해서 천성이 착한 출라판타카는 마침내 삼독을 물리치고 지혜의 눈이 열렸다. 출라판타카는 기뻐하며 한달음에 달려가 붓다께 말씀드렸다.

"마음의 때와 티끌을 없앤다는 뜻을 이제야 겨우 알았습니다. 없앤다는 것은 깨달음입니다. 그리고 때와 티끌은 마음의 결박입니다."

붓다께서도 칭찬하셨다.

"착하도다, 출라판타카야. 잘 깨달았다. 없앤다는 것은 깨달음이며 때와 티끌은 마음의 장애이다."

비구들은 우둔한 출라판타카가 깨달음을 얻은 것에 대해 무척 놀라워했다. 붓다께서는 비구들에게 이렇게 말씀하셨다.

"많은 경을 읽어도 그 참된 뜻을 알지 못하면 소용이 없는 일이다. 하나의 법구라도 그 뜻을 참으로 알고 그것을 실천하면 도를 얻을 수 있다. 출라판타카를 보아라."

출라판타카는 유명해졌고, 많은 사람들의 존경을 받았다. 하지만 그는 여전히 다른 사람들의 신발을 털고 닦아주면서 "티끌을 털고 때를 닦아 없애라."는 글귀를 주문처럼 외우고 다녔다. 아무리 우둔한 사람도 붓다의 말씀 한마디만이라도 가슴 깊이 새겨듣고 실천하면 깨달을 수가 있다는 출라판타카의 일화는 크나큰 귀감이 될 만하다. 또한 한 사람 한 사람 그 사람의 자질에 따라 정성껏 지도해 주신 붓다의 멘토링은 눈물 겨울 만큼 감동적이다.

붓다 멘토링의 주춧돌

붓다께서는 출가 제자들뿐만 아니라 많은 재가자들을 불법으로 이끌었다. 국왕과 대신, 장자는 물론이고 심지어 몸을 파는 사람들까지도 평등하게 교화를 하셨다. 그러한 일화들은 경전의 곳곳에 나와 있다. 경전에 의하면, 붓다의 법력은 상상을 초월할 정도로 뛰어났다. 붓다의 설법을 듣고 감동하지 않는 사람이 없었다. 물론 근기가 열악하고 심성이 비뚤어졌다거나 다른 종교에 너무 전도된 사람은 더러 제도되지 않은 경우도 있었지만, 대부분 붓다의 설법을 들으면 과거의 잘못을 참회하고 불제자로 거듭났다. 출가와 재가를 막론하고 붓다를 진심으로 존경하고 예배했던 이야기들이 경전에 많이 나온다.

언젠가 코살라 국의 파세나디 왕이 붓다께 이런 이야기를 드린 적이 있었다. 파세나디 왕 밑에 두 사람의 기능인이 있었는데, 왕은 이 사람들에게 직업을 주었고, 또 그들은 자기 때문에 명성을 떨치고 있었는데도 자기보다 붓다를 훨씬 더 존경하더라는 것이었다. 왕이 이 두 사람을 데리고 전쟁에 나갔다가 어떤 오두막집에서 같이 자게 되었는데, 그 두 사람은 밤늦도록 붓다께서 설하신 법에 대해 이야기를 나누고 있었다. 그러다가 잠자리에 들 때에 붓다가 계신 쪽으로 머리를 두고 파세나디 왕 쪽으로는 발을 두고 자더라는 것이다. 왕은 처음에는 놀라고 섭섭했으나 한편으로는 큰 감동을 받았다고 한다. 얼마나 붓다가 훌륭하시면 잘 때도 머리를 붓다 쪽으로 두고 자겠느냐는 것이었다.

또 한 번은 파세나디 왕이 붓다께 이런 이야기를 했다.

"세존이시여, 저는 왕이기 때문에 죽일 만한 자는 죽이고 재산을 몰수해야 하는 자는 몰수하며, 추방해야 할 자는 추방할 수 있습니다. 그런데 제가 재판정에서 재판할 때 제가 하는 말을 도중에 가로막든가 방해하는 자가 있습니다. 그래서는 안 된다고 하여도 말을 듣지 않습니다. 그러나 비구들의 모습은 전혀 다릅니다. 세존께서 수백 명이나 되는 비구들 앞에서 설법을 하실 때에 붓다의 제자들 중에서는 기침 소리 하나 내는 사람이 없었습니다.

어느 때의 일입니다. 세존께서는 많은 대중들 앞에서 설법을 하고 계셨습니다. 그 중 한 비구가 기침을 하자 다른 비구가 무릎으로 그 사람을 건드리면서 소리를 내서는 안 된다고 했습니다. 우리의 스승이신 세존께서 설법을 하고 계시지 않느냐고 나무라는 것이었습니다. 그것을 보고 저는 이렇게 생각했습니다. '정말로 이상한 일이다. 칼과 몽둥이를 쓰지 않는데도 대중들이 이처럼 조용하다니 정말 이상한 일이구나.' 세존이시여, 저는 그런 모임을 여태 본 적이 없었습니다. 그러한 까닭에 저는 '세존은 정각자이시다. 세존에 의하여 법은 훌륭히 설해진다. 세존의 제자인 승가는 훌륭하게 실천한다'고 말하지 않을 수 없었습니다."

말하자면 왕인 자기는 온갖 위엄을 지니고도 사람들을 마음으로 설복시키지 못하지만, 붓다께서는 모든 사람으로부터 진정한 존경을 받으시니 정말로 훌륭한 분이라는 뜻이다. 이러한 장면으로 미루어 보더라도 붓다는 권력이나 무력에 의존하지 않고도 많은 사람들로부터 진정한 공경과 찬탄을 받으신, 말 그대로 세상의 존경을 받는 세존世尊이셨던 것이다. 오직 바른 가르침과 인품에 의하여 그렇게 폭넓은 존경을 받았던 분은 아마 인류 역사상 붓다뿐일 것이다.

붓다의 가르침은 일시적으로 한정된 장소에서만 반짝하고 인기를 끌다가 사라진 것이 아니라 2,500년이 지난 지금도 온 인류에게 여전히 빛을 발하고 있다. 붓다의 가르침은 출가와 재가를 막론하고 두루 적용될 수 있는 가르침이며, 일상생활에서 곧바로 쓸 수 있는 지극히 실용적인 가르침이다. 붓다의 가르침은 개개인의 무명無明을 밝혀 괴로움의 원인을 영원히 뿌리 뽑는 데에 있었다. 또한 붓다는 일반 사회 현상에 대해서도 결코 등한시하지 않았다. 국왕을 만나면 국왕으로서의 도리를 설하시고, 부자를 만나면 부자로서의 도리를 설하시고 여자, 아내, 딸, 남편, 아들 된 이들을 만나면 그에 걸맞는 도리를 설하셨다.

나라를 부강하게 만드는 방법

붓다께서는 국왕에게도 많은 가르침을 남기고 계신다. 붓다의 만년에는 마가다 국과 코살라 국이 서로 세력을 넓히기 위하여 주변의 부족 국가들을 정복하고 통합하던 시기였다. 언젠가 마가다 국의 아자타삿투(Ajātasattu, 阿闍世) 왕이 밧지(Vajjī) 국을 쳐들어가려고 했을 때 먼저 밧사카라(Vassakāra)라는 신하를 붓다께 보내어 밧지 국을 치기 위한 조언을 구하였다. 그러자 붓다께서는 밧지 국에 머물 때 목격했던 그 나라 사람들의 행동에 대해 먼저 말씀하셨다. 밧지 국 사람들은 나라를 다스리는 데에 일곱 가지 법을 지킨다고 하셨다.

 첫째, 밧지 국 사람들은 자주 모임을 가지고 바른 일을 서로 의논하여 모두 실행한다.
 둘째, 밧지 국 사람들은 왕과 신하가, 윗사람과 아랫사람이 서로 화목하고 공경한다.
 셋째, 밧지 국 사람들은 법을 받들어 삼가야 할 것을 알고 예의를 어기지 않는다.
 넷째, 밧지 국 사람들은 부모에게 효도하고 스승과 어른을 공경하여 순종한다.
 다섯째, 그 나라의 부녀자들은 정숙하고 진실하며 웃고 농담할 때라도 그 말이 음란하지 않다.
 여섯째, 밧지 국 사람들은 수행하는 사람을 공경하고 계행이 청정한 이를 존경하여 보호하고 공양하기를 소홀히 하지 않는다.
 일곱째, 그 나라의 백성들은 종묘에 제사 지내고 조상을 섬긴다.

 붓다께서는 일곱 가지 법에 대해 설명하시면서 또 말씀하셨다.
 "이러한 나라는 윗사람과 아랫사람, 어른과 젊은이가 서로 화목하고 갈수록 흥할 것이며 이러한 나라는 언제나 안온하여 누구의 침략도 받지 않을 것이다. 나라를 다스리는 이가 이 일곱 가지 법을 실행하면 어떤 적이라도 그 나라를 위태롭게 할 수 없을 것이다."
 이 말을 들은 밧사카라는 붓다께 이렇게 말씀드렸다.
 "밧지 국 사람들이 이 일곱 가지 중에서 하나만 행할지라도 치지 못할 것인데 하물며 일곱 가지를 다 지킨다면 더 말할 것도 없습니다."

아자타삿투 왕은 붓다의 말씀을 전해 듣고 밧지 국을 침략하지 않았다고 한다.

단체와 조직이 발전하는 길

붓다께서는 스님들에게 일곱 가지 불퇴법不退法을 가르쳐 승단이 쇠하지 않고 끊임없이 발전하는 방법을 일러주셨다.

나는 지금 일곱 가지 불퇴법을 설하고자 하니 그대들은 잘 듣고 기억하여라.
첫째, 때때로 모여 정의에 관하여 의견을 교환할 것.
둘째, 상하가 화목하고 서로 공경하며 다투지 말 것.
셋째, 법을 받들고 제도를 어기지 말 것.
넷째, 선지식을 공경할 것.
다섯째, 마음과 뜻을 굳게 지키고 서로를 존경할 것.
여섯째, 열반에 이르는 길을 닦아 지키고 욕정을 따르지 말 것.
일곱째, 나보다 남을 위하고 명리를 탐하지 말 것.
이 일곱 가지는 노인과 젊은이를 서로 화합하게 하고 법으로 하여금 무너지지 않게 한다.

또 다시 일곱 가지 법이 있으니 이 또한 잘 익혀 닦아야 한다. 이는 법을 키우고 법을 손상하지 않는 것이다.

첫째, 작은 일을 즐거워하고 하는 일이 많음을 자랑하지 말라.

둘째, 침묵을 즐기고 다변을 좋아하지 말라.

셋째, 잠을 적게 자고 혼미하지 말라.

넷째, 대중에게 무익한 말을 하지 말라.

다섯째, 덕이 없으면서 스스로를 높이지 말라.

여섯째, 나쁜 사람들과 한 패가 되지 말라.

일곱째, 한적한 산과 숲을 즐기고 홀로 기거하라.

붓다께서 말씀하신 이러한 훈계는 승가가 아니더라도 어느 사회든 적용될 수 있는 말씀이다. 어느 단체든지 상하가 서로 화목하고 공경하며 서로의 의견을 나누고 법을 준수한다면 문제될 것이 없다. 또한 자기의 공을 자랑하지 않고 자기의 능력에 비하여 턱없이 존경받으려고만 하지 않으면 매사가 편안해질 것이다. 능력도 없는 사람들이 명예심만 앞서서 스스로를 높이려는 일이 없으면 다툴 일도 없다.

붓다의 가정 관리법

붓다께서는 재가사회의 기본은 건전한 가정생활에서 비롯된다고 보셨다. 그렇기 때문에 가정생활에 대해서도 자상하게 가르침을 내리셨다. 『육방예경』이 대표적인 경전이지만 그 이외에도 재가불자들을 위하여 훈계하신 것이 상당히 많다. 예를 들어, 가족 간의 화목에 대해서도 이렇게 말씀하셨다.

> 사람은 마땅히 다섯 가지로써 가족 간에 공경하고 친목해야 한다.
> 하나는 서로 필요한 것을 공급하는 것이고,
> 둘은 항상 좋은 말을 하는 것이고,
> 셋은 서로 유익하게 도와주는 것이고,
> 넷은 같이 이익을 얻는 것이고,
> 다섯은 서로 속이지 않는 것이다.

이러한 말씀은 가정 생활에 가장 기본이 되는 덕목이라고 할 수 있다. 붓다께서는 부모에게 효도하는 법, 부모가 자식을 대하는 법, 부부간의 화목 등에 대해서도 일일이 언급하셨다. 어느 한쪽의 충성이나 효도를 강조하지 않고 서로서로 존경과 신뢰를 통하여 화목해질 수 있는 방법을 일러주셨다.

불교의 자비정신은 '무연대자無緣大慈, 동체대비同體大悲'라는 말에 함축되어 있다. 불교에서는 모든 이들을 나와 한 몸으로 본다. 서로 의존하며 관계를 맺고 있기 때문이다. 내가 화를 내면 그 파장이 모든 사람들에게 미쳐서 결국은 나에게 돌아온다. 그래서 붓다께서는 생활상의 기본적인 덕목을 강조하셨다. 사회 문제의 원인은 여러 가지이다. 우리는 나타난 현상만 가지고 말하지만 원인을 궁극적으로 거슬러 올라가면 우리 사회의 구성원들의 마음의 반영임을 알 수 있다. 사회구조, 부패한 정치인을 탓하기도 하지만 그것 또한 사회의 구성원인 우리들이 만든 것이다.

붓다께서는 한 사람, 한 사람의 마음 밭이 잘 가꾸어질 때 그 사회가 건전해진다는 것을 아셨기 때문에 항상 개개인의 정신 계발에 역점을 두셨다. 마음자리를 계발함으로써 사회를 변화시키려고 하셨던 것이다. 제도와 법이 아무리 좋아도 개개인의 심성이 황폐해지면 건전하고 안락한 사회를 만들 수 없다. 건전한 사회의 기틀은 개개인의 마음을 바르게 가지는 것에서 시작되어야 하고, 사람 사람들의 바른 마음이 메아리처럼 물결처럼 퍼져 나갈 때 이 사회는 근본부터 건전하고 행복해지는 것이다.

그렇다고 붓다께서 무조건 마음만 강조하신 것은 아니다. 건전한 경제활동은 사회의 원동력이 된다는 것도 알고 계셨기 때문에 건전한 방법으로 재산을 늘리는 것을 권장하셨다. 붓다께서는 재가자들의 재산 운영에 대해서 이렇게 말씀하셨다.

> 좋은 직업과 훌륭한 기술을 배워서 방편으로 재물을 모으고, 그 재물을 네 몫으로 나누되, 한 몫은 자기의 생활에 쓰고, 두 몫은 사업을 경영하고, 나머지 한 몫은 가난해질 때를 대비하여 저축해 두어야 한다.

이는 보통사람들에게 하신 말씀이고, 재산이 넉넉한 장자들에게는 이렇게 말씀하셨다.

재산을 네 몫으로 나누어 한 몫은 이자를 늘려 가업을 번창시키고, 한 몫은 가정 살림에 넉넉히 쓰고, 또 한 몫은 가난하고 어려운 사람들이나 수행자에게 보시하고, 나머지 한 몫은 일가친척이나 오가는 나그네를 위하여 쓰라.

그리고 항상 절약과 검소로써 집안을 다스리라고 했다. 그렇게 하면 부모와 처자를 공양할 수 있게 되고, 손님과 고용인을 돌보아 줄 수 있게 되며, 친족과 친구들에게 베풀어 줄 수 있고 임금과 사문, 도사를 받들어 섬길 수 있다고 하셨다. 불교에서는 가난해야 복을 받는다고 하지 않는다. 바른 방법으로 부를 쌓는 것은 권장한다. 단지 재물을 구하되 정당한 방법으로 구해야 한다고 하셨다. 그리고 가난한 사람은 가난한 대로 부자는 부자대로 적절히 쓰라고 하셨는데, 특히 부자에게는 보시를 많이 하라고 강조하셨다. 그러나 재물은 살아가는 데 있어서 편리함을 준다고 생각해야지 궁극의 목표가 되어서는 안 된다. 붓다께서 코살라 국에 계실 때 비구들에게 이렇게 말씀하신 적이 있다.

비구들이여, 그대들은 법의 상속자가 되어야 한다. 재산의 상속자가 되어서는 안 된다. 나는 그대들을 사랑하며 가엾게 여기어 그대들이 법의 상속자가 되어야지 재물의 상속자가 되는 일이 없기를 원한다.

이러한 말씀은 비록 출가자에게만 해당되는 말씀은 아니다. 재가 신도들도 이러한 말씀은 명심해서 들어야 한다. 재물은 생활의 불편을 줄이기 위한 것인데, 궁극의 목적처럼 되어 죽는 날까지도 재산을 늘리는 데만 급급하다가 결국은 써보지도 못하고 죽는 이들도 있다. 그렇다고 무조건 낭비하라는 말이 아니다. 재산을 나누어 적절하게 쓰되, 보시를 염두에 두고 살면서 마음을 평화롭게 유지하는 것이 곧 재가자들의 행복이라고 말씀하셨다.

생각·말·행동이 운명을 바꾼다

붓다께서는 재가자들에게 늘 연기법에 의거해서 중도적인 실천을 말씀해 주셨다. 일상생활에서 밥 먹고 잠자는 것, 술이나 도박의 해독, 과식, 운동부족 등에 대해서도 매우 자상하게 설명해 주셨다. 예를 들면, 어떤 경에서는 산책과 걷기를 힘쓰라고 하시면서 이렇게 말씀하셨다.

걸어 다니는 데 다섯 가지 좋은 것이 있으니, 하나는 점점 많이 걸을 수 있고, 둘은 힘이 생겨 건강해지며, 셋은 아침 일찍 일어나며 졸음이 없어지고, 넷은 소화가 잘 되며, 다섯은 마음이 안정되고 의지가 굳세어진다.

요즘 언론 보도에 의하면, 걷기가 건강에 매우 좋다고 한다. 의사들은 걷는 것이 달리기보다 더 좋다고 한다. 그런데 붓다께서는 이미 2,500년 전에 걷기의 효능에 대해 이렇게 세밀하게 관찰하고 말씀해 주셨다. 그뿐 아니라 정리정돈, 위생 등에 대한 주의사항도 아주 친절하게 말씀해 주셨다. 예를 들면, 목욕하면 좋은 점, 과식하면 좋지 않은 점 등을 매우 자상하게 일러주셨다. 목욕에 대해서는 다음과 같이 말씀하셨다.

> 목욕을 하면 일곱 가지 복을 얻으니, 하나는 사대에 병이 없어서 용맹하고 건강한 것이고, 둘은 생김새가 분명하고 단정한 것이고, 셋은 몸에 항상 향내가 나고, 넷은 몸이 살찌고 윤택한 것이고, 다섯은 사람에게 호감을 주어 스스로 복이 되는 것이고, 여섯은 입과 이가 깨끗하고 좋아지는 것이고, 일곱은 의복이 항상 더럽지 않은 것이다.

과식에 대해서도 이렇게 말씀하셨다.

> 음식에 욕심내어 과식하는 사람은 몸이 무겁고 다른 사람을 괴롭히며 미혹하고 깨닫지 못하게 되니, 때에 맞추어 음식을 적당한 양으로 먹어야 한다.

과식을 해서 몸이 무거우면 병이 생기고 그렇게 되면 다른 사람을 괴롭히는 것이 될 뿐 아니라 정신까지도 맑게 되지 못한다는 말씀이다. 또 이런 말씀도 하셨다.

> 병든 사람은 음식을 가려서 먹어야 하며, 시간을 정하여 먹고, 약을

선택하여 먹고, 화를 내거나 근심하지 말아야 하며, 병을 간호하는 사람에게 순종하여야 한다.

붓다께서 일상생활의 사소한 것까지도 하나하나 일러주신 것은 이러한 것들이 수행의 기본이 되기 때문이다. 기본 예의가 갖추어져 있지 않고 일상생활에 절도가 없는 사람이 도를 닦는다고 애써 봐야 그야말로 모래 위에 집을 짓는 격이다. 자기 몸을 청결히 건강하게 유지하고 공손하고 점잖은 태도로 예의를 갖추며 주변을 깨끗하게 정리 정돈하는 것이야말로 수행의 첫걸음이라고 할 수 있다.

그리고 붓다께서는 인간에 대해 고정적인 생각을 가지는 것을 금하셨다. 스스로 발전 가능성을 제한해 놓고 생각하고 행동하는 것을 경계하셨다. '내 인생은 이 모양 이 꼴이야. 여기서 도저히 벗어날 수 없어. 나 같은 것이 뭘 할 수 있겠어'라는 식의 자기 비하적인 생각은 매우 어리석은 일이니 떨쳐버리라고 하셨다.

우리는 우리의 노력 여하에 따라서 얼마든지 변할 수 있다는 붓다의 말씀을 자주 잊어버리고 산다. 업이라는 것은 다른 것이 아니다. 우리가 생각하고 말하고 행동하는 모든 것이 업이 되어 우리의 미래를 바꾸어 놓는다. 업은 결코 숙명론이 아니다. 우리의 미래는 얼마든지 우리의 의지와 노력 여하에 따라서 변할 수 있다는 게 업설이다. 언젠가 붓다께서 코살라 국의 파세나디 왕에게 이런 설법을 하신 적이 있다.

대왕이시여, 이 세상에는 네 종류의 사람들이 있소. 그 네 가지는 어두움에서 어두움으로 나아가는 사람들, 어두움에서 밝음으로 나아가는 사람들, 밝음에서 어두움으로 나아가는 사람들, 밝음에서 밝음으로 나아가는 사람들이오.

그렇다면 대왕이시여, 어두움에서 어두움으로 나아가는 사람은 어떤 사람이겠소? 대왕이시여, 여기 한 사람이 있어 비천한 가문에서 태어나 가난한 생활을 하고 있소. 더구나 몸으로 악한 행위를 하고 입으로 악한 말을 하고 마음으로 악한 생각을 하게 되면 어떻게 되겠소? 그는 이 세상에서 악한 업을 계속 지어 죽은 뒤에는 나쁜 곳으로 가게 되오. 이러한 사람은 어두움에서 어두움으로 나아가는 사람이오.

대왕이시여, 어두움에서 밝음으로 나아가는 사람은 어떤 사람이겠소? 대왕이시여, 여기 한 사람이 있어 비천한 가문에서 태어나 가난한 생활을 하고 있소. 그러나 그가 몸으로 착한 행위를 하고 입으로 착한 말을 하고 마음으로 착한 생각을 하게 되면 어떻게 되겠소? 그는 이 세상에서 착한 업을 계속 지어 죽은 뒤에는 좋은 곳으로 가게 되오. 이러한 사람은 어두움에서 밝음으로 나아가는 사람이오.

또 대왕이시여, 밝음에서 어두움으로 나아가는 사람은 어떤 사람이겠소? 대왕이시여, 여기 한 사람이 있어 고귀한 가문에서 부유하고 행복한 생활을 하면서도 신·구·의의 삼업은 악한 일을 행하오. 그는 이 세상에서는 악업을 계속 짓고 죽어서는 나쁜 곳에 떨어지게 되오. 이러한 사람은 밝음에서 어두움으로 나아가는 사람이오.

또 대왕이시여, 밝음에서 밝음으로 나아가는 사람은 이런 사람이오. 여기 한 사람이 있어 고귀한 집안에서 태어나 부유하고 행복한 생활을 하고 있소. 그러면서 그는 몸으로 착한 행위를 하고 입으로 착한 말을 하고 마음으로 착한 생각을 하면서 이 세상에서 착한 업을 계속 지어 죽은 뒤에는 좋은 곳으로 가게 되오. 이러한 사람은 밝음에서 밝음으로 나아가는 사람이오.

 붓다의 말씀은 너무나 평범하고 당연해서 특별할 게 없어 보일 수도 있다. 하지만 인간의 무한한 가능성과 우리의 노력 여하에 따라 미래를 바꿀 수 있다는 것을 일깨워 주신 붓다의 말씀은 숙명론적인 업설에 찌들어 살고 있었던 그 당시에는 대단히 파격적인 것이었다. 비록 과거에 나쁜 업을 지어 나쁜 결과를 받고 있더라도 지금부터 노력하면 삶이 밝게 열린다. 반대로 과거에는 좋은 업을 지어 좋은 환경에 놓여 있더라도 악업을 지으면 그 사람의 미래는 어두워진다. 이는 전생이나 내생까지 따지지 않더라도 우리의 일상을 살펴보면 흔히 볼 수 있는 현상이다.
 불교입문의 첫째 과정은 "콩 심은 데 콩 나고 팥 심은 데 팥 난다."는 속담처럼 인과의 이치를 절대적으로 믿고 거기에 따라 선업을 지어나가는 것이다. 불교에서는 흔히 무상을 말한다. 무상이라 하면, 봄·여름·가을·겨울 계절의 변화와 세월이 덧없이 흘러가는 것을 보고 무상하다고 탄식하는 사람들이 많다. 하지만 찰나 찰나가 다 무상이다. 어느 일순간도 고정된 것이 없다. 우리의 노력과 의지에 따라서 미래도 변한다. 그것이 무상이다. 불교에서는 신의 뜻에 맡기고 우연에 방치하는 생활 태도를 부정한다. 순간순간을 방심하지 말고 자신을 살펴 바른 길로 나아가야 한다. 지금 이 순간에 생각하고 말하고 행동하는 모든 것이 미래의 결과로 나타난다. 그렇기 때문에 과거도 미래도 아닌 지금 이 순간순간 어떤 마음으로 어떻게 행하느냐가 중요하다.

붓다께서는 언젠가 사밧티 기원정사에서 비구들을 모아 놓고 그 당시에 유행하던 '일야현자一夜賢者'라는 게송을 들려주셨다.

지나간 것을 쫓지 않고
아직 오지 않은 것은 생각하지 않는다.
과거는 이미 지나갔으며
미래는 아직 이르지 않았다.
그러므로 단지 지금 존재하고 있는 것을
지금 이 자리에서 관찰해야 한다.
흔들리지 않고 움직이지 않으며
끝까지 살펴 실천해야 한다.
다만 오늘 확실히 해야 할 것을 열심히 하라.
누가 내일 죽을지 알겠는가?
진실로 저 죽음의 군사와
만나지 않을 수 없도다.
이와 같이 끝까지 잘 살피는 사람은
마음을 기울여 밤낮으로 방일하지 않고 실천한다.
이런 사람을 일야현자라고 하며
또 마음이 고요히 가라앉은 사람이라고 한다.

그리고 붓다께서는 이 게송의 한 구절 한 구절을 설명해 주셨는데, 과거와 미래에 대해 걱정하지 말고 지금 바로 이 순간 정신을 놓지 말고 잘 살피고 관찰하라는 말씀이다. 지금 현재에 집중하는 것이야말로 참된 현자라는 의미이다. 어떤 조사에 의하면, 우리는 대부분 지나간 과거에 매달려 분해하고 후회하고, 아직 이르지도 않은 미래에 대해 걱정하는 것이 90%나 되고, 정말 걱정해야 할 일은 10%도 안 된다고 한다. 그처럼 쓸데없는 걱정으로 괴로워하면서 인생을 허송세월하고 있는 것이다.

붓다께서 재가자들을 일깨워 주신 여러 가지 일화들을 보면 사회 전반, 가정의 일상사에 걸쳐서 상당히 폭넓은 지식을 지니고 계실 뿐만 아니라 그들이 처한 환경에 따라 가장 적절한 처방을 내려 주신다. 더구나 그러한 처방들은 설법대상자인 본인뿐만 아니라 가정과 사회를 윤택하게 하며 궁극적으로 사회발전에 도움이 되는 말씀들이다. 또한 이런 말씀들은 출가승들에게도 기본 인격을 갖추는 데 매우 유용하다.

좋은 벗과의 만남이 인생을 좌우한다

붓다께서 재가자들에게 인간의 행복에 대해 말씀하신 내용이 『숫타니파타』에 나오는데, 어떤 것이 인간에게 가장 큰 행복이며 진정한 행복이고 또 어떻게 해야 이러한 행복을 얻을 수 있는지 말씀해 주셨다.

붓다께서 사밧티의 기원정사에 계실 때에 한 천신이 나타나 붓다게 "많은 신과 인간들은 행복을 바라며 갖가지 길상을 원합니다. 붓다께서는 으뜸가는 행복을 말씀해 주십시오."라고 여쭙는 것으로 시작하고 있다. 하지만 이는 재가자들을 상대로 하신 설법이라고 할 수 있다. 최고의 행복이 어떤 것인지를 말씀해 달라는 천신의 질문에 붓다께서는 다음과 같이 설해 주셨다.

> 어리석은 사람과 가까이 해서는 안 되며,
> 현명한 사람들과 가까이 지내야 한다.
> 벗할 만한 사람과 벗할 수 있다면
> 이것이 으뜸가는 행복이다.

붓다께서는 행복의 첫째 조건으로 좋은 벗을 가까이 하라고 하셨다. 불교에서는 나의 잘못을 깨우쳐 주고 나의 부족한 점을 채워 줄 수 있는 선지식善知識을 좋은 벗이라고 한다. 사람은 혼자서는 살 수 없다. 서로가 의지하며 살아가는 것이 인간 세상이다. 출가승의 집단인 승가도 선한 벗들의 모임이라고 할 수 있다. 붓다께서는 선지식을 사귀는 것이 도의 전부라고 하셨다. 언젠가 붓다께서 사캬 족의 마을인 사가라는 곳에 계실 때였다.

하루는 아난다가 붓다께 여쭈었다.

"대덕이시여, 곰곰이 생각해 보니 좋은 벗을 사귀고 좋은 벗들과 함께 있다는 것은 이 거룩한 도의 절반을 성취한 것이나 다름없다고 여겨집니다. 붓다께서는 어떻게 생각하시는지요?"

아난다가 자기 생각을 붓다를 통해서 확인받고 싶었던 모양이다. 아난다는 좋은 벗을 사귀고 그들과 함께 생활하는 것은 도를 이루는 데 있어서 필수적인 조건이라는 뜻으로 절반은 성취한 것 같다고 조심스럽게 여쭈었던 것이다.

그런데 붓다께서는 이렇게 말씀하셨다.

"아난다여, 그렇지 않다. 그런 생각은 옳지 않다. 아난다여, 우리가 좋은 벗을 사귀고 좋은 벗과 함께 있다는 것은 이 거룩한 도의 절반이 아니라 진실로 그 전부를 이룬 것이다."

붓다께서는 아난다에게 선지식을 사귀고 선지식과 함께 생활하는 것은 거룩한 도의 절반이 아니라 전부라고 하시면서 상세히 설명해 주셨다.

아난다여, 좋은 벗을 사귀고 좋은 벗과 함께 있는 비구들은 거룩한 팔정도를 배우고 닦아서 마침내 성취하리라는 것을 기약할 수 있다. 그러므로 이 거룩한 도의 전부라고 하는 것이다.

아난다여, 이렇게 생각해 보아라. 사람들이 붓다를 벗으로 사귐으로써 늙어야 할 몸이면서도 늙음에서 자유로워질 수 있다. 병들어야 하는 몸이면서도 병에서 자유로워질 수 있다. 또 죽을 수밖에 없는 인간이면서 죽음에서 자유로워질 수 있다.

아난다여, 이 말을 생각하면 참다운 벗을 사귀며 좋은 벗과 함께 있다는 것이 이 도의 전부라고 하는 말의 의미를 알 수 있을 것이다.

승가에 들어오면 어떤 계급의 사람이든 모두 사문으로 불리며 붓다의 제자라는 말로 일컬어졌다. 그러나 붓다께서는 당신 스스로도 그들과 동등한 선지식의 한 사람으로 여기셨던 것이다. 그렇기 때문에, 선지식의 집단인 승가에서 당신과 같은 좋은 벗을 사귀면 늙고 병들고 죽는 것으로부터 벗어날 수 있다고 하셨던 것이다. 좋은 벗의 중요성에 대한 붓다의 말씀은 경전 곳곳에 나오는데, 어떤 경전에서는 이렇게도 말씀하셨다.

비구들이여, 너희들은 아침에 태양이 떠오르는 모양을 잘 알 것이다. 태양이 뜰 때에는 먼저 동쪽 하늘이 밝아지고 그런 다음에 서서히 태양이 떠오른다. 동쪽하늘이 밝아지는 것은 태양이 떠오를 전조이다. 그와 같이 그대들이 성스러운 팔정도를 완성하는 데에 있어서도 그 전조는 좋은 벗을 가지는 일이다. 그러므로 비구들이여, 선지식을 가진 비구라면 그는 곧 팔정도를 완성할 수 있다고 기대할 수 있다.

또 다른 경에서도 좋은 벗에 대해 말씀하셨다.

비구들이여, 여기에 한 법이 있으니 팔정도를 완성하여 이익 됨이 많다. 그 한 법이란 무엇인가? 좋은 벗을 가지는 것이 그것이다.

이처럼 붓다께서는 도를 완성하는 전제조건으로서 좋은 벗과 사귀고 함께 생활하는 것을 들고 있다. 불교의 승가는 신을 매개로 하여 모인 것도 아니고, 권력을 중심으로 모인 것도 아니기 때문에 의지할 것은 붓다와 승가의 구성원들밖에 없었다. 서로가 좋은 벗으로서 의지하고 서로의 잘못을 충고해 주며 서로를 거울 삼아 열반이라는 큰 목표를 향하여 나아갔기 때문에 그 향상도 빨랐던 것이다.

그래서 붓다께서는 좋은 벗을 가지는 것만으로도 도를 이루는 전부라고까지 하셨던 것이다. 선지식의 집단인 승가를 붓다와 붓다의 가르침과 함께 불·법·승 삼보로서 나란히 소중하게 여기는 것도 그 때문이다. 이처럼 좋은 벗을 가까이 하는 것은 승가에서 무엇보다도 중요한 일이다. 아울러 일반 재가자들에게도 선지식을 사귀는 것은 최상의 즐거움이라고 할 수 있다.

붓다께서는 벗을 사귀되 어리석은 자는 멀리 하고 현명한 자를 사귀라고 하셨다. 즉, 바른 길로 이끌어 주고 깨우쳐 줄 선지식을 사귀라는 말씀이다. 선지식에 대해서는 조금씩 생각이 다를 수도 있겠지만 경전에서는 이렇게 말씀하셨다.

주기 어려운 것을 줄 수 있으며, 행하기 힘든 것을 행할 수 있고, 참기 어려운 것을 참을 수 있으며, 비밀스러운 일을 서로 말하고, 나쁜 일은 서로 감추어 주며, 고통스러운 일을 당하면 버리지 않고, 가난하고 천해도 업신여기지 않으면, 이런 친구를 이익을 주고 기쁨을 주는 친구라고 한다.

또 어떤 경전에서는 꽃과 같은 친구, 저울과 같은 친구, 산과 같은 친구, 땅과 같은 친구의 네 가지로 벗을 구분하기도 했다.

꽃과 같은 친구란 좋을 때는 머리에 꽂고 시들 때는 버리는 것이니 부귀한 것을 보면 아부하고 빈천하면 버리는 것이다. 저울과 같은 친구는 물건이 무거우면 낮아지고 가벼우면 높아지는 것처럼 주는 것이 있으면 공경하고 주는 것이 없으면 업신여기는 것이다. 산과 같은 친구는 금으로 된 산과 같이 새와 짐승이 금산에 모이면 털과 깃이 광채를 발하는 것처럼 친구와 기쁨을 함께 나누는 것이다. 땅과 같은 친구는 온갖 재보를 친구에게 보시하여 부양하고 보호하며 두터운 은혜를 베풀어 박대하지 않는 것이다.

이와 같이 친구를 사귀는 데에도 가려서 사귀어야 함은 물론이다. 그러나 좋은 벗이 없을 때에는 차라리 혼자가 되는 것이 더 낫다고 말씀하셨다. 그래서 『법구경』에서도 이렇게 말씀하셨다.

좋은 벗을 만나기 어려울 때는
혼자서 수행하여 허물을 깨닫고
어리석은 사람과 친하지 말라.
큰 죄과에 빠지고 물들기 쉽다.

악한 벗을 사귀는 것보다는 차라리 혼자가 낫다는 말씀이지만, 삭막한 사회일수록 선지식이 더욱 필요한 법이다. 그러기 위해서는 스스로 남의 선지식이 될 수 있도록 노력해야 한다. 내가 먼저 상대방에게 마음의 문을 열고 도움을 준다면 선지식을 만나기도 쉬울 것이다. 그래서 경전에서는 벗을 사귀는 것에 대해 이런 말씀도 하고 계신다.

벗을 사귀는 데는 마땅히 다섯 가지로 그 친구를 공경해야 한다. 바른 마음으로 공경하며, 그의 뜻을 원망하지 아니하고, 나쁜 마음을 품지 아니하며, 수시로 일을 도와주고, 두터운 은혜를 잊지 말아야 한다.
또 친구는 마땅히 다섯 가지로 그를 도와주어야 한다. 두려운 일이 있으면 서로 도와주고, 방일하면 부지런하도록 자주 권하며, 비밀스런 일은 숨겨주고, 공양 받드는 일을 서로 권하고, 말은 충성스럽고 미더워야 한다. 이것이 친구를 사귀는 법이다.

이렇게 내가 먼저 친구를 위하여 헌신하고 마음을 기울일 때에 선지식을 만날 수 있다. 좋은 벗을 사귄다고 하는 것은 가정과 친족이라는 혈연관계를 넘어서서 다른 사람과 사귀는 것이다. 좋은 벗을 가진다는 것은 우정을 나눈다는 것이며, 그것은 다른 사람과 정신적 유대를 가지는 것이다. 우리 인간 사회는 우정의 결합이라고 할 수 있다. 개인적으로든 사회적으로든 좋은 벗을 가진다는 것은 심리적 만족감과 함께 일에 있어서도 능률이 향상되기 마련이다.
직장에서도 업무의 과중보다 인간관계의 불편에서 오는 스트레스가 더 참기 어렵다. 직장동료 간에 서로 좋은 벗으로서 우정과 같은 연대감이 형성되지 않으면 업무 능률도 오르지 않는다. 인간은 감정의 동물이기 때문에 단순한 상하관계만으로 움직이는 조직은 창조성이 떨어지고 경직되기 쉽다. 마음 맞는 벗끼리 어떤 일을 계획하고 그것을 완성하려고 노력할 때에 인간과 인간 사이에 싹트는 믿음직스럽고 든든한 감정은 돈이나 재물로 바꿀 수 없는 것이다. 이러한 우정의 집단, 좋은 벗의 대표적인 집단이 곧 승가였다. 넓은 의미의 승가는 재가신자인 우바새[2], 우바이[3]까지도 포함되기 때문에 사원을 중심으로 모이는 불자들은 모두 좋은 벗들이라고 할 수 있다.

불교를 믿는다는 것은 붓다의 가르침에 따라서 실천하는 것인데 굳이 절에 나가지 않아도 마음에 절을 짓고 붓다를 모시면 된다고 생각하는 이들도 있다. 하지만 절에 가서 신행 생활을 하면 서로가 좋은 벗으로서 이끌어줄 수 있기에 절에 나가는 것이 좋다. 혼자라면 나태해질 수 있다. 그러나 정해진 날짜에 정해진 장소에 가서 함께 모여 수행한다는 생각이 있으면 게으름을 떨쳐버리기 쉽다. 그렇기 때문에 절에 가서 좋은 벗들과 함께 수행하고, 훌륭한 스승님의 설법을 들으면 깨달음이라는 공통의 이상을 향해 더욱 바르게 갈 수 있는 것이다.

행복의 조건

붓다께서는 으뜸가는 행복에 대해 이렇게 말씀하셨다.

좋은 환경에서 살고
공덕을 많이 쌓으며

---

2) 우바새: 우파사카(upāsaka)의 음사. 남자 재가신도.
3) 우바이: 우파시카(Upāsikā)의 음사. 여자 재가신도.

바른 길에 들어서는 것
이것이 최상의 행복이다.

널리 배워 기예를 잘 익히고
행동이 절제되어 있으며
유쾌하게 말하는 것
이것이 최상의 행복이다.

이 말씀 가운데에 좋은 환경에서 산다는 것은 경치 좋고 공기 좋고 편리한 환경 속에 사는 것만을 의미하지는 않으신 듯하다. 사람이 전쟁이나 도둑이 없고 기후가 온난하며 산물이 풍족한 곳에서 태어나는 것도 큰 복이다. 하지만 이런 외적인 환경 이외에도 인적 환경도 중요하다. 온순하고 정직하며 따라서 배울 것이 있는 사람들과 함께 사는, 참으로 좋은 환경에서 살기 위해서는 복을 많이 지어야 한다. 복을 짓는다는 것은 바른 생각과 바른 언행을 하고 쓸데없는 욕심을 버리며 어려운 사람들을 위하여 보시하며 공덕을 쌓는 것이다.

또한 올바른 서원을 세우는 것이 행복하다고 하셨는데, 우선 바른 지혜와 자비심을 지니고, 그것을 바탕으로 남을 돕겠다는 마음을 가지는 것이 올바른 서원이다. 우리는 누구를 위해서 무엇인가를 할 때 더 힘을 낸다. 부모들이 자식을 위하여 온갖 어려움을 참고 견디면서 기쁘게 일하는 것과 같다. 남을 위해서 사는 것이 결국은 자기가 행복하게 되는 길이다.

그리고 붓다께서는 널리 배우며 기예를 잘 익히고 몸을 잘 다스리며 훌륭하게 말할 수 있으면 그것이 가장 큰 행복이라고 하셨다. 경전에 의하면, 대승 보살에게 세상 일을 두루 밝게 알아서 중생을 이롭게 하라고 하셨다. 두루 넓게 알고 있으면 자기의 삶을 윤택하게 하고 또 그러한 지식을 이용하여 삶을 즐길 수 있으며 때로는 다른 사람에게 도움을 줄 수 있다. 널리 배우면 자기도 이로울 뿐만 아니라 다른 사람의 생각을 이해할 수 있기 때문에 그들을 좋은 길로 이끌고, 지식을 활용하여 남을 도울 수도 있다. 수영을 잘하면 다른 사람의 목숨을 구할 수 있는 것과 같은 이치이다. 붓다께서 널리 배우는 것이 최고의 행복 가운데 하나라고 하신 것도 이러한 의미에서 하신 말씀이다.

그리고 기예를 잘 익히라고 하셨다. 기예라는 것은 기술이나 예능뿐만 아니라 학문이나 글 쓰는 능력도 포함이 된다. 자기만의 특기를 개발해 놓으면 바다에서 유유히 헤엄치는 물개처럼 세상살이도 여유 있고 지혜롭게 헤쳐 나갈 수가 있다.

붓다께서는 몸을 잘 다스리고 훌륭하게 말하는 것이 행복이라고 하셨다. 뛰어난 재주와 기술을 몸에 익힌 예술가나 기능인, 운동선수, 혹은 문학가 중에 술이나 도박, 문란한 성생활, 심지어는 마약에 빠져 자신의 일생을 망치는 경우가 있다. 널리 배우고 기예를 익혔어도 규칙적이고 절제된 생활을 하지 않으면 그것을 지켜내지 못한다. 그래서 붓다께서는 훌륭한 성인의 말씀을 따라 늘 자신을 살피고 지키는 자세로 살아가야 한다고 하셨다.

한편 붓다께서는 훌륭하게 말할 수 있는 것도 행복이라 하셨다. 훌륭한 말은 진실한 말, 조리 있고 설득력 있는 말로 불교에서는 이를 변재辯才라고 한다. 아무리 청산유수처럼 말을 잘해도 진실하지 않으면 와 닿지 않는다. 그리고 의사를 잘 전달하기 위해서는 조리 있게 말해야 하는데 그러기 위해서는 말하려는 내용을 잘 알아야 한다. 또한 설득력이 있어야 하는데, 내 말을 남들이 잘 이해하지 못한다면 얼마나 답답하겠는가? 그러므로 말을 잘한다는 것 자체로도 행복이라고 할 수 있다.

붓다께서는 설법을 할 때 처음도 좋고 중간도 좋으며 끝도 좋은 조리 있고 설득력 있는 방법으로 하라고 제자들에게 이르셨다. 설법뿐만 아니라 말을 잘하는 것은 일상생활에서 매우 유용하다. 말 재주는 타고난 것도 있겠지만 노력에 의해서도 개발이 가능하다. 비록 말씨는 어눌하더라도 진실이 담겨 있으면 우리의 마음을 움직이듯이, 말을 잘하는 데에는 바른 마음, 따뜻한 마음이 무엇보다도 중요하다. 그리고 평소 말하고자 하는 사실에 대해 공부를 해야 하고, 교양을 쌓아 인격 도야가 되어야 말을 진실로 잘할 수 있다. 붓다께서 지식과 기예를 익히고 말을 잘하는 것이 행복이라고 하신 것도 인격 도야와 관련하여 하신 말씀이다.

붓다께서는 또 으뜸가는 행복을 이렇게 말씀하셨다.

부모를 잘 섬기고
배우자와 자식을 잘 보살피며
바른 직업에 종사하는 것
이것이 최상의 행복이다.

보시를 실천하고 바르게 행동하며
친족을 돕고 부끄러운 행위를 하지 않는 것
이것이 최상의 행복이다.

　가족에 대한 의무를 다하는 것은 행복의 기본이라고 할 수 있다. 가족을 소홀히 하면 누구나 마음이 편치 못하다. 부모를 잘 모시고 또 아내와 자식을 잘 거두며 화목한 가정을 이룬다면 행복할 것이다. 또한 직업도 행복의 주춧돌이다. 직업의 귀천이 없다고 하여도 떳떳한 직업을 가져야 한다. 붓다께서 바른 직업을 가지라고 하신 것은 사회에 해악을 끼치는 직업을 피하고 도움이 되는 직업을 가지라는 말씀이다. 직업이 취미나 적성과 맞다면 그보다 더 행복한 삶은 없을 것이다.
　또 보시를 하고 계율을 지키면서 친족들을 인정으로 도우며 부끄러운 짓을 하지 않는다면 이것이 인간 최고의 행복이라고 하셨다. 우리 속담에 쌀독에서 인심 난다는 말이 있듯이 살림이 넉넉하여 보시를 잘하고 계율을 잘 지킨다면 사람들에게 칭송을 받고 기쁜 일만 있기 마련이다. 재산이 넉넉한데도 베풀 줄 모르고 친척 간에 너무 인색하게 굴어 비난을 받는 경우가 있다. 또 세금 포탈, 횡령, 사기 등으로 재산을 모아 남의 손가락질을 받기도 하고, 재산 때문에 부모 자식과 형제 자매간에도 싸우고 소송하는 경우도 있다. 어리석게 사는 사람은 재산에 대한 집착 때문에 사람들과 담을 쌓고 지낸다. 인심을 잃어버렸기 때문에 그런 사람의 집에는 찾아오는 사람이나 친척도 없다. 이런 사람의 삶은 살아 있어도 죽은 목숨과 다름없다. 거기에 반하여 보시를 즐겨 하고 바른 생활을 하며 친척들을 돕고 부끄러운 짓을 하지 않는다면 늘 주위에 사람들이 모여들고 칭송받고 즐거운 나날이 될 것이다. 그래서 붓다께서는 이러한 사람의 삶을 인간 최고의 행복이라고 하신 것이다.

『숫타니파타』에서는 계속해서 으뜸가는 행복에 대해 붓다께서 이렇게 말씀하셨다.

악을 그치고 멀리하며 음주를 삼가고
덕행을 부지런히 쌓는 것
이것이 최상의 행복이다.

불교의 시작은 인과의 이치를 믿는 데서부터 시작된다. 원인이 있으면 결과가 있다. 앞에서도 언급했지만, 이 세상에 우연이나 기적은 없다. 단지 우리가 그 원인을 파악하지 못하기 때문에 기적이라고 하는 것이다. 모든 것은 그러한 원인이 있기 때문에 그러한 결과가 나타나는 것이다. 나쁜 일을 저지르면 반드시 나쁜 결과가 나타난다. 그런데도 사람들은 착각을 한다. 나쁜 일을 저질러 놓고도 자기에게만은 그 결과가 비켜갈 것 같은 생각이 든다. 어떤 경우에는 결과가 바로 나타나지 않기도 한다. 그러나 악의 과보는 반드시 있게 마련이다. 그렇기 때문에 악을 그치고 멀리 해야 나쁜 과보가 없게 된다.

악은 누가 만드는 것도 아니고 원래부터 있었던 것도 아니다. 우리가 나쁜 생각을 하고 그것이 말로 나타나며 행동으로 옮겨지면 악이다. 사회에서는 나쁜 생각만으로는 벌주지 않는다. 그러나 불교에서는 나쁜 생각 자체가 일어나는 것을 경계한다. 왜냐하면 나쁜 생각은 우리 마음의 깊은 곳에 도사리고 있다가 계기가 되면 밖으로 표출되기 때문이다. 그래서 붓다께서는 늘 바른 생각, 바른 마음을 지니도록 평소에도 자신을 잘 살펴 악이 일어나는 것을 경계하라고 하신 것이다.

악한 생각이 일어나는 것을 막는 길은 늘 착한 생각으로 마음을 채우는 것이다. 언제나 남을 위하고 배려한다면 나쁜 생각이 일어날 틈이 없다. 그러면 늘 좋은 과보만 있게 된다. 자기가 지은 것을 자기가 받는 것이 과보다. 좋은 업을 지어 놓으면 좋은 과보를 받고 나쁜 과보를 지어놓으면 나쁜 과보를 받게 되어 있다. 이러한 이치를 철저하게 믿는 것이 불교의 시작이다. 다른 종교에서는 악마가 악을 저지르게 한다고 한다. 하지만 불교에서는 모든 것이 다 자기의 마음의 작용일 뿐이다. 불교에서도 악마를 '마라'라고 하여 더러 언급하기도 하지만 괴롭게 만드는 것에 대한 상징적인 묘사일 뿐이다. 경전에서는, 붓다께서 마음의 갈등을 느끼실 때 흔히 마라가 나타나서 속삭이는 것처럼 보이는 구절도 있는데, 이는 괴로움의 대상을 상징적으로 보여준 것일 뿐 악마라는 실체가 있어서 악을 저지르게 하는 것은 아니다. 언젠가 라다(Rādha)라는 비구가 붓다께 이렇게 여쭈어 본 적이 있었다.

"대덕이시여, 흔히 악마라고 하는데 그 악마란 도대체 무엇입니까?"

붓다께서 이렇게 대답하셨다.

"라다여, 악마란 이와 같다. 우리들의 육체는 우리 자신을 방해하고 교란시키고 불안에 놓이게 한다. 그것이 바로 악마이다. 또 우리들의 감각은 우리들을 방해하고 교란시키고 불안에 놓이게 한다. 그것도 또한 악마이다. 또한 우리들의 감정과 의지, 판단도 우리들을 방해하고 교란시키며 불안에 놓이게 한다. 그것도 역시 악마이다. 그리고 그와 같은 악마의 작용을 올바른 관찰, 즉 정관正觀에 의하여 바로 살펴야 한다."

즉, 우리의 몸과 마음이 전부 악의 근원이 될 수 있기 때문에 바르게 살펴 경계해야 한다는 말씀이다. 불교 수행이 따로 있는 것이 아니라 자기의 몸과 마음을 살펴 탐욕이 일어나고 성을 내며 어리석은 생각이 일어나는 것을 경계하는 것이 바로 수행이다. 우리는 근본적인 무명으로 인해서 좋은 것은 가지려고 하고 싫은 것은 배척하려고 한다. 그러다가 자기 뜻대로 되지 않으면 화를 낸다. 때로는 협박이나 거짓말을 해서 좋아하는 것을 손에 넣으려고 한다. 그래도 안 되면 행동으로 자기의 욕심을 채우려고 한다. 훔치기도 하고 빼앗기도 한다. 폭력도 쓰고 심지어 살인까지도 저지르는 모습이 바로 악마이다. 그래서 붓다께서는 악을 그치고 멀리하며 바른 마음을 지니는 것이 으뜸가는 행복이라고 하셨던 것이다.

음주의 해독

붓다께서는 욕심을 버리고 바른 마음을 지니는 것과 아울러 술을 절제하는 것이 행복의 조건이라고 말씀하셨다. 『사미니계경沙彌尼

戒經』에서는 이렇게 설하고 있다.

술을 마시지 말고 술을 좋아하지 말며 술을 맛보지 말라. 술로 인해 실패가 많으니, 도를 잃어버리고 가산이 파괴되며, 몸을 위태롭게 하고 생명을 잃어버리는 일은 모두 술로 말미암은 것이다.

또 『대승계경大乘戒經』에서는 "차라리 독약을 먹을지언정 술을 마시지 말라."고 하였다. 이처럼 술의 해독은 결코 작지 않다. 젊었을 때부터 술을 잘 마신다고 호기를 부리다가 단명하거나 병을 얻어 가족을 고생시키는 사람들이 많다. 그뿐 아니라 때로는 다른 사람의 목숨을 잃게 만들기도 한다. 음주 운전 같은 경우가 그런 예이다. 우리나라에서는 술에 대해 너그러운 경향이 있다. 그러나 경전에서는 술의 해독에 대해 여러 가지로 훈계하고 있다. 오죽하면 독약을 마실지언정 술은 마시지 말라고 했겠는가? 『제법집요경諸法集要經』에서는 술의 해독에 대해 이렇게 설해져 있다.

만일 사람이 술을 가까이 하면 밝은 지혜가 나지 아니하고 해탈의 연분이 없어지니, 이런 까닭에 항상 술을 멀리해야 한다.
만일 사람이 술을 즐기면 세상 일을 말하기를 좋아하여 말이 많으므로 분쟁을 일으키니, 이런 까닭에 항상 멀리 해야 한다.
술을 마시면 재산을 손실하여 혼미하고 게을러지니, 이러한 허물이 있는 까닭에 항상 멀리해야 한다.
술로 말미암아 탐하고 성내는 마음이 일어나고 어리석은 마음이 점점 더해지는 것이니, 이런 까닭에 항상 멀리 해야 한다.

술은 화의 근본이므로 모든 감각이 흩어져서 큰 소리로 희롱하고 웃거나, 포악한 말로 어질고 착한 사람을 훼방하니, 이런 까닭에 마땅히 멀리 해야 한다.

술은 독 중에 독이요, 병중에 고질痼疾이니, 고통 가운데 다시 고통을 더하는 것이다.

술은 날카로운 도끼와 같아서 모든 착한 뿌리를 베는 것이니, 술 마시기를 즐기는 자는 부끄러움이 없어서 사람들의 경멸과 천대를 받는다.

술은 금파金播 열매와 같아서 처음에는 달지만 뒤에는 독이 된다.

술 마시는 것은 비록 한 가지 허물이지만 일체의 악한 것을 생기게 하니, 이런 까닭에 마땅히 제어해야 한다.

『분별선악소기경分別善惡所起經』에서는 술의 해독을 36가지로 분류해서 들고 있다.

만약 술 마시기를 즐기면 그 사람에게 서른여섯 가지의 손해와 실패가 있다.

1. 사람이 술에 취하면 자식은 부모를 공경하지 아니하고, 신하는 임금을 공경하지 아니하여 군신·부자의 상하가 없어지고,
2. 말이 난잡하고 그릇됨이 많고,
3. 두 가지 말로써 이간하여 말이 많고
4. 남이 숨기는 사사로운 일을 드러내고,

5. 취하면 하늘을 욕하고 아무 데나 대소변을 보며 부끄러움을 모르고,

6. 길 가운데 누워서 집에 돌아가지 아니하고, 가진 물건을 부수거나 잃어버리고,

7. 취하면 자기 스스로 바른 행동을 하지 못하며,

8. 먼 곳을 쳐다보거나 한눈을 팔다가 개천이나 구덩이에 떨어지고,

9. 취하여 넘어지면 다시 일어난다 하더라도 얼굴을 다치며,

10. 사고파는 것을 틀리게 하여 쓸데없이 다투고,

11. 취한 사람은 일에 실패하여도 생활을 근심하지 아니하며,

12. 자기가 가진 재산을 모두 소비하여 없애고,

13. 술에 취한 사람은 처자가 굶주리고 추운 것을 생각하지 아니하며,

14. 고함치고 욕설하며 국가의 모든 법을 존중하지 아니하고,

15. 취하면 곧 옷을 벗고 알몸으로 쫓아다니며,

16. 남의 집에 들어가 남의 부녀자를 붙들고 말을 난잡하게 하여 그 허물이 모양 없으며,

17. 남이 자기 곁을 지나가면 싸우려고 덤벼들고,

18. 땅을 구르고 고함을 쳐서 이웃을 놀라게 하고,

19. 벌레를 쓸데없이 죽이며,

20. 취하면 집안 살림을 때려 부수고,

21. 아내와 가족들을 죄수와 같이 보고 폭언이 입에서 튀어나오며,

22. 악한 사람을 친구로 사귀고,

23. 어질고 착한 사람을 멀리하며,

24. 취해 누웠다가 깰 때에는 몸이 병든 것과 같고,

25. 취하여 토해버리면 오물污物과 같아서 처자가 그 모양을 미워하며,

26. 취하면 겁이 없고 뜻이 방탕하며 이리와 코끼리도 피하지 아니하며,

27. 경에 밝은 어진 이를 공경하지 아니하고 도 닦는 사람을 공경하지 아니하며 사문과 스승을 공경하지 아니하고,

28. 취하면 곧 음탕하고 질투하여 두려워하고 피하는 것이 없으며,

29. 취하면 미친 사람과 같아서 사람들이 보면 모두 달아나고,

30. 취하면 죽은 사람처럼 감각이 없으며,

31. 취하면 혹은 얼굴이 붓고 혹은 술병을 얻어서 몸이 마르고 누렇게 시들며,

32. 천룡과 귀신들이 모두 술 때문에 미워하고,

33. 친하던 선지식이 날로 멀어지며,

34. 취하면 거만하게 걸터앉아서 경찰이나 관리들을 깔보다가 두들겨 맞고,

35. 죽으면 태산太山지옥에 들어가서 녹인 구리쇠가 항상 입으로 들어가 뱃속을 태우고, 이렇게 하여 살려고 해도 살지 못하고 죽으려 해도 죽지 못하는 것이 천만 년이 될 것이며,

36. 지옥으로부터 벗어나서 사람으로 태어나더라도, 항상 어리석고 자신이 없는 것이니, 금세에 어리석고 무지한 사람은 모두 과거로부터 술을 좋아하였기 때문이다.

이와 같은 폐단이 분명하니 술을 삼가야 할 것이다.

말하자면 술은 자신도 해치고 남도 해치기 때문에 분명히 해악이다. 이상과 같은 술의 폐단을 요약하면,

첫째, 자신의 정신을 흐리게 하고,
둘째, 재산의 손실을 가져 오며,
셋째, 건강을 해치고,
넷째, 남들로부터 경멸을 받는 것이라고 할 수 있다.

이런 여러 가지 폐단이 있는 술을 마시면 붓다께서 말씀하신 으뜸가는 행복은 맛볼 수 없게 된다. 『범망경梵網經』에서는 술에 대해 이렇게 경계했다.

만일 자기 손으로 남에게 술잔을 권하여 술을 마시게 하여도 오백 세 동안 손이 없는 과보를 받는데 어찌 하물며 자신이 술을 마시랴.

술을 남에게 권하기만 해도 이런 끔찍한 과보를 받는다는데 자기가 마시면 얼마나 많은 해독을 입게 되겠는가? 술 마시는 습관에서 해탈하여 자유를 누려 보면 해탈이 다른 것이 아님을 알게 된다. 어떤 것에 얽매이고 집착하여 그것 때문에 괴로워하다가 그러한 속박에서 벗어나 자유롭게 되면 그것이 해탈이다. 담배도 음주와 비슷하다. 담배 피우던 사람이 담배가 떨어지면 안절부절 못한다. 그런데 아예 담배라는 생각조차 일어나지 않는 사람은 담배로부터 해탈한 것이다. 이러한 이치를 잘 생각해 보면 해탈의 원리를 잘 이해할

수 있을 것이다.

자신이 소중하면 남도 소중하다

우리가 행복해진다는 것은 괴로움에서 벗어나는 것이다. 그것이 곧 불교에서 말하는 해탈이다. 해탈하기 위해서는 여러 가지 집착을 제거해 나가야 한다. 집착에서 일어나는 나쁜 습성을 하나하나 버림으로써 괴로움의 원인을 근본적으로 제거할 수 있다. 집착이 크면 클수록 그 사람의 괴로움도 더 커진다. 술, 담배, 도박, 이성, 재물, 명예 등 우리의 마음을 얽어매어 괴롭게 만드는 집착에서 벗어날 때 우리는 그만큼 해탈했다고 말할 수 있다. 재가자들의 수행은 집착을 하나하나 버림으로써 조금씩 해탈해 가는 것이다. 적어도 자기가 집착하던 것에서 벗어나 거기에 구속되지 않는다면 그것보다 더 자유롭고 편하고 행복한 것이 어디 있겠는가?

붓다께서는 으뜸가는 행복을 또 이렇게 말씀하셨다.

남을 존경하고 겸손하며
만족을 알고 감사할 줄 알며
때때로 진리의 가르침을 듣는 것
이것이 최상의 행복이다.

참을 줄 알고 온순하며

자주 훌륭한 이를 방문하고
때때로 진리를 논할 수 있다면
이것이 최상의 행복이다.

자기를 잘 다스리고
청정한 삶을 살며
사성제를 깨달아
열반에 이를 수 있다면
이것이 최상의 행복이다.

마음에 슬픔이 없고
거리낄 것이 없으며
근심을 벗어 놓고
세상일에 흔들리지 않는다면
이것이 최상의 행복이다.

이렇게 실천하는 자는
어느 곳에서나 패배란 없으며
항상 행복이 가득할 것이다.
그들에게는 이러한 것이
최상의 행복이다.

붓다께서 말씀하신 이러한 여러 가지 행복은 재가자들의 수행에 관한 덕목이라고 할 수 있다. 다른 사람의 뛰어난 점을 존경하고, 만족을 알며, 주위 사람들과 보이지 않는 중생들의 은혜를 알고, 그러한 은혜를 갚을 것을 생각한다면 사람들과 충돌할 일이 없을 것이다. 인간 사회의 갈등은 원천적으로는 인간과 인간 사이의 갈등이다. 자존심을 내세워 다른 사람을 무시하거나 만족을 몰라 점점 더 욕심을 내면서 주위의 고마움을 모르고 산다면 싸움거리를 안고 있는 것과 마찬가지다.

불교에서는 늘 상대적인 것을 생각하라고 한다. 긴 것은 짧은 것이 있기 때문에 길다고 하고, 잘난 것은 못난 것이 있기 때문이고, 검은 색이 있어서 흰 색이 돋보이는 것이고 느린 것이 있기 때문에 빠른 것이 있다. 그런데도 우리는 늘 상대적인 이치를 모르고 어느 한쪽에만 집착한다. 그것을 절대적인 것처럼 여기고 그것 때문에 괴로워한다. 하지만 이 우주는 서로가 서로에게 의지하며 관계를 맺고 있는 연기의 세계이기 때문에 어느 것 하나도 독립적으로 존재하는 것은 없다. 자신이 자기 스스로를 존귀하다고 여기는 것처럼 다른 사람도 자신을 그렇게 생각하고 있다는 것을 알아야 한다.

여기에 대해 적절한 예로 코살라의 파세나디 국왕과 말리카(Mallikā) 왕비의 이야기가 있다. 말리카는 희고 작은 꽃을 피우는 나무 이름인데 이 왕비가 그 꽃을 즐겨 머리에 꽂았기 때문에 말리카라는 이름이 붙게 되었다. 파세나디 왕과 말리카 왕비가 어느 날 높은 누각에 올라가 경치를 감상하다가 왕이 눈 아래 펼쳐진 경치를 보면서 갑자기 왕비에게 물었다.

"말리카여, 당신은 이 넓은 세상에서 그대 자신보다 더 소중하다고 생각되는 것이 있소?"

말리카 왕비는 한참을 생각하다가 이렇게 대답했다.

"왕이시여, 이 세상에서 자기 자신보다 더 소중하다고 생각되는 것은 없습니다. 왕께서는 어떠하신지요?"

그러자 파세나디 왕은 자기도 그렇게 생각한다고 했다. 그러나 왕은 무언가 섭섭한 생각을 감출 수 없었다. 왕비가 자기 자신보다는 왕인 자기를 더 소중히 여긴다고 대답할 줄 알았기 때문이다. 파세나디 왕은 붓다께 가서 이 문제를 여쭈어 보기로 했다. 두 사람의 얘기를 들으신 붓다께서는 이렇게 말씀하셨다.

"이 세상에 자기 자신보다 더 소중한 것은 없소. 그와 마찬가지로 다른 사람도 자기 자신보다 더 소중한 것은 없다고 생각하오. 그러므로 자기 자신의 소중함을 아는 사람은 다른 사람을 해치지 않소."

붓다의 말씀은 당연한 사실이지만 그것을 실천하기는 매우 어렵다. 사람들 대부분 자기 자신이 우선이 되고, 자기가 다른 사람보다 더 소중하다는 느낌을 떨쳐버릴 수가 없다. 불교 수행은 이러한 생각을 극복하고 남도 자신과 마찬가지로 소중하다는 것을 일깨우고 실천하는 것이다. 그래서 붓다께서는 다른 사람을 존경하고 겸손하며 참을 줄 알고 온순하게 대하라고 하셨다. 연기의 세계에서는 모든 것이 서로 의지하고 관계로 얽혀 있기 때문에 일방적인 독주는 허용되지 않는다. 인간관계뿐만 아니라 인간과 자연의 관계에서도 마찬가지다. 우리가 자연을 아끼지 않고 이용만 하려 든다면 자연은 우리에게 재앙을 가져다 줄 것이다.

붓다께서는 또 사문에게 진리의 말씀을 듣고 진리에 대해 얘기를 나눌 수 있다면 그것이 으뜸가는 행복이라고 하셨다. 우리 인간 사회의 행복이라는 것은 복이 다하면 끝나버린다. 진리를 깨달아 무명 속의 괴로움에서 벗어나야 절대 안온의 열반, 영원한 행복에 드는 것이다. 해탈이나 열반은 죽어서 달성된다거나 저 세상 어딘가에 가서 태어나는 것이 아니다. 지금 이 순간 괴로움에서 벗어날 수 있으면 그것이 해탈이고 열반이다.

불교 수행은 대단한 철리를 깨쳐서 몸에서 광채가 나고 얼굴에 화색이 돌고 공중부양을 하는 것이 아니라 그저 내 마음의 움직임을 항상 잘 살펴서 그 마음을 잘 다스리는 것이다. 그래서 세상일에 흔들리지 않고 근심도 성냄도 없이 편안함에 머무르면 이보다 더한 행복은 없다는 말씀이다. 집착과 탐욕에서 벗어나 서로가 의존하여 돌아가는 이 우주의 실상을 제대로 보게 되면 주위의 모든 것이 감사하고 나의 존재가 그들로 인해 비로소 의미를 가지게 된다는 것을 알게 된다. 붓다께서 은혜를 알고 감사하는 마음을 가지는 것이 최상의 행복이라고 하신 말씀에는 이러한 의미가 있다.

불교에서 추구하는 행복은 사후 세계에 하늘나라에 태어난다든지, 이 몸이 죽고 새로운 몸을 받아 행복을 누린다든지 하는 것이 아니다. 바로 이 순간, 내가 가진 지나친 욕심과 집착, 나쁜 습관을 버리고 주위 사람들을 존중하고 자비로써 대한다면 그것이 곧 행복인 것이다. 「최상의 행복(Maṅgala-sutta)」이라는 경에서 말씀하신 이러한 행복의 조건을 따라 실천한다면 그것이 곧 모든 괴로움에서 벗어나 절대 안온의 경지인 열반을 얻게 되는 첫걸음이 될 것이다.

행복을 열어 가는 삶의 지혜

『육방예경六方禮經』이라는 유명한 경전에는 재가불자들이 반드시 명심하고 실천해야 할 생활 지침으로 삼아야 할 내용이 많다.

붓다께서 라자가하의 죽림정사에 계실 때의 일이다. 라자가하의 장자의 아들인 싱갈라가(Siṅgālaka; 善生)가 아침 일찍 교외로 나와 못에서 목욕하고 언덕에 올라와 의복과 머리를 말린 다음 합장을 하고 동서남북과 상하의 여섯 방향, 즉 육방에 예배를 하고 있었다. 붓다께서는 탁발을 하러 나오시다가 싱갈라가의 행동을 보시고 그에게 육방을 향해 예배하는 까닭을 물으셨다. 싱갈라가는 브라만이었던 아버지의 유언을 따르는 것이라는 대답하였다. 붓다께서는 싱갈라가에게 그러한 무의미한 행위에는 동서남북과 상하의 방위의 이름만 있을 뿐이며 불교에서는 그런 것을 바른 예배라고 하지 않는다고 말씀하셨다. 바른 예배법을 일러달라는 싱갈라가의 청에 붓다께서는 이렇게 말씀하셨다.

> 네 가지 번뇌의 업과 네 가지 악행과 또 여섯 가지 재산을 없애는 일이 있다. 이런 나쁜 일을 하지 않고 육방에 예배하면 이 세상에서도 잘 살고 다음 세상에서도 좋은 과보를 얻을 것이다.

여섯 방향에 예배를 하되 아무 뜻도 없이 하지 말고 의미를 부여하며 예배를 하라는 말씀이었다. 이렇듯 붓다께서는 외도들의 관습을 무조건 하지 말라고 하신 것이 아니라 불교적 교훈을 더하여 의미를 부여함으로써 일상생활을 잘 이끌어나가도록 하셨다. 이와 같은 붓다의 뜻은 밀교에서도 이어졌다. 밀교에서는 인도 재래의 의식이나 주문 등을 불교식으로 재해석하고 불교적인 사상을 가미하여 중생 교화에 적극 활용했다. 다른 종교와 달리 불교가 그 나라의 고유한 종교, 사상과 충돌 없이 융화할 수 있는 것도 바로 이러한 점 때문이다. 그래서 어떤 종교학자들은 불교 사상은 모든 종교의 근본적 이념, 바탕이 될 수 있다고 하였다.

붓다의 가르침은 기존의 관습이나 사상체계를 무조건 배척하지 않으셨다. 오히려 거기에 의미를 부여하여 올바른 생활로 이끌어 주셨으며 그것을 통하여 지혜를 일깨워 주셨다. 싱갈라가의 경우에도 마찬가지다. 아버지의 유언을 받들어 육방에 예배하는 것을 무조건 하지 말라고 했다면 싱갈라가의 마음도 편치 않고 반발심이 생겼을지도 모른다. 붓다는 계속해서 설명해 주셨다.

네 가지 번뇌의 업이라는 것은 살생, 투도, 사음, 망어이며 네 가지 악행은 탐욕, 성냄, 두려움, 어리석음이다. 이와 같은 번뇌의 업과 악행을 행하면 큰 불행이 있을 것이다. 또 재산을 없애는 여섯 가지 일이란 술에 취하고 도박하며 방탕하고 풍류에 빠지며 나쁜 벗과 어울리고 게으름에 빠지는 일이다. 이런 악행을 떠난 뒤에 육방에 예배하면 이 세상이나 다음 세상에서 항상 안락할 것이다.

싱갈라가에게 재가자로서 가장 기본이 되는 네 가지 계율(불살생, 불투도, 불사음, 불망어)을 먼저 말씀해 주셨다. 다른 종교에서는 살인하지 말라는 계명을 첫머리에 놓는데, 불교에서는 불살생을 첫 번째 계행으로 들고 있다. 붓다께서는 살인하지 말라는 것은 당연한 일이고, 살아 있는 모든 생명을 소중히 여겨야 한다는 것을 강조하셨다. 요즘 세상에는 보통 사람들이 가축을 직접 잡는 경우가 드물기 때문에 살생하는 일은 예전에 비해 적어졌다. 그렇지만 육식을 즐기는 것도 간접적인 살생이라 할 수 있다. 불교에서는 어떤 경우에도 자신을 위해서 다른 생명을 해치는 것을 용납하지 않는다. 모든 생명을 소중히 여기고, 다른 생명이 인간을 위해서 있다고도 주장하지 않는다. 그래서 불살생을 첫머리에 두고 강조하는 것이다.

그리고 붓다께서는 도둑질하는 것을 매우 경계하셨다. 도둑질이 꼭 남의 물건을 직접 훔치는 것만 말하는 것은 아니다. 국가의 녹을 먹으면서 의무를 소홀히 하는 것, 회사의 기물을 함부로 쓰는 것, 터무니없이 바가지를 씌우는 것, 불법적으로 허가를 내 주고 또 그것을 이용해서 사욕을 채우는 것도 다 도둑질이다. 우리나라에는 이런 종류의 도둑들이 물건을 훔치는 도둑들보다 훨씬 더 많고, 나라를 무너뜨릴 만큼 그 피해도 크다. 한 나라의 경제가 어려워지는 것도 이러한 도둑들을 심각하게 생각하지 않는 사회 구성원 모두의 공업共業에서 비롯되는 경우가 많다. 붓다께서는 먼저 도둑질하는 근성이 뿌리 뽑혀져야 건전한 사회가 된다고 생각하셨기에 살생 다음으로 투도를 경계하셨다.

다음으로는 사음에 대해 경계하셨다. 사음은 남녀 간의 정당하지 못한 성행위를 말한다. 출가승들에겐 음행을 철저히 금했고, 결혼한 부부들은 성행위를 인정하였다. 붓다께서는 반드시 일부일처제가 되어야 한다거나, 한 번 결혼하면 이혼은 하지 말라는 등에 대한 세속적인 규정은 말씀하시지 않았다. 그렇지만 개인은 물론이고 사회적으로도 여러 가지 폐단을 가져오기 때문에 부정한 성행위는 금하라고 하셨다. 사음은 사회적 비난을 받을 수 있고 다른 사람과 원수를 맺게 되며 정신을 흐트러뜨리기 때문에 금하라고 하셨다. 특히 사음은 엄청난 집착을 불러올 수 있기 때문에 그 후유증이 크다. 사랑이 부족하면 부족해서 원망하고 넘치면 넘쳐서 싫증이 나므로 어느 한쪽은 늘 상대를 원망하게 된다. 그래서 붓다께서는 『법구경』에서 이렇게 말씀하셨다.

사랑하는 사람도 가지지 말고
미워하는 사람도 가지지 말라.
사랑하는 사람은 못 만나서 괴롭고
미워하는 사람은 만나서 괴롭다.

욕정이라는 것은 늘 우리의 마음을 산란하게 만든다. 마음을 부글부글 끓게 하여 판단을 흐리게 한다. 붓다께서 사음을 금하신 것도 그러한 이유에서다.

다음은 망어, 거짓말에 대해 말씀하셨다. 나라의 중책을 맡은 사람들도 그렇지만 평범한 서민들도 정직을 신조로 삼아야 한다. 인간 사회의 불신, 서로 믿지 못하고 갈등을 겪게 되는 중요한 원인 중의 하나가 거짓말인 경우가 많다. 거짓말을 하면 다른 사람이 믿어주지 않는다. 그리고 모든 사람에게 미움을 받는다. 그래서 붓다께서는 망어를 특히 경계하셨다. 붓다께서는 재가와 출가를 막론하고 불살생, 불투도, 불사음, 불망어, 이 네 가지 기본 계율을 반드시 지킬 것을 강조하셨다. 아울러 탐욕, 성냄, 두려움, 어리석음의 네 가지 악행에 대해 말씀하셨다. 탐욕과 성냄과 어리석음은 '탐·진·치 삼독'이라고 하여 번뇌를 일으켜 괴로움에 빠뜨리는 세 가지 근본적인 해악이다.

우리가 어떤 대상에 대해 욕심을 내면 그것을 가지고 싶어 한다. 그것에 방해가 되는 것은 미워하며 화를 내게 된다. 또한 그것을 차지하기 위해 어리석은 일을 저지르게 된다. 거짓말도 하고 훔치기도 하고 속이기도 하면서 그것을 손에 넣으려고 한다. 그러다가 여의치 않으면 화를 내기도 하고 때로는 살인과 같은 끔찍한 일을 저질러 인생을 망치는 어리석음을 저지르기도 한다.

또한 붓다께서는 두려움도 악행이라고 하셨는데, 이해가 안 될 수도 있다. 하지만 두려움도 실은 우리의 욕심과 어리석음에서 비롯되는 것이기 때문이다. 알고 보면 아직 일어나지 않은 것에 대한 두려움이 많다. 재산을 잃지 않을까 하는 두려움, 사고가 나지 않을까 하는 두려움, 신앙의 대상에 대한 두려움 등등 아직 일어나지도 않은 것들에 대한 쓸데없는 두려움을 가지고 있다. 우리가 정말 두려워할 것은 실제로는 별로 없다. 모두가 가공의 것, 혹은 일어나지도 않은 일에 대한 막연한 두려움 때문에 번거롭고 괴로운 일이 생기는 것이다. 그래서 붓다께서는 두려움을 번뇌를 일으키는 악행으로 보신 것이다.

그리고 붓다께서는 재산을 없애는 여섯 가지 일에 대해 상세히 말씀해 주셨다.

술을 마시는 데에는 다음과 같은 허물이 있다. 재산을 소비하게 되고 병이 생기고 잘 다투고 나쁜 이름이 퍼지며 분노가 폭발하고 지혜가 날로 없어지는 것이다. 그러므로 술을 마시지 말아야 한다.

도박에도 다음과 같은 허물이 있다. 재산이 날로 줄어들고 도박에 이기더라도 원한이 생기며 지혜로운 사람이 타일러도 듣지 않고 사람들이 그를 멀리하며 도둑질할 마음이 생기는 것이다. 그러므로 도박을 해서는 안 된다.

방탕에도 다음과 같은 허물이 있다. 몸을 보호하지 못하며, 자손을 보호하지 못하고 항상 놀라고 두려워하며 온갖 괴롭고 나쁜 일이 몸을 얽어매고 허망하다는 생각을 잘 내게 되는 것이다. 그러므로 방탕하지 말아야 한다.

나쁜 벗과 어울리는 데에도 다음과 같은 허물이 있다. 남을 속일 꾀를 내고 으슥한 곳을 좋아하며, 남의 여자를 유혹하고 남의 물건을 훔치며, 재물을 독차지하려 하고 남의 허물 드러내기를 좋아하는 것이다. 그러므로 나쁜 벗과 어울리지 말아야 한다.

게으름에도 다음과 같은 허물이 있다. 부자면 부자라고 해서, 가난하면 가난하다고 해서 일하기 싫어한다. 추울 때는 춥다고 해서, 더울 때는 덥다고 해서 일하기 싫어한다. 시간이 이르면 이르다고 해서, 시간이 늦으면 늦었다고 해서 일하기 싫어한다. 그러므로 게으르지 않아야 한다.

붓다께서는 네 가지 계행과 여섯 가지 재산을 없애는 악행에 대해 말씀하신 다음 그러한 것을 여의고 육방에 예배하면 항상 안락할 것이라고 말씀하셨다. 붓다의 말씀처럼 우리의 일상생활에서 일어나는 모든 문제는 이 여섯 가지 때문이라고 해도 지나친 말이 아니다. 오죽하면 모든 범죄의 원인이 술과 도박, 방탕이라고 하지 않는가?

　붓다께서는 술의 해독에 대해 여러 가지로 말씀해 주셨다. 술을 마시면 우선 재산이 줄어든다고 하셨다. 술값도 술값이려니와 술에 의한 흐린 정신 때문에 일을 그르쳐 손해 보는 일이 많다. 술에 찌들어 사는 사람치고 바른 생활을 영위하는 사람이 드물다. 술을 좋아하는 사람들은 흐린 정신 상태와 약해진 건강 때문에 결국 모든 것을 잃는 경우가 많다. 그리고 술을 너무 좋아하는 사람들은 신뢰를 잃어 조직이나 단체에서 중책을 맡기도 어렵다.

　또한 붓다께서는 술을 마시면 지혜가 없어지고, 잘 다투고 나쁜 이름이 퍼진다고 하셨다. 술 때문에 가족 간에도 불화가 생기고 다툴 수밖에 없다. 그러다 보니 화가 나서 더 마시게 된다. 술 마시다가 싸워서 살인까지 저지르는 경우도 있다. 음주 운전도 간접살인에 해당되는데 음주 운전은 자기만 다치는 것이 아니라 다른 사람의 인생도 무참히 짓밟아버린다. 어떤 사람은 술을 잘 마셔야 남성답다고 여기는데, 이런 어리석은 생각에서도 벗어나야 한다. 정신을 똑바로 차리고 살아도 힘든 세상에 술을 마시고 흐릿한 정신으로 세파를 헤쳐 나가겠다는 것은 맨몸으로 파도에 휩쓸리는 것과 같다. 불교에 입문하여 바른 길을 가겠다면 먼저 술 마시는 습관부터 버리는 것이 순서일 것이다.

　붓다께서는 도박도 멀리 하라고 말씀하셨다. 도박을 하면 패가망신한다는 것은 대부분 알고 있다. 그런데 화투나 카드, 혹은 바둑이나 장기 등을 가지고 도박하는 것만이 전부가 아니다. 요즘 시대에는 경마나 경륜, 기계나 컴퓨터로 하는 것들도 많다. 특히 인터넷을 이용한 도박 사이트는 사회적으로 큰 문제를 일으키고 있다. 정당한 노력과 저축에 힘쓰지 않고 일확천금을 바라는 것은 다 도박이라고 할 수 있다. 그렇게 해서 설혹 돈을 번다고 해도 행복해지지 않는다. 그렇게 번 돈은 반드시 부작용을 낳기 때문이다. 갑자기 재물이 들어오면 재물이 그 사람을 망치게 된다. 정도의 차이는 있지만 수양이 안 된 사람들은 주머니 사정이 좀 좋아지면 사치와 방탕에 빠지기 쉽고, 가정이 깨지는 경우가 많다. 복권 당첨자들 대부분이 복권에 당첨되기 전보다 더 불행해졌다는 통계가 이를 말해 준다.

붓다께서는 어리석은 사람들이 도박으로 돈을 날리게 되면 도둑질할 마음이 생기고, 혹 이기더라도 원한이 생긴다고 하셨다. 도박 때문에 생긴 채무관계로 인해 끔찍한 범죄가 일어나는 경우도 종종 있는 것처럼 도박은 당사자뿐만 아니라 주위 사람들까지도 불행하게 만든다. 붓다께서 도박을 좋아하면 사람들이 멀리한다는 것은 이러한 뜻에서 하신 말씀이다.

그리고 붓다께서는 방탕을 경계하셨다. 방탕한 생활을 하는 사람들을 보면 일확천금을 하거나 재산을 많이 물려받은 경우가 대부분이다. 술과 환락에 찌들어 생활은 불규칙해지고 값비싼 음식만 먹다 보니 입맛은 없어지고 힘든 노동을 하지 않으니 체력은 더욱 약해진다. 온갖 나쁜 곳을 찾아가서 그로 인해 병을 얻게 되거나 나쁜 사람들과 연루된다. 일은 하지 않고 돈을 물 쓰듯 쓰면서 방탕한 생활을 하다 보면 인생이 허무하다는 생각이 들게 된다. 그러한 생각을 달래기 위해 금지된 것을 남용하여 결국은 폐인의 길로 들어서게 된다.

또한 붓다께서는 나쁜 벗과 어울리지 말라고 하셨다. 그 사람을 알려면 그 친구를 보라고 한다. 유유상종이라는 말처럼 비슷한 사람들끼리 모이기 때문이다. 특히 사리분별이 바르지 못한 성장기의 청소년이나 혈기 왕성한 청년들은 나쁜 친구로 인해 그릇된 길로 들어서는 경우가 많다. 『숫타니파타』에서는 자기에게 깨우침을 줄 선지식이 없거든 무소의 뿔처럼 혼자서 가라 했다.

『육방예경』에서는 친해야 할 네 가지 친구를 이렇게 들고 있다.

첫째는 그른 일을 하지 못하게 말리는 친구이며, 둘째는 좋은 일에는 같이 기뻐하고 나쁜 일에는 같이 걱정해 주는 친구이며, 셋째는 친구를 보호하여 이롭게 하는 친구이며, 넷째는 함께 일을 하되 몸과 재물을 아끼지 않는 친구라고 했다.

또 나쁜 친구 네 가지를 다음과 같이 들고 있다.

첫째 속으로 원한을 품었으되 겉으로 친한 척하는 친구, 둘째 그 사람 앞에서는 좋은 말을 하고 돌아서서는 나쁜 말을 하는 친구, 셋째 불행한 일이 있을 때 그 사람 앞에서는 근심하는 척하다가 돌아서서는 기뻐하는 친구, 넷째 겉으로는 친한 척하면서 속으로는 원망하고 음모를 꾸미는 친구가 나쁜 친구라고 했다.

친구에 대하여 『법구경』에서는 이렇게도 말씀하셨다.

좋은 벗을 만나기 어려울 때는
혼자서 수행하여 허물을 깨닫고

어리석은 사람과 친하지 말라.
큰 죄과에 빠지고 물들기 쉽다.

나쁜 친구와 어울리느니 차라리 혼자 수행하면서 책이라도 읽고 화초라도 가꾸는 편이 훨씬 좋다는 말씀이다.

끝으로 붓다께서는 게으름을 버리라고 말씀하셨다. 게으른 사람은 온갖 핑계를 다 대서 일하는 것을 싫어한다고 하셨다. 추우면 춥다고 더우면 덥다고 배부르면 배부르다고 배고프면 배고프다고 하면서 게으름을 피운다. 그래서 게으른 사람은 어떤 일도 이루어내기가 어렵고 재산도 모으지 못한다. 큰 부자는 하늘이 내고 작은 부자는 부지런함에서 생긴다는 말이 있는 것처럼 부지런하면 그럭저럭 살림은 꾸려갈 수 있다.

게을러서 이 일도 맘에 안 든다, 저 일도 맘에 안 든다고 하면서 허송세월만 보내는 젊은이들이 요즘 부쩍 많아졌다. 창조는 게으름에서 나온다는 말도 있지만, 그것은 몸은 게으르게 보여도 머리는 끊임없이 움직이고 있기 때문에 게으르다고는 할 수 없는 것이다. 붓다께서 게으름을 버리라고 훈계하신 것은 일상생활을 하는 데에 있어 가장 중요한 덕목 중의 하나가 근면이기 때문이다.

붓다께서는 또한 싱갈라가에게 육방의 의미에 대해서도 말씀해 주셨다.

육방이란 어떤 것인지 알아야 한다. 동쪽은 부모요, 남쪽은 스승이며 서쪽은 아내요, 북쪽은 친족이며 아래쪽은 고용인이고 위쪽은

덕이 높은 사문과 브라만이다.

그리고 부모에게 효도하고 스승을 잘 섬기며 아내를 위해 주고 친족을 대하는 방법, 고용인이나 덕이 높은 사람들을 섬기는 것에 대해 구체적으로 가르침을 내리셨다. 예를 들면, 자식이 부모에게 효도하는 방법과 아울러 부모가 자식을 어떻게 보살펴야 되는지에 대해서도 말씀하셨다. 아내가 남편을 존중하는 것은 물론 남편도 아내를 존중해야 한다는 것, 스승과 제자, 주인과 고용인에 대해서도 마찬가지로 서로의 의무에 충실할 것을 말씀하셨다. 이러한 붓다의 말씀은 현대적인 관점으로 보아도 대단히 합리적이다. 붓다께서는 주인과 고용인의 관계에 대해 이렇게 말씀하셨다.

주인은 고용인에 대하여 이렇게 해야 한다. 능력에 따라 일을 시키고 항상 음식을 대 주며 수시로 노력의 대가를 치러주고 병이 나면 치료해 주고 가르쳐 주어야 한다. 또 고용인은 이렇게 주인을 대해야 한다. 일찍 일어나 정성껏 일을 해 주며 주지 않는 것을 가지지 않고 순서대로 일을 하며 주인의 이름을 찬탄하여 드날리게 해야 한다.

이러한 말씀은 현대의 기업주와 고용인에 적용시켜도 무리가 없는 말씀이다. 이처럼 붓다께서는 모든 인간관계에 있어서 일방적인 의무만을 강조하지 않으셨다. 서로가 대등한 관계에서 각자의 의무에 충실할 때 사회는 발전하고 건전해진다는 것을 말씀하셨다.

붓다께서 육방에 예배하는 싱갈라가에게 해 주신 말씀들은 생활윤리로서 더없이 훌륭한 말씀이다. 붓다께서는 진리의 말씀을 듣기 위해 처음으로 온 사람들에게는 시론, 계론, 생천론의 삼론으로 구도심이 일어나게 한 뒤 연기설, 오온, 십이처, 십팔계, 사성제 등의 교리도 설해 주셨지만, 재가자들에게는 이렇게 살아가면서 꼭 필요한 생활 지침을 말씀해 주셨다.

　붓다의 말씀은 문자로 정착되기 전까지 수백 년 동안 구전으로 전해 내려 왔다. 붓다께서 입멸하신 직후 500명의 비구들이 모여서 붓다의 말씀을 들은 대로 모은 다음 세대를 이어서 전하고 전해서 문자로 정착된 것은 붓다께서 입멸하시고 400년이나 지난 기원전 1세기경이었다. 붓다의 말씀을 듣고 전한 것은 모두 출가승들이었기 때문에 출가승을 중심으로 법이 전해졌다. 그래서 출가승에 대한 가르침이 많이 전해지게 되었고 재가자들에 대한 가르침은 대부분 빠지게 되었던 것이다. 그렇기 때문에 『육방예경』에서 보여주신 싱갈라가에 대한 가르침은 현대를 살아가는 우리들에게 더더욱 소중한 가르침이라고 할 수 있다.

진정한 승자는 화를 다스린다

　붓다께서 마가다 국 라자가하 교외에 있는 죽림정사에 계실 때였다. 이때는 이미 마가다 국에 붓다의 명성이 높았고, 많은 비구들이 출가해 있었다. 많은 사람들이 계속해서 붓다를 찾아와 법문을 들고 출가했다.

어느 날 죽림정사에 와서 마구 소리를 지르며 욕설을 하는 브라만이 있었다. 당시 브라만은 인도의 최고 계급으로서 인도 사회 전반에 걸쳐 영향력을 행사하고 있었는데, 브라만의 동족이 붓다께 출가한 사실에 대해 매우 분개했던 것이다. 붓다를 향해서 한참 욕을 하다가 제풀에 잠잠해 진 브라만에게 붓다께서 말씀하셨다.

"브라만이여, 그대의 집에도 가끔 손님이 방문할 것이다."

"물론이다. 고타마여."

"그러면 그대는 손님에게 음식을 대접할 것이다."

"물론이다. 고타마여."

"브라만이여, 그때 그 손님이 음식을 먹지 않으면 그 음식은 누구의 것이 되겠느냐?"

"그야 나의 것이 되겠지."

그러자 붓다께서는 조용히 이렇게 말씀하셨다.

"브라만이여, 그대는 지금 나에게 온갖 욕설을 퍼부었지만 나는 그것을 받아들이지 않았다. 그러므로 그 욕설은 그대의 것이 될 수밖에 없다. 브라만이여, 주인이 대접했는데도 손님이 식사를 하지 않은 것과 같이 그대의 욕설을 나는 받지 않고 그대에게 되돌려 주었다."

그리고 붓다께서는 이런 게송을 읊으셨다.

화내는 사람에게 화로 되갚음은 어리석은 일이다.
화내는 자에게 화내지 않는 자는 두 가지 승리를 얻게 된다.
타인의 성냄을 알아 자신을 정념靜念으로 가라앉히는 자는 자신에게도 승리하고 남에게도 승리하는 것이다.

이렇게 타이르시자 그 브라만은 붓다께 감복하고 출가해서 마침내 아라한이 되었다. 상대방이 화를 낼 때 같이 화를 내지 않는 것은 참으로 어렵다. 하지만 상대방이 화를 낼 때는 틀림없이 이유가 있기 때문에 같이 화를 내면 더욱 사태가 나빠진다. 따라서 덩달아 화를 내기보다 조용히 마음을 가라앉히고 화를 내는 원인을 살펴보아야 한다. 붓다께서 정념으로 자신을 가라앉히라고 하신 것처럼 하면 화를 내는 원인을 분석할 수 있고, 오해도 쉽게 풀 수 있을 것이다.

『법구경』에서도 "미움은 미움으로써 풀어지지 않고 미움을 버릴 때에만 풀어진다."고 했다. 남이 화를 낼 때 화를 내지 않으면 상대방과 자신에게 승리하는 것이 된다. 그것이 두 가지 승리이다. 불교의 수행이 참선이나 염불에만 있는 것이 아니다. 평소 마음을 잘 살펴서 자신을 잘 다스리는 것이 수행이다. 몇 십 년을 수행했다고 해도 자존심 좀 상한다고 길길이 날뛰면 수행자라고 할 수 없을 것이다. 그것보다는 남이 화낼 때에 조용히 마음을 가라앉히고 그 사람의 화를 풀어줄 수 있는 사람이 더 훌륭한 수행자이다. 가장 자비로운 사람이 가장 잘 닦은 사람이라는 말이 있다. 화를 다스릴 줄 아는 사람이야말로 자신에게도 승리하고 남에게도 승리하는 진정한 승리자이다.

붓다도 농사를 짓는다

붓다께서 코살라의 에카사라(Ekasāla)라는 마을에 계실 때였다. 그 마을은 어떤 브라만의 소유였는데 마침 파종할 때라 브라만은 마을 사람들을 지휘하면서 파종 준비를 하느라 바빴다. 그날 아침 붓다께서는 탁발을 하려고 그 집 앞에 멈추어 섰다. 마침 그때 그 브라만은 마을의 일꾼들에게 음식을 나누어주고 있었는데, 붓다를 보고 이렇게 말했다.

"사문이여, 나는 스스로 밭을 갈고 씨를 뿌려 양식을 얻고 있소. 당신도 스스로 밭을 갈고 씨를 뿌려 양식을 얻는 것이 어떻겠소?"

이 브라만은 붓다께서 아무 것도 하는 일이 없이 탁발하면서 놀고먹는다고 생각했는지 비아냥거리는 투로 말했다. 그러자 붓다께서 말씀하셨다.

"브라만이여, 나도 밭을 갈고 씨를 뿌려 양식을 얻소."

브라만은 붓다의 말씀에 뜻밖이라며 의아한 표정을 지으며 물었다.

"나는 물론이고 그 누구도 당신이 밭을 갈고 씨를 뿌려 양식을 얻는 것을 보지 못했소. 도대체 당신의 쟁기는 어디 있소? 소는 어디에 있으며 당신이 무슨 씨를 뿌린다는 것이오?"

그러자 붓다께서는 게송으로 대답하셨다.

믿음은 나의 씨앗이요, 지혜는 나의 쟁기이며,
신·구·의의 악업을 제어하는 것은 잡초를 제거하는 것이다.

정진은 내가 부리는 소로서 나아가 물러서지 않으며,
행한 일은 슬퍼하지 않으며 나를 편안한 마음으로 데려간다.
나는 이와 같이 밭을 갈고 이와 같이 씨를 뿌려
감로의 열매를 거둔다.

브라만은 비로소 그 뜻을 이해하고 붓다께 이렇게 말씀드렸다.
"붓다께서는 뛰어난 농부이십니다. 붓다께서 밭을 갈고 씨를 뿌리시는 것은 불사不死의 열매를 거두기 위한 것이라는 것을 이제야 알겠습니다. 붓다시여, 이 음식을 받아주십시오."
브라만이 위와 같이 말하고 음식을 바쳤으나 붓다께서는 그 음식을 물리치고 이렇게 말씀하셨다.

나는 게송을 설하고 음식을 얻지는 않는다. 브라만이여, 그와 같은 일은 지견知見이 있는 사람이 하는 짓이 아니다. 브라만이여, 깨달은 사람은 게송을 읊은 대가를 받아서는 안 된다. 브라만이여, 깨달은 사람은 오직 진리 가운데에 사는 것이며 그것이 각자覺者의 생활이다.
브라만이여, 그러므로 온갖 번뇌에 얽혀 후회가 따르는 행동을 하지 말고 성자에 대해서 진정한 마음으로 음식을 공양하는 것이 좋으리라. 이와 같이 음식을 공양하면 공덕을 원하는 사람의 복전이 되기 때문이다.

이와 같은 말씀을 듣고 그 브라만은 붓다께 귀의했다고 한다.

이 이야기는 불교 수행자의 자세에 대한 내용이라 할 수 있다. 농사를 짓는 것은 밭을 갈고 씨를 뿌려 양식을 얻기 위한 것이다. 불교는 인간의 황폐한 마음을 갈아 거기에 지혜의 씨를 뿌리고 정진으로써 번뇌의 잡초를 제거하여 마음의 양식을 마련하게 해 주는 것이다. 불교 수행자는 사람들로 하여금 지혜를 계발하여 진정으로 행복해 질 수 있는 길을 열어주어야 한다. 그것이 바로 수행자의 농사이며 양식을 얻는 방법이다. 농부는 농부대로, 수행자는 수행자대로 각자의 역할이 다르기 때문에 농사짓는 방법 또한 다른 것이다.

그리고 붓다께서는 게송을 설한 대가로 음식을 받을 수 없다고 하셨다. 수행자는 대가를 바라고 법을 설해서는 안 된다. 탐·진·치에 가려 눈을 못 뜬 자를 위하여 오직 자비로써 지혜의 말씀을 들려주는 것이다. 그렇기 때문에 게송의 대가로 올리는 음식은 받지 않겠다고 하셨다. 결국은 그게 그거 아니냐고 할지 모르겠지만, 잘 생각해 보면 엄청난 차이가 있다.

제자들에게 사랑으로 멘토링을 해 주는 것과 돈을 벌기 위해 해 주는 것은 많은 차이가 있다. 또한 붓다께서는 대가성의 공양이 아니라 진실한 마음을 가지고 수행자에게 공양하면 복전이 된다고 하셨다. 남방불교에서는 공양을 받는 사람에게 감사하다고 말한다. 왜냐하면 공양을 받아주셔서 복을 짓게 해 주시니 고맙다는 뜻이다. 공양하는 사람도 이러한 마음으로 공양을 해야 그것이 참된 공양이다. 나의 욕심을 버리고 삼보의 은혜에 보답한다는 마음으로 보시해야지 이자가 붙어서 더 많이 돌아올 것을 바라고 보시를 하면 공덕이 없다. 그런 보시를 해놓고는 애꿎은 붓다만 탓하는 사람들도 많다.

이런 밭갈이의 비유를 통해서 수행자의 올바른 자세를 알 수 있다. 도를 이루겠다는 믿음, 삼보에 대한 믿음이 없는 사람은 뿌릴 만한 씨앗을 갖지 않은 것과 같다. 지혜가 없으면 밭을 갈 쟁기가 없는 것과 같다. 넓은 들판을 호미로 간다면 얼마나 힘들겠는가. 제풀에 지치기 십상이다. 토굴 파고 우둔하고 미련하게 들어앉아 있어 봐야 시간만 낭비할 따름이다. 그러다가 지치면 막행막식을 하기도 한다. 지혜의 쟁기가 없으니 회의와 허무에 빠져서 그렇게 되는 것이다. 출가한 사람들이 처음에는 바짝 열을 내서 정진하다가도 얼마 못 가 퇴전하는 것도 그런 이유에서이다. 그리고 끊임없이 신·구·의의 악업을 제어하지 않으면 마음의 밭에 잡초가 무성해진다. 번뇌가 많아진다는 뜻이다. 그렇기 때문에 정진을 해야 한다. 정진을 소에 비유했듯이 정진이 없으면 앞으로 나아가지를 못한다. 이 모든 것을 갖추고 불교의 수행자는 마음의 밭을 가는 것이다.

순간의 마음이 지옥과 극락을 결정한다

붓다께서 마가다 국에 계실 때의 일이다. 붓다께서 판차사라(Pañcasālā)라는 마을에 잠시 머무르시면서 탁발을 나가신 적이 있었다. 그날 아침도 여느 때와 다름없이 가사를 단정하게 걸치고 발우를 들고 탁발을 하기 위해 마을에 들어가셨다. 그런데 그날은 마침 그 마을의 축제일이었다. 젊은 남녀가 서로 선물을 교환하는 축제였는데, 사람들이 모두 축제에 정신이 팔려 붓다께 공양할 생각을 하지 않았던 것이다. 경전에 의하면, 붓다께서는 "깨끗이 씻어두었던 발우를 그대로 가지고 돌아올 수밖에 없었다."고 하셨다. 출가승들은 하루 한 끼가 원칙이며 정오가 지나면 식사를 하지 않기 때문에 아침에 탁발을 하지 못하면 다음날 아침까지 굶어야 했다. 붓다께서 빈 발우를 들고 돌아오시는 모습을 보고 마라가 이렇게 말을 걸었다.

"사문이여, 먹을 것을 얻었습니까?"
"마라여, 얻을 수가 없었다네."
"그렇다면 다시 한 번 마을로 돌아가 보시오. 이번에는 음식을 얻을 수 있도록 하겠습니다."
그러나 붓다께서는 마라에게 의연히 대답하셨다.
"설사 얻은 바 없다 해도 보라, 나는 즐기면서 산다. 마치 저 광음천 光音天과 같이 나는 기쁨을 음식 삼아 살아간다."

광음천은 브라만교의 천신들 중의 하나인데 기쁨을 음식 삼아 먹고 살며 입으로부터 밝은 빛을 내면 그 빛이 말이 된다고 하는 신이다. 붓다께서도 그와 같이 해탈의 기쁨을 누리며 살아가신다는 말씀이었다. 붓다께서 마음의 갈등을 느끼실 때는 늘 악마인 마라가 등장한다. 이것은 마음의 번뇌를 상징하는 것이다. '마을에 다시 들어가 볼까? 지금쯤은 어쩌면 축제가 끝나 누군가가 음식을 공양할 지도 모르겠다'라는 생각을 마라를 등장시켜 나타낸 것이다. 그러나 붓다께서는 의연하게 그런 생각을 떨쳐버리셨다. '밥 한 끼 먹지 않아도 나는 해탈의 기쁨으로 살아간다'고 하시면서 거처로 돌아오셨던 것이다.

　이러한 점이 붓다와 우리가 다른 점이다. 사람들은 붓다가 되면 어떤 고통도 느끼지 않는 줄 안다. 그러나 붓다도 우리와 똑같이 배고픔을 느끼시고 덥고 추운 것도 느끼시며 몸이 아픈 것도 느끼신다. 마음의 갈등도 느끼신다. 그러나 우리 범부들과 붓다의 태도에는 차이가 있다. 우리는 조금만 배가 고파도 못 참고 안달이다. 배가 채워질 때까지 오직 그 생각뿐이다. 늦어지면 늦어질수록 거기에 대한 집착이 점점 더 커진다. 그러나 붓다께서는 나는 기쁨을 음식 삼아 살아간다고 하시면서 의연하게 대처하셨다. 붓다께서는 거처에 돌아가서 밥 생각은 벌써 떨쳐버리시고 선정에 들어 계셨을 것이다. 언젠가 붓다께서 당신은 첫 번째 화살에는 맞아도 두 번째 화살에는 맞지 않는다는 말씀을 하셨다. 이것은 우리가 몸으로 느끼는 모든 것을 느끼시되 거기에 대한 반응, 마음가짐이 다르다는 것이다.

　욕을 먹었을 때도 마찬가지이다. 우리는 욕을 먹으면 금방 반응한다. 그 사람을 미워하고 똑같이 욕설이라도 해 주고 싶은 것이 중생의 마음이다. 그러나 붓다는 욕설을 마음에 두시지 않는다. 어떻게 하면 어리석은 중생의 죄업을 면하게 해 줄까를 생각하신다. 이것이 두 번째 화살을 맞지 않는다는 말씀이다.

　누군가 부처가 된다고 해서 이 세상이 확 바뀌는 것은 아니다. 붓다가 세상에 출현하셔도 죄짓는 사람은 여전히 죄를 짓고 있다. 그러면 뭐가 달라지겠는가? 부처가 된 자신의 내면세계가 달라지는 것이다. 그래서 세상이 달리 보인다. 육도 윤회도 반드시 죽어야만 그 세계에 태어나는 것이 아니다. 순간순간 우리의 마음이 어떤 작용을 하는가에 따라서 지옥도 되고 극락도 된다. 분노에 차서 누군가를 미워하면 그 순간이 아수라다. 병상에 누워 참을 수 없는 고통에 시달리고 있으면 그것이 바로 지옥이다. 아기를 품에 안고 사랑하는 그 순간은 관세음보살이다. 행복할 때 그때가 곧 극락이다. 순간순간 우리의 마음가짐이 이 세계를 결정한다. 이와 같이 깨닫는다는 것은 내면의 세계가 변하는 것이다. 깨달았다고 해서 우리의 몸이 총칼도 뚫지 못하는 금강불괴의 몸이 된다든지 극락정토로 바뀌는 것이 아니다. 깨달음에 의하여 지혜와 자비가 충만해졌을 때 세상이 다르게 보인다. 붓다께서 탁발을 하지 못하고 돌아오시면서 기쁨을 음식 삼아 살아간다고 하신 말씀의 의미를 화두話頭 삼아 곰곰이 생각해 보면 수행과 해탈의 참 의미를 짐작할 수 있을 것이다.

행위가 귀천을 만든다

붓다께서 마가다 국의 라자가하 근처에 계실 때의 이야기다. 그때 라자가하에 불을 섬기는 앗기카 바라드바쟈라는 브라만이 살고 있었다. 붓다께서 탁발하러 가시다가 그 브라만의 저택에서 그가 섬기는 불과 공물을 보셨다. 앗기카는 붓다께서 자기가 섬기는 불 가까이 가시는 것을 보고 "사문이여, 멈춰라. 천한 사람이 신성한 곳에 가까이 가서는 안 된다."라고 소리 질렀다.

이 이야기는 붓다께서 라자가하에 가신 지 얼마 안 되어 일어난 일로 보인다. 왜냐하면 브라만이 붓다를 알아보지 못하고 함부로 천한 사람이라는 호칭을 쓴 것에서도 알 수 있다. 또한 그 당시만 해도 브라만의 기세가 대단하였다. 계급 제도가 엄해서 최상의 계급이라고 자부하였던 브라만들은 다른 계급의 사람들과 어울리지 않았다. 더구나 불을 모시며 제사 지내는 브라만들의 영역에 함부로 들어간다는 것은 있을 수 없는 일이었다.

붓다께서는 브라만에게 말씀하셨다.

"브라만이여, 그대는 참으로 천한 사람이 어떤 사람인지 알고 있는가? 또 어떻게 하면 천한 사람이 되는지 그대는 알고 있는가?"

그러자 브라만이 말했다.

"사문이여, 나는 천한 사람이 누구인지 모른다. 또 어떻게 해야 천한 사람이 되는지 모른다. 사문이여, 그대는 나에게 말해 보라."

다시 붓다께서 말씀하셨다.

"브라만이여, 그렇다면 내 말을 잘 듣고 깊이 생각하여 보라. 이제 내가 말할 것이다."

그리고 붓다께서는 브라만에게 천한 사람에 대해 일러주셨는데 그것이 게송으로 남아 있다.

성내는 마음을 가진 자, 원한을 품은 자,
혹은 위선을 행하는 자,
그릇된 견해를 가지고 있는 자,
아첨하는 자,
이와 같은 자가 천한 사람이다.
살아 있는 생명을 해치는 자,

살아 있는 생명을 자애로 대하지 않는 자,
이와 같은 자가 천한 사람이다.

또 이렇게도 말씀하셨다.

타인을 괴롭히고 해치는 자, 재물에 인색한 자,
나쁜 욕심이 있는 자, 고집이 센 자,
아부하는 자, 남에게 부끄러움을 모르는 자,
스스로 부끄러워하지 않는 자,
이와 같은 자를 천한 사람이라고 한다.

붓다께서는 현대 사회에서도 볼 수 있는 천한 사람의 종류를 많이 들고 계시는데, 붓다의 기준대로라면 요즘은 대부분 천한 사람에 속한다고 할 수 있다. 이러한 것은 인간이 가진 무명의 속성인지도 모른다. 붓다께서는 이렇게도 말씀하셨다.

만약 증인으로 물음을 받았을 때
자기를 위해서나 다른 사람을 위해,
또는 재물을 위해 거짓 진술을 하는 자,
이와 같은 자가 천한 사람이다.

사회 지도층, 고위공직자가 부정한 일에 연루되어 증인으로 나섰을 때 온 국민이 다 알 만한 거짓말을 뻔뻔스럽게 한다. 그런데 그렇게 천한 사람들을 부러워하는 이들이 많다. 그런 풍조, 아니 우리 스스로가 천하기 때문에 천한 사람들이 고위직에 오르는 현실을 반성해야 한다.

붓다께서는 천한 사람에 대해 이렇게도 말씀하셨다.

자기는 부유하면서 늙은 부모를 봉양하지 않는 자,
이런 자를 천한 사람이라고 한다.
부모나 형제, 자매, 혹은 장인, 장모에게 해를 가하거나
말로써 괴롭히는 자,
이와 같은 자를 천한 사람이라고 한다.

특히 요즘 불효자들이 부지기수다. 자식이 있는데도 혼자 살다가 쓸쓸히 죽는 노인들, 심지어 부모를 내다버리는 자식도 있다. 붓다께서는 이런 사람들을 천한 사람이라고 하셨다. 그런데 천한 정도를 넘어서서 지옥에 떨어질 악행이라는 것을 모르고 저지르니 문제다. 이 모든 것이 악연이 이어진 탓이다. 업력의 힘에 이끌려 그런 끔찍한 일들을 저지르는 것이다. 중생들의 그 얽히고설킨 악연의 실타래를 붓다께서는 알고 계셨기 때문에 그들을 위하여 걸식을 하시면서 진리를 전하신 것이다. 어리석은 이들이 지혜를 얻음으로써 그러한 악연의 구렁텅이에서 벗어나게 하려는 자비심으로 욕을 먹으면서도 법을 전하러 다니셨다.

붓다께서는 또 이런 사람도 천한 사람이라고 하셨다.

진정으로 성자聖者가 아니면서
스스로 성자인 것처럼 떠드는 자는
천계와 인간계의 도적이다.
이와 같은 자가 실로 가장 천한 자이다.

붓다께서는 성자가 아니면서 성자인 체하는 사람이 가장 천한 자라고 하셨다. 진리를 깨치지 않았으면서도 진리를 깨쳤다고 외치는 사람을 일러 하늘도 속이고 인간도 속이는 가장 천한 자라고 하신 것이다. 옛날에도 종교적 사기꾼이 많았던 모양이다. 요즘 세상에도 성자인 척하는 종교인이 많다. 일부 사교邪敎의 창시자들은 신의 계시를 받았다면서 신의 뜻을 다 아는 것처럼 떠들고 다니는 경우도 있다. 오늘도 끊임없이 사기꾼들이 활개를 치고 다니는 것은 이미 대부분 천한 사람으로 전락했기 때문에 옥석을 가리지 못하기 때문이다. 그래서 붓다께서는 성자와 천한 사람을 이렇게 구분하셨다.

사람은 그 출생에 따라 천한 사람이 되는 것이 아니다. 또한 그 출생에 따라 성자가 되는 것도 아니다. 사람은 그 행위에 의해서 천한 사람이 된다. 그리고 그 행위에 의해서 성자가 된다.

행위에 따라서 천한 사람도 되고 성자도 된다는 말씀에서 붓다야말로 인류의 진정한 평등을 말씀하신 분이라는 생각이 든다. 붓다께서는 인종이나 태어난 지역, 혹은 그 어떤 것에 의해서도 귀천이 결정되지 않고 행위에 따라 귀천이 결정된다고 하셨다. 이 지구상에는 아직도 인종차별이나 피부색에 의한 편견이 존재한다. 붓다의 말씀은 이러한 모든 편견을 부정하시는 것이다. 어떤 사람을 대하든지 지금 그 사람의 행위와 인격으로 판단해야지 태생이나 지위, 출신지역, 출신학교 등에 의한 선입견으로 판단하지 말라는 것이다. 붓다의 이러한 말씀을 듣고 귀가 뚫린 앗기카 바라드바쟈는 붓다께 이렇게 말씀드렸다.

묘한 일입니다. 붓다시여, 예를 들면 넘어진 것을 일으켜 세우는 것과 같이, 가려져 있는 것을 벗기시는 것과 같이, 길 잃은 사람에게 길을 가리켜 주시는 것과 같이, 어둠 속에서 등불을 밝혀 눈 있는 자는 보라고 하시듯이, 붓다께서는 여러 가지 방편으로 법을 나타내어 보여 주셨습니다. 저는 이제 붓다와 붓다의 가르침과 승가에 귀의하겠습니다. 붓다께서는 저를 재가신자로 받아주십시오. 저는 오늘부터 목숨이 다할 때까지 귀의하겠습니다.

이러한 말은 앞에서도 언급한 것처럼 재가자들이 붓다를 찬탄하며 붓다께 귀의할 때에 흔히 쓰던 말이다. 그것을 경전에서는 하나의 정형구로 이렇게 표현해 놓은 것이다. 이와 같이 붓다께서는 마가다 국에서 많은 사람들을 여러 가지 방법으로 제도하셨다.

새롭게 태어난 앙굴리말라

　코살라 국의 수도인 사밧티에 브라만 대신의 아들인 앙굴리말라(Aṅgulimāla)라는 사람이 있었다. 이 사람의 원래 이름에는 여러 설이 있는데, 앙굴리말라라는 이름은 나중에 얻은 별명이라고 한다. 이 사람은 젊은 시절부터 스승에게서 베다를 배웠는데 매우 총명해서 두각을 나타냈으며 배워야 할 것은 모두 배웠다. 그는 스승의 말이라면 무조건 존중하여 거역하지 않았다. 스승 또한 앙굴리말라를 매우 아꼈다.

　그런데 어느 날 스승의 아내가 앙굴리말라의 잘생긴 모습에 반해 남편이 없는 틈을 타서 그를 유혹했다. 그러나 앙굴리말라는 도리어 스승의 아내에게 옳지 않은 일이라고 타일렀다. 스승의 아내는 앙심을 품고 자기의 머리를 풀고 옷을 찢은 다음 남편에게 앙굴리말라가 자기를 겁탈하려 했다고 거짓말을 했다. 그러한 모습을 본 스승은 그 말을 믿고 화가 나서 앙굴리말라에게 복수하려고 했다. 그러나 체력적으로는 20대의 앙굴리말라를 당할 수가 없었으므로 계교를 썼다.

　"이제 너에게 가르칠 것은 다 가르쳤다. 그러나 마지막으로 비밀의 술법이 있는데, 아침 일찍 성 밖에 나가서 지나가는 사람의 머리를 자르고 그 사람의 손가락 한 개씩을 잘라 목걸이를 만들어야 한다. 그렇게 백 명을 죽이고 백 개의 손가락으로 목걸이를 만들면 진실한 깨달음에 이를 수 있다."

　이 말을 들은 앙굴리말라는 매우 놀랐지만 고민 끝에 스승의 말대로 백 명을 죽이기로 했다. 다음날 아침 큰 길에 나가 사람을 죽여 손가락을 잘라 목걸이를 만들기 시작했다. 앙굴리말라라는 이름은 '손가락 목걸이를 가진 자'라는 뜻이다. 앙굴리말라의 이름만 들어도, 그림자만 보여도 사람들이 피했다. 백 명째 죽이려고 하는 날, 앙굴리말라의 어머니가 그의 살인을 말리기 위해 그를 찾았고, 앙굴리말라는 제 어머니도 죽이려 하였다. 붓다께서 이러한 상황을 천안통으로 보시고 앙굴리말라를 찾아가셨다.

어머니를 죽이려 했던 앙굴리말라는 붓다께서 오시는 것을 보자 어머니 대신 붓다를 죽이려고 다가갔다. 그런데 그는 붓다의 너무나 의연한 모습에 칼을 휘두르지 못했다. 다시 용기를 내어 붓다에게 칼을 휘둘렀지만 붓다에게 미칠 수가 없었다. 계속 따라가면서 칼을 휘둘렀지만 붓다를 따라잡을 수 없었다. "사문이여, 멈추어라."라고 소리를 지르는 앙굴리말라에게 붓다께서는 "나는 여기에 멈추어 있다. 앙굴리말라여, 그대가 멈추어라."라고 하셨다. 앙굴리말라가 "어째서 그대는 멈추어 있지 않으면서 멈추어 있다고 하고, 나는 멈추어 있는데도 멈추어 있지 않다고 하는가?"라고 반문했다.

그러자 붓다께서는 이렇게 말씀하셨다.

"나는 모든 살아 있는 것들에 대해 해칠 마음을 버렸기 때문에 멈추어 있는 것이고 그대는 모든 살아 있는 것에 대하여 자제심이 없기 때문에 멈추어 있지 않은 것이다."

앙굴리말라는 문득 이 말씀에 정신을 차리고 자신을 돌아보게 되었다. 그리고는 붓다 앞에 엎드려 땅을 치고 통곡하였다. 앙굴리말라는 자기같이 흉악한 죄를 지은 사람도 용서받을 수 있느냐고 붓다께 여쭈었다. 붓다께서는 앙굴리말라를 출가시키시면서 이렇게 말씀하셨다.

"참회하여 증득한 자는 마치 바다에 흘러온 흙탕물이 맑아지듯 이 과거의 죄업은 사라진다."

그렇게 앙굴리말라는 붓다의 제자가 되었다. 이때 파세나디 왕이 앙굴리말라에 대한 소식을 듣고 살인귀를 잡으러 손수 병정을 이끌고 나타났다. 살인귀를 잡으러 왔다는 파세나디 왕에게 붓다께서 다음과 같이 물으셨다.

"대왕이시여, 만약 그가 머리를 깎고 출가한 사문이 되어 살생을 버리고, 남의 물건을 빼앗는 일도 하지 않고, 거짓말도 하지 않는 지계자持戒者가 되었다면 당신은 그를 어떻게 하시겠습니까?"

대왕이 대답했다.

"세존이시여, 만약 그와 같다면 저는 그를 존경하고 공양하며 그를 보호할 것입니다. 그렇지만 그런 흉악한 자가 어떻게 그와 같은 지계자가 될 수 있겠습니까?"

붓다께서는 앙굴리말라를 가리키면서 저 사람이 바로 그 사람이라고 가리켰다. 과연 붓다의 제자가 된 앙굴리말라를 보니 완전히 딴 사람이 되어 있었다.

파세나디 왕은 붓다께 이렇게 말씀드리고 물러났다.

"세존이시여, 언제나 붓다의 감화력의 위대함에 경배합니다. 앞으로도 중생에게 자비를 베푸시어 그들을 미혹에서 건져내시고 악업을 조복하여 주십시오."

이후 앙굴리말라는 탁발을 나가게 되었는데 많은 사람들에게 맞고 칼에 찔리면서도 죄과를 참회하며 인욕행忍辱行을 행했다고 한다.

그때 붓다께서는 앙굴리말라를 이렇게 타이르셨다.

"비구여, 참을지어다. 그대는 그대의 행위에 대한 과보로서 저승에서 받아야 할 업보를 지금 받고 있는 것이다."

그렇게 하여 앙굴리말라는 마침내 아라한과를 얻었다. 요즘 같으면 살인자는 실정법에 의거하여 형벌을 받겠지만 그 당시는 사회 환경이 달랐다. 게다가 붓다가 국왕의 적극적인 지지를 받고 있었기 때문에 가능한 일이었다.

이 이야기는 아무리 큰 죄를 지었어도 진심으로 참회하면 새롭게 태어날 수 있다는 것을 일깨워 준다. 물론 자기가 지은 죄업에 대한 과보는 받아야 한다. 탁발을 나갔을 때 비난을 받고 칼에 찔리고 두들겨 맞는 것이 과보이다. 자기가 지은 죄에 대한 과보를 달게 받고 열심히 수행함으로써 앙굴리말라는 마침내 아라한의 경지에까지 오르게 된 것이다.

우리가 일상생활에서 참회하는 것은 새롭게 태어나기 위한 다짐이다. 참회를 함으로써 업장을 가볍게 할 수 있다. 예를 들면, 소금은 짜지만 물을 적당히 타서 먹으면 짜지 않게 느껴진다. 우리의 업장도 그렇게 참회를 통하여 희석시킬 수 있다. 많은 죄를 저질렀어도 지극한 마음으로 참회하면 업장이 엷어질 수 있다는 의미이다. 지극하게 참회하면 죽을 업보도 가볍게 몸을 다치는 것으로 피해갈 수도 있다.

어느 종교나 할 것 없이 참회를 강조한다. 가슴 깊은 곳에서 우러나오는 참회는 정신뿐만이 아니라 육체적인 기능까지도 향상시킨다. 병에 대한 저항력도 길러줄 수 있다는 말이다. 이는 과학실험으로도 입증되고 있다. 우리가 나쁜 마음을 가지거나 화를 내면 혈액 속에 독성이 생긴다고 한다. 반대로 자신의 죄과에 대해 참회를 하거나 자비심을 내면 혈액 속에 면역 기능이 현저히 증가한다는 것이다. 또한 말기 암환자가 참회의 뜨거운 눈물을 흘리고 난 뒤에 기적적으로 완치되었다는 것 등도 이러한 예이다. 참된 믿음은 매일매일 자신의 죄과를 참회하는 데서부터 시작되어야 한다. 오염된 항아리에 맑은 물을 자꾸 부어 깨끗하게 하듯이 참회를 통하여 자신의 오염된 항아리를 세척해야 한다. 거창한 성불을 지향하기 전에 먼저 일상의 신행을 통하여 자신을 깨끗하게 맑히는 작업이 선행되어야 한다. 앙굴리말라가 새 사람으로 태어났듯이 참회를 통하여 죄업을 반성하고 고쳐나가는 것이 불교 공부의 첫걸음이다.

바다가 강물을 차별하지 않듯이 …

붓다께서는 주로 마가다 국과 코살라 국을 중심으로 교화를 하셨다. 그런데 경전에 나오는 설법 장소의 대부분은 코살라 국의 사밧티로서 거의 7할 이상이 이곳에서 이루어졌다. 이는 붓다께서 입멸하신 뒤에 경전을 결집할 때 붓다의 말씀을 가장 많이 기억하고 있던 아난다가 출가 이후 주로 코살라 국의 사밧티에서 지냈기 때문일 것이다.

아난다는 붓다의 시자로서 늘 붓다 가까이에 있으면서 붓다를 모신데다 기억력이 빼어나 붓다의 말씀을 가장 많이 기억하고 있었기 때문에 '다문제일多聞第一'이라고 불렸다. 아난다는 붓다 성도 후 대략 15년 정도 지나 출가하였는데, 이때 아난다의 나이는 대략 20세 정도였다. 그리고 붓다의 시자가 된 것은 출가한 지 5년 정도 지났을 때라고 하므로 붓다께서 60세를 바라볼 무렵이었다.

그때까지는 붓다를 모시는 특별한 시자가 없었다. 여러 사람이 번갈아가면서 붓다의 시자 노릇을 했다. 사리풋타가 옆에서 지켜보니, 연세가 많으신 붓다를 옆에서 모시는 시자가 있었으면 좋겠다는 생각이 들었다. 처음에는 본인이 시자가 되려고 했지만 사리풋타 역시 나이가 많았기 때문에 붓다께서 거절하셨다. 그런데 목갈라나와 많은 비구들은 붓다께서 온화한 성품의 사촌동생 아난다를 마음에 들어 하신다는 것을 알았다. 그들은 아난다에게 붓다의 시자가 될 것을 권했다. 아난다는 붓다께 누를 끼치게 될까 봐 거절했다. 여러 비구들의 거듭되는 간청을 받고, 아난다는 '붓다께서 자기가 말하는 여덟 가지를 허락해 주신다'면 시자가 되겠다고 하였다.

첫째, 붓다께서 공양 받으신 옷은 내가 받지 않는다.
둘째, 붓다께서 공양 받으신 음식은 내가 받지 않는다.
셋째, 붓다께서 거처하시는 향실에서 함께 거처하지 않는다.
넷째, 붓다께서 신자에게 초대 받았을 때 나는 함께 가지 않는다.
다섯째, 내가 신자에게 받은 초대에는 붓다께서도 가시지 않는다.
여섯째, 먼 곳에서 온 방문객을 붓다께 바로 데려가도 좋다.

일곱째, 내가 의문을 가진 것에 대해서는 붓다께 바로 여쭈어 볼 수 있다.

여덟째, 내가 자리에 없을 때 붓다께서 설법하시는 일이 있다면 나중에 나에게 다시 말씀해 주실 것 등을 요구했다.

이 말을 들은 목갈라나는 붓다께 아난다의 말을 그대로 전했다. 그랬더니 붓다께서는 기쁘게 말씀하셨다.

"아난다는 참으로 현명하다. 그는 시끄러운 문제를 미리 방지하고 있다. 어떤 비구들은 아난다가 옷이나 맛있는 음식 때문에 나를 시봉한다고 할지도 모른다. 아난다는 이러한 것을 알고 그것을 예방하려고 한다. 또 어떤 비구는 아난다가 나의 후광을 이용한다고 할지도 모른다. 아난다는 이것을 예방하고 있다. 또 아난다는 언제 나를 만나야 하는지, 다른 사람들이 왔을 때 언제 나에게 데려와야 하는지, 언제 질문해야 하는지를 잘 알고 있다. 그렇기 때문에 그런 요구를 한 것이다."

이렇게 말씀하시면서 아난다를 시자로 받아들이셨다. 그 이후 아난다는 붓다께서 반열반에 드실 때까지 25여 년 동안 붓다를 가까이에서 모셨다. 붓다께서 돌아가신 뒤 경전이 결집될 때에 아난다는 붓다의 많은 말씀을 기억하여 진술했다. 오늘날 우리가 보는 대부분의 근본경전이 아난다의 기억으로 되살려진 것이라 할 수 있다.

인물도 좋고 지혜로우며 성품이 온화한 아난다에게는 유명한 일화가 많다. 어느 날 사밧티에서 탁발을 하고 돌아오던 아난다는 목이 말라 길가의 우물가로 갔다. 마침 어떤 아가씨가 물을 긷고 있었는데 아난다는 그녀에게 물을 청했다. 그녀는 자기가 미천한 백정의 딸이라서 스님에게 물을 떠드리는 것이 폐가 될 것 같다며 거절했다. 아난다는 모든 사람을 평등하게 보는 붓다의 제자로서 귀천을 가리지 않는다며 그녀를 위로해 주었다.

그녀는 기뻐하면서 아난다에게 물을 떠 주었고, 아난다에게 반하였다. 그녀의 어머니는 주술에 뛰어난 사람이었는데, 그녀는 자기 어머니에게 아난다를 남편으로 삼을 수 있게 해 달라고 부탁했다. 그러나 그녀의 어머니는 이렇게 말했다.

"나의 힘으로 움직일 수 없는 사람이 두 종류가 있다. 하나는 탐욕을 끊은 사람이며 다른 하나는 죽은 사람이다. 사문 고타마는 덕이 높은 사람이며 그의 제자들도 오욕을 끊었다고 하는데 어려울 것 같으니 포기해라."

어머니의 말을 듣고도 그녀는 아난다를 잊을 수 없었다. 식음을 전폐하고 앓아누워서 어머니에게 거듭 간청했다. 딸의 청을 뿌리치지 못해 온갖 주술과 비방秘方을 동원해서 아난다를 집으로 불렀다. 그리고는 자기 딸로 하여금 아난다를 유혹하도록 했다. 그러나 아난다는 그녀의 방에 들어가려는 찰나 정신을 차리고 자신을 반성했다. "나는 유혹을 이기지 못하고 여기까지 왔구나."

그리고는 얼른 기원정사로 돌아왔다. 그러나 그녀는 포기하지 않고 아난다가 지나가는 길목을 지키고 섰다가 유혹을 했다. 아난다는 피하려고 했지만 집요하게 따라다니는 그녀 때문에 당황하여 붓다께 이 사실을 말씀드렸다. 붓다께서는 아난다에게 근신하라고 이르시고는 그녀를 불러서 말씀하셨다.

"그대가 정말 아난다와 결혼하고 싶은가? 그러면 양친의 허락이 있어야 한다. 그러니 집에 가서 양친을 모셔오너라."

그녀가 부모님을 데려오자 붓다께서는 그들에게 딸을 아난다와 결혼시키려면 먼저 출가를 시켜야 한다고 말씀하셨다. 그녀의 부모는 딸을 아난다에게 시집보내고 싶은 욕심에 딸의 출가를 허락했다. 그녀는 기쁜 마음으로 머리를 깎고 비구니가 되었다. 그리고 아난다와 결혼하려고 시키는 대로 열심히 수행하였다. 그런데 그녀는 점차 마음이 안정되면서 부끄러워졌다. 욕정에 휩싸인 자신을 반성하면서 더욱 청정해지고 지혜로워졌다. 마침내 아난다와 결혼하려던 생각이 어리석게 느껴져 붓다 앞에서 자신의 지난 잘못을 참회하고 훌륭한 비구니로 거듭 태어났다.

그러나 세간에서는 미천한 백정의 딸을 출가시켰다고 붓다를 비난하였다. 부정한 여인을 승단에 받아들였다고 험담하며 붓다께 공양하고 보시하는 것을 꺼리는 사람도 있었다. 계급질서가 엄격하던 그 당시에 가장 천한 백정의 딸을 승단에 출가시킨다는 것은 굉장히 파격적인 일이었을 것이다. 그러나 붓다께서는 제자들에게 이렇게 말씀하셨다.

"비구들이여, 큰 강에는 갠지스 강도 있고 요우나 강도 있고 아지라파디 강과 사라푸우 강, 마히이 강이 있지만 모두 바다로 흘러든다. 이러한 강들이 바다에 흘러들면 옛날의 이름은 모두 없어지고 그저 바다라는 이름으로만 불린다. 그와 마찬가지로 그대들도 출가하기 전에는 브라만이고 크샤트리아이고 바이샤, 수드라였지만 출가하여 나의 가르침을 받고 한 곳에 머물지 않는 생활을 하게 되면 모두 사문이라고 불린다."

붓다께서는 모든 신분과 계급의 차별을 철저히 부정하셨다. 이러한 소문은 파세나디 왕에게도 흘러들어갔다. 파세나디 왕은 붓다를 찾아뵙고 붓다의 명예와 가르침을 위하여 비천한 여자를 출가시키는 것은 좋지 않다고 말씀드렸다. 그러나 이러한 붓다의 설법을 듣고 감동하여 붓다를 더욱 존경하게 되었고, 평생 동안 붓다의 멘토링을 받으며 지혜롭게 나라를 다스렸다.

며느리를 어머니처럼 대한 까닭

코살라 국의 수도인 사밧티에는 기원정사 이외에도 동원녹자모東園鹿子母 강당이라는 정사가 있었다. 줄여서 동원정사東園精舍라고 부르기도 하는데, 성의 동쪽에 있었기 때문이다.

비사카 미가라마타(Visākhā Migāramātā)라는 독실한 재가 여신도가 이 동원정사를 기증하였다. 그녀는 부호의 딸로서 일곱 살 때에 붓다의 설법을 처음으로 듣고 법안을 얻었다고 한다. 어릴 때부터 불교를 신봉하다가 사밧티의 부호의 아들과 결혼을 하게 되었다. 결혼식 날 시아버지인 미가라(Migāra)가 아들 부부의 장래를 축복하기 위해서 나형외도裸形外徒[4]들을 500명이나 초청해서 공양하겠다는 소식을 듣고 놀란 비사카는 시댁 식구들에게 붓다에 대해 말씀드렸다.

---

[4] 나형외도裸形外徒: 나체로 생활하던 자이나 교도를 일컬음..

붓다의 진리의 말씀을 간곡하게 전하여 시아버지를 비롯한 시댁 식구들을 전부 불자로 만들어버렸다. 시아버지인 미가라는 자기를 바른 길로 이끌어주었다 하여 며느리를 어머니처럼 대했다고 한다. 그래서 그녀를 미가라의 어머니라는 뜻으로 미가라마타 즉, '녹자모'라고 불렀던 것이다. 그녀는 불교 교단이 번창하면서 기원정사가 비좁아지자 교외의 동쪽에 정사를 마련하고 붓다께 바쳤다. 그리고는 일생 동안 팔사공양八事供養을 계속하겠다고 청하여 붓다께 허락을 받았다.

팔사공양은 ① 우기에 비구들에게 겉옷 제공 ② 외래 비구에 대한 식사 제공 ③ 원행遠行 비구에 대한 식사 제공 ④ 병든 비구에 대한 식사 제공 ⑤ 간병하는 비구에 대한 식사 제공 ⑥ 의약 제공 ⑦ 일상에서의 죽 제공 ⑧ 비구니에 대한 욕의 제공 등을 하는 것이다.

우기에 비구들에게 겉옷을 제공하게 된 까닭이 있었다. 언젠가 비가 오는 날 비사카가 비구들에게 공양하기 위하여 여종을 보냈는데, 마침 비구들이 옷을 벗고 있었다. 이것을 보고 놀란 여종이 보기 흉하다고 그냥 돌아온 것을 안 비사카가 비구들이 비 올 때도 입을 수 있도록 겉옷을 제공하겠다고 하였다. 그리고 다른 지역에서 온 비구들이 사밧티에 왔을 때 어디로 가야 탁발을 할 수 있을지를 몰라 여기저기 헤매다 지쳐 쓰러지는 경우가 있어서 외래비구에게 식사를 제공하겠다는 것이었다. 원행비구에게 식사를 제공하겠다는 것은 길 떠나는 비구가 탁발 때문에 제 시간에 목적지에 도착하지 못하는 경우가 종종 있어서였다.

또한 병든 비구가 제대로 식사를 하지 못하면 몸을 더 상하기 때문에 식사를 제공하겠다는 것이고, 병자를 간호하는 사람이 탁발을 위하여 자리를 비우게 되면 병자가 위험하게 되니 그것을 막기 위해 간병하는 비구에게도 식사를 제공하겠다는 것이었다. 때로는 약을 구하지 못해 병이 무거워지는 경우가 있으므로 이들에게도 약품을 제공하겠다고 하였다. 죽을 제공하겠다고 한 것은 붓다께서 죽이 마음을 안정시키고 목마름과 배고픔을 채우고 건강을 위한 영양을 주는 것이라고 말씀하셨기 때문이었다.

그리고 어느 날 비구니들이 창부들과 같이 목욕을 하게 되었는데 창부들이 "젊어서 청정한 몸을 갖는다는 것이 무슨 이익이 있는가? 젊어서는 즐기고 늙어서 청정한 생활을 해도 괜찮다."고 놀리는 것을 보고 비구니들이 목욕할 때 함부로 몸을 보이지 않도록 목욕할 때 입는 옷을 보시하겠다는 것이었다.

이러한 여덟 가지 보시를 평생토록 하고 싶다고 간청하는 비사카에게 붓다께서는 이렇게 물으셨다.

"그대는 이런 보시를 함으로써 무슨 이익이 있는가?"

"어떤 비구가 열반에 들고 혹은 아라한이 되었을 때, 그 비구가 사밧티에 살았던 비구라면 틀림없이 제 공양을 받았을 것이니 그로 인해 저는 기쁨을 얻고 마음의 평안을 얻을 수 있기 때문입니다."

그녀는 평생 동안 팔사공양을 했기 때문에 우바이 중에서 '시여제일施與第一'로 불리게 되었다. 비사카의 일화는 보시의 참뜻과 그 당시 비구와 비구니들의 생활상을 알 수 있는 귀중한 이야기라고 할 수 있다.

좋은 아내가 되는 법

수자타(Sujātā)는 비사카의 여동생으로 아나타핀디카(급고독) 장자의 며느리로 사밧티에 시집을 왔다. 옥야玉耶라는 한역 이름으로 더 유명한 그녀의 이야기는 『옥야경』에 전해져 아내의 도리를 일깨울 때마다 인용되고 있다. 수자타는 자기의 가문과 뛰어난 용모에 자만심을 가지고 있었다. 그녀는 시부모와 남편에게 예의를 지키지 않았고, 붓다에 대해서도 존경하는 마음이 없었다.

장자의 부부는 며느리를 가르치지 아니하면 그 허물이 점점 더할 것을 염려하면서 붓다께 간청하는 수밖에 없다고 생각하였다. 붓다께서는 모든 이를 교화하시고 누구든지 따르지 않는 자가 없기 때문이었다. 그래서 다음날 붓다를 집으로 모시고 공양을 올려 사정을 말씀드렸다. 그런데 붓다께서 장자의 집을 방문했을 때 다른 사람들은 모두 나와서 붓다께 인사를 드리며 맞이하는데 수자타는 방에서 나오지 않았다. 붓다께서 수자타의 방을 광명으로 비추시자 수자타가 놀라서 뛰어나와 붓다께 예를 올렸다. 붓다께서는 수자타에게 말씀하셨다.

"여자는 얼굴이 아름답다 하여 교만해서는 안 된다. 얼굴이 고운 것은 진실한 아름다움이라 할 수 없다. 마음과 행실이 좋아야 사람들에게 사랑과 존경을 받는다. 얼굴이 고운 것으로 어리석은 자를 유혹할 수는 있어도 유혹되지 않는 자의 존경은 받지 못한다. 그것은 하늘과 사람이 기뻐하는 바가 아니다. 타인의 노리개가 되기에는 적합하나 훌륭한 사람이 되기에는 적합하지 않다."고 말씀하시면서 시부모와 남편을 섬기는 다섯 가지 착한 것과 세 가지 나쁜 것에 대해 설해 주셨다.

첫째, 아내는 남편이 잠든 뒤에 자고, 일찍 일어나서 머리를 빗고 의복을 정돈하며, 세수하고 집안을 깨끗이 청소하며, 모든 일은 어른에게 먼저 여쭈어서 행하고, 마음이 항상 공손하여 맛좋은 음식이 있더라도 먼저 먹지 말며,
둘째, 남편이 책망하더라도 화내거나 원망하지 말며,
셋째, 한결같은 마음으로 남편을 위하여 정조를 지키고 불륜을 생각하지 말며,
넷째, 항상 남편이 오래 살기를 원하고, 남편이 외출하면 집안을 깨끗이 정돈할 것이며,
다섯째, 남편의 좋은 것만 항상 생각하고 나쁜 것은 생각하지 아니하는 것이다. 이것을 다섯 가지 착한 것이라 한다.

또한 세 가지 악한 것이 있으니,

첫째, 시부모와 남편을 아내의 예절로써 섬기지 아니하고, 좋은 음식은 먼저 먹으며, 어둡기 전에 일찍 자고 해가 떠도 일어나지 아니하며, 남편이 가르치고 꾸짖으면 성난 눈으로 남편을 보고 대항하고 욕하는 것이요,
둘째, 일심으로 남편을 섬기지 아니하고 다만 다른 남자를 생각하는 것이요,

셋째, 남편을 죽게 하여 다른 남자와 재혼하고자 하는 것이니, 이것을 세 가지 악한 것이라 한다.

이러한 훈계를 듣고 수자타가 마음속으로 자기 허물을 뉘우치는 모습을 보며 붓다께서는 말씀을 계속하셨다.

세상에는 일곱 종류의 아내가 있다. 어머니 같은 아내, 누이 같은 아내, 친구 같은 아내, 며느리 같은 아내, 종 같은 아내, 원수 같은 아내, 목숨을 빼앗는 아내들이다.
어머니와 같은 아내란, 남편 사랑하기를 오직 자비한 어머니와 같이 밤낮으로 그 곁을 떠나지 아니하며 모시고, 마음을 다하여 때에 맞추어 먹을 것을 차리고, 남편이 밖에 나갈 때에는 남에게 흉잡히지 않도록 마음을 써서 남편 생각하는 마음이 그칠 줄 모르는 것이다.
누이 같은 아내란, 남편을 섬기는 데 공경과 정성을 다하고, 골육지친骨肉之親에는 두 가지 정이 있을 수 없듯이 한 부모에게서 골육을 나눈 형제와 같이 공경하여 받들어 섬기기를 누이동생이 그 오라비를 받들어 섬기듯 하는 것이다.
착한 친구 같은 아내란, 남편을 모시고 사랑하는 생각이 간절하고 지극하여, 서로 의지하고 사모하여 떠나지 아니하며, 어떤 비밀스런 일도 서로 알리며, 잘못을 보면 충고를 하여 실수가 없게 하고, 좋은 일에는 칭찬하여 지혜가 더욱 밝아지도록 하며, 서로 사랑하며 이 세상에서 편안히 지내게 하기를 어진 벗과 같이 하는 아내이다.
며느리와 같은 아내란, 공경과 정성을 다해 어른을 받들고 겸손과 순종으로 남편을 섬기며, 일찍 일어나고 늦게 자며, 분부에 수순하되 말에 실수가 없고 행동에 실수가 없으며, 좋은 일이 있으면 남편에게 돌리고 잘못된 일에는 자신이 책임을 지며, 남에게 혜시惠施하기를 가르치고 착하게 살기를 서로 권하며, 마음이 단정하고 뜻이 한결같아서 조금도 그릇됨이 없이 아내의 예절을 밝게 닦아서 법도에 어긋나지 않고, 예의를 잃지 않으며, 오로지 화순으로써 귀함을 삼는 것이니, 이것을 며느리와 같은 아내라고 한다.

종과 같은 아내란, 항상 두려워하고 조심하여 교만하지 않고 일에 부지런하여 피하거나 꺼리는 것이 없으며, 공손하고 정성스러워 충성과 효도를 소중히 여기며, 말은 부드럽고 성격은 온화하며, 입으로는 거칠거나 간사한 말을 하지 않고, 몸으로는 방종한 행동을 하지 않고 정숙하고 선량하고 슬기로우며 항상 자신을 엄하게 단속하여 예의로 몸가짐을 삼는다. 남편이 사랑해도 교만을 부리지 않고, 설혹 박대를 할지라도 원망함이 없이 불평하지 않고 딴 생각을 하지 않는다. 남편이 즐기는 것을 권하고 말이나 얼굴빛에 질투가 없으며, 오해를 받더라도 그것을 밝히려고 다투지 않는다. 아내의 예절을 힘써 닦아 옷과 음식을 가리지 않고 오로지 공손과 정성을 기울여 오직 부족할까 두려워하며 남편을 공경하게 받드는 것이 마치 종이 상전을 섬기듯 하는 것이니, 이것을 종과 같은 아내라 한다.

원수 같은 아내란, 언제나 성내는 마음으로 남편을 바라보고 밤낮으로 헤어지기를 생각하며, 부부라는 생각이 없이 나그네처럼 여기며, 항상 싸우려고 으르렁거리며 조금도 두렵고 어려워하는 마음이 없다. 흐트러진 머리로 누워 있으며 집안 살림이나 아이들을 전혀 보살피지 않으며, 바람을 피우면서도 부끄러운 줄을 모르는 것이다. 그 모양이 짐승과 같아서 친척들을 욕하고 원수처럼 대하는 것이니, 이것이 원수와 같은 아내이다.

목숨을 빼앗는 아내란, 밤낮으로 성난 마음으로 대하며 항상 헤어질 것을 궁리하고, 독약을 먹이자니 남이 알까 두려워서 못하고, 친정이나 이웃사람들과 의논하여 남편의 재산을 훔치려 하며, 정부情夫로 하여금 남편을 죽이라고 사주한다. 이는 곧 남편의 목숨을 빼앗으려는 것이니, 이를 목숨을 빼앗는 아내라 한다. 세상에는 이와 같이 일곱 종류의 아내가 있다.

이 가운데 다섯 종류의 착한 아내는 항상 그 이름이 널리 알려져서 여러 사람들이 사랑하고 공경하며 일가친척들이 함께 칭송하고, 천룡과 귀신들이 모두 보호하며, 죽은 후에는 천상에 나서 칠보궁전에 거처하며 장수와 쾌락을 누릴 것이다. 그리고 악독한 두 종류의 아내는 항상 비난을 받고 몸과 마음이 불안해서 늘 앓게 되며, 눈을 감으면 악한 꿈으로 두려워 떨고 자주 횡액을 당하며, 죽은 뒤에는 삼악도에 떨어져 여러 겁이 지나도록 헤어날 기약이 없게 된다.

붓다의 말씀을 듣고 수자타는 눈물을 흘리며 허물을 뉘우쳤다.
"제 마음이 어리석고 미련하여 아내로서 망령된 짓을 했습니다. 이제부터는 지나간 잘못을 참회하여 저의 목숨이 다할 때까지 교만을 부리지 않고 종과 같은 아내가 되어 시부모와 남편을 받들어 섬기겠습니다."
붓다께서는 다시 수자타에게 말씀하셨다.

"사람이 어느 누가 허물이 없으랴만 참회하여 새 사람이 된다면 그보다 더 좋은 일이 없을 것이다."

수자타는 어진 아내가 되어 열 가지 계戒를 받고 재가신자인 우바이가 되었다. 붓다께서는 남편의 의무에 대해서도 말씀해 주셨는데,『육방예경』에 그 내용이 담겨 있다.

남편은 아내를 다섯 가지로 공경해야 한다.
첫째, 바른 마음으로 아내를 공경하며,
둘째, 의식주를 걱정 없게 하고 때맞추어 의복을 사 줄 것이며,
셋째, 몸을 장식하는 금은과 보석을 사 주며,
넷째, 집안에 있는 모든 것을 쓸 수 있게 맡겨야 하며,
다섯째, 아내 몰래 다른 여자와 부정한 관계를 맺지 말아야 한다.

남편이 아내에게 옷과 장신구를 선물하도록 하신 말씀을 보면 붓다께서 얼마나 세심한 부분까지 배려하셨는지 알 수 있다. 뿐만 아니라 고대사회에서는 보기 어려운 진정한 남녀평등을 설하셨던 것이다.

둘째 마당

인류의 영원한 스승
붓다의 탄생과 출가

불교는 특정한 신의 존재를 초월하며
독단(Dogma)과 신학체계를 회피한다.
또한 불교는 자연과 인간의 영혼을 함께 아우른다.

- 아인슈타인

붓다 탄생 전후의 인도사상계

신을 위한 종교의 쇠퇴와 출가 사문의 등장

사캬무니 붓다가 탄생할 무렵인 기원전 500년경에는 국가의 규모가 더욱 커지고 경제활동이 왕성해지면서 사회에 많은 변화가 일어났다. 국가 권력을 장악한 왕족과 경제력을 지닌 바이샤 계급의 대두로 새로운 사회지도층이 형성되었고, 신의 대리인을 자처하던 브라만 계급이 쇠퇴하여 사상적인 면에서도 자유롭고 혁신적인 경향을 나타내었다. 그러나 여전히 브라만의 전통 아래에서 움직이는 사회였기 때문에 일상생활에서의 브라만들의 영향력은 실로 막대한 것이었다. 다만 선각자라 할 수 있는 사문들이 나타나 브라만 전통에 대해 회의를 품고 부조리를 비판하였다. 브라만교는 사성계급제도를 확립시켰고, 철저하게 업보나 윤회, 그리고 해탈을 믿는 데 반하여, 육사외도는 대체로 업보설을 부정하거나 여기에 대해 회의적인 태도를 지니고 있었다.

이 당시의 인도의 사상·종교계는 전통적인 브라만교와 이에 반

● 갠지스 강의 풍경

발하고 회의를 품은 자유사상가들이 활동하던 시기였다. 그 당시의 대표적인 신흥 사상가로는 육사외도六師外道가 있었다. 이들은 붓다가 탄생할 당시의 대표적인 외도外道 사상가들로서 아지타 케사캄바라, 산자야 벨라티풋타, 막칼리 고살라, 파쿠다 캇차야나, 푸라나 카사파, 니간타 나타풋다 등의 여섯 명이다. 그 중에서도 마하비라가 창시한 자이나교는 불교와 거의 동시에 등장해서 비슷한 교리를 가지고 교세를 확장했으며, 지금까지도 인도에서 많은 신자를 거느리고 있다. 이 시기에는 육사외도 외에도 62견見 등 갖가지 외도들이 브라만교의 사상체계를 인정하지 않고 나름대로의 주장을 펼치고 있었다.

당시의 인도 사상계에 공통되는 큰 흐름은 업보윤회의 사상과 수행해탈의 사상이라고 할 수 있다. 우파니샤드 사상, 즉 브라만교는 원래 영혼불멸설의 입장에서 윤회설輪廻說을 전개했다. 여기에 따르면 인간은 생과 사를 되풀이하면서 윤회하는데, 좋은 업을 쌓아야만 사후에 좋은 곳에 태어난다고 하였다. 선한 일을 한 사람은 천계에 태어나고 악한 일을 한 사람은 지옥에 태어난다고 하는 사고방식은 불교가 발생하기 훨씬 전인 베다 시대로부터 브라만 시대에 걸쳐서 계속 있어 왔던 것이다. 그러나 천계에 태어나더라도 죽음의 고통을 몇 번이나 겪어야 하기 때문에 윤회를 완전히 벗어나기 위해서는 '범아일체'가 되어야 한다는 것이다.

'브라만'이라는 말은 원래 '기도어가 지닌 마력'을 가리키는 것이었는데, 나중에는 '우주의 최고 원리', 혹은 '유일한 실재'를 가리

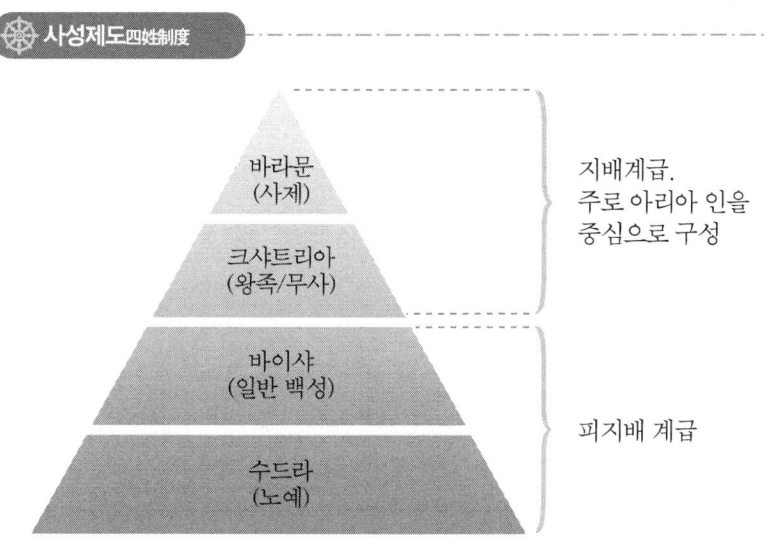

사성제도四姓制度

- 바라문 (사제)
- 크샤트리아 (왕족/무사)

지배계급. 주로 아리아 인을 중심으로 구성

- 바이샤 (일반 백성)
- 수드라 (노예)

피지배 계급

키게 되었다. 또 '아트만'이라는 말도 원래는 '호흡'의 의미였지만 전용轉用되어 인간의 내면에 실재하는 영원불멸의 '자아'를 가리키게 되었다. 이러한 브라만과 아트만이 일체라고 하는 인식이 자각되면 윤회의 고뇌를 해탈할 수 있다는 것이 브라만교의 주장이다. 이를 위해서는 출가하여 여러 가지 고행을 쌓아야만 한다는 것이다. 출가할 수 없는 일반 민중은 베다의 신들에게 공물을 바치고 제사를 지내면서 내세의 행복을 기원해야 했다. 브라만들은 자신들의 권위를 유지하기 위하여 제식의 신비감을 고취시키고 많은 공물을 요구했으며, 심지어는 고액의 사례비까지 요구했다. 이러한 행태는 점차로 민심의 이반을 가져왔고, 여기에 대해 회의를 품은 사상가들도 나타났다.

이들 새로운 사상가들을 고행자 혹은 '사문沙門(samaṇa)'이라고 했다. 사문은 '정진 노력하는 자'라는 의미로 출가하여 수행하는 사람들을 가리켰는데, 나중에는 브라만 이외의 출가자들을 통틀어 사문이라고 했다. 즉, 브라만이 출가하면 그대로 브라만이라고 불렸으며 브라만이 아닌 사람들이 출가한 것에 대해서는 사문이라고 하였다. 따라서 불교의 출가자들도 모두 사문이라고 지칭되었다.

대체로 이들 사문들은 정통 브라만들과는 달리 베다의 권위를 부정하고 새로운 사상을 주창하던 사람들이 많았다. 사캬무니 붓다도 이들 사문 그룹에 속했다고 할 수 있다. 사문들은 가족을 버리고 집을 나와 걸식하며 유랑하거나 조용한 곳에서 나름대로의 고행을 하거나 명상으로 마음의 통일을 구하는 유가행瑜伽行(yoga) 등을 행하면서 진리를 추구했다. 이들은 기존의 브라만 전통에 대해 그 권위를 인정하지 않고 새로운 사상을 펼쳤기 때문에 브라만 전통에 식상한 민중의 지지를 얻고 있었다. 그러한 대표적 그룹이 불교경전에 더러 등장하는 육사외도, 육십이견 등의 외도였던 것이다. 특히 육사외도는 대체로 업보사상을 부정하고 궤변을 늘어놓았는데 그들 중에 노예나 천민 출신이 있는 것으로 보아 이들이 브라만의 주장과는 대체로 배치되는 입장을 취한 것은 우연이 아님을 알 수 있다.

선악의 과보가 없다 - 푸라나 카사파

예를 들어, 푸라나 카사파(Puraṇa Kassapa) 같은 사람은 이렇게 주장했다.

다른 사람의 신체를 절단하거나 다른 사람을 불에 태우거나 남을 슬프게 하거나 지치게 하거나 동요하게 하거나 생명을 빼앗거나 훔치거나 약탈하거나 강도질을 하거나 매복하여 습격하거나 간통하거나 거짓말을 하거나 또는 남에게 이러한 일들을 부추겨서 하게 해도 그것은 나쁜 일이 아니다. 면도날처럼 날카로운 바퀴로 이 땅을 거대한 살덩어리로 만들더라도 죄가 되지 않으며 거기에 따른 과보도 일어나지 않는다. 또 어떤 사람이 갠지스 강의 남쪽 둑을 따라가면서 죽이고 잔인하게 살해하며 신체를 절단하고 불에 태우거나 그렇게 하도록 하더라도 죄가 되지 않으며 거기에 따른 과보도 없다. 또 어떤 사람이 갠지스 강의 북쪽 둑을 따라가면서 보시를 하고 제물을 바치거나 그렇게 하도록 하더라도 그것은 복이 되지 않으며 복과가

● 갠지스 강에서 목욕하는 인도인

일어나지 않을 것이다. 보시를 하거나 자신을 절제하고 금욕을 하거나 진실을 말해도 복이 되지 않으며 어떠한 복과도 따르지 않을 것이다.

이것은 빨리 『장아함경長阿含經』의 「사문과경沙門果經」에서 인용한 것인데, 푸라나 카사파는 모든 것을 부정하며 인과를 믿지 않는 성격파탄자 내지 윤리파괴자 같은 주장을 하고 있다. 즉, 선악 자체를 인정하지 않고 어떠한 과보도 없다고 주장하는 극단적인 허무주의적 성향을 드러낸다. 카사파가 이렇게 주장한 것은 어쩌면 그 당시 브라만들의 위선에 대한 조롱이었는지도 모른다. 그때 브라만들은 베다와 전통의 권위에 의지해서 제사 의식을 통하여 부를 축적하면서 풍요롭고 안락한 생활을 누리고 있었다. 브라만의 권리는 세습되어 대대로 호사를 누리면서 민중의 고통은 돌보지 않고 수행도 게을리 하면서 위선적인 생활을 하는 브라만들이 많았던 것이다. 어쩌면 카사파는 이러한 타락한 브라만들에 대한 반발심, 그들에게 경각심을 일깨워 주려는 의도에서 이러한 역설을 주장했을 수도 있다.

날 때부터 운명이 정해졌다 - 막칼리 고살라

또 육사외도 중에는 막칼리 고살라(Makkhali Gosāla)라는 사람이 있었다. 그는 자이나교의 교조인 마하비라(Mahāvira)와 함께 수행했다고 하는데 나중에는 그와 헤어져 독자적인 철학설을 수립했다고 한다. 막칼리 고살라는 이렇게 주장했다.

더럽게 되는 데에 원인이나 조건이 없다. 깨끗하게 되는 데에도 원인이나 조건이 없다. 자신의 힘이나 어떤 다른 힘이 있는 것도 아니며 어떤 기운이나 노력이 있는 것도 아니다. 모든 존재, 모든 살아 있는 것들, 모든 생명은 스스로를 조절하지도 못하며 힘이나 기운도 없다. 그들은 육도를 윤회하며 쾌락과 고통의 정해진 길을 경험할 뿐이다. 거기에는 140만 가지의 태어남의 종류가 있고 여기에 다시 6,000가지와 600가지의 태어남이 있다. 거기에는 다시 500가지의 업이 있으며 또한 다섯 가지 혹은 세 가지와 절반의 업이 있으며 62

가지의 길이 있고 그 사이에는 62가지의 긴 시간이 있으며, 6종류의 인간, 8단계의 인간의 발전 단계, 4,900개의 직업…… 4,900종류의 방랑자……있다.

그러므로 이러한 고행이나 수행, 금욕, 성스러운 생활이 나의 업을 완성시키거나 업을 없앨 수 있는 것이 아니다. 인간의 쾌락과 고통에 대한 것은 이미 정해져 있기 때문에 늘어나는 것도 줄어드는 것도, 뛰어난 것도 열등한 것도 없이 그저 삶과 죽음을 끝없이 반복할 뿐이다. 현명한 사람도 어리석은 사람도 똑같이 840만 대겁이라고 하는 긴 세월 동안 윤회유전한 후에 자연히 고를 해탈하게 된다. 마치 실로 만든 공이 굴러서 실이 다 풀리면 공이 없어지는 것과 같이 현명한 사람도 어리석은 사람도 괴로움을 벗기까지는 계속 윤회해야 한다.

이러한 주장은 숙명론적인 윤회설이라고 할 수 있으며, 인간의 모든 노력을 무위로 만드는 허무주의적 입장이다. 어떻게 해서 인간의 운명이 여러 가지로 나누어지는지, 그러한 선택은 아무런 조건도 없이 우연히 만들어지는지 알 도리는 없다. 하지만 이것 또한 앞에서의 카사파의 주장과 같이 인과를 무시하는 도덕부정론이라고 할 수 있다. 막칼리 고살라의 주장에 의하면, 인간은 태어나면서 운명이 정해져버리기 때문에 선악에 대한 행위에도 그 결과가 일정하지 않다고 한다. 그리고 지혜로운 자나 어리석은 자나 그저 한없이 긴 시간이 흘러야 고에서 해탈할 수 있기 때문에 지혜의 개발도 아무 소용이 없다는 주장이다.

그 당시에는 이러한 주장도 상당한 인기를 끌었던 모양이다. 그러나 사캬무니 붓다께서는 막칼리 고살라의 주장에 대해서 머리털로 짠 옷과 같다고 했다. 머리털로 짠 옷은 여름에는 덥고 겨울에는 춥기 때문에 아무 쓸모가 없다. 그와 같이, 이러한 주장은 세상에 미혹과 해악을 퍼뜨릴 뿐 아무 도움이 되지 않는다고 하셨다.

오직 물질일 뿐이다 - 아지타 케사캄발리

다음으로 육사외도의 세 번째 인물인 아지타 케사캄발리(Ajita Kesakambalī)라는 사람은 이렇게 주장했다.

> 제물을 바쳐 제사를 지내도 얻거나 주어지는 것이 없다. 선업이나 악업의 과보도 없다. 이 세상도 저 세상도 없으며 어머니나 아버지도 없으며 저절로 생기는 것도 없다. 뛰어난 지혜로 자신을 자각하면서 성취하거나 완전하게 수행하거나 이 생과 저 생을 말하는 성자도 없다. 인간은 단지 사대로 이루어졌으며 죽으면 흙의 요소는 땅으로, 물의 요소는 물로, 불의 요소는 불로, 공기의 요소는 공기로 돌아가며 감각기관은 공간으로 환원되어 버린다. 바보든 현자든 죽으면 그만이고 아무 것도 남지 않는다.

이러한 주장은 이 세계를 철저한 유물론적 입장에서 본 것으로 인간의 정신적인 면을 전혀 고려하지 않은 것이다. 이 또한 결국 인간을 허무주의적으로 만들어 도덕을 무시하고 윤리를 파괴하는 경향으로 흐를 수가 있다.

아지타 케사캄발리와 같은 유물론적 주장을 하는 자들을 순세파順世派라고 하였다. 이들은 도덕이나 종교를 인정하지 않는 유물론자였음에도 불구하고 실제로는 고행을 했다고 한다. 그렇기 때문에 이들도 푸라나 카사파처럼 당시의 위선적인 종교가나 도덕가들에 대한 반발로 유물론적 주장을 한 것으로 보인다.

인간은 일곱 가지 요소의 모임이다 - 파쿠다 캇차야나

육사외도 중에 파쿠다 캇차야나(Pakudha kaccāyana)라는 사람이 있었는데, 이 사람도 선업이나 악업, 그리고 그에 따른 과보를 인정하지 않았다. 그는 이렇게 주장했다.

일곱 가지 요소는 다른 것에서 만들어진 것도 아니고 그 밖의 것을 창조하거나 만드는 것도 아니며, 동요도 변화도 없고, 서로 간에 다른 것을 침범하는 일도 없고, 다른 것을 기쁘게 하거나 고통스럽게 하는 것도 없다. 무엇이 일곱 가지인가? 지地·수水·화火·풍風·낙樂·고苦·영혼이 그것이다. 그러므로 죽이는 것도 죽이는 자도 없으며, 듣는 자도 말하는 자도 없고, 아는 자도 알게 하는 자도 없다. 그리고 날카로운 칼로 누군가의 머리를 자르더라도 그 사람의 생명을 빼앗는 것이 아니다. 그는 단지 이들 일곱 가지 요소로 이루어진 신체 사이에 칼날을 밀어 넣은 것에 불과하다.

이러한 파쿠다 캇차야나의 주장은 유물론에 가까운 것인데, 특이한 것은 앞에서 말한 아지타 케사캄발리의 네 가지 요소에 괴로움과 즐거움, 영혼이라는 것을 더한 것이다. 그럼에도 불구하고 고통이나 즐거움도 없고 죽고 죽이는 것도 없다고 주장한다. 아마 이 사람이 주장하는 죽음이라는 것은 신체를 철저하게 요소의 집합으로만 판단했을 때 죽는 것도 요소가 흩어지는 데 불과하므로 죽음이 없다고 했는지도 모른다.

그러나 실제로는 고통과 괴로움을 느끼고 죽음이라는 현상을 부정할 수 없기 때문에, 이런 주장도 하나의 궤변이라고 할 수밖에 없다. 또한 인간의 마음이라는 요소를 무시하고 인과의 법칙, 업보의 법칙을 무시하는 주장이라고 할 수 있다. 그럼에도 불구하고 이렇게 주장하는 사람들의 추종자가 많았다는 것은 그 당시의 가치관이나 사상의 흐름이 격변기에 있었음을 대변해 주는 것이다.

객관적 진리는 없다 - 산자야 벨라티풋타

또 육사외도 중에 산자야 벨라티풋타(Sanjaya Belaṭṭhiputta)라는 사람이 있었다. 그는 앞의 네 명과는 다른 입장에서 자기의 사상을 펼쳤는데, 그의 주장은 일종의 회의주의懷疑主義 내지는 불가지론不可知論이라고 할 수 있는 것이었다. 그는 다음과 같이 말했다.

다른 세상이 있냐구? 내가 그렇게 생각한다면 그렇다고 하겠지만 나는 그렇게 생각하지 않는다. 나는 그렇다고 말하지 않으며 그렇지 않다고 말하지도 않는다. 나는 그렇지 않다고 말하지 않지만 그렇지 않지 않다고도 말하지 않는다.

그러면서 산자야는 이런 주장을 했다.

자기의 주장만이 진리이고 다른 사람의 주장은 모두 오류라고 한다면 어느 것이 진짜 진리인가? 각자가 다 자기의 주장을 진리라고 하지만 진리는 결국 하나밖에 없을 것이다. 그러한 주장은 모두 주관적인 것이다. 유일의 객관적 진리가 인식되어질 수 없는 한 주관의 입장에서 서로 논쟁하는 것은 쓸데없는 일이며 그런 시시비비를 버리고 진실 된 실천으로 향하는 것이 더욱 현명하다.

이 사람은 이렇게 주장하면서 형이상학적인 모든 의문에 대하여 확실한 답을 주지 않고 애매한 태도로 일관했기 때문에 '뱀장어처럼 미끄러워 잡기 어려운' 불가지론자이기도 했다.
이런 주장은 상당히 일리 있어 보이지만 모든 것에 회의를 가지고 객관적 진리를 얻을 수 없다고 하는 태도는 그 자체로서 모순을 지니고 있다. 객관적 진리라는 것이 없다는 그 말 또한 하나의 주관적인 주장이기 때문에 그것도 의심의 대상이 될 수 있다. 그리고 진실, 진리라는 것을 명확히 파악하지 못하면서 진실 된 실천이라는 것을 향해 나아간다는 것은 모순이다. 불교에서는 이러한 회의론을 궤변이라고 말하고 있다.

『아함경』에 보면 사캬무니 붓다의 양대 제자인 사리풋타(Sāriputta; 舍利佛)와 목갈라나(Moggallāna; 目犍連)도 처음에는 회의론자인 산자야의 매우 촉망받는 제자였다고 한다. 이 두 사람은 자기 스승의 회의적인 설에 만족하지 못하다가 불교의 교설을 듣고 붓다께 귀의하여 진리를 깨닫게 되었다. 나중에 이들은 '지혜제일 사리풋타, 신통제일 목갈라나'로 불릴 만큼 붓다의 으뜸가는 제자가 되었다. 산자야는 자기의 수제자가 둘 다 붓다께 귀의했다는 것을 알고는 분해서 피를 토하고 죽었다고 한다. 모든 것에 회의하고 모르겠다고 일관하던 사람도 제자를 빼앗긴 데 대해서는 분통을 터뜨린 것으로 보아 그 또한 생각과 행동이 일치하지 않았던 사람이었다.

융통성 없는 고행주의 - 니간타 나타풋타

육사외도 중에서 마지막으로 자이나교의 교조인 니간타 나타풋타(Nigaṇṭha Nātaputta)가 있다. 이 사람은 위대한 승리자라는 뜻의 '마하비라(Mahāvīra)'라는 이름으로 스스로를 불렀다고 한다. 이 자이나교의 교주는 사캬무니 붓다와 같은 시기에 활약했으며 그 생애도 붓다와 흡사했다. 왕자로 태어났고, 출가한 연령도 비슷하고, 붓다가 돌아가실 무렵에 죽었다고 한다. 또 불상도 불교와 아주 비슷한데 단지 자이나교의 불상은 모두 나체인 점이 다르다. 이처럼 유사점이 많아서 서양의 종교연구가들이 처음에는 불교와 자이나교를 많이 혼동했다.

육사외도 六師外道

푸라나 카사파
(Pūraṇa Kassapa) — • 인과부정론

··· 선악에 대한 어떤 과보도 없다고 주장

막칼리 고살라
(Makkhali Gosāla) — • 숙명론

··· 고苦를 받아야 하는 인간의 운명은 정해져 있으며 어떤 노력도 필요하지 않고 그저 윤회를 거듭하는 동안 받을 만큼의 고를 받으면 해탈할 수 있다고 주장

아지타 케사캄발리
(Ajita Kesakambalī) — • 유물론적 쾌락주의

··· 인간은 물질로 이루어져 있으므로 죽으면 아무 것도 남지 않으므로 살았을 때 한껏 쾌락을 누리라고 주장

파쿠다 캇차야나
(Pakudha kaccāyana) — • 회의론, 불가지론

··· 진리는 있는 것도 아니며 없는 것도 아니고 있어도 모른다고 주장

산자야 벨라티풋타
(Sanjaya Belaṭṭhiputta) — • 요소론, 업보부정론

··· 인간은 7가지 요소로 이루어져 있을 뿐이며 인과나 업보 같은 것은 없다고 주장.

니간타 나타풋타
(Nigaṇṭha Nātaputta) — • 자이나교의 창시자

··· 경직된 고행주의와 계율에의 집착

자이나 교도들은 업보설을 믿고 철저하게 불살생계를 지킨다. 이들은 벌레가 입으로 들어갈까 봐 마스크를 쓰기도 하고, 또 벌레를 밟게 될까 봐 자기가 가는 길을 빗자루로 쓸고 다닐 정도다. 이들은 불살생계 때문에 살생과 관련이 될 수밖에 없는 농업이나 어업 등의 직업은 가질 수가 없어 상업이나 고리대금업 등에 종사하였다. 돈을 만지는 직업이기 때문에 불살생계를 지키는 데 안성맞춤이라고 생각했던 것이다. 그래서 영국이 인도를 식민지화할 초기에 조사를 해 보았더니 전체 인구 0.1%의 자이나교도가 인도 경제의 40%를 점유하고 있었다는 기묘한 현상이 나타났다. 불교의 입장에서 보면, 이들의 태도는 매우 소승적이라고 하지 않을 수 없다. 한편 자이나교에서는 철저한 고행을 통해서 열반을 이룰 수 있다고 보고 단식을 하기도 하고, 무소유를 주장하여 옷을 벗고 생활하기도 한다. 불교에서 이들을 나형외도裸形外徒라고 하는 것도 이 때문이다. 뉴델리에서는 아직도 나체로 다니는 자이나 교도를 가끔 볼 수 있다. 수많은 여인들의 호위를 받으며 온몸을 드러내놓고 씩씩하게 도심을 활보하는 자이나 교도를 보면 누구나 묘한 느낌을 받을 것이다.

자이나교가 불교와 유사한 점이 있기는 하지만 불교의 입장에서 보면 이들의 사고방식은 너무 편협하며 근시안적인 안목으로 진리를 바라본다고 할 수 있다. 자이나교는 영혼을 지바(jīva)라고 해서 실체적인 것으로 파악하고 인정한다. 이 점이 무아無我를 주장하는 불교와 근본적으로 다른 점이다. 불교에서는 자이나교에서 말하는 것과 같은 영원히 존재하는 실체로서의 영혼의 존재를 인정하지 않는다.

누구나 깨달을 수 있다 - 붓다

그 당시의 신흥사상을 대표하는 육사외도의 주장은 업보와 인과를 무시하는 숙명론이나 유물론, 회의론, 혹은 극단적 고행주의 등으로 나누어 볼 수 있는데, 이러한 주장들은 무명에 가려 진리를 바르게 인식하지 못하는 오늘날 우리들의 사고방식에서도 여전히 엿볼 수 있는 요소들이다.

사캬무니 붓다께서 세상에 출현하실 무렵에는 브라만의 오랜 전통을 깨고 새로운 사상이 움트는 격변기로 다채로운 사상과 철학이 난무하던 시기였다. 그러나 이후에 등장한 불교는 이러한 모든 사상을 초월하여 보편적 진리를 내세우며 교세를 넓혀 갔다. 붓다께서는 쾌락이나 고행의 어느 한 쪽에 치우치지 않는 균형 있는 생각으로 합리적이고 보편적인 진리를 설하셨다.

인도의 거대한 사상적 토양 위에서 붓다의 뛰어난 깨달음이 발판이 되어 탄생한 불교는 보편적 진리인 법(다르마, 담마)[1]을 중시하고, 법의 자각을 최고의 목표로 삼았다. 그리고 기존의 차별적인 카스트 제도를 부정하고 계급과 직업과 종족과 신분을 초월하여 인간의 평등성과 존엄성을 강조했다. 2,500년 전 그처럼 엄격한 계급제도가 사회 전반을 지배하고 브라만의 전통이 모든 사람들의 사고를 지배할 당시에 붓다처럼 혁신적인 진리를 선보이며 과감히 무아와

---

1) 법法: 불교의 법에 해당하는 말은 산스크리트어로 Dharma, 혹은 팔리어로는 Dhamma이다. 일반적으로는 '진리'를 지칭하나 현상 혹은 사물에 대해서도 법이라는 말을 쓴다. 때로는 부처님의 가르침을 법이라고 하기도 한다.

인간 평등을 주장하기란 결코 쉽지 않았을 것이다.

　붓다의 가르침은 현대적인 시각으로 보아도 과학적이고 합리적이다. 더구나 만인에게 평등하며, 보편적 진리인 법의 자각을 통해 누구나 부처가 될 수 있다는 교리적 특성은 인도라는 지역적 한계성을 극복하고 불교가 세계적인 종교로 발돋움할 수 있는 원동력이 되었다.

붓다의 탄생과 출가

태몽과 탄생에 얽힌 이야기

사캬무니 붓다의 원래 이름은 고타마 싯다르타(Gautama Siddhārtha)였다. 후에 출가하여 깨달음을 얻고 '붓다(Buddha)'로 일컬어졌으며, '사캬(Śakya) 족의 성자'라는 의미에서 '사캬무니(Śakyamuni)'라고 불렸던 것이다. 사캬무니를 한자로 음사한 것이 석가모니釋迦牟尼이다. 사캬무니 붓다를 '석존釋尊'이라고도 하는데, 이는 사캬 족의 성인으로서 세상에 으뜸가는 분이라는 뜻의 '석가모니세존'을 줄인 말이다.

붓다의 원래의 성인 '고타마'는 '가장 훌륭한 소를 가진 사람'이라는 뜻이다. 이는 소를 신성시하던 당시의 일반적인 이름으로서 사캬 족의 별칭으로 추측된다. 경전에 보면 '구담瞿曇이시여' 하는 호칭이 자주 나오는데 이것은 고타마를 한자로 음사한 것이다. '싯다르타'는 '모든 것을 성취한 사람', 혹은 '일체의 목적을 달성한 사람'이라는 뜻으로 붓다에게 매우 잘 어울리는 이름이라고 할 수 있다.

붓다의 부친은 샤캬 족 출신으로 카필라바스투(Kapilavastu)라고 하는 작은 나라의 왕이었다. 부친의 이름은 슛도다나(Śuddhodana; 淨飯王)였으며, 모친은 이웃 콜리야(Koliya) 족 출신의 마야(Māyā; 摩耶)였다. 붓다의 삼촌을 백반왕白飯王, 감로반왕甘露飯王이라고 한 것을 보면 샤캬 족은 쌀농사를 짓던 농경민족으로 추측된다.

불전에 의하면, 슛도다나 왕은 오래도록 자식이 생기지 않아 걱정했다고 한다. 왕비인 마야 부인이 어느 날 꿈을 꾸었는데, 여섯 개의 상아를 가진 흰 코끼리가 오른쪽 옆구리로 태 안에 드는 꿈을 꾸고서 임신했다. 마야 부인은 출산을 위해 친정에 가던 중 룸비니(Lumbinī) 동산에서 왕자를 출산했다. 샤카무니 붓다의 탄생지인 룸비니는 현재의 네팔 카투만두 서쪽 200㎞ 지점에 있는 카필라바스투 근교에 있다. 그 전까지는 샤카무니 붓다의 탄생지인 룸비니를 정확

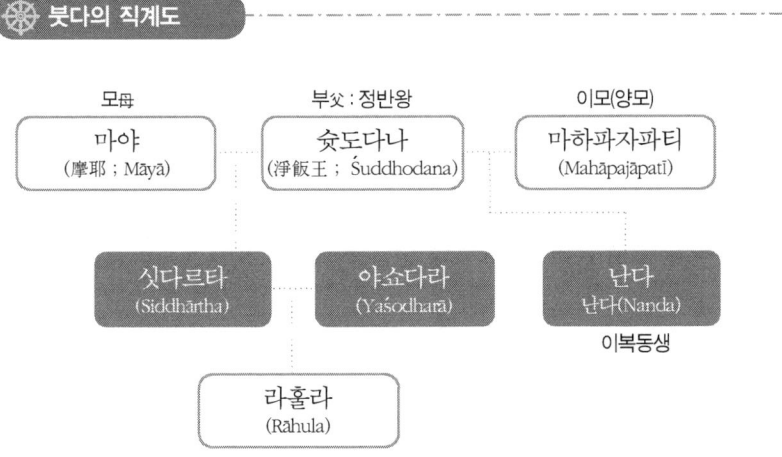

붓다의 직계도

● 룸비니의 마야당과 목욕지

하게 몰랐는데, 1896년 아쇼카(Aśoka) 왕의 석주石柱와 연못 등이 발굴되면서 비로소 붓다의 탄생지라는 것이 확인되었다. 그 석주에는 이렇게 적혀 있다.

신들에게 사랑받는 자비로우신 아쇼카 왕은 즉위 후 20년이 지나 스스로 여기에 와서 공양했다. 여기에서 사캬무니 붓다가 탄생하셨기 때문이다. 그리고 아름다운 담을 쌓아올리고, 석주를 건립했다. 룸비니 마을은 토지세를 면제받고 수확의 8분의 1을 납부한다.

아쇼카 왕의 석주에는 이렇게 룸비니가 붓다의 탄생지이고 그

140 ::

마을에 혜택을 준다는 사실이 분명히 기록되어 있다. 룸비니라는 이름은 마야 부인의 친정아버지가 자기 어머니에게 동산을 만들어 주고 그녀의 이름을 따서 룸비니라고 불렀다고 한다. 지금도 룸비니에는 아쇼카 왕의 석주와 샤캬무니 붓다를 낳은 마야 부인이 목욕했다고 하는 연못이 남아 있다. 그 옆에는 마야 부인을 모신 작은 사당도 있으며 탄생설화를 보여주는 조각상도 있다.

룸비니 동산은 꽃이 만발한 화원에 가까웠는데, 무우수無憂樹 나무에 꽃이 가득 피어 있었다고 한다. 그 아래에 누워 잠시 휴식을 취하던 마야 부인이 갑자기 산기를 느껴 아름답게 핀 무우수 나무에 오른손을 뻗는 순간 태자가 오른쪽 옆구리에서 탄생하였다고 한다. 흰 색깔의 꽃이 피는 무우수는 아쇼카 나무라고도 한다. 이런 이름들은 뒷날에 붙여진 것일 듯싶다.

붓다가 마야 부인의 옆구리에서 태어났다는 것은 붓다가 사성계급 중에서 왕족에 속하는 크샤트리아 계급이었다는 것을 상징한다. 인도의 신화에 의하면, 브라만은 브라만교의 최고의 신인 범천梵天의 머리에서 태어나고, 크샤트리아는 겨드랑이나 옆구리에서 태어나며, 평민은 무릎에서, 하층민인 수드라는 발바닥에서 태어난다고 한다.

붓다께서는 태어나자마자 사방으로 일곱 걸음을 걸으며 한 손으로는 하늘을, 또 한 손으로는 땅을 가리키며 그 유명한 탄생게誕生偈인 '천상천하 유아독존天上天下 唯我獨尊'을 외쳤다고 한다. 말하자면, 천상 세계나 인간 세계를 통틀어 내가 가장 존귀하다는 뜻인데, 불교를 잘 모르는 사람이라도 '천상천하 유아독존'이라는 말은 많이 들어 봤을 것이다. 그러나 이 대목도 다분히 상징적인 서술이라고 봐야 한다. 태어나자마자 일곱 걸음을 걸어 이러한 말을 외쳤다는 것은 물론 비현실적이다. 그러나 여기에는 위대한 붓다의 탄생을 묘사하는 데 가장 극적인 방법으로, 또 상징적인 방법으로 그것을 나타냈다고 볼 수 있다. 우선, 사방으로 일곱 걸음을 걸었다는 것은 사캬무니 붓다가 육도 윤회, 즉, 여섯 종류의 윤회의 세계를 초월하리라는 것을 암시하고 있다. 일곱 발자국은 해탈의 세계, 열반의 세계에 들어가는 것을 상징하는 것이다.

그리고 천상천하 유아독존이라는 말 뒤에 '삼계개고 오당안지三界皆苦, 吾當安之'라는 문구가 짝을 이루어 붙어 있다. 이 말은 '삼계가 다 고통 가운데에 있으니 내가 마땅히 이를 편안하게 하리라'라는 뜻이다. 그러니까 '천상천하 유아독존 삼계개고 오당안지'가 제대로 된 문장인데, 사람들은 앞의 '천상천하 유아독존'이라는 말만 가지고 나름대로의 해석을 하고 있다.

어떤 사람들은 '유아독존'이라고 하니까 중생을 건진다는 뒤의 말은 들어보지도 못하고 붓다가 너무 자신을 내세우는 것이 아니냐고 하기도 한다. 또 어떤 사람들은 '유아독존'을 붓다만이 이 세상에서 가장 높다는 뜻이 아니고 우리 인간이 모두 그렇게 존귀하다는 뜻이라고 하면서 이 말씀은 위대한 인간 선언이고 생명 선언이라고 확대 해석하기도 한다. 그런데 이 장면은 그저 진리를 깨쳐서 윤회의 속박을 해탈하고 무명에 가려져 고통 받는 모든 중생을 부처인 내가 구제할 방법을 알려 주겠다는 말씀으로 받아들이면 좋을 것이다.

그렇기 때문에 붓다께서 태어나시자마자 일곱 걸음을 걸은 후에 이 탄생게를 읊으셨다고 하는 것은 진리를 깨치신 붓다만이 고통에 빠진 모든 세상을 구하실 수 있다는 붓다에 대한 찬탄을 상징적으로 묘사한 것이라 할 수 있다.

붓다의 탄생에 대한 이러한 여러 가지 신화적인 묘사는 후대에 이루어진 붓다의 전기에서 많이 나타난다. '천상천하 유아독존'이라는 말뿐만 아니라, 붓다의 전기에 따라서는 태어나자마자 이 세상에서 나고 죽는 괴로움을 멈추고 해탈에 들 것이라는 의미의 말씀도 하셨다고 한다. 이러한 것들은 전기마다 그 서술 방식이 약간씩 차이가 나고, 붓다의 탄생 장면을 좀 더 극적으로 그려야겠다고 하는 작가의 의도가 엿보이는 대목이라고 할 수 있다.

어쨌든 '부처님 오신 날' 행사 때, 관불의식灌佛儀式이라고 하여 오른손은 하늘을 가리키고 왼손은 땅을 가리키는 아기 붓다를 목욕

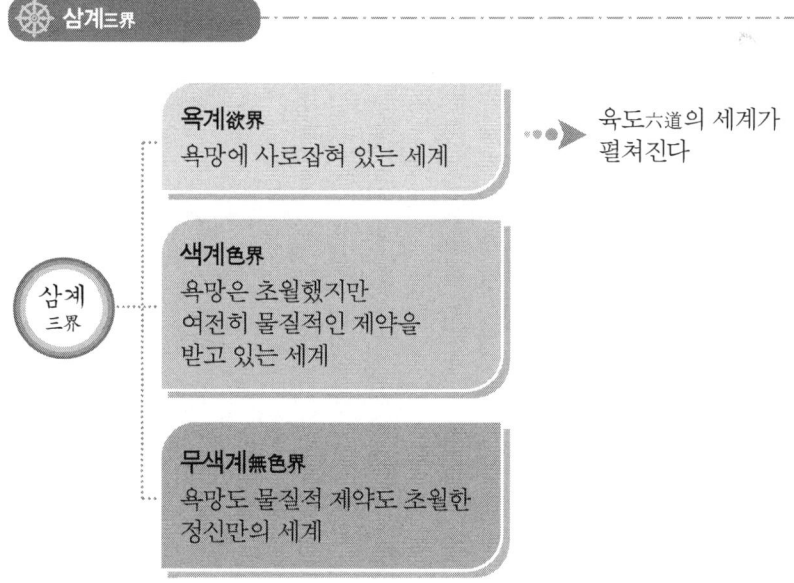

삼계三界

삼계 三界

욕계欲界
욕망에 사로잡혀 있는 세계

➡ 육도六道의 세계가 펼쳐진다

색계色界
욕망은 초월했지만
여전히 물질적인 제약을
받고 있는 세계

무색계無色界
욕망도 물질적 제약도 초월한
정신만의 세계

시키는 의식이 있는데, 이때의 아기 붓다의 모습이 바로 '천상천하 유아독존'이라는 탄생게를 외치는 모습이다.

언제 태어나셨을까?

붓다가 탄생한 시기에 대해서는 여러 가지 학설이 있어 일정하지 않다. 인도 사람들은 상상력이 매우 풍부했기 때문에 우주의 길고 긴 시간에 비하면 백년도 안 되는 인간의 삶이 너무 짧고 하찮게 여겨졌는지 고대에는 시간에 대해서 그다지 관심을 기울이지 않은 듯하다. 그래서 그런지 정확하고 자세한 역사서가 별로 남아 있지 않다. 이런 현상은 중국과 비교하면 상당히 다른 점이다. 중국은 역사를 무척 중시했고 그 덕분에 모든 기록들이 연대기적으로 매우 정확한 면이 있다. 사실 붓다께서 언제 몇 월 며칠에 태어나셨는지를 따진다는 것은 그다지 의미 있는 것은 아니지만 불자로서 최소한의 상식은 알고 있어야 할 것이다.

붓다의 탄생 기록은 명확한 것이 남아 있지 않지만, 스리랑카의 역사서인 『대사大史』나 아쇼카 왕 석주, 혹은 중성점기설衆聖點記說이라고 하여 붓다께서 돌아가시고부터 매년 점 하나씩을 찍어 기록한 것이 있다. 이러한 기록들을 종합하여 연구한 것에 의하면 대략 기원전 566년, 560년, 그리고 466년과 463년의 여러 설이 있는데, 대부분의 학자들은 기원전 566년 설을 인정하고 있다. 그러니까 돌아가신 해는 사캬무니 붓다가 80세의 생애를 보냈으니까 기원전 486년이 되는 셈이다.

그런데 불교에서는 연도를 계산할 때 '불멸佛滅 몇 년' 하는 식으로 붓다의 돌아가신 연대를 기준으로 계산한다. 지금 우리가 쓰는 불기佛紀 몇 년 하는 것도 붓다의 입멸을 기준으로 정해진 것이다. 이것은 1956년 세계불교도우의회에서 그 연대를 통일해서 그 해를 불기 2,500년으로 삼고 세계 공통의 불기로 쓰고 있는 것이다.

이 시기는 대체로 동서양을 막론하고 사상과 철학의 여명기라고 할 수 있다. 중국에서는 공자와 그의 제자들이 활약하던 춘추전국시대로서 제자백가라고 일컬어지던 사상가들과 철학자들이 배출된 시기였다. 그리스에서는 피타고라스에서 소크라테스에 이르는 시기로 서양철학의 기초가 마련되던 시기였다. 오늘날의 철학이나 사상의 원천은 이미 이 시기에 거의 확립되었던 것이다. 인도도 정치적·문화적·사상적 격동기를 맞이하고 있던 시기였는데, 사캬무니 붓다의 탄생은 이러한 역사의 전환점에서 인류의 정신사에 영원불멸의 빛을 드리운 계기가 되었다고 할 수 있다.

또한 붓다의 탄생연도뿐만 아니라 탄생일에 대해서도 여러 가지 설이 있다. 우리나라 중국·일본 등지에서는 붓다의 탄생일을 음력 4월 8일로 알고 이 날을 봉축하고 있다. 그러나 스리랑카나 미얀마, 태국 등의 남방권의 불교에서는 베사카 달의 제8일 혹은 제15일을 붓다의 탄생일로 여기고 있다. 베사카 달은 대략 양력 5월에 해당되며, 그 달 가운데의 8일이나 15일에 베사카 제를 지내고 사캬무니 붓다의 탄생을 기념한다고 한다.

아지타 선인의 예언

룸비니 동산에서 탄생하신 고타마 싯다르타 태자와 마야 부인이 카필라바스투에 돌아오자 부왕인 숫도다나는 무척 기뻐했다. 이때 숫도다나 왕의 나이가 대략 45세 정도였다고 하니 상당히 늦게 아들을 얻은 셈이다. 그 당시에는 귀한 집의 아기가 태어나면 브라만들이 와서 축하하고 관상을 보는 풍습이 있었다. 축하객 중에 아지타라는 덕이 높은 선인仙人이 있었는데, 그는 태자의 관상을 보더니 갑자기 눈물을 흘렸다. 깜짝 놀란 숫도다나 왕이 그 까닭을 물었다. 그러자 아지타 선인이 이렇게 대답했다.

"태자께서는 출가하지 않고 집에 계시면 무기를 쓰지 않고도 덕으로써 전 세계를 정복하는 전륜성왕轉輪聖王이 될 것이며, 출가하여 도를 닦으면 반드시 붓다가 되실 것입니다. 제가 나이가 많아 이렇게 훌륭한 분이 붓다가 되는 것을 보지 못하고 죽게 되니 그것이 애석하여 눈물을 흘렸습니다."

이러한 예언을 들은 부친 숫도다나 왕은 기쁘기도 하고 한편으로는 걱정도 되었다. 새로 태어난 태자가 전륜성왕이 되어 세계를 다스린다면 더할 나위 없이 좋겠지만 출가하여 집을 떠난다면 어떻게 하나 하는 걱정이 들었던 것이다. 그 당시 인도 사람들은 세속에서 가장 위대한 것은 전륜성왕이고, 출가한 이들은 도를 닦아 진리를 깨달은 붓다가 되는 것을 꿈꾸었다. 불전에는 고타마 싯다르타 태자가 전륜성왕이 되거나 붓다가 될 서른두 가지의 훌륭한 모습을 갖추고 있었다고 전하는데, 태자의 용모가 보통 사람과는 달랐던 것 같다. 위대한 인물은 그 모습이 어릴 적부터 평범하지는 않았을 것이다.

싯다르타 태자의 고뇌

태자에게는 싯다르타(Siddhārtha)라는 이름이 주어졌다. 이것은 '목적을 완성한 자', '모든 것을 뜻대로 이룬 자'라는 의미인데, 그 이름에서부터 벌써 붓다가 될 징조가 있었던 것이다. 태자가 출가하지 않을까 하는 부친 숫도다나 왕의 걱정은 태자가 자라면서 보여준 여러 가지 비범한 태도 때문에 더욱 커졌다. 출산의 후유증 때문인지 마야 부인은 태자가 탄생하고 일주일 만에 세상을 떠나게 되었고, 이모인 마하파자파티(Mahāpajāpatī)가 태자를 길렀다. 당시 풍습대로 이모인 마하파자파티가 숫도다나 왕의 부인이자 새로 태어난 태자의 양어머니가 된 것이다. 아무리 어머니를 대신하는 이모라지만 태자에게 친어머니를 일찍 여읜 영향이 없을 수는 없었을 것이다. 태자는 어릴 적부터 감수성이 예민하고 명상을 즐겨 인생과 세상의 부조리에 대하여 항상 생각하고 인간의 고에 대한 인식을 철저히 했던 것으로 묘사되고 있다. 싯다르타 태자의 이러한 성향 때문에 부친은 아들의 출가를 걱정하지 않을 수 없었다.

태자는 여러 사람들의 존경과 사랑을 받으며 잘 자랐다. 어려서

부터 워낙 총명하고 자비심이 많았기 때문에 누구든 태자를 존경하고 사랑하지 않을 수 없었다. 성인들의 어린 시절은 누구나 비슷하겠지만, 태자는 어렸을 때부터 무슨 일에나 열심이었고, 하나를 들으면 열을 아는 지혜가 있었다. 여기에 더하여 부친의 배려로 그 당시에 나라 안에서 가장 훌륭한 스승들에게 배웠기 때문에 학문과 무예 등에서 뛰어난 성취를 보여주었다. 태자의 비범함에 국왕도 놀랐지만 한편으로는 너무 사색적이고 예민한 감수성을 지닌 태자의 태도를 보면서 출가해 버리면 어쩌나 하는 걱정도 많이 했을 것이다.

불전에 의하면, 싯다르타 태자가 열두 살 적 어느 날, 부왕과 함께 농경제農耕祭를 참관한 적이 있었다고 한다. 들판에서는 쟁기질을 하는 농부가 뙤약볕에서 땀을 흘리며 소를 부리고 있었다. 소도 쟁기를 끄느라 피부가 벗겨져 피를 흘리고 숨을 헐떡이면서 힘들게 걸음을 옮기고 있었다. 이때 싯다르타 태자는 세상의 모든 중생들이 자기와 같은 안락을 누리고 있지는 않다는 것을 알게 되었다. 자비심이 많고 감수성이 예민한 태자는 아마 그들의 고통을 자신의 고통처럼 느꼈을 것이다. 이러한 광경을 보며 싯다르타 태자는 계속해서 들판에 앉아 있었다. 그리고 쟁기에 파헤쳐진 흙 속에서는 벌레가 나와 꿈틀거리고, 새들이 다투어 날아와 벌레를 쪼아 먹는 광경을 보았다. 살려고 버둥거리는 벌레와 마찬가지로 살기 위해 그것을 잡아먹어야 하는 새의 비애를 보면서 태자는 살아 있는 것들의 죽고 죽이는 고통에 탄식했다.

이러한 광경은 일상적인 것이었지만 싯다르타 태자에게는 그러한 고통들이 자신의 것처럼 너무나 절실하게 다가왔던 것이다. 더 이상 그곳에 머무를 수 없었던 태자는 염부수라는 나무 아래로 자리를 옮겨 혼자서 명상을 하고 있었다. 한참이 지나도 태자가 보이지 않자 부왕은 신하들을 시켜 아들을 찾았다. 나무 아래에서 명상을 하고 있는 어린 싯다르타를 발견했을 때 태자의 모습이 너무나 엄숙하고 거룩하여 감히 말을 붙이지 못할 정도였다는 이야기를 전해들은 숫도다나 왕은 또 다시 걱정에 휩싸였다.

태자가 갓 태어났을 때 그의 관상을 본 선인仙人이 "왕자가 세속에 머물면 세계를 통일할 전륜성왕轉輪聖王이 될 것이고, 출가하여 도를 닦으면 깨달음을 열어 붓다가 될 것이다."라는 말이 생각났기 때문이다.

부모의 눈물, 부귀영화를 뒤로 하고…

숫도다나 왕은 싯다르타 태자가 자기의 뒤를 이어 왕위를 계승하고 전 세계를 다스리는 전륜성왕이 되기를 바랐지만 사색적인 태자가 언제 궁전을 떠날지 몰라 전전긍긍했다. 부왕은 태자에게 모든 배려를 아끼지 않았다. 철마다 다른 궁전에 머물게 하고, 많은 시녀들로 하여금 시중들게 했으며, 무엇 하나 부족한 것이 없게끔 갖춰주어 출가에 대한 생각이 아예 일어나지 않도록 만들 작정이었다. 말하자면 세속적인 부귀영화를 가능한 한 모두 제공하여 싯다르타 태자의 마음을 세속에 붙들어 매려고 했던 것이다.

이 당시에 얼마나 호사를 누렸는지 경전에서는 붓다께서 그 시절을 회상하며 출가의 동기에 대해 말씀하시는 장면이 나온다.

비구들이여, 나는 출가하기 전까지 매우 행복한 생활을 누리고 있었다. 내가 태어난 집에는 연못이 있었고 아름다운 연꽃이 피어 있었다. 방에는 언제나 전단향의 향기가 감돌고 있었으며, 카시에서 나오는 최상의 옷감으로 만든 옷을 입었다. 나를 위한 세 개의 별궁이 있어서 겨울에는 겨울 궁전, 여름에는 여름 궁전, 봄에는 봄 궁전에서 살았다. 여름철 우기 동안은 여름 궁전에서 노래와 춤을 즐기고, 시중을 받으면서 한 걸음도 밖에 나가지 않았다. 밖으로 나갈 때는 시종들이 언제나 하얀 차양을 받쳐 햇볕을 가려주었다. 또 비구들

사고四苦와 팔고八苦

사고四苦		팔고八苦	
생고 生苦	태어나는 괴로움. 모태에 깃들어 있다가 태어나기까지의 괴로움	애별리고 愛別離苦	사랑하는 사람과 헤어져야 하는 괴로움
노고 老苦	늙는 괴로움. 아무리 건강하고 아름다운 사람이라도 늙어가는 것에는 누구나 괴로움을 느낀다.	원증회고 怨憎會苦	미워하는 사람과도 만날 수밖에 없고 더불어 살아야 하는 괴로움.
병고 病苦	병으로 인한 괴로움. 인간으로 태어난 이상 정도의 차이는 있지만 누구나 병을 경험하게 된다.	구부득고 求不得苦	원하는 것을 마음대로 가질 수 없는 데서 오는 괴로움.
사고 死苦	죽음의 괴로움. 엄밀하게 말하면 죽음 그 자체보다도 죽어야 한다는 두려움에서 오는 고통이 더 크다.	오온성고 五蘊盛苦	오온, 우리의 심신에 집착하는 것으로부터 일어나는 괴로움. 오취온고五取蘊苦라고도 한다.

이여, 다른 집에서는 하인들이나 식객에게 쌀겨에 소금죽을 섞어 주었지만 내 집에서는 그들에게도 쌀과 고기로 된 음식을 주었다.

이것은 『중아함경』에 나오는 내용으로 붓다께서 사밧티의 기원정사라는 데에서 비구들에게 출가의 경위를 설명하면서 해 주신 말씀이다. 붓다가 살고 계시던 카필라바스투는 강대국은 아니었지만 이런 세속적 영화를 누리기에는 풍족한 곳이었다. 하지만 이러한 호사에도 불구하고 늙고 병들어 죽는다는 근원적인 괴로움에 대해 너무 절실히 생각하였기 때문에 출가했다고 말씀하셨다.

비구들이여, 나는 그와 같은 생활을 하면서 생각하였다. 어리석은 자는 자기 자신이 늙어 가는 몸이면서도 아직 늙음을 벗어날 줄 모르기 때문에 다른 사람의 늙은 모습을 보면 자기 자신의 늙음은 잊어버린 채 싫어하고 혐오한다. 나 또한 늙어가는 몸이다. 늙음을 피하는 것은 불가능한 일이다. 그런데도 다른 사람이 늙고 쇠약해진 모습을 싫어하는 것은 온당치 않다. 비구들이여, 이와 같이 생각하자 내 청춘의 교만은 모두 없어져 버렸다.

이렇게 말씀하시면서 이어서 병들고 죽는 것에 대해서도 그것이 나에게도 일어날 일이라고 생각하자 청춘의 교만이 끊어졌다고 말씀하셨다. 젊은 싯다르타 태자는 늘 이러한 것을 마음에 두면서 출가를 생각했던 것이다. 그래서 부친인 슛도다나 왕은 아들의 마음을 확실히 붙잡아두기 위해 온갖 호화로운 생활을 누리도록 배려하는 한편 결혼 생활을 통하여 출가를 단념하게 만들려고 했다. 슛도다나 왕은 태자가 19세가 되었을 때 야쇼다라(Yaśodharā)라는 아름다운 처녀와 결혼을 시켰다. 태자의 결혼 연령에 대해서 불전에서는 16세, 17세, 18세, 20세 등등 여러 가지 기록이 나오고 있지만 대체로 19세에 결혼한 것으로 보고 있다.

싯다르타 태자는 야쇼다라를 아내로 맞이하여 세속의 즐거움을 한껏 누리는 듯하였고, 아들 라훌라(Rāhula)까지 낳게 되었으니 부친인 슛도다나 왕도 어느 정도 마음이 놓였다. 하지만 싯다르타 태자의 인생에 대한 근원적인 고민은 해결되지 않았다. 마침내 태자는 이 모든 것들을 버리고 출가할 것을 결심하게 되었던 것이다. 라훌라라는 이름도 '장애'를 의미하는 것으로, 출가에 방해가 된다는 뜻으로 지은 것인데, 이것이 실명인지 별명인지는 확실하지 않다. 라훌라도 나중에는 붓다를 따라 출가하여 최초의 사미(sāmaṇera)가 되었다. 사미는 정식 승려가 되기 이전의 예비승려로서 10계를 받은 7세 이상 20세 미만의 남자를 말한다. 라훌라는 처음에는 말썽도 많이 부리고, 수행도 게을리하여 교단의 골칫거리인 적도 있었으나 붓다의 훈계를 받아 열심히 수행하여 '밀행제일密行第一'이라 불리며 십대 제자의 한 분으로 이름이 남아 있다.

왕궁에서 온갖 호사를 누리고 결혼을 하고 아들까지 얻었으나 출가에 대한 싯다르타 태자의 결심은 더욱 확고해 졌다. 어느 날 슛도다나 왕이 어떻게 하면 출가하지 않고 자기의 대를 이어 나라를 다스려줄 수 있느냐고 물었다.

"태자, 네가 출가를 결심하는 데에는 그만한 충분한 이유가 있겠지만 태자비나 라훌라에 대해서 생각해 봤느냐? 네가 출가를 단념해 준다면 무슨 소원이든지 다 들어주겠다."

이렇게 말하면서 부왕은 간절히 태자에게 왕위를 계승해 줄 것을 애원했다고 한다. 이때 태자는 이렇게 대답했다.

"저에게는 네 가지 소원이 있습니다. 첫째는 늙지 않는 일입니다. 그리고 둘째는 병들지 않고, 셋째는 죽지 않으며, 넷째는 서로 이별하지 않는 일입니다. 이 네 가지 소원만 들어주신다면 저는 출가하지 않겠습니다."

부왕은 태자의 대답에 할 말을 잃었다. 속수무책으로 태자가 마음을 돌이키기만을 기다렸으나 태자는 결국 가족과 부귀영화를 뒤로 하고 29세에 출가를 단행하기에 이르렀다.

생로병사의 고통에 직면하다

출가의 결정적 동기에 대해서는 사문출유四門出遊, 혹은 사문유관四門遊觀이라고 하여 유명한 이야기가 전해지고 있다.

언젠가 싯다르타 태자가 성의 동쪽 문으로 나갔는데, 지팡이에 겨우 몸을 의지한 주름투성이의 허리가 구부러진 노인을 만났다. 그동안 왕궁에서 비참하게 늙은 행색의 노인을 본 적이 없던 싯다르타 태자는 시종에게 물었고, 모든 사람이 늙으면 노인과 같이 비참하게 된다는 말을 듣고 기분이 매우 울적해졌다. 다른 어느 날 남쪽 문으로 나갔을 때 병든 사람을 보았고, 서쪽 문으로 나갔을 때 죽은 사람의 장례를 치르는 행렬을 보고 이 세상 모든 사람이 결국은 병들고 죽게 된다는 말을 시종에게 들었다. 그날 이후로 싯다르타 태자의 얼굴에는 수심이 가득하였다. 늙고 병들어 죽는 고통, 사람들의 근본적인 고통을 어떻게 하면 해결할 수 있을까 고민에 휩싸였던 것이다.

그러던 어느 날 성의 북쪽 문으로 나갔을 때 한 출가자가 지나가고 있었다. 그는 비록 남루한 옷을 걸치고 있었지만 온몸에 빛이 났다. 기품과 자신감과 평화로움이 흐르고 있었다. 시종에게 저 사람은 누구냐고 묻자, 해탈을 구하여 수행하는 자라는 대답을 들었다. 이 말을 들은 태자는 '저 수행자의 길이야말로 내가 갈 길이로구나'라고 생각하고는 출가를 결심했다고 한다.

이것은 사캬무니 붓다의 출가 동기를 극명하게 보여주는 하나

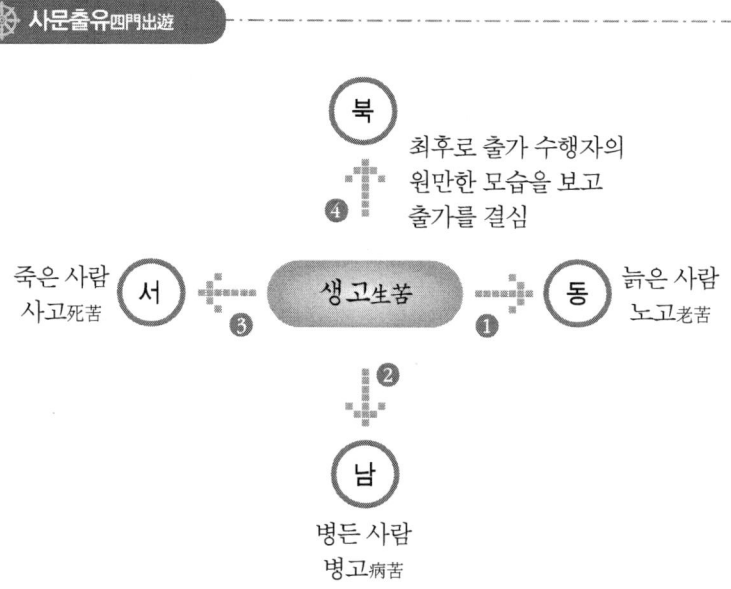

사문출유四門出遊

의 상징적인 이야기이다. 사캬무니 붓다가 그 나이가 되도록 늙고 죽는 것에 대해 몰랐을 리가 없다. 아마 붓다의 전기를 쓴 사람들이 붓다의 출가 동기가 생로병사, 인간의 근본적인 고통의 해결에 있었다는 것을 극적으로 나타내기 위하여 이런 이야기를 구성했을 것이다.

세속적 행복을 버리고 출가하다

실제로 세속적인 모든 즐거움과 행복을 뒤로 한 채 늙고 병들고 죽는다는 인간의 필연적인 고를 어떻게 극복하느냐가 싯다르타 태자에게 있어서는 그 무엇보다도 절실했다. 오직 이 하나의 과제를 극복하기 위하여 태자는 모든 영화와 세속적 행복을 버리고 출가하게 되었던 것이다. 출가를 막으려는 부왕의 정성어린 배려에도 불구하고 싯다르타 태자는 부모·처자와 정든 왕궁을 버리고 구도의 길을 나섰다. 이때가 태자의 나이 29세 때였다. 출가의 나이에 대해서도 19세에 출가했다는 설, 29세에 출가했다는 설이 있는데 대체로 29세에 출가했다는 설이 더 유력하다.

사캬무니 붓다의 출가 이유에 대해서는 『중아함경中阿含經』의 「나마경羅摩經」에 간결하면서도 비교적 자세히 나와 있다.

비구들이여, 세상 사람들이 구하는 것에는 두 가지 종류가 있다. 그 중 하나는 성스러움을 구하는 것이고 다른 하나는 성스럽지 못한 것을 구하는 것이다. 성스럽지 못한 구함은 어떤 것인가? 사람들이 스스로 생·노·병·사와 근심과 더러움 속에 있으면서 그것이 재앙임을 알지 못하고 집착하여 그것에서 벗어날 생각을 하지 못한다면 사람은 아무리 더 없이 안온한 열반을 구하더라도 끝내 그것을 얻을 수 없다. 이것이 성스럽지 못한 구함이다.

성스러운 구함이란 무엇인가? 사람들이 스스로 생·노·병·사·근심·더러움 가운데에 있으면서 그것이 재앙인 줄 알고 그것에서 벗어나려 한다면 그 사람은 더 없이 안온한 열반을 구하여 그것을 얻을 수 있다. 이것이 성스러운 구함이다.

비구들이여, 나도 또한 깨달음을 얻기 이전에는 스스로 생·노·병·사와 근심, 더러움 속에 있으면서 그것이 재앙임을 알지 못하고 집착하여 그것에서 벗어날 생각을 하지 못하였다. 그러던 어느 날 문득 마음속에 새로운 생각이 떠올랐다. 나 역시 생사의 법 가운데에 있다. 생·노·병·사와 근심과 더러움이 가득 찬 사람이다. 그런데도 나는 여전히 이 생사의 법에 집착하고 있다. 나는 그것이 재앙임을 깨닫고 그것에 집착하지 않고 벗어나고자 하였다.

비구들이여, 나는 그때 아직 젊어 머리카락이 검고 행복과 젊음이 충만한 인생의 봄이었다. 부모님은 나의 출가를 원치 않으셨기 때문에 내가 출가하고자 결심한 것을 알고 슬피 통곡하셨다. 그러나 나는 수염과 머리를 깎아 버린 후 가사를 걸치고 재가의 생활을 버리고 출가하여 사문이 되었다.

즉, 생로병사와 근심, 더러움을 재앙으로 알고 그것에서 벗어나려고 해야 하는데 대부분의 사람들은 도리어 그것에 집착하기 때문에 그것에서 벗어날 수 없다는 말씀이다. 하지만 사캬무니 붓다께서는 청춘의 즐거움도 버리고 정든 가족을 뒤로 한 채 출가하여 그러한 재앙에서 벗어나려 했다는 것이다.

우리나라 속담에 "개똥밭에 굴러도 이승이 좋다."라는 말이 있다. 우리 중생들은 생로병사와 근심, 더러움 가운데에 있으면서도 그것이 괴로움의 근원이 된다는 것을 모르고 이 세상의 삶에 집착한다는 뜻이다. 그러나 집착하면 할수록 우리의 괴로움과 번뇌는 더 커진다. 우리는 사실 인생의 고를 절실하게 느끼지 않는다. 왜냐하면 괴로움도 있지만 즐거움도 있다고 생각하기 때문이다. 그러나 그것은 마치 구더기가 더러운 오물 가운데에 있으면서 그것이 자신의 모든 것이라고 생각하고 집착하며 그것에서 벗어날 줄 모르는 것과 같다.

붓다께서도 출가의 이유를 밝히시며 그러한 점을 지적하신 것이다. 붓다께서는 생로병사와 근심, 더러움 가운데에 머물러 있다는 것에 생각이 미치자 과감하게 그것을 벗어나려고 출가를 결심하셨다. 물론 출가한다고 모든 근심과 괴로움이 없어지는 것은 아니지만 출가를 통하여 벗어나는 방법을 찾고자 하신 것이다.

불전에서는 붓다가 출가하시기 전날 밤을 극적으로 묘사하고 있다. 어느 날 주연이 끝나고 궁궐의 미녀들이 피곤해서 서로 엉켜 잠들어 있었는데, 그들의 추한 모습을 본 싯다르타 태자가 세속에 대해 더욱 염증을 내고 그날 밤에 출가를 감행했다고 한다. 태자는 마지막으로 라훌라를 안고 잠들어 있는 아내 야쇼다라를 내려다보고는 성을 나왔다. 시종 찬다카(Chandaka)가 끌고 나온 애마 칸타카(Kanthaka)를 타고 달빛이 밝게 빛나는 카필라바스투를 넘었다고 불전에서는 전하고 있다. 찬다카는 눈물을 흘리며 출가를 말리다가 안 되니까 자기가 직접 태자를 모셔야 한다면서 말고삐를 잡고 따라나섰다. 동쪽으로 계속해서 가다가 멀리 이웃나라인 콜리야(Koḷiya) 국을 넘어 아노마(Anomā) 강까지 갔다. 거기에서 태자는 차고 있던 칼을 뽑아 머리를 잘랐다. 그리고 찬타카에게 그 칼과 자른 머리카락을 부왕에게 전해드리라고 부탁하면서 돌려보냈다.

　이렇게 하여 혼자가 된 싯다르타 태자는 '깨달음을 이루기 전에는 다시는 고향 땅을 밟지 않겠다'고 결심하고 험준한 고행의 길을 떠났다. 머리카락을 돌려보낸 것은 출가에 대한 의지를 부왕에게 보여 드리기 위해서였을 것이다. 그리고 칼을 돌려보냄으로써 권력이나 왕위 계승에 뜻이 없음을 나타내려 한 것인지도 모른다.

　싯다르타 태자는 큰 깨달음을 얻기 위하여 모든 것을 버린 진정한 출가를 감행하였다. 태자가 아닌 사문 고타마로 다시 태어난 것이다. 전륜성왕이 아니라 지혜와 자비로써 온 중생을 구제하는 부처가 되기 위한 첫 행보였다.

셋째 마당

구도수행
영원의 진리를 깨닫다

나는 아무것도 바라지 않는다.
나는 아무것도 두려워하지 않는다. 나는 자유다.

- 니코스 카잔차키스

깨달음의 길을 걷다

사문 고타마의 구도와 열정

　모든 것을 버리고 출가한 싯다르타 태자는 이제 사문 고타마로서의 길을 가게 되었다. 경전에는 '사문 구담이시여'라고 하는 말이 자주 나오는데, 외도들이나 재가자들이 성도하기 전 수행할 당시의 붓다를 대면했을 때 부르던 칭호였다. 머리를 자르고 스스로 사문이 된 태자는 화려한 옷을 사냥꾼에게 주고 그가 입었던 허름한 옷을 대신 얻어 입었다. 그는 남루한 출가자의 행색으로 탁발을 하며 말라(Mallas) 국을 지나 밧찌(Vajjī)라는 나라로 향했다. 고타마는 우선 고향을 멀리 떠나는 것이 온갖 미련을 버리는 가장 좋은 방법이라고 생각했는지도 모른다. 한편 바로 전날까지만 해도 한 나라의 태자로서 온갖 호사를 누리다가 사문이 되어 누더기를 걸치고 걸식을 한다는 것은 결코 쉽지 않은 일이었을 것이다. 그러나 구도의 열정에 불타던 사문 고타마에게는 그것은 문제가 되지 않았다.
　가르침을 열어줄 스승을 찾던 사문 고타마는 밧찌의 수도 베살리(Vesāli)[1] 부근 아누야라는 숲에서 제자들과 함께 고행하는 바가바 선인仙人의 소식을 듣고 그를 찾아갔다. 그들은 남들이 흉내 낼 수 없는 여러 가지 고행을 하고 있었는데, 가시밭 위에 피를 흘리며 누워 있는 사람, 더럽고 냄새나는 쓰레기 더미에 누워 있는 사람, 타오르는 불가에서 몸을 지지고 있는 사람, 한쪽 발을 들고 서 있는 사람, 물속에 몸을 담그고 있는 사람 등등 온갖 끔찍한 고통을 견디고 있었다.

사문 고타마는 무엇 때문에 이런 혹독한 고행을 하는지 바가바 선인에게 물었다. 하늘에 태어나기 위해서 고행하는 것이라는 바가바 선인의 대답을 듣고 고타마는 매우 실망하였다.

'즐거움을 얻기 위해 괴로움을 참는다. 그러나 그런다고 과연 하늘나라에 태어날 것인지도 의심스럽지만 만약 태어나더라도 거기에서의 복이 다하면 다시 인간세계로 내려와야 하지 않는가? 그리고 보상을 바라고 고행을 한다면 괴로움은 영원히 떠나지 않을 것이다. 고와 낙은 영원히 되풀이될 것이다.'

이렇게 생각한 고타마는 다시 새로운 스승을 찾아 길을 떠났다. 고타마가 갠지스 강을 건너 고향인 카필라바스투의 남쪽인 마가다(Magadha) 국으로 향한 것은 마가다가 당시 주변 국가들 중 가장 강성한 나라 중의 하나로 경제가 발달하고 문물과 사람들이 모이는 곳이었기 때문이다. 큰 스승이 있을 것이라는 생각과 가능한 한 고향에서 멀리 떨어진 곳으로 가기 위해 그곳으로 발길을 향했는지도 모

---

1) 베살리(Vesāli): 산스크리트어로는 바이샬리(Vaiśālī)라고 한다. 비하르 주 북서부의 파트나 북쪽으로 간다크 강을 끼고 있다. 고대 릿차비 공화국의 수도였던 이 도시는 불교와 자이나교의 초기 역사와 밀접한 관계가 있다.

른다.

마가다 국의 수도는 라자가하(Rājagaha)인데 한역경전에서는 왕사성王舍城이라고 하였다. 이곳은 많은 경전에 등장하고 있는 아주 유명한 곳으로서 성도하신 뒤 붓다의 주된 활동무대가 된 곳이기도 하다.

마가다 국에 도착한 사문 고타마가 어느 날 라자가하의 거리에서 탁발을 하였다. 그때 마침 성 위에서 거리를 내려다보던 마가다 국의 빔비사라(Bimbisāra) 왕이 붓다의 탁발 광경을 보게 되었다. 높은 전각에서 붓다를 발견한 빔비사라 왕은 시종들에게 이렇게 말했다고 한다.

그대들이여, 저 비구를 주목해 보라. 저분은 자태가 우아하고 얼굴은 맑게 빛난다. 걸음걸이는 침착하고 눈은 멀리 열 자나 되는 곳을 바라본다. 저분은 마음속에 원하는 것이 있을 것이다. 저분은 천한 집안 출신이 아닐 것이다. 급히 사신을 보내 알아보라. 저 비구는 어디로 가려고 하는가?

이러한 내용은 가장 오래된 경전이라는 『숫타니파타(Suttanipāta)』에도 있고 『출가경出家經』이나 유부有部의 『비나야파승사』라는 율장에도 있는 내용이다. 이때만 해도 출가한 지 얼마 되지 않았던 때이므로 고생한 흔적이 적어서 용모가 더욱 빛났는지도 모른다. 이처럼 한 눈에 고타마를 범상한 인물이 아니라고 본 빔비사라 왕은 시종을 보내어 고타마가 어디로 가시는지 따라가 보게 하였다. 고타마는 이 집 저 집 걸식을 하시다가 발우가 다 찬 다음 라자가하를 나와 근처의 판다바라는 산으로 갔다. 시종들이 엿보다가 얼른 돌아와 왕에게 이렇게 아뢰었다.

대왕이시여, 그 사문은 판다바 산의 동굴에서 마치 호랑이처럼, 소처럼, 사자처럼 앉아 계셨습니다.

탁발을 마치고 식사를 하신 후 선정에 들기 위하여 의젓하게 앉아 계셨던 모양이다. 그러한 자태를 '호랑이처럼, 소처럼, 사자처럼'이라고 표현하고 있다. 시종들의 말을 들은 빔비사라 왕은 얼른 수레를 몰고 직접 붓다가 계신 곳으로 가서 동굴로 올라가 인사를 나누면서 이렇게 말했다.

그대는 아직 젊은이로 인생의 봄이요 한창 때인 청년이오. 복 많은 청춘의 얼굴을 하고 있으니 유서 깊은 크샤트리아 출신일 것이오. 그대가 바라는 보수를 다 줄 터이니 나에게 오시오. 코끼리 떼를 앞세운 내 막강한 군대에 들어오시오. 내 그대에게 묻노니 그대의 내력을 말해 주시겠소?

사문 고타마의 빛나는 얼굴과 범상치 않은 자태를 보고 첫눈에 반한 빔비사라 왕은 이렇듯 훌륭한 분이 자기의 군대에 들어온다면 틀림없이 큰 힘을 얻을 수 있을 것이라고 생각했다. 그래서 바라는 대로 보수를 줄 터이니 자기의 군대에 참가해 달라고 권유했던 것이다. 당시 마가다 국은 한창 세력 확장을 하고 있던 무렵이라 뛰어난 인재가 필요했기에 이렇게 간청했던 것이다.

사캬무니 붓다가 사색적이고 명상을 좋아하여 병약한 체력을 지니지 않았나 의심하는 사람들도 있지만, 마가다 국의 빔비사라 왕 같은 이가 자기의 군대에 들어오라고 요청한 것을 보면 신체도 건장했을 뿐만 아니라 틀림없이 기백도 넘쳤을 것이다. 아울러 빔비사라 왕은 고타마의 집안 내력이 매우 궁금했던 모양이다. 그 당시에는 카필라바스투 같은 변방의 소국에 대해서는 잘 몰랐을 것이고, 당연히 그 나라의 태자가 출가했다는 소문도 듣기 힘들었을 것이다. 빔비사라 왕이 집안 내력을 묻자, 고타마는 이렇게 대답하였다.

> 왕이시여, 저 설산 기슭에 예전부터 코살라(Kosalā) 국에 속하면서 재보와 용기를 겸비한 단정한 부족이 있으니 그 부족은 태양의 후예라 불리며 나의 씨족은 사캬라고 하오. 나는 그 가문에서 출가하였는데 이는 욕망의 추구를 위한 것이 아니오.
> 모든 욕망으로 인한 재앙을 보아왔고 욕망으로부터 벗어나는 것만이 안온하기 때문에 그 도에 정진하리라 나는 생각하였소. 모든 욕망을 구하는 것보다 도를 구하는 것이야말로 나의 마음을 더 기쁘게 하오.

이 짧은 대답 속에 사문 고타마의 집안 내력과 출가의 동기, 결심 등이 잘 나타나 있다. 빔비사라 왕은 고타마의 결심을 알고 아쉬운 마음으로 물러나면서 만약 도를 이루어 붓다가 된다면 반드시 자기에게 먼저 알려주고 가르침을 내려 달라고 부탁했다. 이 소원은 마침내 이루어져 훗날 붓다께서 성도 후 라자가하를 찾았을 때 빔비사라 왕은 기쁘게 맞이하며 붓다께 귀의하고 든든한 후원자가 되었다. 붓다의 설법지로 유명한 죽림정사도 빔비사라 왕이 교단에 기증한 것이다. 경전에는 붓다께서 죽림정사에서 빔비사라 왕을 상대로 설법하신 것이 많이 남아 있다.

명상의 경지를 체험하다

출가한 지 얼마 되지 않아서 고타마는 마가다 국에서 여러 부류의 수행자들을 찾아다니면서 스승으로 삼고자 하였다. 당시 인도에는 인생의 고뇌를 해결하고 우주의 비밀을 밝혀 윤회의 괴로움에서 영원히 벗어나기 위하여 수행자들이 택한 방법이 두 가지 있었다. 명상을 통해서 지혜를 개발하는 방법과 육체를 괴롭힘으로써 영혼이 맑아진다고 생각하는 고행주의가 바로 그것이다.

명상은 숲이나 마을에서 떨어진 조용한 곳에서 가부좌를 틀고 앉아 우주와 인생의 비밀을 사유하는 것이다. 이러한 방법은 어느 종교에서나 대체로 나타나는 수행방법이다. 정통 브라만들도 조용한 곳을 찾아서 우주 원리인 브라만과 개인 원리인 아트만이 하나라는 것을 사유하고 관찰하였다. 또 우파니샤드 시대에는 개인적인 정신 원리로서 푸루샤(puruṣa; 神我)라는 것을 상정하고 물질원리로서 프라크리티(prakṛti; 自性)를 상정해서 이 두 가지 원리의 대립에 의해 현상 세계가 전개된다고 보았다. 우파니샤드 철학자들은 푸루샤와

프라크리티의 대립으로 현상 세계가 전개됨에 따라 온갖 악덕과 불행이 발생하게 되는데, 악덕이나 불행을 제거하고 안온한 삶을 얻기 위해서는 순수 청정한 정신원리를 방해하고 속박하는 물질적 요소를 제거할 필요가 있다고 주장하였다.

이러한 이원론에 입각해서 물질의 속박으로부터 정신의 자유를 얻기 위해 행하는 명상법을 특히 요가(Yoga)라고 하였다. 이러한 명상의 전통은 불교에서도 받아들여 선정禪定의 전통을 만들었다. 물론 불교의 선정은 브라만교의 명상과는 방법과 목적 자체가 다르다. 브라만들이 주장하는 명상은 정신을 한 곳에 집중하여 외부로부터의 물질적 혹은 육체적 자극이나 유혹에 동요됨이 없이 정신을 자유롭게 한다는 것이다.

다음으로, 고행은 인도 말로 타파스(tapas)라고 하여 열을 의미하는 것이었다. 원래 고행 방법은 오열五熱이라고 하여 뜨거운 폭염 아래에 몸을 드러내고 사방에 불을 피워 머리와 사방의 다섯 방향에서 몸을 달구는 것이었는데, 이것 외에도 몸을 괴롭히는 여러 가지 수행법이 보태어졌다. 이것도 육체와 정신을 분리해서 보는 이원론에서 나온 생각인데, 육체를 괴롭힘으로써 정신이 그만큼 청정해지고 자유로워진다고 생각하고 이런 고행을 했던 것이다. 고행주의도 원래 브라만들의 수행법이었으나 나중에는 사문들도 고행주의를 채택했다. 사캬무니 붓다 시대에는 브라만들보다도 오히려 자이나교 등 출가사문집단에서 더욱 적극적으로 고행을 했다. 이처럼 당시에는 명상과 고행이라는 두 가지 방법이 가장 보편적인 수행방법이었다.

사문 고타마가 마가다 국에 가서 처음으로 만난 스승은 알라라 칼라마(Ālāra Kālāma)와 웃다카 라마풋타(Uddaka Rāmaputta) 선인仙人이었다. 알라라 칼라마는 무소유처정無所有處定에 도달하는 것을 인생의 최고 이상으로 삼고 수행하는 사람이었는데, 무소유처정은 어떠한 것에도 집착하지 않는 상태로 되는 선정이다. 『중아함경』「라마경羅摩經」에는 고타마가 알라라 칼라마에게 가서 도를 배우는 장면이 나온다. 출가한 지 얼마 되지 않은 고타마가 알라라 칼라마에게 병들지도 않고 늙지도 않으며 죽지도 않고 근심도 없으며 더러움도 없는, 위없이 안온한 열반을 구하고자 도를 배우고 싶다고 하였고, 알라라 칼라마가 허락하였다. 고타마가 알라라 칼라마에게 "당신은 어떤 경지를 알고 깨달았으며 체험하였습니까?"라고 물으니 "무소유처정無所有處定의 경지를 성취하여 자적하고 있다."고 대답한다. 이에 고타마는 이렇게 생각하셨다고 한다.

> 알라라에게만 이런 자신감이 있는 것이 아니다. 나에게도 이런 자신감이 있다. 알라라에게만 이런 정진이 있는 것이 아니다. 나에게도 이런 정진이 있다. 알라라에게만 이런 지혜가 있는 것이 아니다. 나에게도 이런 지혜가 있다. 알라라가 무소유처정의 경지를 알고 깨닫고 체험하였는데 나라고 그러지 못하겠는가?

생로병사를 초월하는 길을 알고자 구도의 길에 들어선 사문 고타마의 자신감과 의지를 엿볼 수 있는 대목이다. 그리고는 고타마도 곧 무소유처정의 경지에 도달했다. 이것을 안 알라라 칼라마는 고타마에게 자기와 함께 대중을 거느리자는 제의를 한다. 그러나 고타마는 이렇게 생각하시고는 그의 곁을 떠난다.

지금 이것은 지혜로 향하는 것도 아니고 깨달음으로 향하는 것도 아니며 열반으로 향하는 것도 아니다. 그러니 이 가르침을 버리고 병들지도 않고 늙지도 않으며 죽지도 않고 근심도 없으며 더러움도 없는, 위없는 안온한 열반을 구하는 편이 낫겠다.

알라라 칼라마의 곁을 떠난 고타마는 다시 웃다카 라마풋타라는 선인에게로 가서 가르침을 청했다. 웃다카 라마풋타는 고타마에게 자기는 비상비비상처정非想非非想處定이라는 경지에 올라 자적하고 있다고 대답했다. 이 비상비비상처정은 정신작용이 있는 것도 아니고 없는 것도 아닌 일종의 무념무상의 정신통일에 드는 선정이었다. 고타마는 여기에 대해서도 웃다카 라마풋타가 도달한 경지라면 나라고 못하겠는가라는 자신감을 가지고 정진한 결과 곧 이 경지에 도달했다. 이것을 안 웃다카 라마풋타가 고타마에게 같이 대중을 거느리자는 제의를 하지만 알라라 칼라마의 경우와 마찬가지로 궁극적인 해탈의 길이 아님을 알고 스승을 찾는 일은 그만 두고 혼자서 수행하기로 결심한다.

고타마는 웃다카 라마풋타에게 이런 질문을 했다고 한다.

"비상비비상이라는 경지가 생각이 있는 것도 아니고 없는 것도 아닌 경지라면 거기에는 나라는 존재가 있는 것인가 없는 것인가? 만약 나라는 것이 없다면 비상비비상이라고는 말할 수 없으며, 만약 나라는 것이 있다고 한다면 나는 아직도 분별함이 있는 것이 되고 분별이 있다는 것은 아직도 번뇌에 물들고 있다는 것이 된다. 만약 분별함이 없다면 나는 목석과 같은 것이 되기 때문에 말이 안 되지 않는가?"

웃다카 라마풋타는 고타마의 이러한 질문에 대답을 못하고 그저 고타마의 뛰어난 지혜에 경탄할 뿐이었다고 한다.

무소유처정과 비상비비상처정은 불교에서도 받아들였는데 어느 것이나 최고의 선정으로 치는 것이다. 불교에서 설하는 선정의 체계는 대부분 불교 이전부터 존재하던 것을 체계화시킨 것이다.

경전에 의하면 붓다께서는 당대 최고수들이 닦는 두 가지 선정을 시작한 지 얼마 되지 않아 그 경지에 올랐던 것 같다. 그러나 사실 이러한 경지는 보통 사람들이 수십 년, 아니 평생을 수행해도 도달하기 어려운 경지라고 한다. 이 두 선인에게는 수많은 제자들이 있었지만 아무도 그 경지에 도달하지 못했기 때문에 단시간에 그러한 경지에 이른 고타마를 보고 두 선인은 크게 놀라며 같이 교단을 이끌어 갈 것을 부탁했던 것이다. 하지만 그렇게 경지가 높은 선정도 궁극적인 깨달음은 줄 수 없다고 판단, 참된 진리가 아니라고 생각한 고타마는 미련 없이 그들을 떠났다. 선정에 들었을 때는 마음이 무념무상으로 되고 모든 불안과 고뇌에서 벗어나는 듯했지만, 평상시의 정신 상태로 되돌아오면 현실의 괴로움은 여전히 남아 있었기 때문에 선정만으로 절대적인 해탈을 얻기는 어려웠기 때문이다. 고타마가 다음으로 선택한 방법은 고행이었다.

목숨을 바쳐 고행하다

선정을 통한 명상만으로는 진리에 이를 수 없다는 한계를 느낀 고타마는 육신을 극도로 괴롭혀 정신과 육체를 분리하는 방법을 써 보기로 하였다. 명상으로는 더 이상 올라갈 경지가 없었으므로 고행을 시도해 볼 수밖에 없었을 것이다. 고타마는 마가다 국에서 고행자들이 모여 있다는 고행림苦行林으로 들어갔다.

그곳은 마가다 국의 수도인 라자가하에서 약간 서쪽에 위치한 우루벨라(Uruvelā) 지방의 세나(Senā) 촌 근처였다고 한다. 이곳에서 고타마는 거의 6년에 걸쳐 인간으로서 해 볼 수 있는 고행은 빠짐없이 다 경험해 보셨다고 한다. 『증일아함경增一阿含經』에는 고타마가 6년 동안 고행하시던 모습을 회상을 통하여 비교적 자세히 묘사하고 있다.

고행을 위하여 가시덤불 위에 눕기도 했고, 쇠못을 박아둔 판자 위에 눕기도 했으며, 거꾸로 매달리기도 하고 양다리를 엇갈린 채 무릎을 세우고 앉기도 했다. 수염과 머리를 깎지 않는 것은 물론 작열하는 태양에 몸을 태우기도 했으며, 추운 겨울에는 얼음에 앉거나 물속에 들어가기도 했으며, 말 한마디 없이 지내기도 했고, 알몸으로 지내기도 했다고 한다.

때로는 무덤가에 가서 죽은 사람의 옷을 주워 몸을 가리고 앉아

● 붓다의 고행상

있으면 마을 사람들이 와서 보고는 나뭇가지로 콧구멍이나 귓구멍을 찌르기도 하고 침을 뱉기도 하며 오줌을 누기도 하고 흙먼지를 끼얹기도 했다고 한다. 그러나 고따마는 그들에 대해 어떠한 마음도 일으키지 않고 평정심을 유지했다고 한다. 이때는 아마 마음을 제어하는 고행을 하고 계셨을 것이다.

마음을 제어하는 고행은 단정하게 앉아서 아래 위 이를 물고 혀를 입천장에 붙이고 그 자세로 계속해서 마음을 다스리는 것이다. 이 고행은 단시간 동안에는 괜찮지만 장시간을 지속하면 양 무릎에 땀이 흐르고 힘센 사람이 머리를 짓누르며 어깨를 움켜잡는 것처럼 고통이 심해진다고 한다.

고타마는 음식을 조절하는 고행도 하셨다. 여기에는 단식斷食과 감식減食이 있는데, 단식은 일정 기간 동안 음식을 완전히 끊어버리는 것이고, 감식은 먹는 양을 점차로 줄여 가는 방법이다. 경전에는 사문 고타마가 쇠똥을 먹기도 하고, 어느 때는 참깨 한 알과 쌀 한 톨만 먹기도 했다고 한다. 대부분의 사람들이 한 끼만 굶어도 못 참는 것을 생각하면 몇 년 동안에 걸쳐서 단식과 감식을 되풀이한다는 것은 보통 사람으로서는 도저히 참기 어려운 고행이었을 것이다. 그때의 상황에 대하여 이렇게 말씀하셨다.

몸은 나날이 쇠약해지고 피골이 상접해졌으며 정수리에는 종기가 생겨 가죽과 살이 떨어져 나갔다. 머리는 부서진 호리병 같았고, 눈에는 별이 어른거리고, 몸은 부서진 수레처럼 허물어졌다. 엉덩이뼈는 낙타의 다리 같았으며 손으로 배를 만지면 등뼈가 잡혔고 등을 만지면 뱃가죽이 잡혔다. 그러나 나는 아무런 이익도 얻지 못했으며 위없는 깨달음은 더더욱 얻지 못했다.

파키스탄의 라호르 박물관에 모셔진 뼈와 핏줄이 드러나고 앙상하게 마른 붓다의 고행상苦行像은 그때의 모습을 묘사한 것이다. 붓다는 그 당시에 행해지던 모든 고행을 그 누구도 흉내 내지 못할 정도로 참고 견디었으며, 초인적인 인내력으로 단식과 감식을 되풀이하면서 몸이 거의 망가졌지만 깨달음은 얻을 수 없었다. 심지어는 숨을 틀어막는 고행으로 죽음 직전에까지 간 일도 있었다고 한다. 경전에 의하면, 호흡을 멈추는 고행인 무식선無息禪을 하기로 결심한 고타마가 코와 입을 막자 귀에서 우레 소리가 들리기 시작했다고 한다. 숨이 귀를 통하여 들락거렸기 때문에 그런 소리가 났던 것이다. 고타마는 다시 귀를 막고 호흡을 멈추었다. 이때의 정경을 이렇게 말씀하셨다.

> 귀를 막고 숨을 막자 몸 안의 기운이 손과 다리를 통해 나왔다. 코와 입과 귀로 숨이 나오지 못하게 하자 안에서는 마치 우레와 같은 소리가 났고 의식은 몸을 따라 도는 것 같았다. 다시 호흡을 멈추는 선정〔無息禪〕에 들겠다고 나는 생각했다. 그리고는 모든 구멍의 호흡을 중단했다. 그러자 마치 송곳으로 쑤시는 것처럼 머리가 아팠다. 그래도 아직 의식이 있어 다시 선정에 들어 드나드는 호흡을 막자고 거듭 생각했다. 그리고는 다시 모든 호흡을 중단했다. 그러자 들이쉰 숨이 모두 배에 모였다. 숨기운이 미세하게라도 돌면 마치 백정이 소를 칼로 죽일 때와 같은 고통이 느껴졌고, 장정 둘이서 사람을 맞들고 불에 구울 때와 같은 고통이 느껴졌다. 그래도 의식은 아직 남아 있었다. 어떤 이는 나를 보고 얼굴이 너무 검다고 말하기도 하고 어떤 이는 내가 곧 죽을 것 같다고 말하기도 했다.

이러한 고행은 그야말로 목숨을 걸고 하는 것이었다. 보통 사람은 3, 4분만 숨을 쉬지 않아도 뇌사 상태가 시작된다고 하는데, 붓다의 이러한 호흡법은 귀나 피부로 호흡하는 것까지도 통제하는 극단의 것이었다. 훗날 붓다께서는 옛날의 어떠한 브라만이나 사문들도 이런 극심한 고행은 한 적이 없었고, 미래의 어떠한 브라만이나 사문들도 이러한 고행을 하는 자는 없을 것이라고 단언하셨다. 그만큼 극도의 고행을 몸소 실천하셨던 것이다.

　그러나 이렇게 뼈를 깎고 살을 저미는 처절한 고행도 진정한 깨달음에 이르는 길은 아니었다. 극심한 고행에도 불구하고 번뇌를 끊지도 못했으며 생로병사에 대한 해결의 실마리를 찾지 못했다. 그리하여 육체를 괴롭히는 일이 오히려 육체에 집착하는 것이며 고행이 오히려 마음을 더 어지럽힌다는 것을 깨달으셨다. 고타마는 심신이 안온하게 조화를 이루는 것이 오히려 선정에 더 도움이 된다는 것을 깨달으셨던 것이다. 사람들 중에는 고행을 통하여 깨달음을 이루고 붓다가 되신 것으로 알고 있는 이들도 있지만 사실은 고행과 쾌락 양극단을 버리고 심신의 조화를 이룬 상태에서 지혜를 밝혀 붓다가 되셨다.

스스로 깨달은 자, 붓다로 거듭나다

깨닫지 못하면 일어나지 않으리라

고타마는 6년 동안의 고행을 끝내고 깨달음을 얻기 위해 새로운 길을 찾았다. 고행으로 뼈만 앙상하게 남은 모습으로 지금의 부다가야(Buddhagayā)로 향했다. 그곳에서 선정에 들기로 작정하고 먼저 가까운 네란자라(Neranjarā) 강에서 몸을 깨끗하게 씻었다. 마침 그 마을의 수자타(Sujāta)라는 처녀가 고타마를 보고 공경하는 마음으로 우유죽을 공양했다. 우유죽을 드시고 체력을 회복하신 고타마는 심기일전하여 핍팔라(Pippala) 나무 밑에서 다시 명상에 들었다. 고타마가 이 나무 아래에서 깨달음을 얻으신 뒤 사람들은 핍팔라 나무를 보리수菩提樹라고 불렀다.

이때 고타마를 줄곧 따라다니며 수행하던 다섯 명의 도반道伴들은 고타마가 몸을 씻고 우유죽 먹는 것을 보고 타락했다고 손가락질하고는 고타마 곁을 떠나버렸다. 이들은 브라만들이 모여 있던 서쪽 카시(Kāsi) 국의 바라나시(Vārāṇasī)에 있는 미가다야(Migadāya)라는 곳으로 가버렸다. 이곳은 사슴을 방목하는 곳이라서 녹야원鹿野苑이라고도 하는데 고행자들이 많이 모이는 곳이었다고 한다. 이 다섯 명의 도반이 붓다의 최초의 제자인 오비구五比丘로서 붓다께 최초의 설법을 듣고 다섯이 다 아라한阿羅漢(arhat)[1]이 된 것으로 유명하다. 이들은 싯다르타 태자가 출가하시어 사문 고타마로 불릴 때 부왕인 숫도다나 왕이 태자를 보호하기 위해서 보냈다는 설도 있고, 부근에서 같이 고행하던 출가자들이 사문 고타마의 고행하는 모습을 보고 흠모해서 따라다녔다는 설도 있는데, 뒤의 말이 좀 더 신빙성이 있다.

아무튼 붓다께서는 핍팔라(보리수) 아래에 혼자 자리를 잡았다. 이때 소티야(Sotthiya)라는 사람이 근처에서 풀을 베고 있다가 고타마에게 풀로 자리를 깔아드렸다. 소티야는 길상吉祥이라는 의미이기 때문에 그 풀을 길상초吉祥草라고 하고, 부처님께서 그 자리에서 성도하시기 전까지 움직이지 않으셨으므로 그 자리를 금강좌金剛座라고 한다. 보리수 아래에서 소티야가 준 풀을 깔고 앉으신 고타마는 '무상無上의 대보리大菩提를 얻지 않고는 결코 이 자리에서 일어나지 않으리라' 결심하고는 명상과 사색에 들어갔다. 어떤 경에서는 '내가 이 자리에서 모든 번뇌를 끊지 못하고 해탈하지 못한다면 결코 일어서지 않으리라'고 결심하셨다고 전한다. 고타마는 이렇게 굳은 결심을 하고는 목숨을 걸고 마지막 수행에 들어갔다.

---

[1] 아라한阿羅漢(arhat): 수행자가 도달할 수 있는 가장 높은 위치에 오른 자. 즉 번뇌를 완전히 멸한 자. 원래의 의미는 마땅히 존경 받을 만한 자를 가리키며 응공應供으로 의역함. 더 이상 배울 것이 없다고 해서 무학위無學位로도 함.

온갖 유혹을 떨쳐버리다

고타마가 정진하는 동안 악마의 왕 파피야스(Pāpīyas; 波旬)가 와서 위협도 하고 달래기도 하면서 고타마의 수행을 방해했다. 또 부왕인 파피야스의 명령을 받은 딸들도 아름다운 자태를 드러내며 고타마를 유혹했다. 이런 이야기들은 고타마의 마음에 일어나는 수많은 번뇌들을 상징한다고 볼 수 있다. 마왕은 처음에 고타마를 이렇게 유혹하였다.

세상에 목숨처럼 소중한 것은 없소. 목숨이 있어야만 수행도 할 수 있으며, 당신과 같은 고행으로는 성공할 가망이 없소. 마음을 억제한다거나 번뇌를 끊는다는 것은 애초부터 무리한 짓이니 그런 짓은 그만 두시오. 훨씬 즐거운 일이 얼마든지 있지 않소. 브라만이 하는 것처럼 불을 섬기고 제물을 바치면 얼마든지 공덕을 쌓을 수 있소.

고타마는 애초부터 목숨을 건 수행을 결심했기 때문에 이런 유혹쯤은 충분히 극복할 수 있었다. 브라만이 하는 것처럼 불을 섬기고 제물을 바쳐 공덕을 쌓으라는 유혹을 떨쳐버린 것은 브라만의 습속은 결코 따르지 않겠다는 붓다의 결의를 나타내는 것이다. 또한 이것은 브라만의 틀을 벗어나 새로운 사상을 수립하겠다는 의지의 표현이라 할 수도 있다.

또 어느 때는 마왕이 세 딸과 함께 이렇게도 위협했다고 한다.

그대 크샤트리아 종이여, 죽음이 두렵지 않느냐? 빨리 자리에서 일어나라. 너는 돌아가 전륜성왕의 업이나 닦고 출가법을 버리고 재가자로서 보시행을 닦아 천상에 태어나 즐거움을 누려라. 그것이 으뜸이다. 너는 크샤트리아 종이니 전륜성왕이나 될 것이지 무엇 때문에 비구가 되어 이 고생을 하느냐? 만약 일어나지 않고 네 뜻대로 하려고 한다면 이 화살을 너에게 쏠 것이다. 너보다 더한 고행을 하는 선인도 내 화살소리만 들어도 모두 놀라서 정신을 잃어버리는데 네가 어찌 이 독화살을 견디겠느냐?

이렇게 말하면서 마왕은 다섯 개의 화살을 쏘았으나 고타마가 꼼짝도 하지 않자 날아오는 화살이 모두 땅으로 떨어져 연꽃으로 변했다고 한다. 다섯 개의 화살은 탐욕과 성냄, 어리석음, 교만함, 의심하는 마음의 다섯 가지를 상징한다. 전륜성왕이 되거나 천상에 태어나는 즐거움은 인간이 가장 바라는 것이다. 이처럼 세속의 온갖 영화와 이성의 유혹 등 마음에 일어날 수 있는 모든 번뇌가 악마가 되어 다가왔다. 그러나 진리를 향한 붓다의 굳센 용맹을 꺾을 수는 없었다. 『숫타니파타』에는 고타마를 괴롭히던 악마가 결국에는 이렇게 말하고 떠나가는 것으로 묘사하고 있다.

나는 7년 동안이나 그대를 따라다녔다. 그러나 생각이 견고한 그대에게는 뛰어들 틈이 없었다. 마치 까마귀가 단단한 바위를 연한 고기로 여기고 그 주위를 빙빙 도는 것과 같았다. 그곳에서 맛있는 것을 얻을 수 없어서 날아가 버린 까마귀와 같이 나는 이제 지쳐서 고타마에게서 떠나야겠다.

비탄에 잠긴 악마는 옆구리의 비파를 떨어뜨리고 낙담하여 그 자리에서 모습을 감추었다고 한다. 이렇게 마음의 온갖 번뇌를 물리치고 고타마는 계속하여 선정에 들었다.

바른 깨달음을 이루다

『증일아함경』 등의 경전에 의하면, 악마를 물리친 고타마는 그날 밤을 셋으로 나눈 초야初夜, 중야中夜, 후야後夜에 걸쳐서 선정에 의한 사유관찰을 계속 했다.

초야에는 과거의 일을 알 수 있는 뛰어난 지혜인 숙명통宿命通을 얻고, 중야에는 미래의 일을 꿰뚫어보는 지혜인 천안통天眼通을 얻었으며, 후야인 새벽녘에는 우주와 인생의 진리를 꿰뚫어보는 누진통漏盡通을 얻어 비로소 위없는 바른 깨달음을 성취하여 붓다가 되셨다고 한다. 이것을 무상정등정각無上正等正覺이라고도 하고 아눗다라삼먁삼보리(anuttarā samyaksambodhi)라고도 한다. 경전에서는 고타마가 초저녁에 숙명통을 얻는 과정을 이렇게 서술하고 있다.

나는 그 위에 결가부좌로 앉아 몸과 마음을 바르게 하고 생각을 앞에 매어 두었다. 그리고는 탐욕과 모든 악한 것을 여의어서 탐색과 세심한 관찰이 훌륭해진 초선初禪의 경지에 이르렀다. 그 다음에는 탐색과 세심한 관찰마저 다한 제이선第二禪과 제삼선第三禪의 경지에 이르렀으며, 그 다음에는 생각을 깨끗하게 지켜 근심과 기쁨이 제거된 제사선第四禪의 경지에 이르렀다. 그때 나는 청정한 마음으로 모든 번뇌를 제거하고 두려움이 없는 무소외無所畏를 얻었으며, 과거세의 무수한 내력과 변화를 알게 되었다. 그리하여 무수한 생의 일을 기억하되 한 생애, 두 생애, 세 생애, 네 생애, 다섯 생애, 십 생애, 이십 생애, 삼십, 사십, 오십, 백 생애, 천 생애, 백 천만 생애, 성겁成劫, 패겁敗劫, 무수한 성겁, 무수한 패겁, 무수한 성패겁 동안 여기서 죽어 저기 가서 태어나고, 저기서 태어나 여기 가서 죽는 그 본말과 인연의 내력을 다 캐어 기억하였다.

고타마는 선정에 들어 이렇게 숙명통을 얻고 과거의 무수한 세월을 꿰뚫어보시고 다시 한밤중인 중야에 이르러 천안통을 얻게 된다.

나는 보통사람이 보지 못하는 것을 꿰뚫어보는 천안으로 중생들의 나고 죽는 일, 좋은 곳[善趣]과 나쁜 곳[惡趣]에 가서 태어나는 일, 좋은 몸과 나쁜 몸을 받는 일, 잘나고 못난 용모를 받는 일 등이 그가 짓는 행위에 따른다는 것을 알았다. 내가 보니 어떤 중생은 몸과 입과 마음으로 악행을 짓고 현성賢聖을 비방하며 삿된 견해에 따라 삿된 행위를 지어서 목숨을 마친 뒤 지옥에 태어나고, 어떤 중생은 몸과 입과 마음으로 선을 행하고 현성을 비방하지 않으며 바른 견해에 따라 바른 행위를 지어서 목숨을 마친 뒤 인간 세상에 태어난다.

이렇게 천안통으로 모든 중생이 업력으로 괴로움과 즐거움의 과보를 받는 중생계의 실상을 파악하셨다. 선정을 계속하여 새벽이 가까워지는 후야에는 누진통을 얻어 우주의 진리를 있는 그대로 파악하고 모든 번뇌와 생사의 속박에서 벗어나신 것이다. 경전에서는 다시 이렇게 묘사하고 있다.

나는 청정한 삼매의 마음으로 번뇌 없는 심해탈心解脫과 혜해탈慧解脫을 이루었다. 그리하여 번뇌와 생사의 속박에서 벗어났고, 모든 삿되고 치우친 행을 여의어 오로지 바른 행과 바른 정진을 하게 되었으며, 해야 할 일을 다 행해서 다시는 후세에 생명을 받지 않게 되

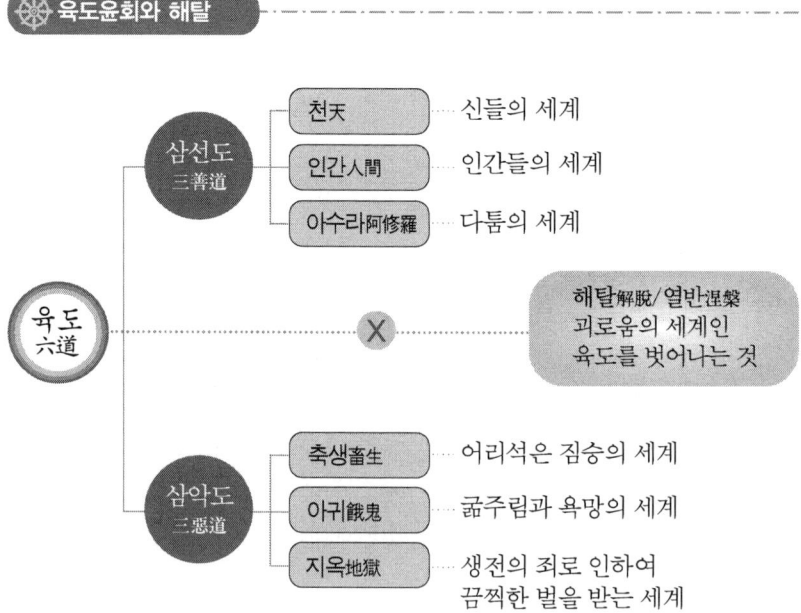

었음을 진실 그대로 알았다. 곧 위없는 바른 깨달음을 이룬 것이다.

이렇게 해서 고타마 싯다르타 태자는 출가한 지 6년, 태자의 나이 35세인 12월 8일 새벽, 그 누구도 이르지 못했던 최고의 깨달음을 증득하여 늙음과 죽음이라는 인간의 근원적인 고통을 해결하고 '붓다'로 다시 태어나셨던 것이다.

새벽 별이 빛날 때 거기에 영감을 얻어 갑자기 깨달음을 얻은 것처럼 묘사하고 있는 붓다의 전기도 있지만, 실은 그 준비과정이 무척 길었다. 붓다께서는 출가 이후 수많은 시행착오 끝에 쾌락과 고행이라는 양 극단을 버리고 중도의 길을 택함으로써 심신의 조화를 이루

중도中道

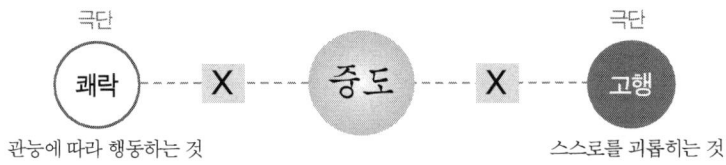

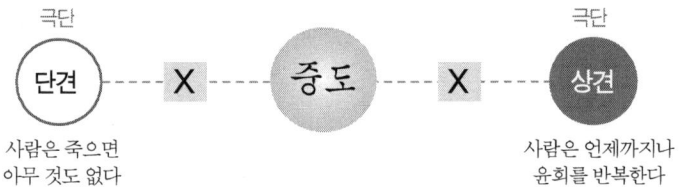

양 극단을 벗어난 것이 중도이다

었다. 그러한 상태에서 명상을 거듭한 결과 연기緣起의 도리를 깨침으로써 마침내 '깨달은 사람', '붓다'가 되셨던 것이다.

붓다의 깨달음은 비고비락非苦非樂의 중도中道적 실천에 의해서 얻어진 것이었다. 정신만을 고요히 하는 선정주의도 아니고, 육체를 괴롭히는 고행주의도 아닌 양 극단을 버리고 자신만의 길을 찾아 수행한 결과였다. 붓다의 성불은 모든 어리석음의 그림자를 걷어내고 지혜의 빛을 드리운 인류의 정신사에 가장 획기적인 사건이었다.

여기에서 한 가지 생각해 볼 것은 붓다가 숙명통, 천안통, 누진통이라는 신통을 얻음으로써 모든 번뇌와 생사의 속박을 해탈했다는 부분이다. 숙명통, 천안통, 누진통을 합하여 삼명三明이라고도 한다. 이 말은 세 가지 밝은 지혜라는 뜻이다. 여기에 몸을 마음대로 나타내는 신변통神變通, 다른 사람의 마음을 아는 타심통他心通, 남들이 듣지 못하는 소리를 듣는 천이통天耳通을 합하여 육신통六神通이라고 한다.

이러한 신통은 붓다뿐만 아니라 불제자들도 아라한과阿羅漢果라고 하는 최고의 깨달음을 얻으면 이러한 능력이 자연히 얻어진다고 한다. 깊은 선정에 들거나 정신통일을 하는 수련을 통해 신통력을 얻을 수 있는데, 우주의 진리를 꿰뚫어보는 누진통만은 사캬무니 붓다가 처음이며, 불교의 진리를 체득한 사람이 아니면 도달할 수 없다고 한다. 하지만 누진통을 제외한 오신통은 꼭 불교 수행자가 아니더라도 누구든지 수행을 하면 얻을 수 있다고 한다.

그런데 합리성을 표방하는 불교가 이러한 기적과 같은 신통력을 내세우는 것은 좀 이상하다고 생각할 수도 있다. '후대의 사람들이 붓다의 위대함을 드러내기 위해서 만든 것이 아닌가? 라는 의문이 들 수도 있다. 그러나 우리는 신통력에 대해 두 가지 관점에서 살펴볼 수 있다.

하나는 인과의 법칙, 자연의 법칙을 무시하고 일어나는 현상이다. 그러나 이러한 것은 실제로는 존재할 수가 없다. 다음으로는 언뜻 보면 불가사의하게 보여도 지혜의 눈으로 보면 타당성이 있는 현상이다. 사람들이 대부분 기적이라고 믿는 것도 알고 보면 인과의 법칙, 자연의 법칙에서 벗어나는 것이 없다. 그러나 사람의 지혜가 거기에 미치지 못하거나 인과 관계를 밝히지 못했을 때는 기적같이 보일 뿐이다.

붓다의 육신통이나 그 제자들이 보여준 기적 같은 신통력 등은 누진통만 제외하고는 일반 사람들도 수련을 통해 도달할 수 있는 것이기 때문에 조금도 이상할 것이 없다. 범부들의 지혜와 붓다의 지혜를 생각할 때 그 차이는 엄청난 것이어서 경전에 그런 신통력에 대해 서술된 부분은 대부분 믿을 만한 것이다. 물론 대승불전에 소개된 이야기들은 지극한 신심의 바탕 위에서 구성된 경전이 많기 때문에 신화적이고 상징적이며 신비적인 요소가 많이 가미되어 있는 편이다. 하지만 『아함경』을 비롯한 초기 경전의 서술은 대부분 그대로 믿어도 될 것이다.

목표를 향하여 길을 떠나다

앞에서도 언급했지만 붓다의 깨달음은 새벽 별이 빛나는 순간 갑자기 얻어진 것이 아니라 오랜 준비 기간이 있었다. 출가하여 만 6년이라는 긴 시간 동안 보통사람으로서는 흉내도 내지 못할 어려운 수행을 통하여 정각에 이르게 되었는데 그 과정을 다시 한 번 살펴보자.

첫째는 출가다. 인도에서는 원래부터 출가의 풍습이 있었다. 이것은 브라만교에 영향을 입은 것으로 브라만 시대가 끝날 무렵부터 우파니샤드 시대의 초기에 형성된 풍습으로 보인다. 그렇기 때문에 이러한 풍습은 주로 브라만 계급을 비롯한 상층부의 사람들이 행해 오던 것이라고 볼 수 있다. 이들의 생애를 보통 학습기, 가주기家住期, 임서기林棲期, 유행기流行期의 네 시기로 나눈다.

학습기는 7~8세 경부터 약 12~13년 간 학문을 배우는 시기를 말한다. 이때는 베다를 중심으로 하는 브라만의 학문과 여러 가지 인생에 필요한 지식을 습득하는 기간이다. 주로 스승의 집에 기거하면서 20세 정도가 될 때까지 독신으로 엄격한 훈련을 받으며 학습하는 시기를 말한다. 이 시기를 범행기梵行期라고도 한다.

가주기는 20세 전후에 학습기를 졸업하고 집에 돌아와 가장이 되어 가업에 종사하는 것을 말한다. 결혼을 한 다음 가업을 잇고 자식을 낳고 기르며 부모를 봉양하고 조상이나 신에 대한 제사도 받든다. 또 어려운 사람이나 수행자들에게 보시를 하기도 하면서 사회적 역할을 충실히 한다. 그런 다음 50세 정도가 되어 가정이 안정되고 자녀들 결혼도 시키고 나면 집을 나와 산림에 은둔해서 생활한다. 이 때를 임서기라고 하는데 때로는 아내를 동반하기도 한다. 이때에는 생산에 종사하지 않고 임야에 자생하는 곡물이나 과일을 구해서 먹기도 하고 주위에서 구할 수 있는 나무껍질이나 짐승 가죽 등으로 몸을 가리고 고행을 하거나 명상을 한다. 주로 범아일여梵我一如의 경지를 얻기 위하여 나름대로 수행을 하는 것이다. 이 시기의 사람들을 일반적으로 사마나(samaṇa)라고 불렀다. 출가승을 의미하는 사문沙門이 곧 사마나이다.

이렇게 산림에 머물면서 수행을 하여 나름대로 목표하던 경지에 오르면 그곳을 나와 마을을 떠돌면서 탁발을 하며 생활한다. 이것을 유행기라 하는데 이렇게 탁발하며 다니는 수행자들에게 재가자들은 음식이나 의복, 약품 등을 보시하는 것이 그 당시의 관습이었다. 그렇게 함으로써 자기들이 복을 짓고 다음 생에는 더 나은 곳에 태어날 수 있다고 믿었던 것이다. 특히 탁발을 하면서 돌아다니는 수행자를 비구(bhikkhu; 比丘)라고 하였다.

이렇게 그 당시 인도의 남자들은 대략 네 시기로 나누어 그들의 생애를 엮어나갔다. 물론 이러한 시기가 분명하게 구별되어 있는 것은 아니지만, 대략 이러한 삶을 이상적인 인생으로 삼고 또 그것을 실천하는 사람들이 그 당시에는 많았던 것이다.

그렇기 때문에 붓다 당시에도 이러한 풍습은 크게 낯설지 않았을 것이다. 그런데 붓다의 경우는 좀 특이한 예로서 한창 가정을 가꾸고 가업을 이어야 할 나이에 모든 것을 버리고 출가의 길로 들어섰던 것이다. 즉 가장으로서의 의무를 다하고 은둔 생활을 한 것이 아니라 이제 막 시작해야 할 나이에 모든 것을 버리고 출가한 것이다. 이것은 아마 젊은 시절에 사캬무니 붓다께서는 이미 배울 것을 다 배웠고 인생의 실상에 대해서도 어느 정도 파악했기 때문에 더 큰 목표를 향하여 과감하게 속세를 떠난 것이라고 볼 수 있다.

말은 쉽지만, 사실 출가는 정말 어려운 일이다. 무엇보다 몸과 마음을 쉴 수 있는 가정을 버린다는 것은 어지간한 결단이 아니면 힘든 일이다. 더군다나 왕궁에서 온갖 호사를 다 누릴 수 있었음에도 불구하고 누구나 꿈꾸는 부귀영화를 자진해서 버렸다는 것은 위대하다는 찬탄 외에 달리 할 말이 없다. 사랑하는 아내와 한창 재롱을 부릴 나이의 아들 라훌라, 극진히 아껴주는 노쇠한 부친과 친어머니나 다름없는 양모의 곁을 떠나 걸식하면서 홀로 수행의 길을 걷는 것은 정말 어려운 일이었을 것이다. 붓다는 이루지 못한 사랑을 비관하여 출가하신 것도 아니고 경제적 파탄으로 도피처를 구하기 위하여 출가하신 것도 아니며 정치적 좌절이나 야망이 무산된 데 대한 보상심리로서 출가를 선택하신 것도 아니었다. 오로지 생로병사의 비밀과 인생의 근본적 고뇌를 해결하기 위하여 출가하신 것이다.

붓다의 성도는 출가라는 큰 포기에 의하여 성취될 수 있었지만, 정작 붓다께서는 출가가 반드시 필요한 것은 아니라고도 말씀하셨다. 세속에 살면서도 집착과 욕심을 버리고 마음을 청정히 하여 살아간다면 그가 곧 수행자라고 하셨다. 굳이 출가를 하지 않아도 붓다의 가르침만 잘 이해하고 따라가면 얼마든지 성불을 향해 나아갈 수 있다는 것이다.

쾌락과 고행의 양 극단을 버리다

출가와 함께 중요한 것으로 붓다의 구도과정을 들 수 있다. 붓다께서는 생사 윤회에서 벗어날 최고의 깨달음에 이르기 위하여 여러 스승들을 찾아다니며 공부하셨다. 그 대표적인 스승이 앞에서 언급한 알라라 칼라마와 웃다카 라마풋타였다. 이들은 육사외도에는 포함되지 않지만 마가다 국을 중심으로 활약했던 새로운 사문 그룹에 속하는 사람들이었다. 붓다는 태자로 계실 때 브라만에 대한 학습은 거의 다 하셨을 것이다. 왜냐하면 붓다께서 출가 이후에 브라만들을 찾아가서 가르침을 배웠다는 기록은 나오지 않기 때문이다.

붓다께서 알라라 칼라마와 웃다카 라마풋타 같은 이들을 찾아갔던 것도 이들이 정통 브라만이 아니라 새로운 사상을 펴던 사람들이었기 때문이다. 이들을 통하여 그때까지 알려진 선정의 최고 단계라는 무소유처정과 비상비비상처정을 완전히 숙달한 붓다께서는 이들마저 버리고 떠나가셨다. 선정주의의 한계를 알았고, 그것으로는 더 큰 깨달음을 얻을 수 없었기 때문이다. 붓다께서는 선정에 들어 있을 때는 더할 나위 없이 안온했지만 선정을 멈추었을 때는 다시 현실이라는 것이 앞을 가로막고 있었으며 생로병사의 괴로움은 여전히 도사리고 있음을 알아차리셨다.

이러한 사실을 보면 진리를 깨치는 데 있어서 선정이나 명상 그 자체가 궁극적인 목적이 되어서는 안 된다는 것을 알 수 있다. 물론 선정이나 명상은 우리의 일상생활에 많은 도움을 준다. 그러나 그것은 우리가 진리를 체득하기 위한 수단이 되어야지 최종의 목표가 되어서는 안 된다. 그리고 선정이나 명상에 탐닉하는 것도 경계해야 한다. 그저 선정이나 명상을 현실의 괴로움을 잠시 잊기 위한 수단으로 삼는다든지 그것을 통해서 뭔가 특이한 능력을 얻으려는 것은 어리석은 일이다. 어떤 사람들은 선정을 통해서 신통력 같은 것을 얻으려고 한다. 그러다가 헛것을 보기도 하고 정말 신통력을 얻은 것 같은 착각에 빠지기도 한다.

　이런 사람들이 가끔 도사 노릇을 하며 운세를 봐 준다느니 예언을 한다느니 하면서 사람들을 현혹하기도 한다. 아주 드문 예이지만, 불교를 공부하는 사람들 중에도 가끔 이런 식으로 조상령을 본다거나 귀신을 본다고 하면서 외도들이 하는 짓을 하는 경우가 있다. 지혜 있는 사람이라면 결코 이런 것에 속지 않는다. 이렇듯 신비한 능력을 자랑하는 사람들은 명상을 잘못해서 헛것을 보고 스스로 깨달았다는 착각에 빠지기 때문에 자기 생각에 백 퍼센트 확신을 가지고 사람들을 대한다. 거기에 사람들이 속는 것이다. 이러한 것들은 진리하고는 아무 상관이 없는 행위이다.

　붓다께서 알라라 칼라마와 웃다카 라마풋타를 떠나신 것도 이러한 선정의 여러 가지 폐단과 한계점을 자각하셨기 때문이다. 붓다께서 버리신 선정이라는 것은 어떤 특정의 의식 상태로 만드는 하나의 수단에 지나지 않는다. 선정을 통해 어떤 상태에 들든 그것은 깨달음의 지혜를 여는 것이 아니라 단지 명상 가운데에서 그 순간을 즐기는 것에 불과하다고 할 수 있다. 붓다께서는 형식적인 수단에 지나지 않는 선정 그 자체를 이상적인 상태로 여기고 그것을 궁극의 목적으로 삼는 잘못을 과감히 폐기하신 것이다.

붓다께서 뒷날 보리수 아래에서 행한 선정은 외도들이 행했던 어떠한 것도 생각하지 않고 어떠한 것도 느끼지 않는 상태에 도달하기 위한 선정이 아니라 모든 의식이 민감하게 깨어 있는 선정이라고 할 수 있다. 그렇기 때문에 자연히 마음 깊은 곳에서 지혜가 일어나고, 그 지혜가 시공을 초월하고 온 우주로 확대되어 우주의 근원을 밝히고 생로병사를 초월할 수 있는 원리를 밝히게 되었던 것이다. 쉽게 말하자면, 외도들의 선정은 선정에 든 그 상태 자체를 즐기는 것에 의미가 있다면, 붓다의 선정은 그러한 것을 초월하여 참된 지혜를 계발하기 위한 것이었다고 할 수 있다.

한편 알라라 칼라마와 웃다카 라마풋타와 같은 선정주의자들의 한계를 뛰어넘었으나 아무런 소득도 얻을 수 없었던 붓다께서 진리를 깨치기 위하여 마지막으로 선택하신 것은 고행주의였다. 고행은 어느 종교에서나 보편적으로 나타나는 수행방법이다. 종교인들 가운데 육체를 괴롭힘으로써 정신의 힘이 강해진다고 생각하는 이들이 있다. 특히 인도 사람들은 실로 인간이 견디기 어려운 고행을 하는 경향이 있었다. 그중에서도 자이나 교도들은 고행을 하다가 죽는 것을 가장 큰 영광으로 알았다. 그리고 당시의 수행자들은 이러한 고행을 통해서 하늘나라에 태어난다고 믿고 있었기 때문에 이런 현상이 더욱 보편화되었던 것이다. 그러나 붓다께서는 사후의 해탈이 아니라 지금 이 세계에서의 해탈을 원했다.

앞에서도 언급했다시피, 붓다께서도 인도인들이 그 당시 행하던 모든 고행을 경험하셨다. 그럼에도 불구하고 생로병사의 근원적 괴로움을 해결할 실마리는 찾지 못했다. 육체를 아무리 괴롭힌다 하여도 번뇌는 떠나지 않았던 것이다. 온갖 고행을 통하여 육체는 극도로 쇠약해 졌지만 정신은 도리어 더 몽롱해졌을 뿐이다. 그래서 붓다께서는 목숨을 건 고행도 진리를 깨닫는 길이 아님을 간파하셨다.

고행에 대해 붓다께서 하신 말씀 가운데,『잡아함경』에 다음과 같은 내용이 나온다.

붓다께서 깨달음을 얻으시고 얼마 되지 않은 어느 날, 네란자라 강 근처에 있는 한 나무 아래에 앉아 계시면서 홀로 생각에 잠기셨다.
'나는 저 고행을 완전히 버렸다. 아무런 도움도 되지 않는 고행을 버린 것은 참으로 잘한 일이다. 흔들리지 않는 바른 생각을 가지고 깨달음을 이루었으니 정말 잘한 일이다.'

이런 생각을 하고 계시는데 악마인 마라(māra)가 붓다의 마음속 생각을 알고 와서 속삭였다. 앞에서도 언급했지만, 경전에 나오는 마라는 우리들 마음속의 번뇌와 바른 생각을 방해하는 작용을 비유적으로 나타낸 것이라고 할 수 있다.
마라는 게송으로 말을 걸었다.

"고행을 버리지 않아야만 사람은 청정해진다.
그대는 청정한 길을 버리고서도 청정한 것처럼 생각하는구나."

그러자 붓다께서는 이것이 악마의 유혹인 것을 알고 이렇게 대답하셨다.

"불사不死를 위해 고행했으나 모두가 헛수고임을 알았노라.

육지에 올려 진 배와 같이 고행은 나에게 아무런 도움도 주지 못했네. 나는 계·정·혜에 의하여 보리의 도를 얻게 되어서 이제 최고의 청정함에 이르렀다네."

이렇게 말씀하시니 마라는 기가 꺾여서 스스로 모습을 감추었다고 한다. 이처럼 붓다께서는 고행을 육지에 올려 진 배처럼 아무 소용도 없는 것으로 비유하고 계신다. 붓다께서 마침내 고행을 버리고 우유죽을 드시고 체력을 회복하여 보리수 아래에 다시 앉으신 것은 우리에게 많은 것을 생각하게 해 주신다. 정신의 차원을 끌어올리기 위한 선정이나 육체를 괴롭힘으로써 정신의 힘을 강화해 보겠다는 것은 모두 육체와 정신을 분리해서 본 것이다.

붓다께서 이러한 선정주의와 고행주의를 모두 버리고 독자적인 방법으로 택한 것은 육체와 정신을 분리해서 보는 극단주의가 아니라 심신을 하나로 보는 중도였다. 중도적인 수행법은 정신만을 중시하는 선정주의도 아니고 육체를 괴롭히는 고행주의도 아니다. 몸과 마음이 최적의 상태에서 지혜를 밝히는 것이다. 그렇기 때문에 붓다의 수행법은 누구나 할 수 있는 것이다.

다들 생활 속에서 경험했겠지만, 몸이 너무 지쳐서 고달프거나 아파서 괴로울 때는 아무 생각도 나지 않는다. 더더구나 진리를 깨친다는 생각은 들지도 않는다. 그저 몸의 피로가 풀리고 병이 빨리 낫기만을 바랄 뿐이다. 정신적인 괴로움도 그렇다. 어떤 중대한 결정을 해야 한다거나 신속하게 결정할 일, 절박한 일이 있을 때는 다른 생각이 들어오지 않는다. 마음이 초조하고 불안한데 진리 탐구나 지혜 개발이 가능하겠는가? 또한 중독성이 있는 물질을 섭취하여 정신이 혼미해지면 바른 지혜가 일어나지 않는다. 수행과 술을 마시는 것은 아무 상관이 없는 것처럼 말하면서 음주를 예사롭게 생각하는 사람들도 있지만 이는 바른 견해가 아니다. 맑은 정신으로 진리를 추구해도 도달할까 말까 한 궁극의 경지를 혼미한 정신으로 어떻게 도달할 수 있겠는가?

붓다께서 고행과 선정, 양 극단을 버리고 중도로써 진리를 깨치신 것은 우리의 수행이 어떤 데에 바탕을 두어야 하는지를 일러주신 것이다. 아직도 극단적으로 몸을 괴롭히면 특별한 능력이 생길 거라고 생각하거나 선정이나 명상을 통해서 예지 능력을 얻으려는 사람들이 많은 듯하다. 하지만 불교 수행은 몸을 단련하는 운동선수의 경우와도 다르고 관념으로 새로운 사상을 창조하려는 철학자의 경우와도 다르다. 오직 심신의 조화를 이루어 지혜를 개발함으로써 욕심과 집착을 벗어나 우주의 실상을 바로 보고 걸림 없는 삶을 살기 위한 것이다. 그것은 사후 세계의 일도 아니고, 죽어야 해결되는 것도 아니다. 지금 당장 실천할 수 있고 그 효과를 입증할 수 있는 것이 불교 수행임을 알아야 한다.

붓다께서 출가하여 온갖 역정을 거쳐 깨달음을 이루신 과정은 우리를 대신하여 그 모든 것을 경험하신 것이라고도 할 수 있다. 붓다께서는 그러한 과정을 통하여 우리에게 어떻게 길을 걸어가야 할지 보여 주셨기 때문에 우리는 그저 따라가기만 하면 된다. 그것이 곧 중도의 가르침인 것이다.

진리가 모습을 드러내다

붓다께서는 6년 고행을 버리시고 라자가해(왕사성)에서 그리 멀지 않은 우루벨라 마을의 수자타가 올린 우유죽을 드시고 체력을 회복하신 다음 네란자라 강에서 목욕을 하시고, 보리수 아래에 앉으셔서 큰 깨달음을 얻으셨다. 깨달음을 얻으신 것이 불교의 시작이라고 할 수 있다.

붓다께서는 깨달음을 얻기 전에는 다시 일어서지 않으리라고 굳은 결심을 하고 정진에 들어가셨다. 생로병사의 굴레를 벗어나고 삶의 근본적인 고뇌로부터 벗어날 수 있는 길을 사유하셨던 것이다. 그렇게 하여 7일째가 되던 날 새벽 먼동이 틀 때 완전한 깨달음을 이루었다고 경전에서는 전하고 있다. 초저녁에 숙명통을 얻어 과거의 일을 꿰뚫어보시고 한밤중에 천안통을 얻어 미래의 일을 꿰뚫어보시고 새벽녘에 누진통을 얻어 완전한 깨달음을 얻어 붓다가 되셨던 것이다.

이때의 감동을 경전에서는 천지가 진동하면서 하늘에서는 꽃비가 내렸다고 묘사하고 있다. 실로 그것은 엄숙하고도 장엄한 순간이었다. 지금껏 그 누구도 깨닫지 못했던 진리를 깨닫고 살아 있는 인간으로서 생사를 초월하는 순간이었다. 사캬무니 붓다께서 위없는 바른 깨달음을 얻으셨던 바로 그 순간에 번뇌와 생사의 속박에서 벗어나게 되었다고 말씀하고 계신다. 그때에 깨치신 진리가 곧 연기법緣起法이다. 『자설경自說經』에서는 붓다가 깨치신 연기의 이치를 간략하게 이렇게 나타내고 있다.

이것이 있으면 저것이 있고
이것이 생기면 저것이 생긴다.
이것이 없으면 저것이 없고
이것이 사라지면 저것이 사라진다.
　此有故彼有　此起故彼起
　此無故彼無　此滅故彼滅

이것이 이른바 '연기의 공식'이라는 것으로 이 세상의 모든 현상세계는 이 공식으로부터 전개되기 때문에 진리라고 하는 것이다.

표현할 수 없는 해탈의 즐거움

붓다께서는 깨달음을 얻고 바로 보리수를 떠난 것이 아니라 다시 7일 동안 그 나무 밑에서 당신의 깨달음을 음미하고 계셨다고 한다. 『율장』이나 『자설경』 등에 보면 깨달음을 얻으신 다음의 붓다에 대하여 대체로 이렇게 묘사하고 있다.

어느 때 세존께서는 우루벨라 마을의 네란자라 강변에 있는 보리수 아래에 계셨다. 그곳에서 처음으로 바르고 원만한 깨달음을 이루신 세존께서는 결가부좌한 채 7일 동안 한 자세로 삼매三昧에 잠겨 해탈의 즐거움을 누리고 계셨다.

깨달음을 얻으신 뒤, 그 자리에서 꼼짝 않고 앉으셔서 7일 동안이나 해탈의 즐거움을 누리고 계셨다고 했는데, 그 즐거움은 아마 필설로는 표현하기 어려운 즐거움이었을 것이다. 생로병사의 고뇌를 초월하여 더 없이 편안한 마음으로 당신이 깨달은 진리를 음미한 지혜의 즐거움이었다. 우주와 인생의 심오한 진리를 깨치시고 생사를 초월하는 원리를 터득하신 그 즐거움이 어찌 범부들의 그것에 비할 수 있겠는가마는, 사소한 것이라도 남들이 모르는 것을 알았을 때나, 오랫동안 마음속에 숙제로 남아 있던 것을 말끔히 해결했을 때의 즐거움을 생각해 보면 붓다의 기분을 짐작할 수 있을 것이다.

붓다께서는 조용히 그 즐거움을 누리시면서 당신이 깨달은 진리를 음미하고 계셨다. 어쩌면 당신의 깨달음에 오류가 있지는 않은가 검토하고 계셨는지도 모른다. 왜냐하면, 붓다의 깨달음은 수학 문제를 푸는 것과 같은 것이 아니라 언어를 초월한 직관에 의한 깨달음이었기 때문이다. 경전에서는 그것을 '모든 법이 모습을 드러내었다'고 표현하고 있다. 그 깨달음은 논리나 말로는 도저히 나타낼 수 없는 직관의 세계였던 것이다. 우리도 어떤 사태에 대해서 순간적·직관적으로 그것을 파악하는 경우가 있다. 그 순간을 말로 표현하자면 끝이 없지만 마음에 와 닿는 한 생각으로 모든 사실이 파악되고 그것의 전모가 떠오를 때가 있다. 붓다의 깨달음도 그런 것이었을 것이다. 혹은 우리가 어떤 아름다운 경치나 감동적인 장면을 보았을 때 그저 느끼고 알 뿐이지 도저히 말로는 전달하지 못하는 경우와 비슷했을지도 모른다. 언어와 논리를 초월한, 글자 그대로 모든 진리가 그 모습을 나타내는 순간이었을 것이다. 경전에서는 그때에 깨달으신 내용을 이렇게 전하고 있다.

7일 동안 해탈의 즐거움을 누리시던 중, 7일이 지난 후 밤이 시작될 무렵에 연기를 순서대로 사유하셨다.
이것이 있으면 저것이 있다. 이것이 일어나면 저것이 일어난다. 즉 무명無明으로 말미암아 행行이 있으며, 행으로 말미암아 식識이 있으며, 식으로 말미암아 명색名色이 있으며, 명색으로 말미암아 육처六處가 있으며, 육처로 말미암아 촉觸이 있으며, 촉으로 말미암아 수受가 있으며, 수로 말미암아 애愛가 있으며, 애로 말미암아 취取가 있으며, 취로 말미암아 유有가 있으며, 유로 말미암아 생生이 있으며, 생으로 말미암아 늙음, 죽음, 근심, 슬픔, 괴로움, 번뇌가 있다. 모든 괴로움은 이렇게 생기는 것이다.

윤회의 굴레에서 벗어나다

해탈의 즐거움을 7일 동안이나 누리시던 붓다께서는 7일이 끝나는 그날 밤, 다시 초저녁부터 연기에 대해 사유를 하셨다. 연기는 한 마디로 이 세상의 모든 사물과 현상이 서로 의지하여 일어나고 소멸한다는 뜻이다. 앞에서 언급한 것처럼, "이것이 있으면 저것이 있고, 이것이 일어나면 저것이 일어난다." 다시 말해서 "이것이 없으면 저것이 없고 이것이 소멸하면 저것이 소멸한다."는 것이다.
이 세상의 모든 현상이나 존재는 어느 것이나 원인에 의하여 생기는 것이며, 그러한 현상이나 존재는 그 원인이 소멸하면 함께 소멸하고 만다. 이렇게 모든 현상이나 존재들이 서로 의지하여 발생하고 그 발생의 원인이 사라지면 그러한 것들도 사라지는 법칙이 연기이다. 이러한 연기의 도리는 불교 교리에서 가장 중요하고 기본이 되는 것이다. 불교의 모든 교리체계는 연기법을 중심으로 구성되어 있으며, 연기를 잘 이해해야 불교에서 말하는 공空의 이치도 잘 이해할 수 있다.

연기를 여러 각도에서 설명할 수 있지만, 붓다께서 무명으로 말미암아 행이 있으며 결국에는 늙고 병들어 죽는 모든 괴로움이 있게 된다고 설명하신 것을 십이연기十二緣起라고 한다. 여기에서 무명·행·식·명색·육처·촉·수·애·취·유·생·노사 등의 열두 항목이 연기로 이루어져 있기 때문에 그렇게 부르는 것이다. 어떤 현상이나 존재가 나타나는 것은 그러한 원인이 있어서이며, 그러한 원인이 소멸하면 그러한 현상이나 존재도 사라진다는 것이 연기의 법칙이다. 생로병사의 근원적인 괴로움을 해결하기 위해 출가하신 붓다께서 6년 동안의 목숨을 건 수행 끝에 깨달으신 것은 바로 이 법칙이다. 그리고 12항목으로 이루어진 이 십이연기로써 우리의 모든 괴로움의 근원을 파악하셨고, 그 근원이 바로 무명이다.

무명은 진리에 대한 근본적인 무지, 즉 어리석음을 말한다. 항상 변화하는 것을 영원한 것으로 집착하는 어리석음과 절대적인 자아가 없음에도 그것을 있다고 집착하는 어리석은 무명에 의해서 행이 있게 되는 것이다. 행은 몸과 입과 마음으로 짓는 어리석은 업과 같은 뜻인데, 특히 변하는 것을 고정시키려는 작용을 말한다. 식은 식

십이연기

① 무명 : 진리를 알지 못하고 무지에 싸여 있는 것
② 행 : 무명으로 말미암아 저질러지는 행위
③ 식 : 무명에 기인한 행위로 얻게 되는 잘못된 인식
④ 명색 : 인식의 대상
⑤ 육처 : 인식대상을 아는 감각기관
　　　　안·이·비·설·신·의의 여섯 가지
⑥ 촉 : 감각기관에 의하여 대상을 감수하고 그 대상과 접촉하는 것
⑦ 수 : 대상과의 접촉에 의하여 일어나는 감수작용
⑧ 애 : 감수한 것을 좋아하거나 싫어하는 것
⑨ 취 : 좋거나 싫은 것에 집착하는 것
⑩ 유 : 집착에 의하여 윤회하게 되는 것
⑪ 생 : 윤회에 의하여 육도에 태어나는 것
⑫ 노사 : 태어나서 늙어 죽는 것

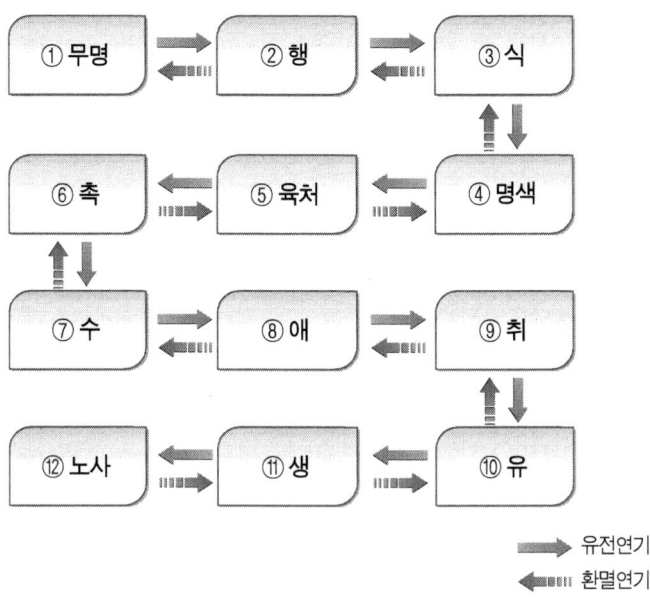

별하고 분별하는 마음의 작용을 말한다.

　명색에서 명은 느낌이나 생각, 의도와 같은 정신적인 것이며, 색은 물질적인 것을 의미한다. 우리의 존재를 나타내는 관념과 실체라고 할 수도 있으며 모든 현상적 존재를 나타내는 것이다. 육처는 안眼·이耳·비鼻·설舌·신身·의意의 육근을 말한다. 즉 감각과 지각의 기관 및 능력을 말한다. 촉이란 감각과 지각에 의한 인식작용이 일어날 경우 감각·지각 기관인 근과 그 대상인 보이는 것, 들리는 것, 냄새, 느낌 등의 경, 그리고 감각·지각의 인식주체인 식의 세 가지가 접촉하는 것을 말한다. 수란 즐겁고 괴로운 것을 느끼는 것이다. 애란 수를 통해서 받아들일 때 좋은 것에 대해서는 욕구를 느끼고 싫은 것은 배척하려고 하는 것이다. 취는 좋은 것에 대해 집착하여 가지려는 것이다. 유는 존재를 가리킨다. 생은 태어나는 것이다.

　이렇게 붓다께서는 진리를 모르는 무명으로부터 시작되어 행·식·명색·육처·촉·수·애·취·유·생·노사 등의 괴로움이 발생되는 것을 깨달으셨다. 이러한 진리는 붓다께서 늙고 죽는 괴로움의 원인을 밝혀가다 보니 그 뿌리가 무명임을 발견함으로써 수립된 것이다.

　이에 대해서는 『자설경』에서 자세히 설명하고 계신다. 붓다께서 사밧티(Sāvatthī)의 제타(Jeta) 숲 아나타핀디카(Anāthapiṇḍika) 동산에 계실 때의 일이다. 이곳을 한문으로는 기수급고독원祇樹給孤獨園이라고 한다. 어려운 사람들에게 자비를 베푸는 제타숲[기쉬]의 동산이라는 의미다. 그때 붓다께서는 깨달음을 얻었을 당시를 회상하면서 제자들에게 이렇게 말씀하셨다고 한다.

비구들이여, 내가 아직 깨달음을 이루지 못한 보살이었을 때 오직 이렇게 생각했다.

진실로 이 세상은 고통 속에 있다. 사람은 누구나 태어나고 병들고 죽어간다. 다시 태어난다 해도 이 고통을 벗어날 수 없고, 늙고 죽는 고통에서 벗어날 수 없다. 도대체 언제라야 이 고통에서 벗어나는 길을 알고, 늙고 죽는 고통에서 벗어나는 길을 깨달을 수 있겠는가?

비구들이여, 나는 또 그때 이렇게 생각했다. 무엇이 있기 때문에 늙고 죽음이 있는 것일까? 무엇으로 말미암아 늙고 죽음이 있는 것일까?

비구들이여, 그때 나는 올바른 사유와 지혜로써 이렇게 그것을 해결할 수 있었다. 태어남이 있기 때문에 늙고 죽음이 있는 것이라고.

이런 식으로 유추한 결과, 늙고 죽음의 괴로움은 결국 무명에 의하여 생겨난다는 것을 깨닫게 되셨다는 것이다. 즉 무명으로 말미암아 태어나서 존재를 이루려는 작용인 유가 있기 때문이고, 또 유는 집착에 의하여 발생하며, 집착은 가지려는 욕구인 애에 의해 발생하며, 또 애는 느낌인 수가 있기 때문이고, 수는 우리의 감각기관과 그 대상, 그리고 인식작용이 결합된 촉에 의한 것이며, 촉은 우리의 여섯 가지 감각기관과 능력인 육처가 있기 때문이며, 육처는 인식의 대상인 색·성·향·미·촉·법의 명색이 있기 때문이며, 명색은 식이라는 인식작용이 있기 때문에 생기는 것인데, 이때의 식은 무명이라는 진리에 어두운 잘못된 인식작용을 가리킨다. 또 식은 행이라는 의지작용에 의하여 생긴 것이며 행은 무명으로 말미암아 있게 된 것으로 파악하신 것이다. 이렇게 무명으로 인해서 모든 괴로움이 발생한다는 십이연기의 공식이 세워진 것이다.

붓다께서는 이어서 이렇게 생각하셨다고 한다.

무명이 멸하면 행이 멸하고, 행이 멸하면 식이 멸하고, 식이 멸하면 명색이 멸하고, 명색이 멸하면 육처가 멸하고, 육처가 멸하면 촉이 멸하고, 촉이 멸하면 수가 멸하고, 수가 멸하면 애가 멸하고, 애가 멸하면 취가 멸하고, 취가 멸하면 유가 멸하고, 유가 멸하면 생이 멸하고, 생이 멸하면 늙음, 죽음, 근심, 슬픔, 괴로움, 번뇌가 멸한다. 그리하여 모든 괴로움이 멸하는 것이다.

말하자면 무명으로 인해서 모든 괴로움이 일어나기 때문에 무명을 없앤다면 모든 괴로움도 없어진다는 말씀이다. 이렇게 해서 붓다께서는 아직 아무도 들어보지 못한 진리에 의하여 눈을 떴고 지智가 생겼고 혜慧가 생겨 깨달음을 얻고 광명을 얻을 수 있었다고 말씀하셨다.

"모든 괴로움의 원인은 무명이고 무명을 제거하면 모든 괴로움은 사라진다."는 것이 붓다께서 발견하신 진리다. 십이연기의 앞과 끝만 보자면 무명에 의해서 생로병사 등의 괴로움이 생기니 무명을 없애면 생로병사의 괴로움도 자연히 없어진다는 것이다. 어떻게 생각하면 너무나 단순하고 명쾌하다. 붓다께서는 당신이 깨달으신 진리를 이렇게 정리하고 스스로 감흥에 겨워 이런 게송을 읊으셨다고 한다.

고요히 사유하는 성자에게 진리는 드러났다.
그 순간 모든 의혹은 사라져 버렸다.
연기의 도리를 알았으므로.

이 짧은 게송이 의미하는 바는 실로 크다고 할 수 있다. 오직 생로병사의 괴로움의 근원을 밝히기 위하여 불철주야 정진하시던 사문 고타마 싯다르타에게 드디어 진리가 그 모습을 드러내었던 것이다. 괴로움의 원인과 그것을 제거하는 방법을 확실히 알게 된 순간 사문 고타마 싯다르타는 사캬무니 붓다로 거듭 태어나셨던 것이다.

다시 밤이 깊어졌을 때 사캬무니 붓다께서는 십이연기의 공식을 발생하는 순서대로, 그리고 소멸하는 순서대로 사유하셨다고 한다. 즉 "무명으로 말미암아 행이 있으며, 행으로 말미암아 식이 있으며……" 하는 식으로 끝에 가서는 생이 있고 이로 인해서 노사와 온갖 괴로움이 발생하는 것을 사유하신 것이다. 이것을 십이연기의 순관順觀 혹은 유전연기流轉緣起라고 한다.

붓다께서는 다시 "무명이 멸하면 행이 멸하고 행이 멸하면 식이 멸하며……" 하는 식으로 생이 멸하면 노사와 온갖 괴로움이 멸한다는 것을 사유하셨다. 이것을 십이연기의 역관逆觀 혹은 환멸연기還滅緣起라고 한다. 십이연기의 이러한 순관과 역관을 붓다께서는 새벽녘에 다시 한 번 더 사유하셨다고 한다. 그렇게 모든 고의 발생 원인과 그것을 소멸하는 이치를 완전히 파악하시고 게송을 읊으셨다.

고요히 사유하는 성자에게 진리는 드러났다.

태양이 허공에서 내리비추듯
악마의 군대를 마침내 쳐부수었다.

더할 나위 없는 위없는 바른 지혜에 의해서 누구도 깨닫지 못한 진리가 그 모습을 드러내는 순간 모든 번뇌가 사라졌다는 뜻이다. 붓다께서는 이 순간에 생로병사의 온갖 괴로움을 벗어버리고 윤회의 굴레를 벗어나 해탈을 이루신 것이다.

생명이 다할 때까지 따르리라

붓다께서는 보리수 아래에서 깨달음을 이루시고 그 자리에서 상당 기간 깨달은 내용을 음미하면서 앉아 계셨다. 그 기간은 경전에 따라 다른데, 어떤 것은 3주, 길게는 7주간까지 앉아 계셨다는 기록도 있다. 경전에 의하면, 이리 저리 자리를 옮겨 앉아서 해탈의 즐거움을 누리셨다고 한다. 십이연기의 순관과 역관을 반복하며 보리수 아래에서 7일을 더 보내신 붓다께서는 삼매에서 깨어나 일종의 무화과나무인 아자팔라 니그로다(Ajapāla nigrodha) 나무 아래로 가셔서 다시 삼매에 잠겨 해탈의 즐거움을 누리셨다고 한다. 아자팔라 니그로다 나무는 '염소 떼들에게 그늘을 주는 나무'라는 뜻이 있는 것으로 봐서 잎이 무성하고 그늘이 드리워진 나무였을 것이다.

『마하박가(Mahāvagga)』라는 율장에 보면, 이때에 한 교만한 브라만이 다가와서 붓다께 "어떻게 해야 브라만이 되는가?"라고 물었다고 한다. 여기서 브라만은 계급으로서의 브라만이 아니라 '진정한 수행자'를 나타내는 뜻이다. 경전에 그와 같은 예가 자주 나온다. 아마 그 브라만은 자기가 브라만이라는 것을 은근히 내세우면서 당신 같은 사람이 브라만이 뭔지나 아느냐 하는 투로 물었는지도 모른다.

붓다께서는 깨달음을 이루신 뒤 처음으로 얘기를 나눈 이 사람에게 "브라만은 교만하지 않으며 죄악을 멀리하고 마음이 청정하며 자제할 줄 알아야 된다."고 하시면서 젊잖게 타이르셨던 모양이다. 경전에서는 더 이상 자세한 얘기는 없는데, 아마 붓다께서 삼매에 들으셨을 때 어떤 교만한 브라만이 지나가면서 어느 정도 경지에 오른 사람인지 알아보고 싶어 툭 던진 질문이었을 것이다. 그런데 붓다께서 너무나 평범한 대답을 하시자 이 브라만은 흥미를 잃고 그냥 지나쳐버렸다고 한다.

그러나 이 짧은 말씀 속에는 수행자로서의 기본적인 자세가 어떠해야 한다는 것이 나타나 있다. 불교를 팔아먹는 엉터리 수행자들을 '부불법지외도附佛法之外徒'라고 한다. 붓다의 가르침을 받들어 널리 전하고 수행에 힘쓰는 분들이 있는 반면에 부불법지외도 또한 많아서 불교가 세속인들의 비난을 받기도 한다. 훌륭한 수행자는 우리가 지극히 공경하며 받들어 모셔야 하지만 부불법지외도의 엉터리 수행자를 섬기며 공양하는 것은 자갈밭에 복의 씨앗을 심으려는 것과 같다. 붓다께서 깨달음을 얻은 뒤 최초로 건넨 이러한 말씀이 수행자의 자세에 대한 것이었다는 사실은 우리에게 많은 것을 생각하게 한다.

붓다께서는 니그로다(nigrodha) 나무 아래에서 7일 동안 삼매에 잠겨 해탈의 즐거움을 누리시다가 다시 무칠린다(mucilinda)라는 나무 아래에 가서 마찬가지로 삼매에 들어 해탈의 즐거움을 누리셨다. 이때에 폭풍우가 닥쳐서 용왕이 붓다를 보호했다고 한다. 이렇게 해서 또 7일이 지나갔을 때 붓다께서는 이렇게 게송을 읊으셨다.

> 진리를 듣고 보아 혼자서 만족함은 즐거움이다.
> 생명을 해치지 않음도 즐거움이다.
> 애욕을 극복하여 세상사에 집착하지 않음도 즐거움이다.
> 그러나 나라는 교만심을 누를 줄 아는
> 이것이 최상의 즐거움이다.

붓다라는 말이 눈을 뜬 사람을 의미하는 것처럼 세상의 진리를 훤하게 알고 생로병사의 고뇌를 벗어버린 붓다께서 조용히 그 기쁨을 즐기는 모습이 그려질 것이다. 여기에서도 붓다께서는 교만한 마음을 누를 줄 아는 것이 최상의 즐거움이라고 스스로를 경계하고 계신다. 수행자들은 자칫하면 '나는 남들보다 어려운 고행을 했는데, 혹은 나는 남들보다 더 깨쳤는데' 하는 교만한 마음이 생길 수 있다. 그래서 붓다께서는 교만한 마음을 누를 줄 아는 것이 최상의 즐거움이라고 말씀하신 것이다.

이렇게 또 7일을 삼매에 계시다가 다시 또 라자야타나(rāja yatana) 나무 아래로 가서 삼매에 잠겨 해탈의 즐거움을 누리실 때 타풋사(Tapussa)와 발리카(Balikā)라는 두 상인이 그 곁을 지난 것이다. 그들은 환하게 빛나는 붓다를 뵙고 환희심에 보리죽과 꿀을 공양

● 깨달음을 이루신 부다가야의 대탑

하고 그 자리에서 붓다께 귀의했다. 『마하박가』에서는 이들이 붓다께 이렇게 말씀드렸다고 한다.

　　세존이시여, 세존과 세존의 가르침에 귀의합니다.
　　세존께서는 저희들을 신자로 받아 주십시오.

오늘부터 생명이 다할 때까지 귀의하겠습니다.

이렇게 해서 그 두 상인은 붓다와 붓다의 가르침에 귀의한 최초의 신자가 되었지만 이때는 승단이 만들어지기 전이었으므로 삼보에 귀의歸依한 것은 아니었다. 삼보에 귀의한다는 것은 붓다와 붓다의 가르침, 그리고 붓다의 가르침을 받들어 전하는 승가, 세 가지 보배에 귀의하는 것을 말한다. 귀의는 몸과 마음을 바쳐 헌신하고 의지한다는 뜻이다.

이렇게 라자야타나 나무 아래에서 7일 동안 해탈의 즐거움을 누리시던 붓다께서는 다시 니그로다 나무로 자리를 옮기셔서 삼매에 들었다고 한다. 아마 끊임없이 솟구치는 지혜의 즐거움을 누리시면서 당신이 발견하신 연기의 법칙에 의지하여 일체의 존재와 현상이 모습을 드러낸다는 것을 재차 검토하고 계셨을 것이다.

넷째 마당

모든
존재를
위하여
진리를
설하다

시냇물 소리는 장광설 법문인데
산색이 어찌 청정법신이 아닐까?
밤새 읊는 8만4천 오도송을
다른 날 무슨 수로 이웃에게 전할까?

溪聲便是長廣舌
山色豈非淸淨身
夜來八萬四千偈
他日如何與似人

- 소동파

진리를 설하다

진흙탕에 물들지 않는 연꽃처럼…

붓다께서는 정각을 이루신 후 수 주 동안 삼매에 들어 해탈의 즐거움을 누리시면서 당신이 깨달은 내용을 확인하셨다. 그런데 붓다께서는 어느 날 마음속에 문득 생각이 일어났는데,『장아함경』「대본경大本經」에 그 내용이 담겨 있다.

나는 이제 위없는 깨달음을 얻었다. 그러나 이 진리는 지극히 깊고 미묘하여서 이해하기도 어렵고 보기도 어려워 고요하고 청정하며 지혜로운 자만이 알 수 있을 뿐 범부는 도저히 알 수 없다. 이것은 중생들이 각기 다른 생각을 가지고 각자의 견해에 따라 제각기 구하는 바를 즐기고 제각기 익힌 바에 충실하기 때문이다. 그러므로 이 깊고 미묘한 인연을 알 수가 없다. 그러니 애욕이 멸한 열반은 더욱 알기가 어렵다. 내가 만약 이들에게 이러한 이치를 설한다고 하여도 그들은 틀림없이 이해하지 못할 것이다. 오히려 나만 더욱 번거로움에 빠질지도 모른다.

이와 비슷한 내용이 『증일아함경』에도 나오는데 거기에서는 이렇게 묘사하고 있다.

내가 깨달은 이 법은 매우 깊어서 이해하기 어렵고 보기 어렵다. 적정 미묘해서 사유의 영역을 뛰어 넘은 지혜로운 자만이 이해할 수 있다. 그러나 이 세상 사람들은 그저 욕망을 즐기며 날뛸 뿐이다. 이런 사람들에게 깊은 이치를 가르치기는 지극히 어려운 일이다. 모든 현상은 서로 의지해 있으며 조건에 의해 일어난다. 그러나 모든 번뇌를 버리고 원인을 제거하면 갈애渴愛는 끝나고 탐욕을 떠나 열반에 이를 수 있다. 만일 내가 이런 법을 가르쳐도 그들이 이해하지 못한다면 나만 번거로울 것이다.

그리고는 다시 게송으로 이렇게 말씀하셨다.

애써 증득한 법을 어떻게 사람들에게 설할 것인가.
탐욕과 분노에 불타고 있는 사람들에게
이 법을 깨닫게 하는 일은 쉽지 않다.
이 법은 세간의 상식을 초월하고 미묘하고 난해하므로
욕망의 격정에 빠진 자, 무명으로 휩싸인 자에게
알게 하기는 참으로 어렵다.

붓다께서는 당신께서 깨달으신 진리를 음미하며 해탈의 즐거움을 누리시다가 혼자만 누릴 것이 아니라 세상의 뭇 중생들에게도 알려야겠다는 생각이 드셨던 모양이다. 그러나 붓다께서 깨치신 연기의 이치는 너무 깊고 미묘해서 편견과 아집, 탐욕에 물든 중생들은 알아들을 수 없다고 생각하신 것이다. 보통 사람들도 말귀를 못 알아듣는 사람을 상대하면 답답하다고 느끼는데, 중생들을 상대로 지극히 깊고 깊은 진리를 전하고자 했을 때 무척 난감하셨을 것이다.

붓다께서 이처럼 당신이 깨달으신 진리를 전해야겠다는 마음이 일어난 것은 어쩌면 자신만이 홀로 깨달았다는 적막감 때문일 수도 있다. 혼자서 힘들게 높은 산에 올랐을 때 그 뿌듯한 성취감과 함께 누군가와 함께 그 기쁨을 나누고 싶을 때가 있듯이 붓다께서도 위없는 깨달음에 이르시자 얘기를 나눌 사람이 필요했던 것이다. 세상이 넓다지만 깨달음을 이룬 사람이 오직 붓다 한 분뿐이었다는 것은 어쩌면 너무나 외로운 일이었는지도 모른다. 그래서 붓다는 이렇게도 말씀하셨다고 한다.

존경하고 받드는 스승 없이 살아가는 것은 불안하다.
존경을 바치고 스승으로 섬길 만한 사문이나 브라만은 없을까?

얼마나 고독감을 느꼈으면 이런 생각을 다 하셨겠는가. 인간이라면 누구든지 혼자서는 세상을 살아갈 수 없다. 연기로써 이루어진 세계이기 때문이다. 서로 의존하고 서로 관계를 맺으면서 모든 현상이 발생하고 소멸한다. 붓다께서 아무리 위대한 진리를 발견하셨다고 해도 그것을 가슴속에 간직한 채 돌아가셨다면 바위나 나무와 별 다른 점이 있겠는가? 사상이나 문학, 예술도 혼자 하는 것은 의미가 없을 것이다. 누군가에게 표현해서 그것이 공감을 얻을 때 비로소 의미를 갖게 되는 것이다. 그래서 아무도 모르는 진리를 홀로 깨달으신 붓다께서 고독감을 느끼셨을 것이고, 차라리 가까이서 존경하고 스승으로 받들 사문이라도 있었으면 좋겠다고 생각하신 것이다. 그리고는 다음과 같이 생각하셨다.

나는 이 연기라는 법으로 깨달을 수 있었다. 그렇다면 이 법이야말로 내가 존경하고 귀중히 여기며 스승으로 섬겨야 할 것이 아닌가.

붓다께서는 이 어려운 진리를 알아들을 사람도 없으니 헛된 수고로움을 피하고 그대로 생을 마감해 버릴까 하는 생각도 하셨다. 이 순간은 정말 중요한 순간이었다. 만약 붓다께서 당신이 깨달으신 진리를 혼자만 가슴에 담고 그대로 세상을 버리셨다면 불교는 존재하지도 않았을 것이고, 우리들도 여전히 무명 속에서 끝없는 괴로움을 겪으며 살고 있을 것이다. 그런데 다행히도 이 순간에 사함파티(Sahaṃpati)라는 범천梵天이 붓다의 마음을 알고는 이렇게 탄식했다고 한다.

붓다께서는 깊고도 미묘한 법을 깨달으시고도 설법하지 않으시려 하는구나. 아! 세상은 망하는구나. 여래·응공·정등각자께서 법을 설하지 않으신다면 세상은 소멸하고 말겠구나.

범천은 원래 브라만의 신으로서 인도 전통의 창조신인데 불교에서는 불법을 보호하고 전하는 데에 도움을 주는 신으로 등장한다. 가끔 붓다의 마음 속 변화를 묘사하기 위하여 등장하기도 한다. 이 경우에도 붓다께서 어떤 결심을 나타내는 것이라 할 수 있다. 즉 붓다께서 '이렇게 어렵게 도달한 진리를 지금 결코 드러낼 수가 없다. 탐착과 분노에 물든 자들은 이 법을 원만히 깨달을 수 없다. 윤회를 초월하여 지극히 깊고 미묘한 법을 무명에 가리고 탐착에 물든 자들이 어찌 알겠는가?'라고 하시면서 설법을 포기하시려 하자, 범천이 이렇게 탄식했던 것이다. 그리고 '힘센 사람이 굽혔던 팔을 펴고 폈던 팔을 구부리는 것처럼' 얼른 붓다 앞에 나타나 오른쪽 무릎을 꿇고 간청했다고 한다.

세존이시여, 원하오니 적당한 때를 보아 설법하십시오. 지금 중생들은 번뇌가 적고 제근諸根이 예리하며 공경심이 있어 교화하기 쉽습니다. 그리고 후세에 구제 받을 수 없는 죄에 대해 두려워하므로 그들을 교화하신다면 악법을 멸하고 선도를 생겨나게 할 수 있을 것입니다.

『마하박가』에는 이렇게도 표현되어 있다.

세존이시여, 법을 설하십시오. 선서善逝[1]께서는 법을 설하십시오. 이 세상에는 눈이 먼지로 가려져 있지 않은 중생도 있습니다. 그들이 이 법을 듣는다면 깨달을 수 있을 것이나 법을 설하지 않으신다면 그들조차 타락해 버릴 것입니다.

이렇게 범천이 설법을 해 달라고 간청하자, 붓다께서는 말씀하셨다.

그렇다. 그대의 말이 옳다. 나는 홀로 고요한 곳에 앉아 '내가 얻은 법은 지극히 깊고 미묘하여 중생들에게 설해 준들 그들이 이해하지 못하고 번거로움만 더할 것이니 차라리 설법하지 말자.'고 생각했다. 나는 아승기겁劫[2] 이래 게으르지 않고 부지런히 힘써 위없는 수행법을 닦은 뒤에야 이 얻기 어려운 깨달음을 얻었다. 그러니 탐·진·치에 사로잡힌 중생들에게 설하여도 받들어 행하지 않을 것이다. 부질없이 나만 힘들게 될 것이다. 내가 깨달은 이 진리는 미묘하여 세상일과는 반대되는 것이니 욕심에 물들고 어리석은 중생들은 믿고 이해할 수 없을 것이다. 범천이여, 나는 이렇게 생각하여 설하지 않으려는 것이다.

그러나 범천의 거듭되는 간청에 붓다께서 세상을 둘러보니 중생들의 근기가 다 달랐다. 경전에서는 이러한 중생들의 모습을 연꽃에 비유하여 아름답게 묘사하고 있다. 연못에는 붉은 연꽃, 흰 연꽃 등 여러 가지의 연꽃이 피는데, 어떤 연꽃은 진흙에서 갓 나와 아직

---

1) 선서善逝: 깨달음의 저 언덕에 잘 다다른 이를 의미함.
2) 아승기(asamkhya)는 셀 수 없이 많은 것. 겁(kalpa)은 상상하기 어려운 긴 시간을 말함. 따라서 아승기겁은 매우 긴 시간을 의미함.

물 위로 올라오지 못한 것도 있고, 봉오리가 수면 위로 갓 올라온 것도 있으며, 수면 위로 올라왔지만 아직 활짝 피지 못한 것도 있으나 모두 다 물에 젖지 않는 것처럼 중생들도 그렇다는 것이다. 중생들이 제각기 다른 근기를 가지고 있지만 붓다께서 설하시는 진리를 들으면 이해하고 믿을 사람이 있으리라는 것을 이렇게 표현했던 것이다.

이것이 그 유명한 '범천 권청梵天勸請'의 설화이다. 깊고 미묘한 진리를 어리석은 중생들에게 설할 것인가, 말 것인가에 대한 붓다의 마음속의 갈등과 결심을 범천을 등장시켜 신화적으로 묘사한 것이다.

낡은 믿음은 버리라

이렇게 거듭되는 범천의 간청에 어리석은 중생들을 위하여 설법을 하시기로 결심을 굳히신 붓다께서는 이렇게 말씀하셨다.

내 이제 감로甘露의 문을 여나니 귀 있는 자는 들으라.
낡은 믿음은 버려라.

이것이 붓다께서 설법을 결심하시고 처음으로 선언하신 말씀이다. 붓다께서 진리를 깨달으신 것은 불교에 있어서 가장 중요한 사건이다. 만일 붓다의 깨달음이 없었으면 우리는 아직도 어둠 속에서 살고 있을 것이다. 그러나 붓다의 깨달음과 함께 중요한 것은 바로

● 초전법륜상

지금의 이 말씀이다. 붓다께서 이렇게 엄숙한 선언을 하시고 설법을 개시하셨기 때문에 불교는 그 모습을 드러내고 지금까지 헤아릴 수 없이 많은 중생을 괴로움에서 건져냈던 것이다.

한편 이것이야말로 붓다의 지혜가 자비로써 드러나는 순간이었다고 말할 수 있다. 여기에서 이미 대승불교의 싹이 텄던 것이다. 나 혼자만의 해탈이 아니라 모든 중생들의 어리석음을 제거하고 그들에게도 마찬가지로 해탈의 즐거움을 누리게 하기 위해서 붓다께서는 수고로움도 마다하지 않으시고 설법에 나섰던 것이다. 그 말씀은 그야말로 감로甘露와 같았다. 감로를 글자 그대로 풀이하면 '단이슬'인데, 감로가 무엇인지 실감이 나지 않기는 마찬가지일 것이다. 그러나 인도의 먼지 나는 황톳길을 뙤약볕 아래에서 끝없이 걸어간다고 생각해 보라. 몸은 지칠 대로 지쳐 눈앞이 몽롱하고 목은 갈증으로 타들어 갈 때 시원한 물 한 모금을 들이킨다. 바로 그 순간에 맛보는 물 한 모금이 바로 감로이다. 지친 나그네는 그 물 한 모금에 기운을 차리고 다시 힘차게 길을 떠난다. 온갖 고통에 시달리는 중생들에게 붓다의 말씀은 감로와 같고, 그 감로의 문을 중생들을 위해 열어주시겠다고 하셨다.

낡은 믿음을 버리라는 것은 그때까지의 모든 어리석은 믿음을 버리고 붓다의 말씀에 귀를 기울이라는 뜻이다. 어떤 경전에는 낡은 믿음을 죽은 자에게 제사 지내는 그러한 의식을 버리라는 뜻으로 표현된 것도 있다. 그 당시 인도에서는 죽은 자에게 제사를 지내기 위하여 수많은 짐승을 죽여 제물로 바치고 소원과 복을 비는 습관이 널리 퍼져 있었다. 이는 터무니없는 미신일 뿐이다. 붓다께서는 이러한 낡은 믿음을 버리고 지혜로 괴로움의 실상을 파악하고 그 원인을 밝혀 영원히 괴로움을 없애는 새로운 진리에 귀를 기울이라고 말씀하셨다.

다섯 비구에게 진리의 문을 열다

붓다께서는 누구에게 법을 설해야 이 어려운 진리를 잘 이해할 수 있을지 생각해 보셨다. 가장 먼저 떠오른 사람이 처음으로 무소유처정을 가르쳐 주었던 알라라 칼라마였다. 알라라 칼라마는 박식하

● 붓다가 처음으로 설법을 한 녹야원의 다메크스투파

고 지혜로우며 마음이 깨끗했기 때문에 틀림없이 진리를 잘 이해할 수 있을 것이라고 생각했다. 그러나 혜안으로 둘러보니 알라라 칼라마는 죽은 지 벌써 7일이 지났다. 그 다음으로 떠오른 사람이 웃다카 라마풋타였다. 비상비비상처정을 가르쳐 주었던 웃다카 라마풋타라면 틀림없이 이해할 수 있을 것이라는 생각이 들었으나 그도 마침 바로 전날 죽었다.

그리고 예전에 같이 수행하던 다섯 비구가 생각났다. 그들은 항상 붓다 곁을 따라다니며 수행하였으나 붓다께서 고행을 버리시자,

"사문 고타마는 타락했다."고 하면서 떠나버렸던 수행자들이다. 붓다께서는 이들을 위해 설법해 주리라 생각하고 천안으로 둘러보니 바라나시(Vārāṇasī) 근처의 이시파타나(Isipatana)에 있는 녹야원에 머물고 있었다. 이러한 내용은 여러 경전에 공통적으로 나타나는 것으로 보아 대부분 사실에 가까워보인다.

바라나시는 베나레스라고도 하는데, 카시(Kasi)라는 나라의 수도로서 정치와 경제의 중심지였다. 붓다 생존 시에는 코살라와 마가다라는 두 강대국 때문에 피폐해지기는 했지만, 수많은 사상가와 수행자들이 모이는 곳이었다. 바라나시는 갠지스 강이 근처에 있어 지금도 성지순례자들이 많이 찾는다. 그리고 이시파타나는 '선인들이 모여 사는 곳'이라는 뜻인데, 아마 붓다 당시에도 신흥 사상가나 수행자들이 많이 모였던 것 같다. 다섯 비구도 거기에 가면 뭔가 더 많은 것을 배울 수 있지 않을까 해서 그리로 갔을 것이다.

붓다께서는 다섯 비구들을 찾아 길을 떠났다. 깨달음을 이루신 보드가야의 우루벨라에서 바라나시까지 200㎞나 되는 길을 걸어가셨다. 경전에는 붓다께서 우루벨라에서 머무시다가 바라나시로 떠나셨다고 되어 있다. 보드가야나 바라나시 두 곳 다 아열대지역으로 무척 더운 곳이다. 그런데 붓다께서는 그 뜨거운 뙤약볕 아래에서 먼지가 파삭파삭 나는 머나먼 200㎞의 길을 동행도 없이 맨발로 혼자서 걸어가셨던 것이다. 지금도 그렇지만 그 당시에는 민가가 드물어 굶는 날도 많았을 것이다. 그러나 붓다께서는 진리를 전하려는 자비심 하나로 그런 고난을 감수하셨다.

붓다께서 보드가야와 우루벨라 사이에 있는 대로를 따라 걷고 계실 때에 사명파邪命派[3]에 속하는 우파카(Upaka)라는 한 외도의 사문이 붓다를 보았다. 붓다의 풍모가 범상치 않다고 느낀 우파카는 이렇게 말을 걸었다.

> 당신의 오관은 잘 통제되어 맑고 깨끗하며 당신의 피부색도 맑고 빛이 납니다. 당신은 누구를 따라 출가했으며 누구를 스승으로 섬기고 누구의 가르침을 받들고 있습니까?

붓다께서는 깨달음을 이루시기 전에도 용모와 거동이 범상하지 않아 마가다 국의 빔비사라 왕의 주목을 끈 일이 있었다. 그런데 이제 최상의 깨달음을 얻은 붓다의 용모는 지혜와 자비의 광명이 온 몸을 감싸 더욱 빛이 나고 거동은 자신감에 찼을 것이다. 이를 본 우파카가 위와 같이 말을 걸었고 붓다께서는 우파카의 질문에 이렇게 대답하셨다.

> 나는 모든 것을 이겼고 모든 것을 깨달았다. 어떠한 것에도 더럽혀지지 않는다. 모든 것을 놓아버렸고 갈애가 다한 해탈을 얻었다. 스스로 깨달음을 열었으니 나에게는 스승이라 부를 만한 사람이 없다. 스승으로 우러러볼 자도 없고, 나와 같이 동등한 자도 없다. 이 세상에 나와 비교할 자는 아무도 없다. 나는 최고의 스승으로서 사람들로부터 공양을 받을 자격을 갖춘 자이다. 나는 완전한 깨달음을 이

---

[3] 사명파邪命派: 부정한 생활을 하는 외도로서 특히 아지비카(Ājīvika) 교도를 말함.

루어 몸과 마음이 모두 청정하다. 이 가르침을 설하기 위하여 나는 카시로 가고 있다. 미망에 덮인 사람들을 위하여 불사와 감로의 북을 울릴 것이다.

이렇게 대답하시자 우파카는 반신반의하면서 "그렇다면 당신은 대단한 승리자이겠군요." 하고 말했다고 한다. 그러자 붓다께서는 다시 이렇게 말씀하셨다.

누구라도 나와 같이 마음의 장애를 제거하면 나와 같은 승리자가 될 수 있다. 나는 번뇌를 물리치고 승리자가 된 것이다.

그러자 우파카는 "그럴 수도 있겠군요."라고 하면서 고개를 갸우뚱하며 다른 길로 가버렸다고 한다. 이 사람은 아직 붓다와 인연이 없었던지, 혹은 도를 깨칠 만한 근기가 되지 않았던 모양이다. 어쩌면 붓다의 너무 거창한 말씀에 놀라 지나쳐버렸는지도 모르고, 말씀을 잘 못 알아들었을 수도 있다. 그런데 이 사람도 나중에는 붓다의 제자가 되어 다시는 이 세상에 태어나지 않는다는 아나함과[不還果]의 경지를 얻었지만 최고의 경지인 아라한과에는 이르지 못했다고 한다.

경전에서는 붓다께서 바라나시로 가시던 도중에 오직 이 한 사람만 만난 것처럼 표현되어 있는데, 아마 붓다를 만나도 귀를 기울이지 않거나 믿지 않는다면 아무 소용이 없다는 것을 보여주려고 이런 에피소드를 경전에 담아 놓은 것이 아닌가 생각된다. 지금의 우리도 마찬가지이다. 붓다의 법을 만나도 잘 듣지 않거나 믿지 않는다면 아무 소용이 없을 것이다. 대승불교에서는 신信·해解·행行·증證의 순서를 밟을 것을 설하고 있다. 우선 붓다의 가르침을 믿고 잘 이해하여 그것을 실천에 옮겨서 깨달음을 증득하는 것이다. 증득證得한다는 것은 몸소 그것을 체험한다는 뜻이다. 그래서 증득 대신 체득體得이라는 말을 쓰기도 한다. 우파카의 이야기는 불법과의 만남이 얼마나 소중한 것인지를 나타내는 에피소드라고 할 수 있다.

아무튼 붓다께서는 서쪽으로 계속 걸어가서 마침내 바라나시의 녹야원에 이르렀다. 붓다께서는 드디어 다섯 비구 앞에 나타나셨다. 다섯 비구들은 멀리서 붓다가 다가오시는 것을 발견하고 이렇게 말했다고 한다.

벗들이여, 저기 사문 고타마가 온다. 그는 고행을 버리고 타락한 자이다. 그가 와도 우리는 인사도 하지 말고 일어서서 맞이하지도 말고 그릇이나 옷을 받아 주지도 말자. 그저 앉을 자리만은 비워두고 그가 앉고 싶다면 앉게 하자.

이 다섯 비구들은 붓다께서 목숨을 걸고 고행하실 때에 붓다의 그러한 용기와 정진력을 찬탄하며 시중을 들어주던 사람들이었다. 그러나 붓다께서 고행이 깨달음을 얻기 위한 올바른 길이 아님을 아시고 고행을 버리시는 것을 보고 경멸의 시선을 보내며 붓다 곁을 떠났던 사람들이기에 이렇게 말한 것이다. 그러나 붓다께서 점점 가까이 다가오시자 그들은 자신들이 했던 약속도 잊어버리고 어떤 사람은 붓다의 옷과 발우를 받아 들었고, 또 한 사람은 앉으실 자리를 마련하고 또 한 사람은 발 씻을 물과 수건을 가져왔다.

그런데 이들은 붓다에 대해 타락한 사문이라는 생각이 남아 있어 붓다를 '벗이여!'라고 불렀다. 이 말은 브라만들이 동년배나 아랫사람을 부를 때 쓰는 호칭으로 우리말로는 '여보게', '자네' 하는 정도라고 할 수 있다. 그러자 붓다께서는 이렇게 말씀하셨다.

그대들은 여래를 이름이나 벗이라는 말로 불러서는 안 된다. 비구들이여, 여래는 마땅히 공양을 받아야 할 분이고 최고의 깨달음을 얻은 분이다.

그러나 다섯 비구들은 그 말을 믿지 않았다. 그리고 이렇게 말했다.

벗 고타마여, 예전에 그렇게 고행할 때에도 뛰어난 진리를 얻지 못했는데 하물며 고행을 버리고 타락하여 어떻게 진리를 얻었다고 하는가?

그러면서 여전히 붓다를 믿지 못하자 붓다께서는 다시 반복해서 말씀하셨다.

비구들이여, 나는 사치에 빠진 것도 아니고 정진을 포기한 것도 아니다. 나는 여래이며 최고의 깨달음을 연 붓다이며 불사不死의 경지에 이르렀다.

비구들이여, 귀를 기울여라. 이제 그대들에게 법을 설하겠다. 내가 설한 대로 실천하는 자는 좋은 가문의 자제가 출가의 목적으로 했던 최고의 깨달음을 얻을 것이니 그것은 내세를 기다리지 않고도 지금 이 몸으로 완성할 수 있다.

붓다께서는 듣기를 거부하는 다섯 비구들을 향해 이렇게 세 번 같은 말씀을 반복했다고 한다. 그래도 그들이 믿지 못하고 귀를 기울이려고 하지 않자 붓다께서는 마지막으로 이렇게 말씀하셨다.

비구들이여, 잘 기억해 보라. 내가 예전에 이와 같이 자신 있게 말한 적이 있었던가? 나의 얼굴이 이렇게 빛났던 적이 있었던가?

이러한 말씀에 다섯 비구도 드디어 생각을 달리하게 되었다. 과연 붓다의 말씀대로 붓다께서 과거에 그렇게 자신 있게 깨달음에 대해 말씀하신 적도 없었고, 무엇보다 깨달은 자에게서만 볼 수 있는 빛나는 얼굴을 하고 계셨기 때문이다. 이들이 귀를 기울이자, 붓다께서는 다시 한 번 더 말씀하셨다.

비구들이여, 나는 여래이며 최고의 깨달음을 연 붓다이며 불사의 경지에 이르렀다. 비구들이여, 귀를 기울여라. 이제 그대들에게 법을 설하겠다. 내가 설한 대로 실천하는 자는 좋은 가문의 자제가 출가의 목적으로 했던 최고의 깨달음을 얻을 것이니 그것은 내세를 기다리지 않고도 지금 이 몸으로 완성할 수 있다.

붓다께서 다섯 비구들을 상대로 처음으로 설법하신 것을 '초전법륜初轉法輪'이라고 한다. 최초로 법의 바퀴를 굴렸다는 뜻이다. 그래서 경우에 따라서는 불교의 상징을 법륜으로 나타내기도 한다. 초전법륜은 불교에서 붓다의 탄생과 성도, 그리고 열반과 함께 가장 중요한 사건 중의 하나이다. 그래서 불교의 4대 성지聖地에 반드시 초전법륜지인 바라나시의 녹야원을 넣고 있다.

진리에 이르는 길

듣지 않으려는 다섯 비구들을 억지로 설득한 끝에 붓다께서는 가장 먼저 이렇게 설법하셨다.

비구들이여, 출가자가 이 세상에서 따르지 말아야 할 두 가지의 극단이 있다.
하나는 애욕의 생활에 빠지는 것이니, 그것은 천하며 신성한 것이 아니며 이상에 이르는 길이 아니다. 또 하나는 몸을 괴롭히는 고행에 전념하는 것이니, 이것도 몸만 괴롭게 할 뿐 이상에 이르는 길이 아니다. 나는 이 두 가지의 극단을 버리고 중도를 깨달았다. 그것은 눈을 뜨게 하고 지혜를 생기게 하며 적정寂靜・증지證智・등각等覺・열반에 이르게 하는 것이다.

비구들이여, 그러면 여래가 눈을 뜨고 지혜가 생기고 적정·증지·등각·열반에 이르게 하는 것은 어떤 것인가? 그것은 정견正見·정사正思·정어正語·정업正業·정명正命·정정진正精進·정념正念·정정正定의 성스러운 여덟 가지의 도를 말한다. 비구들이여, 이것이 여래가 깨달을 수 있었던 중도이며, 이것이 눈을 뜨고 지혜가 생기고 적정·증지·등각·열반에 이르게 한 것이다.

보리수 아래에서 위없는 깨달음을 열어 부처가 되신 이래 최초로 설법하신 것이 바로 이 내용이다. 붓다께서는 다섯 비구들을 상대로 이들이 붓다를 오해하고 말씀을 들으려고 하지 않았던 것에 대해

팔정도八正道

혜慧
- 정견正見 — 바른 견해. 사물과 현상을 바르게 보는 것.
- 정사유正思惟 — 정견에 기인한 바른 생각

계戒
- 정어正語 — 정견에 기인한 바른 말
- 정업正業 — 정견에 기인한 바른 행위
- 정명正命 — 정견에 기인한 바른 생활

- 정정진正精進 — 정견에 기인한 바른 노력 ── 계·정·혜에 공통

정定
- 정념正念 — 부처님의 가르침을 항상 마음에 새기고 기억하여 잊지 않는 것
- 정정正定 — 정견에 기인한 바른 명상

먼저 그 해답을 주셨다. 다섯 비구들은 붓다께서 고행을 버리고 타락하여 애욕의 생활에 빠진 것으로 오해했다. 그래서 붓다께서는 세속의 욕락이나 사치스러운 생활도 진리를 깨닫는 데는 도움이 되지 않고, 그들이 최상의 방법이라고 생각하는 고행도 애욕과 마찬가지로 하나의 극단임을 일깨워 주셨던 것이다. 이 두 가지의 극단을 버린 중도야말로 진리에 이르는 참된 길임을 설하셨다.

그리고 붓다께서 눈을 뜨고 지혜가 생기고 적정·증지·등각·열반에 이르셨던 구체적인 중도의 방법으로서 바른 견해[정견]·바른 생각[정사]·바른 말[정어]·바른 행위[정업]·바른 직업[정명]·바른 정진[정정진]·바른 기억[정념]·바른 정신집중[정정]의 성스러운 여덟 가지, 즉 팔정도八正道를 말씀하셨다.

계속해서 붓다께서는 네 가지의 성스러운 진리인 사성제四聖諦에 대해 설법을 하셨다. 불교의 근간인 사성제는 붓다가 설하신 네 가지의 명제라고 생각해도 좋다. 이것을 각각 고성제苦聖諦, 집성제集聖諦, 멸성제滅聖諦, 도성제道聖諦, 혹은 고제苦諦, 집제集諦, 멸제滅諦, 도제道諦라고 하기도 한다.

다섯 비구들을 상대로 붓다께서는 사성제에 대해 이렇게 설하셨다.

비구들이여, 그대들은 네 가지의 성스러운 진리에 대해 알아야 한다. 사성제란 괴로움에 대한 성스러운 진리, 괴로움의 원인에 대한 성스러운 진리, 괴로움의 소멸에 대한 성스러운 진리, 괴로움의 소멸로 이끄는 성스러운 진리를 말한다.

비구들이여, 여기에 고성제가 있다. 태어나는 것도 괴로움이고, 늙음도 괴로움, 병듦도 괴로움, 죽는 것도 괴로움이다. 싫어하는 것과 만나는 것도 괴로움이고, 사랑하는 이와 헤어지는 것도 괴로움이며, 원하는 것을 얻지 못하는 것도 괴로움이다. 간단히 말하면, 인간의 존재를 구성하는 그 자체[五取蘊]가 괴로움이다.

붓다께서는 중도의 이치를 이해한 다섯 비구들에게 사성제의 이치를 계속해서 설하셨다. 그 중에 가장 먼저 설하신 것이 이 고성제다. 모든 괴로움을 극복하고 해탈을 얻기 위해서는 괴로움에 대한 실상을 먼저 알아야 한다. 생로병사가 다 괴로움이며 구하는 것을 얻지 못하는 것, 사랑하는 사람과 헤어져야 하고 싫어하는 사람과 부딪혀야 하는 것 등 모든 것이 괴로움이다. 우리의 존재를 구성하는 육체[色]·느낌[受]·생각[想]·의지작용[行]·종합적인 기억과 판단[識] 등 인간을 구성하고 있는 다섯 가지 요소인 오온五蘊 자체가 괴로움이라는 것이다. 즉 우리의 육체를 포함하여 우리를 둘러싸고 있는 모든 것이 괴로움이라고 하는 것이다. 인생이 과연 괴로움만 있느냐고 반문할 수도 있을 것이다. 그러나 잘 생각해 보면 즐거움이라고 여기는 것이 영원하지 않다는 데에 괴로움이 생긴다. 항상 기쁜 일, 좋은 일만 있으면 좋겠지만 우리 인생이라는 것이 그럴 수도 없고, 또 기쁜 일, 좋은 일이 있다 해도 일시적인 것에 지나지 않는다. 그렇기 때문에 괴로운 것이다. 즐겁고 기쁜 일일수록 그것을 잃어버리면 괴로움이 더 큰 법이다.

붓다께서는 인생을 비관하신 것이 아니라 인생을 바로 보고 괴로움에서 벗어나고자 괴로움의 실상을 말씀하신 것이다. 병을 고치기 위해서는 그 증세를 정확히 알아야 하는 것처럼 인생의 실상을 바르게 파악해 보니 괴로움의 덩어리라는 것을 아셨다. 그러면 이 고라는 것은 어떻게 해서 생기는가? 붓다께서는 거기에 대해 집성제를 들어서 설명하셨다.

사제四諦

사제四諦

고제苦諦 - 이 세상은 고苦라는 진리
삶은 괴로움이라는 것을 인식하고
괴로움으로부터 반드시 벗어나도록 해야 한다

결과
↑
어리석음의 인과

집제集諦 - 고에는 원인이 있다는 진리
괴로움은 여러 가지 원인이 모여서 생긴다.
그 원인을 파악하지 않으면 안된다

원인

멸제滅諦 - 고의 원인을 없애면 고도 없어진다는 진리
괴로움의 원인을 알고
그것을 제거하면 괴로움에서 벗어나게 된다

결과
↑
깨달음의 인과

도제道諦 - 고를 멸하는 방법을 나타낸 진리
괴로움을 없애기 위해서는
바른 수행을 하지 않으면 안된다.
여기에는 여덟 가지 길[팔정도]이 있다.

원인

* 사제는 네 가지의 성스러운 진리라고 하여 사성제라고도 한다

비구들이여, 여기에 고가 생기는 성스러운 집제가 있다. 그것은 미혹의 삶을 불러일으키고 기쁨과 탐욕을 수반하며 이것저것에 집착하는 갈애이다. 욕慾의 갈애渴愛, 유有의 갈애, 무유無有의 갈애가 곧 그것이다.

한마디로 괴로움이 생기는 원인은 갈애라는 것이다. 갈애는 목이 말라 타는 듯한 갈증을 느끼는 것처럼 욕심내고 집착하는 것이다. 붓다께서는 우리의 욕심 자체를 나무라신 것이 아니다. 만약 욕심이 전혀 없다면 생존이 힘들다. 배가 고플 때 밥 먹고 졸릴 때 자는 것, 그것도 욕심을 충족하는 일이다. 그러나 불교에서 말하는 갈애는 어떤 것에 대해 간절히 갈구하는 지나친 욕심과 집착이다. 이러한 갈애가 우리에게 괴로움을 가져다주고, 미혹의 삶을 불러일으킨다고 하셨다. 말하자면 갈애가 번뇌를 부추겨서 윤회를 하게 한다는 것이다.

또한 갈애에는 욕애欲愛와 유애有愛와 무유애無有愛가 있다. 욕애는 좁은 뜻으로는 성욕을 의미하지만 대체로는 남녀의 정욕이라든가 재산·명예·권력 등에 대한 세속적 욕망이라고 할 수 있다. 유애는 존재에 대한 욕구로서 좁게는 식욕이나 수면욕 등을 말하지만 대체로 자신의 몸에 대한 애착, 존재에 대한 욕구를 말한다. 이 존재에 대한 욕구는 이생에서 자신의 몸을 최적의 상태로 유지하려는 욕심도 포함되지만, 사후나 내세에도 영원히 행복과 쾌락을 누리고 싶어 하는 욕망, 죽어서 천당에 태어나기를 바란다거나 영생을 원하는 것이 다 유애이다.

무유애란 존재가 없는 허무를 바라는 욕구이다. 사람들이 좌절하거나 뭔가 일이 잘 안 풀릴 때에 연기처럼 사라지고 싶다거나 자살을 시도하는 것도 이러한 무유애의 발로라고 할 수 있다. 불교에서는 이러한 무유애도 경계하고 있다.

이러한 욕애, 유애, 무유애 등의 지나친 집착과 탐욕은 우리를 괴로움으로 몰아넣으며 결국에는 파멸로 이끌고 간다. 우리의 일상을 잘 살펴보면 우리는 늘 지나친 욕심 때문에 괴로워하고 그것을 얻지 못해 괴로워한다. 그것을 충족하기 위하여 도둑질이나 살인 같은 끔찍한 일을 저지르기도 하고, 재산 때문에 가족끼리 싸우기도 하고, 친구를 배신하기도 한다. 그리고 그것 때문에 다시 괴로워한다. 그래서 이러한 갈애가 미혹의 삶을 불러 일으켜 고苦의 윤회 세계로 다시 태어나게 하는 것이다. 붓다께서는 이렇듯 집성제를 통하여 고의 원인이 갈애라는 것을 밝히셨다. 이어서 붓다께서는 괴로움을 벗어난 멸성제에 대해 말씀하셨다.

비구들이여, 여기에 고가 다한 성스러운 멸제가 있다. 그것은 갈애를 남김없이 소멸하고 떨쳐버리고 벗어나 집착하지 않는 것이다.

이와 같이 멸성제는 괴로움의 원인이 되는 갈애를 남김없이 제거했을 때의 모습을 말씀하신 것이다. 그러면 갈애는 어떻게 해야 제거되고 소멸되는가? 그 방법을 붓다께서는 도성제를 통하여 이렇게 말씀하셨다.

비구들이여, 여기에 고를 없애는 성스러운 도제가 있다. 이것은 곧 여덟 가지 성스러운 길을 말하는 것이니 정견 · 정사 · 정어 · 정업 · 정명 · 정정진 · 정념 · 정정이 그것이다. 비구들이여, 나는 이 사성제라는 예전에 결코 들어보지 못한 법에 눈을 떴고 지혜가 일어났고 앎이 일어났고 광명이 일어났다.

사성제의 마지막으로서 붓다께서는 고를 멸하는 방법을 제시하셨다. 즉, 고를 없애기 위하여 여덟 가지의 바른 도를 실천하라고 하셨다. 즉 바른 견해를 가지고, 바르게 생각하고, 바른 말을 하며, 바른 행위를 하고, 바른 직업을 가지며, 바른 정진을 하고, 바른 도리를 잊지 않으며, 마음을 늘 고요하게 가짐으로써 괴로움을 멸하는 것을 말한다. 여덟 가지 바른 도를 실천하여 괴로움을 없앨 수 있다는 것이 도성제다.

이렇게 해서 붓다께서는 다섯 비구들을 상대로 진리에 이르기 위해서는 먼저 쾌락과 고행의 양 극단을 버릴 것을 말씀하시고, 이어서 사성제를 통하여 괴로움의 실상과 괴로움이 발생하는 원인, 괴로움이 소멸되었을 때의 상태, 그리고 괴로움을 소멸하는 방법을 차례로 말씀하셨다. 불교의 모든 교리가 이 사성제에 함축되어 있다고 해도 지나친 말이 아니다. 그렇기 때문에 사성제를 잘 이해하고 실천하는 것은 불교의 시작이자 궁극의 도달점이라고 할 수 있다.

사성제는 마치 의사가 환자의 병을 고치기 위해 병의 상태를 관찰하고 병이 생기게 된 원인을 파악한 다음 병이 나은 상태를 상정하고 거기에 맞게 처방을 내리는 것과 같다. 그래서 붓다를 일컬어 중생의 병을 고치는 대의왕大醫王, 인류 최고의 멘토라고 하는 것이다.

붓다께서 이렇게 괴로움의 실상을 파악하고 그 발생 원인을 살피며 거기에 맞게 처방을 내리는 것은 세간의 모든 문제에도 적용될 수 있는 원리이다. 그렇기 때문에 붓다께서 설하신 법은 합리적이고 논리적이며 시대와 지역을 초월하여 적용될 수 있는 보편적 진리인 것이다.

처음으로 깨달은 콘단냐

붓다께서 중도와 사성제에 대해 말씀하셨지만 다섯 비구들이 곧바로 이해한 것은 아니었다. 앞에서 인용한 사성제에 대한 붓다의 설법은 후대에 간결하게 정리하여 전해진 것이기 때문에 실제 붓다의 설법은 훨씬 더 자세하였을 것이다. 그리고 이 최초의 설법은 기꺼이 듣기를 원해서 모인 사람들을 대상으로 한 것이 아니었다. 붓다의 말씀을 듣고자 귀를 기울였다면 훨씬 더 이해시키기가 쉬웠겠지만, 이들 다섯 비구들은 어쩌면 붓다의 말씀을 반박하기 위해서 듣고 있었는지도 모른다. 그것은 설법이라기보다 토론에 가까운 것이었을 것이다. 붓다께서 그들을 단시간에 이해시킬 수 없었음을 엿볼 수 있는 대목이 『중아함경』「나마경羅摩經」에 나온다.

비구들이여, 내가 두 사람의 비구를 가르치고 있을 때 세 명의 비구들이 탁발을 해 와서 우리들 여섯 명이 생활했다. 또 내가 세 사람의 비구들에게 가르치고 있을 때에는 두 명의 비구들이 탁발을 해 와서 우리들 여섯 명이 생활했다.

말하자면 교대로 탁발을 해오고, 그 사이에 나머지 사람들은 설법도 듣고 질문도 했을 것이다. 이렇게 붓다께서 며칠을 가르치자 다섯 비구 가운데에서 콘단냐(Kondañña)라는 비구가 가장 먼저 깨달음을 얻었다고 한다. 콘단냐는 한자로 교진여憍陳如 혹은 교진나憍陳那라고 음사를 하는데, 이 콘단냐가 가장 먼저 맑고 깨끗한 법안을 얻었다고 한다. 경전에서는 콘단냐가 깨달은 것에 대해 이렇게 묘사하고 있다.

진실로 콘단냐는 법을 보고, 법을 얻었으며, 법을 알았다. 의심에서 벗어나 망설임을 제거하고 두려움이 없어졌으며 스승의 가르침 외에 다른 것은 필요 없게 되었다.

그때 붓다께서는 콘단냐가 이렇게 당신의 말씀을 이해하고 깨달음을 얻자 너무나 기뻐서 "아! 참으로 콘단냐는 깨달았구나. 아! 참으로 콘단냐는 깨달았구나." 하시면서 거듭 두 번이나 기쁨의 탄성을 지르셨다고 한다. 이때의 감격을 경전에서는 대천세계大千世界[4]가 흔들렸다고도 하고 무한하고 광대한 광명이 이 세상에 나타났다고도 하고 있다. 경전에서의 묘사와 같이 이 순간은 실로 엄숙하고 중요한 순간이었다. 콘단냐의 깨달음으로 인해서 불교는 드디어 우

---

4) 대천세계大千世界: 온 우주를 의미함.

리 앞에 모습을 드러내게 되었던 것이다. 그래서 콘단냐를 '깨달은 콘단냐'라는 뜻에서 '안나 콘단냐(Añña Kondañña)'라고 하며 한자로는 '아약 교진여'라고 한다.

이어서 나머지 네 사람의 비구, 즉 밥파(Vappa), 밧디야(Bhaddiya), 마하나마(Mahānāma), 앗사지(Assaji)도 마찬가지의 깨달음을 얻었다고 한다. 물론 이때의 깨달음은 견도見道의 깨달음이라고 할 수 있다. 불교에는 이론적으로 깨닫는 견도의 깨달음과 몸으로 수행하여 깨달음을 체험하는 수도修道의 깨달음이 있다. 이들 다섯 비구는 이때에 이론적인 깨달음의 단계인 견도를 얻은 것으로 보인다. 이들은 붓다의 멘토링으로 붓다의 가르침을 이해하고 깨달음을 얻은 직후 붓다 밑에서 수행할 것을 허락해 달라는 것으로 보아 아직 수도의 깨달음은 얻지 못한 것 같다.

이들의 간청을 듣고 붓다께서는 "그러면 오라, 비구들이여, 법은 잘 설해졌다. 와서 범행을 행하고, 고의 멸을 얻음이 좋으리라." 하시고는 그들을 받아들였다. 이때 비로소 이 세상에는 여섯 명의 아라한阿羅漢이 탄생하게 된 것이다. 이로 인해 불·법·승의 삼보가 갖추어지고 불교가 그 위대한 첫발을 내딛게 되었다.

계급을 초월한 교단의 성립

청년 야사의 출가

붓다께서 바라나시(Vārāṇasī)의 녹야원에 머무시면서 다섯 비구들을 상대로 최초의 설법을 하시고 얼마 지나지 않았을 때였다. 바라나시는 당시 인도 최대의 왕국이었던 카시(Kasi) 국의 수도로서 정치와 경제의 중심지였다. 따라서 부유한 상인들도 많이 살고 있었다.

바라나시에 야사(Yasa)라는 청년이 살고 있었는데 그는 가문도 좋고 아주 부유한 상인의 아들이었다. 이 사람이 얼마나 사치스럽고 호화로운 생활을 했는지 별장도 세 채나 되어 겨울, 여름 계절에 따라 번갈아 가며 별장에서 지냈다고 한다. 특히 넉 달 동안의 우기에는 우기를 위해 지은 별장에서 바깥에 나오지 않고 여자 악사들에게 둘러싸여 온갖 시중을 받으며 호사를 누렸다고 한다.

그러던 어느 날 야사는 아침 일찍 잠이 깨어 시녀들이 잠들어 있는 모습을 보았다. 피곤에 지쳐 악기를 이리저리 던져 놓고 잠든 모습, 머리를 풀어헤치기도 하고, 침을 흘리기도 하고, 잠꼬대를 하는 등 온갖 추태를 다 보이고 있었다. 이것을 본 야사는 마치 묘지 속에 들어와 있는 것처럼 환멸을 느꼈다. 야사는 극도의 우울함에 괴롭다는 탄식을 연발하면서 새벽 일찍 집을 나와 숲속을 거닐었다. 그러다가 붓다가 계시는 녹야원까지 오게 되었다. 그때 마침 붓다께서도 산책을 하시다가 야사가 괴롭다고 탄식하면서 가까이 오는 것을 보고 말을 걸었다.

젊은이여, 여기에는 괴로운 것도 고통스러운 것도 없다. 이리 와서 앉아라. 내 그대를 위해 법을 설해 주겠다.

이 말을 들은 야사는 기뻐하면서 황금으로 만든 신발을 벗어버리고 붓다께 가서 예를 올리고 한쪽에 앉았다. 붓다께서는 야사를 위하여 차례로 법을 설하셨다.

먼저 보시를 실천하고 계율을 준수하면 하늘에 가서 나게 된다. 애욕에는 환난과 공허함과 번뇌가 있기 마련이니 애욕에서 벗어나면 큰 공덕이 있게 된다.

이렇게 법을 설하시고 이어서 고·집·멸·도의 사성제에 대해 설하셨다. 그러자 야사는 흰 천에 염색이 잘 되듯이 그 자리에서 법안을 얻었다. 야사는 천성이 무척 순수했기 때문에 붓다의 말씀을 그대로 믿고 이해하려고 하자 지혜의 눈이 금방 열렸던 것이다.

붓다께서 야사를 상대로 설법하셨던 것은 시론施論, 계론戒論,

생천론生天論이라고 하는 삼론三論의 형식으로서 불교를 처음 접하는 사람들을 상대로 설법하시던 방식이었다. 즉 근기가 얕은 사람에게 처음부터 불교의 깊은 교리를 설명하면 이해를 잘 못하기 때문에 먼저 시론을 설하여 보시를 하도록 권하고, 다음으로 계론을 설하여 바른 생활로 이끈 다음, 이것을 잘 실천한다면 사후에 하늘나라에 태어나 영원한 행복을 누릴 수 있다고 점차적으로 설득하는 것이다.

삼론은 당시 인도에서 흔히 행해지던 것으로 우파니샤드 등에서 설해져 온 인과업보설에 바탕을 둔 것으로 보인다. 비록 불교 고유의 교리라고는 할 수 없으나 당시 인도 사람들이 쉽게 받아들일 수 있도록 입문 단계의 일반 재가자들을 향해서 적용하셨던 설법 형태였다.

시론은 항상 자비심을 가지고 어려운 사람들에게 자비를 베풀고 수행자들에게 보시를 하는 것이다. 흔히 음식이나 의복, 약품 등을 보시하는데 무엇이든 내가 가진 것을 가지지 못한 사람들에게 베푼다는 뜻이 있다.

계론은 생명을 살생하거나 괴롭히는 것을 삼가고, 남의 재물을 훔치거나 빼앗는 것을 삼가며, 거짓말을 하지 않는 등의 계행을 지키는 것이다. 한 마디로 도덕적인 생활을 하라는 것이다.

생천론은 보시나 도덕적 생활을 한 과보로 다음 세상에는 하늘나라에 태어나서 행복한 생활을 누릴 수 있다는 것이다. 쉽게 말해 지금 이 세상에서 좋은 일을 하면 다음 세상에는 좋은 곳에 태어나 즐거움을 누릴 수 있다는 것이다.

삼론은 거꾸로 생각하면 남에게 인색하여 베풀지 않고 부도덕한 행위를 하면 죽어서 지옥에 태어난다는 것이다. 즉, 선한 행위를 한 사람은 좋은 과보를 받고 악한 행위를 한 사람은 나쁜 과보를 받는다는 것을 통하여 사람들에게 자비심을 심어주고 도덕적 삶을 영위하게 한다. 인과응보설은 타율적인 면은 있어도 사람들에게 선업을 권장하고 악한 행위를 멀리하는 효과가 크다. 이것은 불교의 연기설에 입각한 인과의 도리와도 서로 통하는 점이 있기 때문에 붓다께서도 삼론의 방식을 통하여 재가신자들을 불교로 이끄셨던 것이다.

붓다께서는 근기가 얕은 사람들을 위하여 삼론을 설하시고, 기본적인 선악관이 심어지면 불교의 근본교리인 연기설과 사성제를 설하여 이해시키고 실천하게 하셨다. 삼론의 형식은 다른 종교에서도 흔히 나타나는 설법 혹은 교리체계이기도 하다. 거의 대부분의 종교가 이와 비슷한 형식으로 설득하는데, 간혹 많은 재산을 바치면 천국에 갈 수 있다고 유혹하는 경우도 있다. 이런 것에 현혹되어 가족 몰래 재산을 다 갖다 바치고 사회 문제가 되는 일도 종종 있다. 종말론을 주장하는 종교에서 특히 이런 경향이 많이 나타난다.

또한 잘못된 계행 때문에 사회 상식과 역행하는 일을 저지르기도 한다. 종교적 이유로 수혈을 거부하여 목숨을 잃은 이들도 있었다. 이는 불교처럼 삼론을 진리를 가르치기 위한 하나의 입문 단계로서 설정한 것이 아니라 하늘에 태어나는 것에만 초점을 두었기 때문에 그 방법에서도 잘못된 현상이 나타나고 있는 것이다.

붓다의 가르침은 생천이 궁극적 목적이 아니다. 삼론을 통해 업보사상을 이해하고 인과의 도리를 바르게 믿게 되면 이것을 발판으로 삼아 더욱 깊은 교리를 설명해 주셨다. 이렇게 차례대로, 또 점차적으로 깊이 있게 설법하는 것을 차제설법次第說法이라고 한다. 만약 상대가 인과의 도리를 믿지 않는다면 연기나 사성제에 대해 설한다 해도 들으려고도 하지 않을 뿐더러 들어도 이해가 되지 않을 것이다. 보시를 행하고 계행을 지킴으로써 좋은 과보를 받게 된다는 인과의 도리를 우선 믿어야 연기법이나 사성제에 대한 설법을 들을 마음의 준비가 갖추어지게 된다. 그래서 경전에서도 야사가 순백의 천에 물감을 들이듯 잘 알아들어 법안을 얻었다고 하고 있는 것이다.

　삼론에 대한 설법을 듣고 야사가 기뻐하며 신심을 내고 붓다의 말씀을 들으려는 마음가짐이 되자 붓다께서는 비로소 사성제에 대한 설법을 하셨다. 이렇게 해서 순수하고 영리한 청년이었던 야사는 "모여서 이루어진 것은 모두 소멸한다."는 연기의 이치를 깨달았던 것이다.

최초의 재가신자

　야사가 붓다께 설법을 듣고 있는 사이에 야사의 어머니는 아들이 보이지 않자 남편을 불러 찾아보라고 했다. 야사의 아버지인 장자長者는 하인들과 함께 사방으로 아들을 찾으러 다녔다. 인도에서는 좋은 가문에서 태어나 많은 재산을 지니고 인격이 높은 사람을 장자라고 한다. 야사의 아버지는 아들 야사를 찾아 녹야원에까지 오게 되었는데 버려져 있는 아들의 황금 신발을 보고는 그 자취를 따라갔다.

　붓다께서는 야사의 아버지가 오는 것을 보시고 신통력으로 야사가 보이지 않게 해 놓고는 장자에게 말씀하셨다. 여기에 앉아 있으면 아들을 보여주겠다고 하시면서 장자를 불러 마찬가지로 시론, 계론, 생천론에 대해 말씀하시고 이어서 사성제에 대해 말씀하셨다. 장자 또한 흰 천에 염색이 되듯이 붓다의 법을 잘 알아들어 법안法眼¹⁾을 얻었다. 『율장』「대품大品」에 법안을 얻은 뒤 장자가 붓다께 말씀드린 내용이 나온다.

수승殊勝²⁾하십니다. 수승하십니다. 마치 뒤집어진 것을 바로 세우고 덮인 것을 벗겨내고 미혹한 자에게 길을 가리켜 주며 등불을 밝혀 눈 있는 자에게 보여주시는 것과 같습니다. 이와 같이 세존께서는 여러 방편으로 법을 드러내셨습니다.
저는 이제 세존께 귀의하오며 법과 승단에 귀의합니다. 세존께서는 저를 신자로 받아주십시오. 오늘부터 생명이 다할 때까지 귀의하겠습니다.

이렇게 해서 야사의 아버지는 삼귀의三歸依³⁾를 맹세한 최초의 재가신자가 되었다. 붓다께서 장자에게 법을 설하시고 있는 동안 야사는 깊은 선정에 들어 모든 번뇌에서 해탈하였다고 한다. 『율장』에서는 붓다께서 야사가 깨달은 것을 아시고 이렇게 말씀하셨다고 기

---

1) 법안法眼: 진리를 보는 지혜의 눈.
2) 수승殊勝: 매우 뛰어난 것을 말함.
3) 삼귀의三歸依: 부처님과 부처님의 가르침, 부처님의 가르침을 배워 널리 전하는 상가〔승가〕에 몸과 마음을 바쳐 의지하는 것. 삼보귀의三寶歸依라고도 한다.

록하고 있다.

장자에게 법을 설하고 있는 동안 야사는 보이는 대로, 아는 대로 자신의 경지를 살펴 집착이 사라지고 모든 번뇌에서 해탈하였다. 이제 야사는 세속에 돌아가더라도 예전처럼 애욕에 빠져 지내지는 않을 것이다.

그러자 야사의 아버지는 붓다께 야사를 수종사문隨從沙門, 즉 붓다를 따르며 시중을 드는 사문으로 삼아달라고 간청했다. 야사도 출가를 원하여 붓다로부터 출가한 승려가 지켜야 하는 구족계具足戒를 받고 정식으로 사문이 되었다.
다음날 아침 붓다께서는 사문이 된 야사와 함께 장자의 집으로 가서 야사의 어머니와 아내에게 마찬가지로 시론, 계론, 생천론의 삼론을 설하시고 이들이 잘 이해하자 다시 사성제에 대해 설하셨다고 한다. 그러자 그들도 법안을 얻고 불교에 귀의했다. 이렇게 해서 이들은 삼귀의에 의한 최초의 재가신자가 되었다.

두 사람이 한 길로 가지 말라

바라나시에는 야사와 매우 친한 친구가 네 명 있었는데 이들은 야사가 붓다를 따라 출가했다는 소식을 듣고 '야사가 출가한 것을 보면 그 교법은 하찮은 것이 아닐 것이다, 남들이 하는 것과 같은 그런 흔한 출가가 아닐 것이다'라고 생각하고 야사가 있는 곳으로 갔다. 그런데 야사가 이들을 붓다 앞에 데리고 가서 붓다께 설법을 해 달라고 간청했다. 붓다께서는 이들에게도 삼론에 이어 사성제의 도리를 설명해 주었더니 곧바로 이해하고 법안을 얻었다고 한다. 이들도 붓다께 구족계를 받고 정식으로 출가하기를 원했다. 붓다께서는, "오너라, 비구들이여. 내 이미 교법을 잘 설해 놓았다. 바르게 괴로움을 소멸시키고자 한다면 청정한 수행을 하라."고 하시면서 이들을 출가시켰다.

경전에서는 이렇게 해서 세상에는 열한 명의 아라한이 있게 되었다고 설하고 있다. 최초로 설법을 들은 다섯 아라한과 야사와 야사의 네 친구가 출가했으므로 붓다를 포함하여 열한 명의 아라한이 있게 된 것이다.

또한 야사가 재가시절에 사귀었던 50명의 친구들이 있었는데, 모두가 다 부유하고 가문 좋은 집안의 자제들이었다. 이들도 야사가 출가했다는 소식을 듣고는 마찬가지로 붓다께 와서 설법을 듣고 출가를 했다. 그래서 이제 61명의 아라한이 세상에 있게 되었다.

아라한은 삼명육통三明六通의 신통력을 얻으며, 진리에 통달하여 남을 교화할 능력까지 갖추게 된다고 한다. 붓다의 멘토링을 통해 자기 완성뿐만 아니라 다른 사람들에게 법을 전할 능력을 갖춘 아라한이 60명이나 되자, 붓다께서는 이들을 향해 이렇게 말씀하셨다. 『전법륜경』에서 그 내용을 전하고 있다.

나도 그대들도 세상의 모든 속박을 벗어나서 최고의 깨달음을 얻었다. 그러니 이제 길을 떠나거라. 세상 사람들의 이익과 안락을 위하여, 그들의 행복을 위하여 먼 길을 떠나거라. 두 사람이 한 길을 가지 마라.

비구들이여, 처음도 좋고 중간도 좋고 끝도 좋은 조리에 맞는 법을 설하라. 원만하고 청정한 행을 드러내 보여라. 세상에는 마음에 때가 적은 자도 있다. 그들이 법을 듣지 못한다면 쇠퇴할 것이지만 법을 듣는다면 눈을 뜨리라. 비구들아, 나도 법을 설하기 위하여 우루벨라(Uruvelā)의 세나니(Senānī) 마을로 가야겠다.

세상의 모든 번뇌를 여의고 최고의 깨달음을 얻은 불제자들로 하여금 법을 전하라는 말씀이다. 이것은 나만의 안락이 아니라 세상 모든 사람을 위해 진리를 전하라는 것이다. 실로 이 말씀 속에는 대승의 정신, 불교의 자비 정신이 깃들어 있다. 붓다의 가르침은 결코 나만 행복해지고 나만 괴로움에서 벗어나면 된다는 편협한 가르침이 아니다. 더불어 사는 이 세상의 모든 사람들이 함께 이익을 얻고 행복해져야 한다.

붓다께서 범천의 청을 받아들여 설법하기로 결심하신 다음 다섯 비구들을 상대로 한 설법이 성공을 거두고, 이어서 야사의 가족과 그 친구들이 모두 출가하여 아라한의 경지에 오르게 되자, 붓다께서는 당신이 깨달으신 진리가 본격적으로 세상에 확산되기를 바라셨다. 그 목적이 이 말씀에 분명하게 표현되어 있다. '모든 세상 사람들의 이익과 안락과 그들의 행복을 위해서' 법을 전하라는 말씀이 바로 그것이다.

또한 법을 전하러 갈 때는 두 사람이 한 길로 가지 말라고 하셨다. 이것은 예수가 전도를 할 때 열두 제자를 불러 놓고 둘씩 짝지어 보냈다는 성경 구절과 좋은 대조를 이루고 있다. 「마태복음」에 있는 것처럼 '내가 너희들을 보내는 것은 마치 양을 이리떼 속으로 보내는 것과 같다'고 생각했기 때문에 박해를 받을까봐 둘씩 짝을 지어 보냈는지도 모른다. 그러나 불교에서는 모든 사람들의 이익과 안락과 행복을 위한 것이기에 더 많은 이들에게 법을 전하는 것이 더 시급했던 것이다. 법을 전할 때에 한 사람씩 다니라는 말씀도 또한 붓다의 자비 정신에서 나온 말씀이다. 「마태복음」 10장에서 예수는 열두 사도에게 이렇게 전도하라고 한다.

이방인의 길로는 가지 말라. 사마리아 인의 고을에도 들어가지 말라. 차라리 이스라엘 백성 가운데 길 잃은 양에게 찾아가라.

그러나 불교에서는 중생을 구하는 일이라면 오히려 지옥이라도 마다하지 않는다. 인자무적仁者無敵이라는 말과 같이 자비심을 지니고 나아가는 길에 적이란 있을 수 없다. 그렇기 때문에 과거의 역사를 보면 불교는 어느 지역에 전파되든지 그 지역의 전통과 조화를 이루며 그들의 정신 수준을 끌어올려 주고 문화를 풍부하게 했다.

또한 "처음도 좋고 중간도 좋고 끝도 좋은 조리에 맞는 법을 설하라."고 하신 대목이 있다. 이것은 설법을 할 때 처음부터 끝까지 논리 정연하고 정확하게 표현하라는 것이다. 받아 들일 만한 그릇이 되지 않는 사람에게 선문답 같은 것을 툭툭 던져 대답하는 것은 전혀 불교답지 못한 태도이다.

언젠가 유명한 스님이 열차를 타고 가는데 어떤 목사가 '붓다는 어떤 분'이냐고 물었다고 한다. 이에 스님이 "응, 똥 막대기야." 하고 대답했다는 것이다. 이것을 마치 훌륭한 대답인 것처럼 자랑하는 것을 봤는데, 이는 아주 좋지 못한 태도라고 할 수 있다. 상대방이 누구인지, 그 말을 듣는 사람에 따라 적절한 대답을 해야 하기 때문이다. 아마 이 스님이 붓다를 똥 막대기라고 했을 때는, 붓다가 똥 막대기라면 이 세상 어느 것 하나 부처가 아닌 것이 있겠느냐는 의미에서 그렇게 말했을 것이다. 그렇지만 기독교의 목사에게는 그런 식으로 대답해서는 안 된다. 알아듣게끔 최대한 차근차근 설명을 해 주어야 하는 것이다.

또 이런 일화도 있다. 어떤 스님이 대중 설법을 하는데 법좌에 올라와서는 주장자만 한 번 쿵 치고 내려갔다고 한다. 몇 사람이 있다가 설법 참 잘하셨다고 했다. 그러나 근기가 높아 그 스님이 주장자로 내리친 뜻을 잘 이해한 사람이 있었을지 모르지만, "처음도 좋고 중간도 좋고 끝도 좋은 조리에 맞는 법을 설하라."는 붓다의 말씀을 귀담아 들었더라면 아무리 고승이라도 순진한 신도들을 모아 놓고 그런 우스꽝스러운 법문은 하지 않았을 것이다.

언젠가 붓다의 제자 중 한 사람이 붓다의 말씀같이 이렇게 훌륭한 진리를 전하는 말씀은 상류층들이 사용하는 고상한 언어인 산스크리트어로 전해져야 되지 않겠느냐고 붓다께 여쭈어 본 적이 있었다. 붓다께서는 좋은 말씀일수록 대중들이 잘 알아듣는 말로 설법하는 것이 옳다고 하셨다. 그리고 붓다께서는 어디를 가서 법을 전하든 그 지방 사람들이 가장 잘 이해하고 쉬운 말로 전달하라고 하셨다.

일반 대중들은 불교가 어려워서 접근하지 못하겠다고 하는데, 설법이라도 쉽고 친절하게 베풀어야 할 것이다. 그리고 이상한 말만 툭툭 던지고 주장자나 내리치고 하는 것들을 멋있고 뭔가 심오한 진리가 담긴 듯이 여기는 청중들도 문제가 있다. 그러한 청중이 있기 때문에 불친절한 설법을 하는 것이다. "처음도 좋고 중간도 좋으며 끝도 좋은 조리 있는 법을 설하라."는 붓다의 말씀도 자비심의 발로라고 할 수 있다. 이 말씀의 근본 취지는 법을 설할 때 누구라도 잘 알아들을 수 있도록 논리에 맞고 정확한 표현을 하라는 것이다.

그리고 붓다께서는 설법과 아울러 청정한 행을 드러내 보이라고 하셨다. 즉, 조리를 갖춘 설법 방식과 아울러 설법하는 사람이 청정한 행을 해야 대중의 신뢰를 받고 불교를 전할 수 있다는 말씀이다. 스님들이나 법사들은 말할 것도 없고 일반 불자들도 붓다의 가르침을 잘 받들어 한 사람 한 사람이 사회의 모범이 되는 언행을 한다면 세간 사람들의 불교를 보는 눈도 많이 달라질 것이다. 그래서 붓다께서는 제자들에게 법을 전하러 떠나보내시면서 이 말씀도 빠뜨리지 않고 당부하셨던 것이다.

사람에 따라 그 사람이 받아 들일 만한 가르침과 적절한 조언을 해 주신 붓다의 멘토링 기법을 차근차근 실천할 때 불교의 미래는 희망적일 것이다.

재가자도 깨달음을 이룰 수 있다

붓다께서는 제자들에게 널리 흩어져서 법을 전하라고 하신 다음 당신께서도 바라나시를 떠나 성도를 하신 우루벨라로 향하셨다. 도중에 붓다께서는 길에서 약간 떨어진 숲에 들어가 나무 밑에 잠시 앉아 계셨다. 이때 30여 명의 젊은이들이 붓다께 다가왔다. 그들은 각기 아내를 데리고 숲 속으로 놀러 왔는데, 그 중 한 사람이 아내가 없어 기녀妓女를 데리고 놀러왔다. 그런데 이들이 정신없이 놀고 있는 사이에 이 기녀가 패물을 훔쳐 달아나 버렸다. 그것을 안 젊은이들이 기녀를 찾기 위해 숲 속을 돌아다니다가 붓다가 앉아 계신 곳까지 와서 붓다께 기녀를 보았느냐고 여쭈었던 것이다. 붓다께서 그들에게 까닭을 묻자, 젊은이들은 자초지종을 설명했다. 그러자 붓다께서는 이렇게 말씀하셨다.

그렇다면 젊은이들이여, 어떻게 생각하는가? 그대들에게 어떤 것이 더 중요한가? 자기 자신을 찾는 것과 한 사람의 기녀를 찾는 것 중에서 어느 것이 더 중요하다고 생각하는가?

젊은이들은 한결같이 자신을 찾는 것이 더 중요하다고 대답했다. 붓다께서는 이들에게 "그렇다면 젊은이들이여, 여기 와서 앉아라. 그대들에게 법을 설하겠다."고 하시고는 시론, 계론, 생천론을 설하셨다. 이들에게서 믿음이 일어나자 이어서 사성제를 설하셨다. 이들은 무척 순수하고 지혜로운 젊은이들이었던 것 같다. 이들도 붓다의 말씀을 고스란히 받아들이고 곧 법안을 얻었다고 한다. 그들 모두가 출가하기를 원하여 붓다께 구족계를 받고 불제자가 되었다. 야사의 경우와 같이 이들도 붓다의 말씀을 듣고 곧바로 출가를 했는데 출가가 그 당시의 관습이었다고는 하나 한창 때의 젊은 나이에 출가를 결심한다는 것은 사실 쉽지 않은 일이다. 그들이 이렇게 출가를 결심하게 된 것은 붓다의 풍모와 인격에 감격하고 조리 있는 설법에 크게 깨우쳤기 때문일 것이다.

경전에 나타나는 여러 가지 정황을 볼 때 붓다의 설법은 상대의 근기에 따라 매우 조리 있고 설득력이 있었던 것으로 보인다. 『아함경』, 『율장』 등의 근본불교 경전에 의하면 붓다께서는 삼명육통이라는 뛰어난 지혜를 지니셨을 뿐만 아니라 사무애해四無碍解와 사무소외四無所畏와 같은 상대를 설복시키는 능력을 갖추고 계셨다고 한다.

사무애해는 법무애해法無碍解, 의무애해義無碍解, 사무애해詞無碍解, 변무애해辯無碍解를 말한다. 법무애해는 불교의 근본적 입장으로서의 연기 등에 대한 도리를 완전히 통달한 것, 의무애해는 그러한 근본 교리의 의미에 정통한 지혜와 변설을 가리키며, 사무애해는 교리를 표현하는 문장이나 언어에 정통한 것, 변무애해는 이러한 세 가지를 통달하여 그러한 것을 자유자재로 구사하는 능력을 가리킨다.

사무소외는 일체 법을 깨달아 붓다가 된 것, 일체의 번뇌를 제거한 것, 수행에 장애가 되는 것을 모두 설해 놓은 것, 윤회의 세계를 떠나서 해탈에 들어 바른 도를 설하는 것 등의 네 가지 사실에 대하여 두려움 없이 당당하게 표명할 수 있는 것을 말한다.

붓다께서는 이러한 능력을 갖추셨기 때문에 붓다의 설법을 들고 설복되지 않은 이가 없었다. 그 당시에 붓다께 직접 설법을 듣고 법안을 얻은 사람들은 정말 복이 많은 사람들이라고 할 수 있다. 참된 도를 들으면 곧 죽어도 다행으로 여긴다는 옛말처럼 훌륭한 스승을 만나 무명에 가린 눈을 뜨게 되는 것이 가장 큰 복이다.

　붓다께서 법을 펼치신 이래 야사와 그의 가족과 친구들, 또 우루벨라로 가시는 도중에 만난 30여 명의 젊은이들과 같이 단 시간에 많은 사람들이 붓다의 말씀을 듣고 출가하였다. 그렇다고 불교에서는 출가만을 이상으로 삼지는 않는다. 과거 중국이나 조선시대 유학자들은 '불교는 출가주의요, 염세적인 종교'라고 공격하는 이들이 있었다. 그들은 역량이 부족하여 심오한 불교를 교리적으로 비난할 수는 없으니 겉모습만 보고 비난했던 것인데, 심지어 모든 사람들이 불교를 믿는다면 모두가 출가해야 하고, 그러면 인류는 멸망해 버릴 것이라고 말하기도 했다.

　붓다를 비롯하여 당시에 많은 사람들이 도를 깨치기 위하여 출가했는데, 당시 인도에서는 불교가 생기기 전부터 출가에 의해서만 최고의 이상에 도달할 수 있다는 믿음이 일반화되어 있었다. 그렇기 때문에 재가에서는 세속적인 선행밖에 이루지 못하며 깨달음에도 한계가 있는 것으로 생각했다. 불교도 이러한 일반적인 풍조를 뛰어 넘기 어려워서 출가에 비중을 두었던 것이다. 실제로도 출가를 하지 않고는 세속에서 부닥치게 되는 번거로운 일들이 너무 많아 수행에 전념하기 어려웠을 것이다. 통설에 의하면, 물론 이것은 부파불교 시대에 만들어진 이론으로 생각되지만, 재가 수행으로는 최고의 깨달음인 '아라한'의 경지를 얻을 수 없다고 하였다. 하지만 나중에 등장한 대승불교 시대에는 우리가 당면한 현실 생활 이외에 따로 불법이 없다고 주장한다. 사캬무니 붓다께서도 출가하지 않고서도 훌륭한 경지에 오른 사람들이 많이 있었다고 하셨다.

언젠가 밧챠곳타(Vacchagotta)라는 사람이 붓다께 단도직입적으로 이렇게 여쭈어본 적이 있었다.

"가정생활을 하면서 부처님의 가르침을 따른 결과 높은 경지에 도달한 재가자가 있었습니까?"

붓다께서는 이렇게 대답하셨다. "하나나 둘, 백이나 이백, 오백이 아니라 수많은 사람들이 가정생활을 하면서도 나의 가르침을 따른 결과 높은 경지에 올랐다."

이러한 말씀은 출가냐 재가냐 하는 형식이 아니라 붓다의 가르침을 얼마나 잘 이해하고 실천하는가에 따라 깨닫는 정도에도 차이가 있다는 것을 나타내신 말씀이다.

붓다의 상수제자인 사리풋타(Sāriputta)는 이렇게 말했다.

"어떤 사람은 숲에 살면서 고행을 하지만 그의 마음이 불결하고 번뇌로 가득 차 있고, 어떤 사람은 마을이나 도회지에 살면서 고행은 하지 않지만 마음이 순수하고 번뇌로 물들지 않았다면 후자가 훨씬 더 훌륭하다."

이러한 말은 출가하여 조용한 곳을 찾아 수행하는 것도 좋지만 시끄러운 세속에 살면서도 청정함을 유지하고 주위 사람들에게 모범이 되고, 그들을 여러 모로 돕는다면 그것이 붓다의 말씀을 더 잘 실천하는 것임을 알려주는 것이다.

그렇다면 붓다께서는 왜 굳이 출가승단을 만들었을까? 그것은 자신의 수행은 물론 다른 사람들을 구제하는 데 자신의 모든 것을 바치고 싶은 사람들에게 기회를 주기 위한 것임을 알아야 한다. 왜냐하면 가족을 거느린 재가자는 남을 위해 봉사할 기회가 아무래도 독신의 출가자보다 적을 수 있기 때문이다.

어쨌든 당시 불교도 다른 종교와 마찬가지로 출가를 이상으로 생각하고 있었지만, 그들과 다른 점은 출가자들이 세상 사람들의 구제와 교화라는 궁극적인 목적을 지니고 있었던 것이다. 그렇기 때문에 붓다께서는 제자들에게 모든 사람들의 이익과 안락과 행복을 위하여 멀리 떠나라고 하셨고, 한 사람이라도 더 구제하기 위하여 각기 흩어져서 다니라고 당부하셨던 것이다.

이러한 사실은 많은 것을 시사한다. 출가가 결코 궁극적인 목적이 되어서는 안 되며 출가 자체에 안주해서는 안 된다는 것이다. 무명을 밝혀줄 법음을 기다리는 수많은 중생들이 기다리고 있다는 것을 생각하면 출가자들은 잠시라도 공부에 소홀히 해서는 안 될 것이다. 앞에서도 언급했다시피 출가를 하게 되면 재가 생활보다 훨씬 더 나은 수행 환경 속에서 더 빨리 깨달음이라는 목적을 성취할 가능성이 있다. 그러나 단순히 세상의 번거로운 것들을 보지 않고 접촉하지 않는 것만을 목적으로 삼고 출가한다면 그것은 번뇌를 회피하는 것일 뿐 극복하려는 자세가 아니다. 그러면 다시 세속과 접촉했을 때 번뇌에 여지없이 무너져 버리게 된다. 말하자면, 온실의 화초가 바깥의 모진 바람에 쉽사리 꺾이는 것과 같다고 할 수 있다. 그런 의미에서는 재가수행자들이 더 나은 측면도 있다. 재가수행자는 중생들과 함께 어울려 세파의 온갖 유혹과 번뇌에 직접 부딪치면서도 마음을 조복하고 보살행을 한다. 그래서 대승불교에서는 출가와 재가를 구분하지 않고 우리의 마음이 어디를 지향하느냐, 어떤 상태를 유지하는가를 더 중시한다.

그러나 일반적으로 출가와 재가는 법을 베푸는 자와 법을 듣는 자로 구별할 수 있다. 출가자는 자신의 수행을 통하여 재가자들을 정신적으로 지도하고, 재가자는 그에 대한 보답으로 출가자가 생업에 마음을 빼앗기지 않고 좋은 법을 베풀 수 있도록 물질적 보시를 한다. 말하자면, 재가자는 출가자에게 정신적인 의지를 하고, 출가자는 재가자에게 의식주의 공급을 받는 것이다.

이렇게 출가자가 재가자에 대하여 법을 베푸는 것을 법시法施라고 하며, 재가자가 출가자에게 재물을 공양하는 것을 재시財施라고 한다. 법시와 재시라는 상호 협력의 관계를 통하여 사회가 평화로워지고 모든 사람들이 행복한 생활을 누리게 되는 것이다. 마치 의술이 의사를 위해서 있는 것이라기보다 세상 사람들의 병을 고치기 위해서 있는 것처럼 출가자의 본분도 대다수 재가자들의 마음의 병을 고치기 위한 것이라고 할 수 있다. 재가자들로부터 의식주의 공양을 받고 열심히 수행하여 재가자들이 안락하고 행복한 삶을 누릴 수 있도록 돕는 것이 출가자의 의무이다.

대승불교의 연장선상에 서 있으며 그 정점에서 출현했던 것이 밀교인데, 밀교의 대표적 경전인 『대일경大日經』에서는 "보리심을 인因으로 하고 대비大悲를 근根으로 하며 방편을 구경究竟으로 한다."는 말씀이 있다. 성불의 궁극적 목적은 자신의 해탈을 뛰어 넘어 방편으로 모든 중생을 구제하는 것이라는 말씀이다. 출가자들은 붓다께서 대각을 이루신 후 설법을 망설이시다가 중생들에게 감로의 문을 열기로 결심하신 것도 이러한 이유였음을 항상 염두에 두어야 할 것이다.

불교 교단의 눈부신 성장

신통력으로 카사파 삼형제를 제도하다

붓다께서 제자들에게 전도 여행을 떠나보낸 뒤 당신도 우루벨라로 오셨다. 마가다 국國의 영토에 속해 있었던 우루벨라는 본격적으로 불교교단이 형성된 곳이다.

우루벨라에는 카사파(Kassapa)라는 성을 가진 세 명의 유명한 결발외도結髮外徒[1]가 있었다. 이들은 불을 섬기고 제사를 지내는 것으로 이상에 도달할 수 있다고 믿는 브라만의 일파였다.

카사파는 한자로는 가섭迦葉이라고 음사하는데, 이들 삼형제는 많은 제자들을 거느리고 있었다. 맏형인 우루벨라 카사파는 500명, 둘째인 나디 카사파는 300명, 막내인 가야 카사파는 200명의 제자들을 거느리고 있었다. 우루벨라, 나디, 가야는 그 지방의 이름으로 보인다. 우루벨라 카사파는 우루벨라 지역에서 교단을 이루고 있었고,

---

1) 결발외도結髮外徒: 삭발 대신 머리를 땋고 수행하던 외도의 무리.

나디는 강이라는 뜻이므로 나디 카사파는 네란자라 강 근처, 가야 카사파는 그곳의 가야 시사 산에서 수행을 하고 있었던 것으로 보인다.

카사파 삼형제는 이렇게 마가다 국에서 모두 천 명이나 되는 제자들을 거느린 교단을 이뤄 세력을 행사하고 있었는데, 붓다께서는 성도하시기 전에 이들에 대한 소문을 들으셨을 수도 있다. 그러나 불을 섬겨 해탈을 얻는다는 것은 이치에 맞지 않는 일이라 생각하시고 무시를 하셨을 것이다. 마가다 국에서 많은 사람들의 존경을 받고 있는 이들 카사파 삼형제가 불교에 귀의한다면 불교를 빠르게 전할 수 있겠다는 생각을 하셨는지, 우루벨라에 도착하자마자 먼저 맏이인 우루벨라 카사파를 찾아가셨다. 붓다께서는 그에게 불을 모시는 성화당에서 하룻밤 지내고 싶다고 말씀하셨다. 카사파는 그곳에 독을 뿜는 큰 용이 있어 해칠 수도 있으니 걱정이 된다고 하였다. 경전에서는 붓다와 카사파의 이러한 대화가 여러 번 반복되고 있다. 붓다의 의지와 카사파의 자부심을 드러내 보이기 위해 같은 표현을 반복하여 실어 놓았을 것이다.

결국 카사파가 좋을 대로 하라고 하자, 붓다께서는 독룡이 있다는 성화당에 들어가서 자리를 깔고 화광삼매火光三昧에 들어 독룡과 대결을 했다. 화광삼매는 온몸에서 불을 뿜는 선정인데, 비구들이 열반에 들 때 이 삼매에 들어 스스로의 몸을 태워버리기도 한다. 붓다께서는 독룡과 대결을 하시면서도 자비의 마음을 버리지 않으셨다. 『율장』「대품」에서는 이렇게 전하고 있다.

나는 이제 이 용의 피부와 가죽과 살과 힘줄과 뼈와 골수를 다치지 않게 하면서 나의 불로써 용의 불을 소멸시켜야겠다.

　이렇게 생각하신 붓다께서는 독룡을 다치지 않게 하면서 화광삼매로써 용을 물리치고 그 용을 조그맣게 변화시켜 발우 속에 잡아 가두셨다. 바깥에서 지켜보던 카사파와 그 제자들은 모두 붓다가 독룡에게 화를 입어 죽었을 것이라고 생각했다. 그러나 붓다께서 도리어 용을 제압하여 발우에 담아가지고 나오시자 무척 놀랐다. 하지만 그들은 '이 사문의 위력은 대단하지만 자기와 같은 경지에는 오르지 못했다'고 생각하면서 자만심을 버리지 않았다. 그래서 붓다께서는 사대천왕을 비롯한 여러 종류의 천신들이 나타나게 하여 카사파를 놀라게 하였다.

　『율장』「대품」에 보면, 이 밖에도 붓다께서 빨래를 하시려 하자 천신들이 연못을 파주고 빨랫돌을 옮겨다 주기도 하고, 과일을 따러 다니는 일이나 나무를 쪼개는 일, 불을 피우는 일, 홍수를 거두고 마른 땅을 다니시는 일 등 여러 가지 신통력을 보여 준다. 이러한 것을 경전에서는 화작化作이라고 하는데, 실제로는 없는 것을 그렇게 보이도록 만드는 것이다. 붓다께서 갖가지 신비한 위력을 보여주시자, 결국 이 완고한 브라만도 승복을 하였다. 이것도 붓다의 교화 방편의 하나이다. 자기가 믿는 신앙, 신념, 편견에 사로잡힌 사람에게는 아무리 논리적으로 조리 있게 설명해 주어도 받아들이지 않기에 이런 사람들의 마음을 돌리기 위해서는 기적과 같은 신통력을 보여주어야 비로소 믿기 때문이다.

　그래서 불교의 역사를 보면 낯선 지역에 불교를 전파하기 위하여 온 고승들이 가끔 신비한 능력을 보여 줄 때가 많다. 특히 대승불교의 정수라고 하는 밀교에서 이러한 능력을 지닌 고승들이 많았다. 예를 들면, 중국에 불교가 뿌리를 내릴 때에도 밀교의 비법을 사용해서 비를 내리게 한다든지 병을 고치게 해서 왕실의 신임을 얻고 또 그것이 확대되어 민중들의 신앙심을 불러일으킨 적이 많았다.

우리나라에도 불교가 처음 전래될 때에 고승들이 여러 가지 신비한 능력을 보여 주어 불교를 믿게 한 예가 많다. 외국에서 온 고승들이 아무리 불교교리에 정통하다고 해도 언어적인 장벽이 있으므로 설명하기 힘들었을 것이다. 그리고 고정관념을 갖고 있는 사람들에게 불교를 전하는 것은 더욱 어려웠을 것이다. 이때 가장 빨리 신심을 불러일으킬 수 있는 방법은 신통력을 보여주는 것이다. 나약한 인간의 속성상 자기들의 상식을 뛰어 넘는 신비한 능력을 보여주는 사람에게는 무조건적인 신뢰를 보이는 경향이 있다. 그래서 붓다께서도 외도들을 설득하기 위하여 그러한 방편을 쓰셨던 것이다.

합리적이고 과학적인 교리를 갖춘 불교가 왜 이런 신통력을 말하는지 의아해 할 수도 있을 것이다. 그러나 잘 살펴보면, 그러한 현상들은 우리의 지혜가 미치지 못하기 때문에 그렇게 보일 뿐 인과의 법칙이나 자연의 법칙을 무시하는 것이 아니다. 불교 교리에 의하면, 붓다께서 갖추신 삼명육통三明六通도 따지고 보면 그다지 이상할 것이 없다.

삼명三明은 세 가지의 뛰어난 지혜라는 뜻이다. 숙명명宿命明, 천안명天眼明, 누진명漏盡明인데 숙명통宿命通, 천안통天眼通, 누진통漏盡通이라고도 한다. 여기에 신변통神變通, 천이통天耳通, 타심통

他心通을 더하여 육통六通이라고 한다.

　숙명통은 자기나 다른 사람의 과거 운명에 대해 아는 지혜이다. 평범한 사람들도 얼굴이나 태도만 보고도 그 사람의 삶과 직업을 짐작할 수 있는데, 붓다처럼 깊은 통찰력과 예지력을 갖추신 분이 어떤 사람의 과거를 알아본다는 것은 그리 어렵지 않았을 것이다.

　미래의 운명을 아는 지혜인 천안통도 그렇다. 평범한 사람들도 조금만 주의를 기울여 잘 관찰하면 그 사람의 미래를 대략 짐작할 수 있다. 사회 현상에 대해서도 많은 사람들이 현재의 사실을 토대로 짐작하고 예측한다. 이와 마찬가지로 상상할 수 없을 정도로 뛰어난 지혜와 통찰력을 가지고 계신 붓다께서 현재의 상태에 의거해서 미래를 예측하는 것은 충분히 가능하셨을 것이다.

　누진통이라는 것은 누漏, 즉 번뇌가 다해서 없어진 상태의 지혜를 말한다. 이러한 지혜는 붓다나 아라한밖에는 얻을 수 없는 지혜로서 우리는 감히 짐작도 할 수 없는 것이라고 할 수 있다. 연기의 이치에 대해 훤히 꿰뚫고 있으면 온 세상의 구조와 변화에 대한 것을 다 알 수 있으므로 그야말로 최고의 지혜라고 할 수 있다. 이러한 것을 신통력이라고 한다면 신통력이라고도 할 수 있을 것이다. 평범한 사람들도 사심을 버리고 편견 없이 문제를 대하면 그에 대한 실체와 문제점 등을 더 정확하게 파악할 수 있듯이 이 세상의 모든 번뇌가 다 사라진 마음으로 세상일을 보면 훤하게 보일 것이다. 누진통은 바로 그러한 지혜를 말한다.

　또 신변통이나 천이통, 타심통이라는 것도 그렇다. 신통이라는 것은 기적과 같은 것으로 보통사람은 얻을 수 없는 불가사의한 능력이다. 그러나 앞에서도 언급했지만, 인과의 법칙을 무시한 기적이라는 것은 이 세상에 없다. 기적처럼 보이는 것도 단지 그러한 현상의 원리를 이해하지 못했기 때문이지 잘 관찰해 보면 결코 인과의 법칙을 무시하고 발생하는 것이 아니다. 신통 역시 단지 보통 사람들이 이해하지 못하는 방법으로 그것을 나타내기 때문이다.

예를 들면, 요술이나 마술도 모르고 볼 때는 불가사의하지만 그 방법을 알고 보면 "그렇게 간단한 거였군." 하고 웃는 경우가 있다. 붓다의 입장에서 보면 별것도 아닌 삼명육통이 일반인들에게는 초능력이나 신통으로 보이는 것이다. 붓다의 신통력을 후대의 창작이라는 말도 하는데, 그렇지는 않다. 그러한 태도는 한정된 지혜를 가지고 붓다의 위대한 지혜를 폄하하려는 것으로밖에는 볼 수 없다. 개화기에 시골 사람이 서울 구경 왔다가 기차가 다니는 것을 처음 보고 기절초풍했다는 얘기가 있다. 어마어마하게 큰 용과 같은 시커먼 괴물이 연기를 뿜으며 돌진하더라는 얘기처럼 지혜가 없는 상태에서는 모든 것이 다 신비하게 보이는 것이다. 붓다께서 카사파를 상대로 신비한 능력을 보이신 것도 이러한 맥락에서 이해해야 한다. 우매하고 완고한 카사파 같은 사람들을 제압하려면 신통력으로 상대의 마음을 꿰뚫어보고 거기에 맞는 교화방편을 써야 했던 것이다.

특히 밀교에서는 진언眞言이나 의궤儀軌에 따라 이러한 신비한 능력을 보여주는 경우가 많은데, 이러한 능력은 민중 교화의 방편뿐만 아니라 자신의 몸을 보호하기 위해서도 필요한 것이었다. 또 밀교의 비법을 이용하여 병을 고치거나 경제적인 해탈을 바라는 것도 좀 더 나은 심신의 상태로 불도 수행에 정진할 수 있도록 하기 위해 적절한 환경을 조성해 주는 역할을 한다. 진언이나 밀교의 비법이 그러한 효과를 낼 수 있는 원리에 대해서는 장황하게 설명하지 않겠다. 앞으로 마음에 대한 연구가 더 이루어지고 나면 일반인들도 이해할 날이 올 것이다. 지금도 우리의 마음 상태에 따라 물의 결정체가 모습을 달리한다거나 식물이 움츠리거나 활짝 피는 등 과학 실험을 통해 마음의 힘을 보여주고 있다.

아무튼 붓다께서는 카사파와 같은 노령의 완고한 브라만을 설득하기 위해 신통력을 쓰셨지만 평소에는 제자들에게 신통력을 쓰지 말라고 하셨다. 왜냐하면, 중생의 마음이란 손쉬운 것에 의지하려고 하기 때문에 이러한 것에 현혹되어 불교 교리를 바르게 이해하지 못할 염려가 있고, 또 신비한 능력을 자기의 명예와 이익을 위해서 악용하는 경우가 생길 수 있기 때문이다. 오늘날에도 사이비 종교의 지도자들이 이러한 능력을 악용하여 물의를 일으키는 경우를 볼 수 있다. 그러나 우리가 바른 마음, 지혜의 눈을 가지면 설혹 신비한 현상을 보더라도 현혹되지 않을 것이다.

우루벨라 카사파가 붓다의 신통력에 압도되어 드디어 승복을 하고는 붓다께 가르침을 청했다. 오랫동안 도를 닦던 카사파는 금방 붓다의 말씀을 이해하고, 그 자리에서 붓다께 귀의하겠다고 하였다. 그러나 붓다께서는 신중하게 결정하라 하였다.

그대는 500명이나 되는 제자들을 이끌고 있는 스승이니 경솔하게 결정하지 말고 제자들과 잘 상의해 보고 적절히 대처하는 것이 좋으리라.

우루벨라 카사파는 제자들을 모아 놓고 자기는 이제 붓다의 제자가 되려고 하니 그대들은 각자가 좋을 대로 하라고 하였다. 제자들은 자기들이 하늘같이 모시던 대스승인 우루벨라 카사파가 붓다께 귀의한다는 말을 듣고 스승의 뜻을 따르겠다고 하였다. 그들은 불의 신을 모실 때 쓰던 여러 가지 제사도구들을 버린 다음 삭발하고 모두 출가하였다.

우루벨라 카사파의 두 동생은 제사 도구와 머리카락이 하류로 떠내려 오는 것을 보고는 매우 놀라서 얼른 형이 있는 상류로 올라왔다. 형에게 자초지종을 들은 나디와 가야의 두 동생들도 두말없이 제자들과 함께 머리를 자르고 붓다께 귀의했다. 이렇게 해서 일시에 1,000명이나 되는 비구가 생기게 되었고, 불교는 마가다 국에서 영향력 있는 종교 교단으로 인정받게 되었다.

세상이 불타고 있다

붓다께서는 우루벨라에 조금 더 머무르시다가 천 명이나 되는 제자들을 이끌고 마가다국의 수도가 있는 라자가하[왕사성]로 향하셨다. 우루벨라는 그렇게 큰 지역이 아니었기 때문에 많은 대중이 탁발하기도 어렵고 한꺼번에 머물 곳을 찾기도 어려웠기 때문일 것이다. 붓다께서는 라자가하로 가시는 도중에 가야시사 산[상두산象頭山]에 오르셨다. 이 산에서 내려다보면 가야라는 마을이 보이고 네란자라 강이 흐르고 있었으며 그 끝자락에는 당신께서 고행을 하던 고행림이 있었고, 대각을 이룬 우루벨라가 있었다. 그러한 광경을 내려다보면서 붓다께서는 문득 이런 말씀을 하셨다.

비구들이여, 모든 것이 불타고 있다. 치열하게 활활 타고 있다. 그대들은 먼저 이것을 알아야 한다.

『잡아함경』과 『율장』 등에 나오는 이 말씀은 붓다께서 여태까지 하시던 설법과 약간 형식이 다르다. 붓다께서 지금까지 하신 말씀은 사성제와 같이 대체로 논리 정연한 설법이었는데, 이곳에서의 설법은 모든 것이 불타고 있다는 상당히 단정적인 말씀을 하신 것이다. 높은 곳에서 저녁 무렵의 라자가하 거리를 내려다보시면서 석양에 비치는 마을의 모습이 마치 불타고 있는 듯이 느끼셨나 보다. 문득 탐·진·치로 괴로워하는 중생들의 삶이 얼마나 어리석은지를 마음에 떠올리셨을 것이다. 붓다께서는 이어서 이렇게 말씀하셨다.

비구들이여, 무엇이 불타고 있는가? 눈과 귀와 코와 혀와 몸과 의식이 불탄다. 눈의 대상과 귀·코·혀·몸·의식의 대상이 불탄다. 눈·귀·코·혀·몸·의식과 그 대상들, 그리고 그것을 식별하는 식이 불타고 그 느낌이 불탄다. 무엇으로 불타고 있는가? 탐욕의 불로 타고 노여움의 불로 타고 어리석음의 불로 타고 생·노·병·사·우·비·고뇌의 불로 타고 있다.

우리의 마음은 부글부글 끓고 있다. 탐·진·치라는 번뇌의 불

길에 사로잡혀 우리의 몸과 마음이 모든 대상에 대하여 이글이글 타오르고 있다. 괴로움에서 벗어나기 위해서는 우선 이 번뇌의 불을 꺼야 한다. 그래서 참선을 하기도 하고 염불도 하고 절도 한다. 우리가 수행을 하는 것은 마음의 번뇌의 불을 끄기 위함이지 복을 빌고 명을 빌기 위한 것이 아니다. 탐·진·치의 불을 꺼서 괴로움에서 벗어나야 하는데 오히려 붓다께 아들 공부 잘하고 남편 돈 잘 벌게 해 달라고 빌고 또 비는 사람들이 많다.

모든 것이 불타고 있다는 붓다의 말씀에서 열반의 의미를 되새겨야 한다. 열반은 번뇌의 불꽃이 꺼져서 잠잠하게 되는 상태이다. 불꽃을 껐을 때 비로소 마음의 평안을 얻고 괴로움으로부터 벗어날 수 있다. 그렇기 때문에 늘 마음을 살펴서 번뇌의 불꽃이 타오르지 못하게 해야 한다. 절에 가서 수행하는 궁극적인 목적도 여기에 있다는 것을 늘 잊지 말아야 한다. 그러면 탐·진·치라는 번뇌의 불꽃을 끄기 위해서는 어떻게 해야 하는가? 붓다께서는 계속해서 이렇게 말씀하셨다.

비구들이여, 이와 같이 일체에 대하여 싫다는 마음이 생기지 않으면 안 된다. 눈을 싫어하고 귀를 싫어하고 코를 싫어하고 혀를 싫어하고 몸을 싫어하고 의식을 싫어하지 않으면 안 된다. 일체를 싫어하는 마음이 생기면 탐하는 마음에서 벗어난다. 탐하는 마음에서 벗어

---

2) 육근六根: 눈·귀·코·혀·피부의 다섯 가지 감각기관과 이를 종합하여 느끼는 의식을 포함한 여섯 가지를 육근이라 한다. 흔히 안眼·이耳·비鼻·설舌·신身·의意의 육근이라고 한다.

나면 곧 해탈을 얻을 수 있다.

　　육근六根²⁾과 그 대상에 대해서 탐내는 마음을 없애야 된다는 말씀이다. 우리의 육근은 끊임없이 좋은 것만 추구하려고 한다. 아름다운 것만 보고, 좋은 소리 듣고, 좋은 냄새 맡으며 맛있는 것만 먹고 싶어 하고 감촉을 즐기고 싶어 한다. 이것은 즐겁고 편안한 것을 누리려는 마음이다. 또한 존경 받고 싶고, 사랑받고 싶고, 잘난 체하고 싶다. 범부 중생들은 다 이러한 것들이 힘이 되어 살아간다. 그렇지만 탐착이 지나칠 때 화근, 괴로움의 원인이 되는 것이다. 목이 타들어 가는 사람이 물을 찾듯 탐심과 애착이 일어나는 순간부터 괴로움이 생긴다 해도 과언이 아니다. 재산이나 권력, 명예 등에 대한 집착도 마찬가지다. 지나친 욕심으로 자기가 바라는 것을 손에 넣기 위해 온갖 음모, 때로는 폭력을 사용하기도 한다. 그러다가 욕심을 채우는 데 방해가 되는 것이 나타나면 미워하고 화를 낸다. 이것이 바로 진심嗔心이다. 그러다 보면 어리석은 짓을 저지른다. 욕심에 눈이 어두워 인간관계를 엉망으로 만들어 버린다. 그래서 부모 자식 간에, 혹은 형제 남매간에, 부부간에 원수처럼 싸우기도 한다. 어떤 사람들은 도둑질도 하고 정조를 버리기도 하고, 살인까지 저질러 돌이킬 수 없는 길을 가게 되기도 한다. 이러한 것이 치심癡心, 곧 어리석음이다. 그러나 마음을 잘 다스려 탐·진·치의 번뇌의 불꽃을 꺼버리면 모든 것이 잠잠해 진다. 붓다의 설법을 듣고 천 명의 비구들이 모두 아라한의 깨달음을 얻었다고 한다. 그것을 경전에서는 이렇게 표현하고 있다.

이와 같이 설법을 하시자, 그들은 일체를 싫어하는 것에 의해 깨달음의 지혜를 얻고, 다시 태어나지 않음을 알아 모두 심해탈을 얻었다.

빔비사라 왕의 귀의

붓다께서는 천 명의 비구들을 이끌고 마침내 라자가하에 도착하셨다. 그리고 교외 근처의 야자나무 숲에 있는 한 사원에 머무르고 계셨다. 이미 사문 고타마가 큰 깨달음을 얻고 붓다가 되셨고, 라자가하에 왔다는 소식을 들은 빔비사라 왕은 이렇게 말했다.

고타마는 사캬 족의 아들로 출가하여 지금 이 도성의 교외에 머물고 계신다. 저 고타마는 명성이 대단히 높고 세상의 공양을 받아 마땅하신 분, 최고의 깨달음을 얻으신 분, 하늘과 사람의 스승이신 분, 세상에서 가장 존경받는 분으로 불리고 있다. 그분이 설하시는 법은 처음도 좋고 중간도 좋고 끝도 좋으며 조리가 있다. 그리고 원만하면서도 청정한 범행을 드러내신다. 이와 같은 아라한을 뵙는 것은 큰 행운이다.

빔비사라 왕은 수많은 군신과 브라만, 장자들을 거느리고 붓다를 뵈러 갔다. 빔비사라 왕은 붓다께 깨달음을 이루면 반드시 자기에게 먼저 가르침을 달라는 간청을 한 적이 있었다. 그러한 소원이 이제 이루어진 것이었다.

빔비사라 왕은 붓다를 뵙고 예를 올린 다음 한쪽에 앉아서 법을 설해 주시기를 기다렸다. 그런데 같이 온 많은 사람들은 붓다와 우루벨라 카사파가 같이 앉아 있는 것을 보고 의문을 일으켰다. 젊은 붓다가 카사파를 모시고 있는 것인지 카사파가 붓다를 모시고 있는 것인지 구분이 가지 않았던 것이다. 붓다께서는 이들의 이러한 마음을 아시고 카사파에게 불을 섬기는 것을 그만둔 까닭을 물었다. 카사파는 불을 섬기면서도 번뇌는 없어지지 않았지만 붓다의 말씀을 듣고는 곧바로 청정함을 얻었다고 대답했다.

저는 법구法句를 보았습니다. 적정하고 집착을 떠났으며 무소유의 경지이고 애욕에 물들지 않으며 변하지 않는 붓다의 말씀을 들었습니다. 그리하여 희생犧牲을 바치는 일도 불을 제사 지내는 일도 그만두었습니다.

이렇게 말씀드리고 늙은 카사파가 젊은 사캬무니 붓다께 일어서서 예를 올리고 붓다의 발에 머리를 대고는 이렇게 거듭해서 말했다.

세존이시여, 세존께서는 저의 스승이시며 저는 세존의 제자입니다.

이렇게 세 번 말하자 그제야 사람들은 비로소 누가 붓다인지 분명히 알게 되었다. 그러자 붓다께서는 빔비사라 왕과 그를 따라온 모든 사람들에게 법을 설하셨다. 먼저 시론, 계론, 생천론의 삼론을 설하고 이들의 마음이 열려 기쁜 마음이 생기고 법을 듣고 싶어 하는 마음이 들었을 때 사성제의 깊은 도리를 일러주셨다. 그들은 그 자리에서 먼지와 때를 여의고 법안을 얻었다. 그때 빔비사라 왕은 붓다께 이렇게 말씀드렸다.

> 저는 태자였을 때 다섯 가지 소원이 있었는데 이제 그것을 이루었습니다. 첫 번째는 관정을 받아 국왕의 자리에 오르는 것, 두 번째는 우리의 영토에 정등각자正等覺者인 붓다가 오시는 것, 세 번째는 그 붓다를 제가 모시는 것, 네 번째는 붓다께서 우리들에게 진리의 가르침을 설하시는 것, 다섯 번째 소원은 붓다께서 설하신 진리를 깨닫는 것입니다. 이제 그것이 다 이루어졌습니다.
> 세존이시여, 뛰어나십니다. 뛰어나십니다. 마치 뒤집어진 것을 바로 세우고 가려진 것을 벗겨내고 암흑 속에 빛을 비추어 눈 있는 자들은 보라고 하시듯이 저를 위하여 법을 명백하게 가르쳐 주셨습니다. 저는 이제 붓다께 귀의하오며 붓다의 법과 승단에 귀의합니다. 붓다께서는 저를 신자로 받아주십시오. 오늘부터 생명이 다할 때까지 귀의하겠습니다.

왕으로서는 처음으로 재가신자가 된 빔비사라 왕은 붓다와 비구들을 왕궁에 초청했다. 다음날 붓다와 비구들에게 공양을 올리면서 이분들이 적당히 머물 장소가 없다는 것을 알고 빔비사라 왕이 죽

---

3) 죽림정사竹林精舍: 벨루바나 칼란다카니바파(Veḷuvana-kalandakanivāpa)라고 함. 벨루바나는 죽림, 즉 대나무 숲이라는 뜻이고 칼란다카니바파는 칼란다카가 바친 정사라는 뜻이다.

림竹林을 바쳤으며 칼란다카(Kkalandaka) 장자가 정사精舍를 지어 불교교단에 기증했다. 불교 최초의 절인 죽림정사竹林精舍[3]는 이렇게 시작되었다.

출가승의 일상

그 당시에는 불교 교단이 발족되었다고는 하나 아직 교단의 규칙도 정해지지 않았고 천여 명이나 되는 많은 제자들이 머무르며 수행할 만한 장소도 없었다. 그저 숲이나 동굴, 나무 밑 등에 머물면서 수행을 하다가 식사 때가 되면 탁발을 다니고 또 앉아서 좌선하였다. 죽림에 정사가 있었다고는 하나 비구들이 항상 거기에 머물렀던 것은 아니었다. 그저 비가 집중적으로 내리는 3개월 정도의 우기와 병이 났을 때 머물렀다. 그 외에는 구름처럼 물처럼 돌아다니면서 탁발을 하며 법을 설하고 다녔다. 붓다께서도 늘 자리를 옮겨 다니시며 성도 후 45년간이나 설법을 계속하셨던 것이다.

그 당시에 비구들이 정사에 상주한 것은 아니지만 교단의 근거지로서는 상당히 중요한 역할을 했다. 경전에서도 엿볼 수 있듯이 붓다의 설법을 듣기 위한 큰 법회는 정사에서 열렸다. 정사는 도시의 소음이나 마을 사람들과의 번거로운 접촉을 피하기 위하여 마을에서 조금 떨어진 곳에 위치했다. 또한 탁발을 위해서는 민가와 너무 떨어져도 안 되었다. 죽림정사 외에 그 후에 마련된 기원정사 등도 비슷한 위치에 있었다. 『율장』 「대품」에서는 빔비사라 왕이 죽림정사를 바친 것에 대해 이렇게 묘사하고 있다.

> 그렇다. 우리에게는 죽림竹林이 있다. 마을에서 너무 멀지도 않고 가깝지도 않으며 오고 가기에도 편리하고 이런저런 목적을 지닌 사람들이 찾아뵙기도 좋고, 낮에는 지나치게 붐비지도 않고, 밤에는 소음이 없고, 인적이 드물며, 혼자 지내기에 좋고 좌선하기에 좋은 곳이다. 나는 이 숲을 붓다께서 이끌고 계시는 승단에 바쳐야겠다.

그 당시의 절의 환경에 대해 잘 나타내 주는 대목이라고 할 수 있다. 비구들은 이러한 정사에서 좌선 수행을 하고 하루 한 번씩 탁발을 하러 마을에 나갔다. 당시 출가 수행승들의 하루 생활을 대체로 여섯 등분 해서 살펴볼 수 있다.

우선 새벽이 되면 일어나서 좌선을 한다. 그러다가 아침녘이 되면 세면을 하거나 자기의 거처를 청소한다. 그리고 시간이 남으면 좌선을 하다가 적당한 때가 되면 가사를 걸치고 발우를 들고 탁발을 나간다. 탁발은 대체로 차별 없이 순서대로 일곱 집을 다녔다. 이렇게 해서 얻은 음식물은 조용한 곳에서 먹었다. 혹시 정사에 병든 비구나 나이가 들어서 탁발이 힘든 비구가 있으면 이들에게 먼저 탁발해 온 음식을 나누어 주었다. 혹 음식이 남으면 새나 다른 짐승에게 주었다. 탁발하는 그릇인 발우의 재료는 쇠나 질그릇 종류였다고 한다. 나무로 된 발우는 쓰지 말라고 했는데 아마 인도의 덥고 습한 기온 때문에 나무 발우에는 병균이 쉽사리 번식할 수 있기 때문에 위생상 나무 발우를 쓰지 말라고 했을 것이다. 『율장』에 의하면, 붓다께서는 돌로 된 발우를 쓰셨다고 한다.

탁발은 오전 중에 이루어졌으며 음식도 오전에만 먹었다. 정오 이후에는 비시非時라고 하여서 먹지 않는 것을 원칙으로 했다. 하루 한 끼만 먹으면서 수행하였고, 물이나 과즙 같은 액체로 된 것은 비시에 먹어도 된다고 했다. 또 탁발해 온 것을 다음날 먹는 것은 허락하지 않았다. 이것은 날씨가 더워 음식이 상하기 쉬운 인도에서 위생상 취해진 규율일 것이다.

탁발해 온 음식은 주는 대로 받아온 것이기 때문에 반드시 채식만 고집하지는 않았다. 경우에 따라서는 육식을 할 수밖에 없었다. 붓다와 붓다의 제자들은 비린 것을 먹는다고 비난하는 사람들도 있었는데, 이에 대해 붓다께서는 다음과 같이 말씀하셨다.

> 욕망을 억제하지 않고 맛있는 것을 탐내고 부정한 생활을 하며 허무론을 가지고 바르지 못한 행을 하는 완고하고 어리석은 사람들, 이것이 비린 것이지 육식이 비린 것이 아니다.

또 이렇게도 말씀하셨다.

> 마음대로 살생을 하고 남의 것을 빼앗으면서 도리어 그들을 해치려고 하고 성미가 나빠 욕심 많고 난폭하며 무례한 사람들, 이것이 비린 것이지 육식이 비린 것이 아니다.

말하자면 육식보다 생활태도가 바르지 못하고 남에게 피해를 주는 자들이 더 문제라는 말씀이다. 살생하는 마음을 갖지 않는 것이 중요하지 육식 그 자체가 문제되는 것은 아니다. 하지만 채식을 할 수 있는 여건이 되는 데도 고기를 즐겨 먹으면 좋지 않은 일이다. 왜냐하면, 육식은 살생을 조장하고 방조하는 결과를 낳기 때문이다. 요즘은 붓다 당시 탁발하던 때와는 환경이 다르기 때문에 가능하면 육식은 금해야 한다. 육식을 금하는 가장 큰 이유는 육식을 통하여 알게 모르게 잔인한 마음이 길러지기 때문이다. 그 당시의 출가승들은 탁발 때문에 어쩔 수 없이 육식을 했지만 일부러 고기를 찾아 먹는 것은 금지되었다.

식사가 끝나면 비구들은 낮 동안에 한두 시간 휴식을 취했다고 한다. 붓다께서 식후에 조용히 휴식하거나 좌선을 하는 것을 본받아서 그렇게 한 것으로 보인다. 또한 인도는 더운 곳이어서 한낮에 활동하기가 어려웠기 때문에 그랬을 것이다. 휴식을 취한 다음에는 동료들끼리 법담을 나누거나 좌선을 하거나 경행經行[4]을 했다.

저녁 무렵이 되면 다시 모여서 붓다의 설법을 듣거나 좌선을 하거나 경행을 하다가 잠자리에 들었다. 붓다는 비구들이나 일반 대중을 상대로 설법을 해 주셨는데 주로 저녁 무렵에 행해졌던 것으로 보인다. 일과가 끝나고 서늘한 저녁 시간이 설법을 듣기 좋았을 것이다. 이와 같이 비구들의 하루 일과가 끝났다.

비구들은 매일 규칙적인 생활을 반복했는데, 잠자고 하루 한 끼

---

4) 경행經行: 몸과 마음을 안정시키기 위해 천천히 걷는 것.

탁발하러 가는 것 이외에는 거의 모든 시간을 좌선과 경행, 설법을 듣거나 법담을 나누는 것으로 시간을 보냈다. 물론 마을 사람들을 위하여 설법하는 경우도 있었다. 비구들이 서로 모여 이야기할 경우에도 세속적인 화제는 입에 올리지 못하도록 규정하고 있었다. 예를 들면, 정치, 먹는 것, 입는 것, 치장하는 것 등 모든 세속적인 화제를 금하고 욕심을 억제하게 하였으며, 정진 노력에 대한 것, 선정이나 해탈 등 지혜를 밝히는 것 등에 대해서만 화제를 삼도록 했다.

그 당시의 출가승들은 이렇게 청정한 생활을 계속하다 보니 깨달음에 빨리 이르게 되었을 것이다. 이에 비추어 보면 요즘 수행자들을 탓할 수만도 없다. 수행환경이 옛날과 같지 않다 보니 본의 아니게 세속사에 관여하게 되고 그만큼 번뇌도 많아질 것이다. 그렇지만 출가를 했으면 이 모든 것을 이겨내야 한다. 번잡한 세속에서 떠나 수행에 전념하기 위해 출가하였다면 그 뜻을 밀고 나가야 한다. 사실 가정에서 부모를 모시거나 처자 권속을 거느리고 생활하다 보면 수행에 전념하기가 어렵다. 특히 요즘처럼 경제적 활동이 가족 부양에 많은 영향을 끼치는 세상에서는 더욱 그렇다. 새벽에 나갔다가 저녁 늦게 들어오는 직장인이 어떻게 수행에 매달릴 수 있겠는가?

정도의 차이는 있지만 옛날에도 마찬가지였을 것이다. 더구나 대가족 제도 아래에서는 온갖 번잡한 일들이 끊임없이 발생하기 때문에 집에 있으면서 조용히 수행하기는 어려웠을 것이다. 붓다께서 많은 제자들을 출가시킨 것도 그러한 이유에서였다. 물론 재가생활을 하면서도 자질이 뛰어나고 과거세의 선근 공덕으로 인해 아라한의 깨달음을 얻을 수 있었지만 그런 사람은 곧 출가하든가 열반에 든다고 했다. 이렇듯 일반적으로는 출가를 해야 수행에 전념할 수 있으며 뛰어난 깨달음의 지혜를 얻을 수 있다고 생각했기 때문에 출가를 택했던 것이다.

그리고 붓다 당시부터 스님들이 민중을 교화하기 시작했다. 일반 대중을 상대로 진리를 전한 것은 불교가 그 시초라고 할 수 있다. 왜냐하면, 그 당시의 브라만들은 자식들이나 브라만 집안의 학생들에게는 베다와 제사 의식을 가르쳤지만, 일반 민중에게는 가르치지 않았다. 더구나 계급차별이 있었기 때문에 일반 민중에게 브라만에 대한 것을 가르친다는 것은 생각도 할 수 없었던 일이었다. 그리고 브라만이 아닌 비정통의 사문들도 출가 제자들에게만 가르침을 전해 주었지 일반 민중을 상대로 가르침을 편다는 생각은 하지 않았다.

그러나 불교는 달랐다. 붓다께서 성도 직후에 설법을 결심하신 것은 불교의 진리를 누구에게나 알리고자 했기 때문이다. 입멸 직전까지 계속된 붓다의 교화 활동이 그것을 증명하고 있다. 이러한 정신은 제자들에게도 전해져서 붓다뿐만 아니라 여러 제자들도 일반 민중들을 상대로 불교의 진리를 일깨워 주었다. 이러한 노력으로 불교 교단은 더욱 확대되어서 수많은 출가자와 재가 신자들이 생겨나고 나중에는 불교가 인도라는 지역적 한계를 벗어나 전 세계로 전파되었던 것이다.

이러한 점에서도 엿볼 수 있듯 출가의 2차적인 목적은 민중 교화에 있었다. 출가승이기 때문에 일반 민중에게 설법할 수 있는 자격과 의무를 수행하는 것이 당연시되었던 것이다. 또 하나의 의미는, 출가자는 교법을 유지하고 존속시켜야 한다는 것이다. 출가 집단, 즉 승가는 붓다의 가르침을 유지하고 후세에 전해야 한다는 사명이 있다. 재가자들은 전문적으로 전법에 종사하기 어렵기 때문에 출가승들이 그 역할을 하는 것이다. 붓다의 말씀을 연구하고 올바르게 이해하여 실천에 옮기고, 그러한 올바른 이해와 수행, 깨달음을 유지시켜 후세에도 불교가 전해지도록 하는 것 또한 출가승들의 중요한 임무라고 할 수 있다.

이처럼 전문적인 수행과 높은 깨달음을 얻기 위해 출가를 하며 출가승에게는 불교를 널리 전파하여 일반 민중을 깨우친다는 책임이 주어졌다. 그래서 붓다와 붓다의 가르침 이외에도 붓다의 가르침을 받들어 계승하는 승가가 삼보三寶의 하나인 승보僧寶로 받들어졌던 것이다.

붓다의 뛰어난 제자들

붓다께서 라자가하(왕사성)에 계실 때였다. 바라나시의 녹야원에서 최초로 붓다의 설법을 듣고 아라한이 되었던 다섯 비구 가운데 한 사람인 앗사지(Assaji; 阿說示, 馬騰) 비구는 붓다보다 먼저 라자가하에 와 있었던 모양이다. 붓다께서 라자가하에 오신 것은 바라나시에서 다섯 비구와 야사 등의 제자들과 헤어진 지 약 반 년 정도 뒤였다고 한다. 붓다께서는 앗사지 비구를 인연으로 라자가하에서 사리풋타(Sāriputta; 舍利弗)와 목갈라나(Moggallāna; 目犍連)를 만났다.

하루는 앗사지가 라자가하에서 탁발을 하고 있었는데, 사리풋타가 그를 보았다. 경전에서는 앗사지에 대하여 "나아가고 물러서고 앞을 보고 뒤를 보고 굽히고 펴는 것이 의젓하였고 눈은 땅을 향하였다. 이와 같이 그는 훌륭한 몸가짐을 갖추고 있었다."고 묘사하고 있다. 그러한 앗사지를 보고 사리풋타는 이렇게 생각했다고 한다.

세상에 아라한이 있다면, 아라한의 도를 갖춘 자가 있다면, 바로 저 비구도 그 중의 한 분일 것이다. 그는 누구에게 출가했으며 누구를 스승으로 모시고 누구의 가르침을 따르고 있는가를 물어봐야겠다.

사리풋타는 라자가하 부근의 브라만의 가정에서 태어났는데 부모도 또한 뛰어난 학자였다고 한다. 사리풋타도 어릴 적부터 베다를 익혀 17~18세경에 베다에 정통했다고 한다. 사리풋타는 인생에 대한 의구심이 생겼는데, 베다에서 배운 것만으로는 도저히 인생 문제를 해결할 수 없었다. 그래서 어릴 적부터 친한 친구인 목갈라나와 함께 스승을 찾아다니다가 당시 육사외도 중 한 사람으로 유명했던 산자야의 제자가 되었다. 산자야는 절대의 진리라는 것은 있을 수 없으며 또 있다고 해도 인간으로서는 알 수 없는 것이라는 회의론자였는데, 250명이나 되는 제자들을 거느리고 있었다. 당시 종교가나 사상가는 모두 나름대로 주장을 내세우고 있었는데 산자야는 그러한 것들을 신뢰하지 않았던 것이다. 그러나 산자야의 주장 또한 모순을 가지고 있었다. 왜냐하면, 이 세상에 절대의 진리는 없다는 그 말이 사실이라면 그 말 자체도 하나의 진리가 되기 때문에 반드시 옳지 않다는 모순을 가지게 되므로 이 말은 틀린 것이 된다.

이러한 산자야의 주장에 만족할 수 없었던 사리풋타와 목갈라나는 누구든지 먼저 참된 스승을 만나거나 진리를 들으면 서로 알려 줄 것을 약속했다. 그러던 차에 사리풋타가 앗사지를 만나게 되었던 것이다. 사리풋타가 앗사지에게 물었다.

벗이여, 당신의 감관은 청정하며 피부는 빛이 납니다. 벗이여, 당신은 누구에게 출가했으며, 누구를 스승으로 모시고 있으며 누구의 가르침을 따르고 있습니까?

앗사지는 이렇게 대답했다.

사캬 족에서 출가하신 위대한 사문이 계십니다. 그분은 세존으로서 나는 그분을 따라 출가했으며 그분을 스승으로 모시고 그분의 가르침을 따르고 있습니다.

그래서 다시 사리풋타는 당신의 스승은 무엇을 설하시느냐고 물었다. 앗사지는 출가한 지 얼마 되지 않았기 때문에 붓다의 가르침에 대해 자세히 설명해 줄 수는 없고 간략하게 몇 마디만 전해 주겠다고 하였다. 그리고 앗사지는 사리풋타에게 게송을 하나 읊어 주었다.

모든 것은 원인으로부터 생긴다.
여래는 그 원인을 설하셨다.

그리고 그 소멸에 대해서도 설하셨다.

위대한 사문은 그렇게 설하셨다.

諸法從緣生, 如來說是因,

是法從緣滅, 是大沙門說.

이것을 듣고 지혜로운 사리풋타는 금방 그 말이 진리임을 알아차렸다고 한다. 나중에 붓다의 제자가 된 후 '지혜제일'이라고 불렸을 만큼 두뇌 또한 명석한데다가 어릴 때부터 철저한 교육을 받고 나름대로 진리를 찾아 헤맸던 사리풋타는 이 짧은 게송을 듣고도 붓다의 가르침의 요점이 연기설이라는 것을 금방 파악했다. 그리고 이것은 여태까지 듣지 못했던 것으로서 붓다야말로 참된 스승이라고 생각했던 것이다. 사리풋타는 이 게송 하나만으로도 청정한 법안을 얻었다고 한다. 그래서 사리풋타는 이렇게 게송을 읊었다.

비록 이것뿐이라고 하여도 이것은 바른 법이다.

수만 겁을 헤매어도 듣지 못했던

거짓 없는 이 법구法句를 이제야 깨달았네.

연기설에 대한 게송을 듣고 지혜의 눈이 열린 사리풋타는 약속한 대로 이 소식을 얼른 목갈라나에게 알려주고 싶었다. 신이 나서 달려오는 사리풋타를 본 목갈라나가 "어째서 갑자기 이렇게 감관이 청정하고 피부가 빛나는가? 혹시 불사의 경지에 이른 것이 아닌가?" 하고 사리풋타에게 까닭을 물었다. 그래서 사리풋타는 자초지종을 이야기했고, 목갈라나도 그 자리에서 청정한 법안을 얻었다.

목갈라나도 붓다의 제자가 된 이후에 '신통제일'로 불렸던 만큼 지혜가 있었기에 사리풋타의 설명을 듣고 연기설을 설하신 붓다야 말로 참된 스승이라고 생각한 것이다. 목갈라나는 사리풋타에게 얼른 붓다께 가서 그 분을 스승으로 섬기자고 말했다. 그렇지만 산자야의 250명이나 되는 제자들을 사리풋타와 목갈라나가 스승 대신 지도하고 있었기 때문에 이들에게도 얘기를 해 주어야만 했다. 두 사람은 "우리는 붓다께 가서 가르침을 받을 테니 그대들은 각자 알아서 하라."고 말했다. 그러자 이들은 그처럼 훌륭한 붓다가 계신다면 자기들도 꼭 데려가 달라고 간청했다. 사리풋타와 목갈라나는 평소에도 덕망이 있었기 때문에 그 많은 제자들도 이 둘의 말을 전폭적으로 신뢰하고 있었던 것이다.

사리풋타와 목갈라나는 산자야에게 가서 대중들의 뜻을 전하면서 붓다를 스승으로 모시겠다고 말하였다. 산자야는 "안 된다. 가지 마라. 우리 셋이서 이 무리를 이끌도록 하자."고 애원하면서 만류했다. 세 번이나 밀고 당기고 하다가 사리풋타와 목갈라나는 마침내 250명의 제자들과 함께 산자야를 떠나 붓다가 계신 죽림정사로 갔다. 산자야는 분해서 그 자리에서 피를 토하고 죽었다고 한다. 카사파 삼형제의 경우에는 여태까지의 자기들의 믿음이 잘못된 것임을 얼른 알아차리고 붓다께 귀의했지만 산자야는 진리는 없다고 믿었기 때문에 불행한 종말을 맞았던 것이다.

붓다께서는 사리풋타와 목갈라나가 멀리서 오는 것을 보고 이들이 당신의 가장 뛰어난 한 쌍의 제자가 될 것이라고 예언하셨다고 한다. 붓다께서는 이들에게 "오라, 비구들이여. 내 이미 법을 잘 설해 놓았다. 내게로 와서 거룩한 수행을 하고 괴로움을 멸하라."고 하시면서 이들을 맞이하였다. 이렇게 해서 사리풋타와 목갈라나, 그리고 같이 온 250명의 비구들은 모두 붓다께 출가하고 구족계具足戒를 받았다.

경전에는 붓다가 어디 어디에 계실 때 1,250인의 비구와 함께 계셨다는 대목이 자주 나오는데, 그 1,250인이란 카사파 3형제가 데리고 온 1,000명의 제자와 사리풋타와 목갈라나가 데리고 온 250명의 제자를 합쳐서 그렇게 부르는 것이다. 붓다께서는 사리풋타와 목갈라나의 근기를 알아보시고 특별히 잘 가르치셨다. 목갈라나는 출가 후 7일 만에 최고의 깨달음을 얻어서 아라한이 되고, 사리풋타는 다시 7일이 더 지나서 아라한이 되었다고 한다.

붓다께서 성도하신 지 일 년여 만에 이들 1,250인의 제자들뿐만 아니라 마가다 국의 수많은 사람들을 출가시켰다. 특히 이때 출가한 사람들은 대부분 귀족이나 부호들의 자제였다. 이들은 교육 수준이 상당히 높았으며 머리가 좋은, 말하자면 상류층의 엘리트들이었다. 물론 붓다께서는 출가에 자격 제한이나 신분 차별을 하지 않으셨지만 교육을 많이 받아 이해력이 뛰어난 사람들이 불교의 교리를 쉽게 받아들일 수 있었기 때문에 이들 엘리트들이 출가를 많이 했던 것이다. 그래서 마가다 국의 많은 사람들이 사문 고타마가 아들을 빼앗아 가고 생과부로 만들며 가정을 파괴한다고 비난을 한 적도 있었다. 이에 대해 붓다께서는 "그와 같은 비난은 계속되지 않을 것이다. 7일만 지나면 모두 사라질 것이다. 만약 너희들을 비난하는 자가 있거든 이 게송으로 대답하면 족할 것이다."라고 하시면서 다음과 같은 게송을 일러주셨다.

여래는 진리를 가지고 권유한다.
진리를 찾아오는 자를 누가 비난할 것인가?

과연 사람들은 7일이 되지 않아서 비난을 그만두었다. 사람들은 붓다께서 제자들을 바른 법[진리]으로 인도하며 법이 아닌 것으로는 인도하지 않는다는 것을 알게 되었다. 또한 붓다께서는 오직 참된 진리로써 사람들을 인도하고, 붓다의 가르침은 진정한 행복에 이르게 하는 길이었기 때문에 사람들은 더 이상 비난하지 않았다.

사리풋타가 출가해서 보름쯤 되었을 때 그의 외삼촌인 디그나가(Dignāga)[5]라는 브라만이 이 소식을 듣고 사캬무니 붓다라는 분이 정말 그렇게 대단한 분인가를 확인하려고 죽림정사로 찾아왔다. 디그나가도 일종의 회의론을 주장하는 사람이었는데, 붓다의 말씀을 부정하면서 어떤 단정적인 말도 인정할 수 없다고 했다. 붓다께서는 "일체를 인정할 수 없다는 자네의 단정은 인정하는가, 하지 않는가?" 하고 되물었다. 이 말씀에 디그나가는 말문이 막히고 말았다. 디그나가도 산자야의 경우와 같이 회의론 자체가 자기모순을 내포하기 때문에 그런 주장은 성립할 수 없게 되는 것이다.

붓다께서는 계속해서 디그나가에게 세계나 자아에 대해서 상견

---

5) 디그나가(Dignāga): 손톱이 긴 사람이라는 뜻으로 한문으로는 장조長爪라고 의역함.

常見이나 단견斷見을 지녀서는 안 된다는 설법을 해 주셨다. 세상 사람들이 세계나 자아는 영원불멸의 실체라고 주장하는 것은 상견이며 이것은 잘못된 생각이라고 하셨다. 또 세계나 자아는 실체가 없다고 보는 것도 단견이라고 말씀하셨다. 그리고 일체를 부정하고 진리를 의심하는 회의설도 모두 실체에 대한 그릇된 집착에서 생겨난 생각들이므로 중도의 입장에서 실체를 바르게 보아야 한다고 말씀하셨다. 이어서 연기에 대해 말씀하시자 디그나가는 자기의 지금까지의 견해가 잘못된 것임을 깨닫고 그 자리에서 청정한 법안을 얻었다. 그때 붓다께 부채질을 해 드리던 사리풋타는 붓다께서 디그나가에게 해 주신 말씀을 듣고 아라한이 되었다. 디그나가도 출가하여 이름을 떨쳤다.

　붓다의 으뜸가는 제자가 된 사리풋타와 목갈라나, 특히 지혜제일이라 불리는 사리풋타는 붓다의 뒤를 이어 법륜을 굴릴 것이라고 일컬어졌는데, 두 사람 다 붓다보다 1년 먼저 세상을 떠났다. 그래서 붓다께서 입적하신 후 교단을 이끌게 된 것은 '두타제일頭陀第一'이라고 일컬어지던 카사파(Kassapa) 존자였다. '두타행'은 번뇌를 버리기 위하여 의식주에 대한 욕심을 버리는 수행을 말한다. 카사파는 가섭迦葉이라 음사하는데, 제자 1,000명을 이끌고 붓다께 귀의했던 카사파 삼형제와는 다른 사람이다. 그 이외에도 가섭이라는 이름은 여럿 있었던 모양인데, 이들과 두타제일 가섭을 구분하기 위하여 이분에게는 특히 크다는 의미를 더하여 마하카사파(Mahā Kassapa; 마하가섭摩訶迦葉)라고 한다.

　마하카사파는 마가다의 라자가하 근처에 살던 브라만의 자제인

데 교육도 잘 받고 결혼도 했으나 부부가 다 속세를 싫어하여 둘이 의논한 끝에 출가하여 도를 구하기로 했다. 마하카사파는 한 외도에게 출가하여 수행했는데 늘 이상으로 삼을 만한 스승을 구하지 못해 애태우던 중 붓다에 대한 소식을 들었다고 한다. 그래서 붓다를 뵙고 직접 가르침을 받고 그 가르침대로 행한 결과 8일 만에 아라한의 깨달음을 얻었다.

그 당시의 여러 뛰어난 제자들은 대개 브라만의 자제로서 상당한 교육을 받았고, 또 열렬한 구도 정신이 있었기 때문에 붓다의 가르침에 대한 이해가 빨랐던 것으로 생각된다. 그때 마하카사파는 자기가 입던 새 가사를 붓다께 드리고 자기는 헌 가사를 받아 입었는데 너덜너덜해질 때까지 계속해서 입었기 때문에 모르는 사람은 마하카사파를 낮추어 보았다. 그러나 붓다께서 당신의 자리를 절반이나 양보하여 나란히 앉을 정도로 마하카사파에 대한 붓다의 신임이 두터웠다고 한다. 마하카사파는 사리풋타와 목갈라나가 출가하고 얼마 되지 않아서 출가하였다. 그의 부인이었던 밧다카필라니(Bhaddākapilānī)도 명망 있는 브라만의 딸이었는데 남편인 마하카사파와 함께 출가하여 외도의 밑에서 수행하다가 붓다께서 여자들의 출가도 허용하자 이내 출가해서 유명한 비구니가 되었다.

붓다께서는 성도하신 다음해부터 3년 동안 라자가하 부근에서 머물며 우기를 보내셨다. 교단 성립 후 마가다의 라자가하를 거점으로 교화하셨던 것이다. 이때 수천 명의 출가제자들이 있었는데, 많은 비구들이 한꺼번에 탁발하기 힘들었을 것이다. 그렇지만 그에 비례해서 재가신자들도 많이 늘었기 때문에 그들의 공양으로 이 거대한 교단이 유지될 수 있었던 것이다. 인구가 그리 많지 않던 옛날에 한 도시를 중심으로 수천 명의 비구들이 있었다는 것을 생각하면 그 당시 불교 교세가 얼마나 대단했던가를 짐작할 수 있다.

화합을 위해 계율을 정하다

계율을 제정한 까닭

붓다와 제자들의 뛰어난 활약으로 수많은 사람들이 출가하게 되었다. 승단이 커지다 보니 규칙도 생겨났다. 청정한 생활을 하는 출가 집단이었지만 사람이 많다 보면 별별 사건이 다 생기게 되고, 그러한 것을 방지하기 위하여 승단의 규율이 제정된 것이다. 비구들에게는 250계를 지키게 했다. 그러나 이렇게 많은 규율이 처음부터 있었던 것은 아니다. 출가 교단의 규율은 붓다 성도 후 12년째부터 제정되기 시작했는데, 차츰차츰 늘어나 250계에 이르렀던 것이다.

계율은 지지계止持戒라고 하는 금지에 대한 규정과 작지계作持戒라고 하는 준수사항에 대한 것으로 나눌 수 있다. 250계는 금지사항에 대한 것이고, 승단 구성원의 일상생활을 규정한 준수사항은 그 이전부터 있었던 것으로 보인다. 계율이라고 통틀어서 표현하지만 엄격하게 말하면, '계'는 스스로 자율적으로 지켜야 하는 것이고, '율'은 통제를 위한 규정으로서 단체생활을 원활하게 하기 위하여 준수해야 하는 승단 내부의 규정을 말한다. 원어로는 계를 실라(sīla)라고 하고 율은 비나야(vinaya)라고 한다.

위에서 언급했듯이 계율은 한꺼번에 정해진 것이 아니라 그때그때 사건이 일어날 때마다 정해졌다. 이것을 수범수제隨犯隨制라고 한다. 초창기 승단에서는 세부적인 규율이 정해지지 않았지만 비구들의 숫자가 급속도로 불어나게 되자 온갖 사건들이 꼬리를 물고 일어나게 되었고, 그러한 것이 다시 일어나지 않도록 계율을 제정하였던 것이다. 십구의十句義라고 하여 열 가지의 계율을 제정한 이유가 있다.

- 대중의 통솔을 위하여
- 대중의 화합을 위하여
- 대중의 안락을 위하여
- 다스리기 어려운 자를 잘 다스리기 위하여
- 부끄러워하는 자에게 안락을 주기 위하여
- 믿음이 없는 자에게 믿음을 주기 위하여
- 이미 믿음이 있는 자에게는 믿음을 더욱 키워주기 위해서
- 현세의 번뇌를 끊기 위하여
- 후세의 악을 끊기 위하여
- 정법이 오래 머물게 하기 위하여

계율이 제정된 경위를 보면, 처음에는 일상의 사소한 언행 등 출가 사문의 품위를 떨어뜨리는 것을 방지하기 위하여 시작된 듯하다.

예를 들면, 탁발할 때의 예의라든지, 가사를 단정하게 걸친다든지 하는 것에서부터 정사 주변을 정리하는 것 등, 초기에는 일상생활의 법도와 정리정돈, 청결 등에 대한 것이었다. 이러한 것들이 점차 늘어나서 비구들이 반드시 지켜야 할 규정으로 정착된 것이다.

계율에 대해 기록한 『율장』 등을 보면, 초기의 규율은 절도 있고 예의바른 태도와 생활 습관에 대한 것들이 많았다. 예를 들면, 하의를 입을 때는 배꼽과 무릎을 잘 가리고 허리띠는 두 겹이나 네 겹으로 잘 감아라, 그리고 겉옷을 입고는 끈으로 잘 조이고, 탁발을 다녀와서 옷을 벗은 다음에는 잘 말리고, 어느 정도의 두께로 잘 접고 잘 치워 놓으며, 세면도구는 이렇게 저렇게 정리하라는 등등 세세하게 말씀하셨다. 심지어는 요와 베개도 잘 말리고 잘 털며, 어떻게 보관해야 하고, 청소는 어떻게 해야 되는지 등에 대해서도 놀라울 만큼 자세하게 일러주고 계신다. 이런 것으로 미루어 보면, 예의에 어긋나지 않을 것, 정리정돈을 잘하고 위생을 철저히 하며 다른 사람들에게 방해가 되지 않아야 한다는 것 등이 주된 규율의 취지라고 할 수 있다.

현대의 우리들도 붓다의 훈계에서 많은 것을 배울 수 있다. 절제되지 못하고 무례한 행동을 한다면 거기에서 어떻게 밝은 지혜를 기대할 수 있겠는가? 붓다 당시에도 많은 사람들이 출가하다 보니 비구들 중에 무례한 사람들도 있었을 것이다. 탁발할 때 발우를 아무 데나 불쑥 내밀고 탁발을 강요하는 듯한 인상을 주기도 했던 모양이다. 붓다께서는 식사하는 옆에서 발우를 들고 얌전히 서 있으면 줄 사람은 주고 기다려도 주지 않으면 말없이 그냥 나오라고 하셨다. 출가자가 무례한 행동을 하면 신심이 없는 사람에게는 신심을 불러일으키지 못하고 신심이 있는 사람들도 신심을 떨어뜨리게 한다고 지적하시면서 갖가지 계율을 제정하셨던 것이다.

청정 승가를 위한 포살과 자자

붓다 당시에는 붓다께 귀의하려면 간단하게 '오라, 비구여'라고 하는 말로 출가가 허락되었다. 그러나 교단이 커지고 먼 곳에 있는 사람들은 일일이 붓다께 출가하러 오기가 힘들었기 때문에 붓다가 안 계셔도 출가할 수 있는 규정이 만들어졌다. 처음에는 단순하게 삼보에 귀의하는 문구를 맹세하는 것만으로도 출가가 허용되었지만, 불교가 융성하고 교단이 커짐에 따라 자격 미달의 출가자들도 많이 늘었기 때문에 좀 더 엄격한 규정이 제정되었다.

출가자의 경우 구도를 위한 순수한 목적으로 출가하는 이들이 대부분이었지만, 간혹 생활의 방편으로 출가하기도 했다. 심지어 붓다께 출가하면 놀고먹으며 편하게 살 수 있다고 생각하여 출가를 원하는 이들도 있었다. 국왕들도 불교에 귀의하여 붓다와 승단을 존중했기 때문에 범죄자나 군인들이 도피처로서 출가를 하는 일도 있었다. 노비들이나 빚을 진 사람들도 승단을 도피처로 여기고 출가를 원했다. 그래서 붓다와 승단 전체가 비난을 받는 일이 생겼고, 이러한 폐단을 막기 위하여 여러 가지 규정이 정해지게 되었던 것이다. 그리하여 백사갈마白四羯磨라고 해서 화상和尙[1]의 추천이 있고 일정한 숫자의 비구들이 동의해야 출가할 수 있는 일종의 추천제도가 생겼다. 그리고 부모를 잃은 어린아이들이나 가난한 집 아이들을 출가시켰더니 아직 철이 없어 말도 듣지 않고 밥을 달라고 조르는 일들이 생겨 사미沙彌[2]제도가 생겼다. 스무 살이 되기 전까지는 정식 비구로 받아들이지 않는다는 규칙이 바로 그것이다.

우안거雨安居에 대한 규정도 만들어졌는데, 우기 동안에는 탁발을 다니지 않는다는 규정이다. 원래 붓다께 귀의한 비구들은 우기에도 탁발을 다녔는데 다른 종교인들, 특히 자이나 교도들이 이에 대해 많은 비난을 했다. 자이나 교도들은 엄격한 불살생을 고집했기 때문에 우기에는 벌레들이 번식하고 초목들이 잘 자라는 시기인데 이때에 나다니게 되면 벌레를 밟거나 풀을 밟아 죽일 염려가 있다는 것이었다. 그런데도 사캬무니의 제자들은 우기에 탁발을 하러 나다닌다고 비난을 했기 때문에 우기 동안에는 재가신자들의 공양을 받으며 한 자리에 머물러 수행하도록 규정을 정했다. 우리나라의 동안거·하안거도 이러한 우안거의 규정에서 유래된 것이다.

출가한 비구들에 대해서도 항상 자기를 돌아보며 반성해야 할 필요가 있었기 때문에 여기에 따른 규정도 정해졌다. 그 대표적인 것이 포살布薩(uposatha)과 자자自恣(pavaraṇā)이다. 포살은 자기의 죄를 고백하고 참회하는 의식인데, 마가다 국의 빔비사라 왕의 건의에 의해 제정되었다고 한다. 외도들은 포살의식을 보름에 세 번, 한 달

---

1) 화상和尙: Upādhyāya의 음역. 제자를 둘 자격이 있는 출가승.
2) 사미沙彌: 출가하여 십계十戒를 받은 남자로, 구족계具足戒를 받아 비구比丘가 되기 전의 수행자.

에 여섯 번을 열어서 신자들을 많이 모으는 것을 본 빔비사라 왕이 붓다께 불교에서도 포살의식을 하면 어떻겠느냐고 건의해서 받아들여졌던 것이다.

외도의 포살은 주로 제사 준비를 하는 의식이었는데, 불교의 포살은 붓다께서 설하신 계를 함께 외우고 거기에 대해 잘못이 있는 비구는 나와서 참회를 하는 것이었다. 잘못을 숨기는 사람은 망어죄妄語罪를 범하는 것이기 때문에 도를 이루기가 어렵다고 여겼으므로 대중에게 죄를 고백하고 참회함으로써 자신을 청정하게 하려는 의식이었다. 스스로 허물이 있는 사람은 나와서 죄를 드러내고 참회하라는 말을 사회자로부터 3번씩 듣는다. 참회할 것이 없는 비구들이 잠자코 있으면 나머지 비구들이 여러 대덕들의 청정함을 인정한다고 선언하는 것이었다. 붓다 당시에는 이러한 포살이 한 달에 두 번 행해졌다.

그리고 승가에서는 자자라는 의식도 있었다. 이것은 안거가 끝난 맨 마지막 날에 자기의 죄를 지적해 달라고 동료 비구들에게 청하여 용서를 구하는 의식이다. 예를 들면, 대중들 앞에서 합장을 하고 이렇게 간청하는 것이다.

나는 교만에 대해 자자를 행하니 나의 과실에 대해 무엇인가를 보고 무엇인가를 듣고 또 나에게 허물에 대해 의심을 지닌 분이 있으면 대덕들이여, 나를 가엾이 여기시어 그것을 지적해 주십시오. 허물을 알면 그것을 곧 고치겠습니다.

교만뿐만 아니라 여타의 계율에 대해서도 혹시 내가 모르고 지나친 허물이 있으면 지적해 달라고 청원했다. 이런 의식을 붓다부터 시작해서 신참 비구에 이르기까지 차례로 일어서서 세 번씩 반복했다. 자자는 출가한 지 오래된 비구부터 하는 것이었기 때문에 붓다께서 가장 먼저 일어서서 허물을 지적해 달라고 하셨다. 대중들이 침묵하면 허물이 없는 것으로 간주하고 다음 사람의 차례로 넘어갔다.

경전에 의하면, 어느 날에는 500명이나 되는 비구들이 자자에 참석했는데 아무도 허물을 지적당한 사람이 없었다고 한다. 하안거가 끝나고 500명의 대중들이 모인 7월 보름 달밤에 붓다께서 먼저 일어서서 이렇게 말씀하셨다.

> 대덕들이여, 나는 이제 자자를 행하노니 대덕들은 나의 행위와 나의 언어에서 무엇인가 허물을 보고 듣고 또 의심하는 것이 있으면 나를 가엾이 여겨 부디 지적해 주시오.

붓다께서 합장한 손을 높이 드시고 이렇게 말씀하시자 엄숙한 침묵이 장내를 덮었다고 한다. 침묵은 곧 붓다에게는 어떠한 허물도 없다는 긍정의 표시였다. 그런데 사리풋타가 갑자기 일어나서 옷을 오른 어깨에 걸치고 붓다 앞에 엎드리면서 말했다.

> 아닙니다. 세존이시여, 누구도 세존의 행위와 언어에서 허물을 발견한 자는 없습니다.

사리풋타는 붓다께서 먼저 솔선하여 자신의 허물을 지적해 달라는 말씀에 너무 감격하여 침묵으로만 긍정한다는 것이 아무래도 부족하게 생각되었던 모양이다. 그리고 붓다의 뒤를 이어 사리풋타도 마찬가지로 허물을 지적해 달라고 대중을 향해 말했다. 그러자 다시 긍정의 침묵이 흘렀다. 이번에는 붓다께서 일어나셔서 사리풋타의 뛰어난 언행을 칭찬하셨다. 이렇게 해서 500명이나 되는 비구가 자자를 청했지만 아무도 허물을 지적받지 않았다고 한다. 그날 밤 반기사라는 한 비구가 자신을 포함하여 500명이나 되는 청정 비구들이 자자를 행하면서 아무도 허물을 지적받지 않는 모습을 보고 너무 감격해서 시를 하나 읊겠다고 자청하자 붓다께서 쾌히 승낙하셨다. 그날 밤 반기사가 읊었던 시가 게송으로 전해져 내려오고 있다.

달 밝은 보름날 밤 몸과 입과 뜻 청정히 하기 위해
500의 비구들이 여기에 모였으니
번뇌의 굴레를 모두 다 벗어 놓고
윤회를 벗어난 성자들뿐이로다.
모두가 세존의 아들이고 법의 종자이니
누구도 허물을 말할 수 없네.
갈애의 화살을 빼어버린 우리들이
아! 세존을 우러러 예를 올리노라.

달 밝은 밤에 파르라니 삭발을 한 스님들이 붓다를 모시고 단정하게 앉아서 자신을 되돌아보는 의식을 가진다. 얼마나 장엄하고 감격스러운 장면이었겠는가? 붓다와 제자들은 하루 한 끼 탁발해서 밥 먹는 것 이외에는 오직 선정과 법담으로 하루를 보냈다. 그러다가 수시로 포살과 자자를 행하여 자신의 허물을 돌아보았다. 그 결과 뛰어난 아라한들이 수없이 배출되었던 것이다.

재가신자들의 육재일

포살은 출가승들이 한 달에 두 번 행하던 의식이었는데 이것이 나중에 발전하여 재가신자들의 육재일六齋日로 바뀌어졌다. 재일은

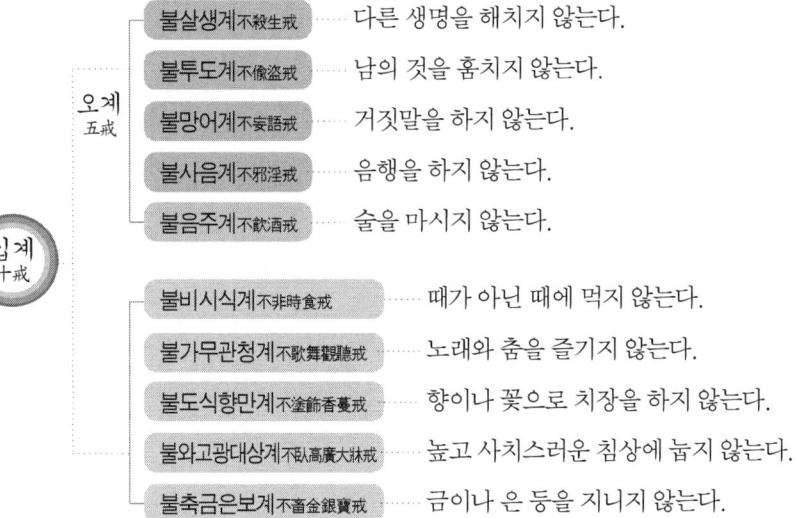

몸과 마음을 정결히 하고 근신하는 것이다. 그런 날을 한 달에 여섯 번 갖기 때문에 육재일이라고 한다. 이 날은 재가신자들도 하루 종일 출가자와 비슷한 생활을 했다.

재가신자들에게는 오계五戒를 주었다. 다른 생명을 해치지 않는 불살생계不殺生戒, 남의 것을 훔치지 않는 불투도계不偸盜戒, 거짓말을 하지 않는 불망어계不妄語戒, 음행을 하지 않는 불사음계不邪淫戒, 술을 마시지 않는 불음주계不飮酒戒. 이 다섯 가지 계는 재가신자는 누구나 지켜야 하지만, 강제적인 것은 아니었다. 계는 원래 자발적으로 지켜야 하는 것으로 신자들이 스스로 지킬 것을 맹세하면 된다. 육재일이 되면 재가신자는 오계에 삼계를 더한 팔계八戒를 지켰는데 불사음계는 불음계不淫戒로 대체되었다. 그렇기 때문에 부부생활도 육재일에는 금했으며, 승단에 음식도 공양하고 비구들의 설법을 듣기도 하면서 평소보다 훨씬 경건하게 지냈던 것이다.

이 날 출가자가 지켜야 할 계법을 팔재계八齋戒라고 하는데 여덟 가지의 계를 지키는 것을 말한다. 이것은 사미의 십계와 거의 같은 내용이다. 사미는 정식 비구가 되기 전의 어린 출가승을 말하는데, 불살생계・불투도계・불사음계・불망어계・불음주계의 오계 이외에도 때가 아닌 때에 먹지 않는 불비시식계不非時食戒, 노래와 춤을 즐기지 않는 불가무관청계不歌舞觀聽戒, 향이나 꽃으로 치장을 하지 않는 불도식향만계不塗飾香蔓戒, 높고 사치스러운 침상에 눕지 않는 불와고광대상계不臥高廣大牀戒, 금이나 은 등을 지니지 않는 불축금은보계不畜金銀寶戒 등 열 가지 계를 지켜야 한다.

팔재계는 이 가운데에서 불축금은보계를 제외한 아홉 가지에 불가무관청계와 불도식향만계를 합하여 한 가지로 하면 여덟 가지가 된다. 재가자는 재화를 축적하는 불축금은보계를 근본적으로 지키기 어렵기 때문에 제외했던 것이다. 이렇게 재가자가 한 달에 6일은 출가자와 마찬가지의 계를 지켜 사치를 떠나고 금욕 생활을 하는 것을 육재일이라고 했던 것이다.

코살라 국에서의 교화

수닷타 장자가 기원정사를 바치다

붓다께서 성도하신 다음 해부터 3년 정도에 걸쳐서 마가다 국을 중심으로 불교 교단의 기반이 확립되었다. 카사파 삼형제와 사리풋타, 목갈라나가 거느리고 온 제자들 등 1,250인의 비구 외에 빔비사라 왕을 비롯한 많은 민중들이 붓다께 귀의함으로써 불교 교단은 날이 갈수록 번창했다. 승단에서도 점차로 규율이 정비되면서 종교단체로서의 면모를 갖추어 나가게 되었다. 그 당시에는 불교처럼 법도가 있고 민중을 상대로 진리를 설하는 종교는 없었다. 빔비사라 왕이 붓다께 귀의하자 그 영향력은 참으로 컸다. 궁궐의 대신들과 여러 지도자들도 귀의를 했기 때문이다.

붓다께서 성도하신 직후 마가다 국의 라자가하로 오셔서 전도를 하시는 과정에 많은 일화들이 있다.

붓다께서 빔비사라 왕으로부터 죽림원을 보시 받기는 했지만 건물은 아직 없었다. 비구들은 그저 빈터나 나무 밑, 동굴 등에서 자고 적당한 곳에서 좌선을 하였다. 그러던 어느 날 라자가하의 칼란다카(Kalaṇḍaka)라고 하는 장자가 이른 아침에 죽림원에 갔더니 모든 비구들이 위엄 있는 몸가짐을 하고 좌선을 하고 있었다. 그것을 본 칼란다카 장자가 마음이 청정해지며 환희심이 일어나 "만일 제가 정사를 지어 바친다면 머물러 주시겠습니까?" 하고 여쭈었다. 이에 비구들은 "붓다께서는 정사에 머무르는 것을 허락하지 않으신다."고 대답하였다. 그때까지만 해도 나무나 숲, 동굴 등 자연환경을 이용하였으므로 건물이 필요하지 않았기에 굳이 정사를 짓지 않아도 된다고 생각하셨던 것이다.

그러나 그 장자는 붓다께 가서 자기의 뜻을 말씀드리고, 붓다의 허락을 받아냈다. 건물 안에서 수행을 하면 비바람이나 땅에서 올라오는 습기, 벌레나 나쁜 짐승 등으로부터 해를 입지 않아 수행에 도움이 될 것이라고 생각해서서 허락하신 것이다. 곧바로 칼란다카 장자가 육십여 개의 정사를 지어 붓다와 승단에 바침으로써 죽림정사가 탄생하게 되었다. 붓다께서도 우기 동안에는 죽림정사에 머무르시면서 이곳을 근거지로 삼아 교단을 확대해 나갔다.

이때 코살라 국의 수도인 사밧티에 수닷타(Sudatta)라는 장자가 살고 있었다. 수닷타는 굉장한 부자였고, 자비심이 많아 보시를 많이 하였기 때문에 아나타핀디카(Anāthapiṇḍika)라는 별명이 있었다. 한문경전에는 급고독給孤獨이라고 번역하였는데, 글자 그대로 의지할 데 없는 고아나 노인 등 고독한 사람에게 보시를 베푸는 사람이라는 뜻이다. 수닷타 장자는 라자가하에서 붓다께 정사를 지어 바친 칼란다카의 처남이었다. 어느 날 수닷타가 칼란다카 장자의 집에 갔는데,

붓다와 제자들의 초청 공양 준비로 매우 바쁘게 일하고 있었다. 말로만 듣던 붓다에 대한 소식을 듣고 수닷타는 칼란다카 장자에게 붓다를 뵙게 해 달라고 부탁했다.

그래서 다음날 아침 일찍 수닷타 장자는 붓다를 뵈러 죽림정사로 갔다. 마침 붓다께서는 좌선을 마치고 산책을 하고 계시다가 수닷타가 오는 것을 보고 "오라, 수닷타여." 하면서 부르셨다. 수닷타는 붓다께서 자기 이름을 부르시자 기뻐서 얼른 뛰어가 발아래 엎드려 오체투지五體投地하면서 "붓다시여, 간밤에 잘 주무셨습니까?" 하고 문안 인사를 드렸다. 그러자 붓다께서는 수닷타에게 이런 게송을 읊어주셨다.

> 탐욕을 멀리하여 마음에 더러움이 없는
> 깨달은 사람은 어디에 가든지 편안하게 잠든다.
> 모든 집착을 끊고 괴로움을 다스린다면
> 마음은 정숙해지고 조용하고 편안하게 잠든다.

그리고서 붓다께서는 수닷타 장자에게 시론, 계론, 생천론을 설해 주시고, 이어서 욕락의 재앙과 이것을 벗어나는 공덕을 설하셨다. 그리고 수닷타가 기쁜 마음을 일으키는 것을 보고 연기와 사성제에 대한 법을 설하셨다. 붓다의 말씀을 듣자마자, 법안을 얻은 수닷타는 붓다께 이렇게 말씀드렸다.

"묘한 일입니다. 붓다이시여, 예를 들면, 넘어진 것을 일으켜 세우시는 것과 같이, 가려져 있는 것을 벗기시는 것과 같이, 길 잃은 사람에게 길을 가리켜 주시는 것과 같이, 어둠 속에서 등불을 밝혀 눈 있는 자는 보라고 하시듯이, 붓다께서는 여러 가지 방편으로 법을 나타내어 보여 주셨습니다. 저는 이제 붓다와 붓다의 가르침과 승가에 귀의하겠습니다. 붓다께서는 저를 재가신자로 받아주십시오. 저는 오늘부터 목숨이 다할 때까지 귀의하겠습니다.

이 문구는 경전에 흔히 나타나는 정형화된 귀의문歸依文이다. 이렇게 해서 수닷타 장자는 붓다께 귀의하고 아울러 붓다와 여러 비구들을 초청하여 음식을 공양하였다. 그리고는 이번 우기에는 사밧티에 오셔서 지내셨으면 좋겠다고 청하였고, 붓다께서는 흔쾌히 승낙하셨다.

수닷타는 좋은 일을 많이 하는 유명한 부자였기 때문에 코살라국의 수도인 사밧티에는 아는 사람도 많고 신망이 두터웠다. 그래서 만나는 사람마다 "붓다께서 이 세상에 나타나셨다. 붓다께서 나의 청을 받아주시어 사밧티에도 오실 것이니 정사를 세우고 보시를 하라."고 하면서 붓다에 대해 알리고 다녔다. 그리고 붓다와 제자들이 머물 만한 정사를 세울 땅을 물색했다. 마을에서 멀지도 가깝지도 않으며 조용한 곳을 찾다보니 제타(Jeta)라는 왕자가 가진 숲이 아주 마음에 들었다. 제타 왕자를 찾아가 그 땅을 팔라고 했더니 왕자는 팔지 않을 심산으로 황금으로 숲을 전부 덮는다면 모르겠지만 그렇지 않다면 절대 팔지 않겠다고 대답했다. 그런데 수닷타는 그 넓은 숲에 황금을 가져다 깔기 시작했다. 이 소식을 들은 제타 왕자는 보통 일이 아니라고 생각하면서 그 연유를 물었다. 붓다를 위한 정사를 지을 것이라는 말을 들은 제타 왕자는 감동하여 자기도 그 일에 동참하게 해 달라고 하면서 땅을 보시했다.

이렇게 해서 제타 왕자의 땅에 정사가 세워지게 되었는데, 이것이 그 유명한 제타 숲의 아나타핀디카 동산 즉, 기수급고독원祇樹給孤獨園이다. 제타는 한자로 기수이며 수닷타의 별명인 아나타핀디카, 즉 급고독을 붙여서 기수급고독원, 줄여서 기원정사祇園精舍라고 한다. 사밧티 기수급고독원은 붓다께서 가장 오래 주석하시면서 금강경을 설하신 곳으로 유명하다. 이와 같이 불교 교단은 그 당시 두 강대국인 마가다 국의 수도인 라자가하의 죽림정사와 코살라 국의 수도인 사밧티의 기원정사를 근거지로 인도 전역으로 급속히 발전해 나갔다.

파세나디 왕, 붓다의 제자가 되다

사밧티의 기원정사는 라자가하의 죽림정사보다 규모가 크고 시설이 좋았다. 사리풋타가 지휘하여 완성하였다는 기원정사에는 붓다께서 거처하시는 향실香室과 요사채寮舍寨, 식당, 화장실, 목욕실 등의 시설이 잘 갖추어져 있었다. 그러나 대부분의 비구들은 나무 밑이나 동굴 등에서 지내며 우기 이외에는 잘 지내지 않았다.

기원정사의 건립 연대는 정확하지 않지만 붓다께서 처음으로 우기를 보낸 것은 성도 후 14년 되던 해였다. 정사는 그보다 훨씬 이

전, 즉 성도하시고 4, 5년이 채 안 된 시기에 지어졌던 것으로 보인다. 그 후 성도 20년이 지난 뒤부터는 붓다께서 대부분의 우기를 이곳에서 보내셨다. 사밧티 교외에 동원정사東園精舍가 있었다고 하나 규모는 기원정사보다 작았다고 한다.

붓다께서는 마가다 국에서의 교화가 어느 정도 성공하자 새로운 교화의 중심지로 코살라 국을 선택하셨다. 붓다께서 바라나시에서 우루벨라로 돌아오시다가 소풍을 나온 30여 명의 젊은이들을 교화하신 적이 있었는데, 이들은 코살라 인들로서 출가 후에 코살라 국의 서쪽 지방으로 교화하러 갔으나 영향력이 수도인 사밧티에까지는 미치지 못했던 모양이다. 그래서 사밧티에 기원정사가 세워지자 사리풋타가 붓다보다 앞서 그곳에 가서 교화를 하였다. 사밧티의 외도들은 불교와 같은 새로운 종교가 들어오는 것에 대해 무척 민감한 반응을 보이며 반박을 했다. 그들은 사리풋타를 상대로 여러 가지 논쟁을 걸어왔다. 하지만 브라만의 학문에 정통한데다 불교의 진리를 꿰뚫고 있던 지혜제일 사리풋타에게 완패당할 수밖에 없었다. 사리풋타는 이러한 기회를 통하여 불교 교리를 널리 알리게 되었고, 많은 신자들이 생겨났다. 붓다께서 코살라 국으로 오시기 전에 사리풋타가 주춧돌을 다져놓았던 것이다.

당시 코살라 국에는 브라만과 육사외도를 비롯한 새로운 사문 집단들이 세력을 떨치면서 일부는 파세나디(Pasenadi) 왕의 지지를 얻고 있었다. 파세나디 왕은 코살라의 유명한 브라만들을 초청하여 제사를 지내기도 했는데, 신앙심이 있어서라기보다는 단지 옛날부터 내려오던 관습을 이행한 것이었다. 또한 나라에서는 브라만들에게 높은 자리와 면세 혜택이 있는 땅을 주었기 때문에 브라만들은 풍족한 생활을 누렸고, 사회적인 영향력도 컸다. 사밧티는 특히 막칼리 고살라가 이끄는 사명파邪命派의 중심지였다. 코살라 국의 왕비 말리카(Mallikā)는 이들 외도들에게 말리카 동산이라는 원림을 바치기도 할 정도였다. 말리카 왕비는 나중에 독실한 불교신자가 되었다.

이러한 환경 속에서 비교적 젊은 사카무니 붓다께서 이 지역에 진출하기는 쉽지 않았을 것이다. 그러나 불교가 점차 민중들의 지지를 받게 되자 외도들은 '붓다의 가르침은 자기들의 가르침의 일부에 지나지 않는다'고 선전하였다. 불교의 확산을 저지하기 위해서 붓다와 논쟁도 하고 신통력을 겨루기도 했지만 늘 완패하였다.

어떤 경전에서는 보름간에 걸쳐서 이들 외도들과 신통력 겨루기를 하셨다는 기록도 있다. 예를 들어, 붓다께서 당신과 같은 몸을 무수하게 나투셨다가 또 갑자기 하나의 모습으로 만들고는 마치 새처럼 공중을 날다가 땅으로 숨기도 하고 물 위를 걷기도 했으며 몸을 커다란 불꽃처럼 만들기도 하고 물기둥을 내뿜는 것처럼 하면서 외도들을 압도하셨다고 한다. 이러한 이야기는 지금도 인도의 여러 사원에 벽화나 조각으로 형상화되어 있다. 중국 당나라의 유명한 현장玄奘 스님이 인도를 여행하고 쓴 『대당서역기大唐西域記』에 의하면 이때 외도들에게 신통력을 보였던 것은 사리풋타였다고도 한다.

어쨌든 이 일로 해서 붓다의 명성은 사밧티를 중심으로 더욱 높아지고 불교는 나날이 발전하게 되었다. 물론 육사외도를 비롯한 이교도들의 권위는 점점 약해졌다. 신통력으로도 논쟁으로도 이길 수 없게 되자 외도들은 최후의 수단으로 붓다를 모함하였다. 외도들은 몸을 파는 친치야라는 미녀를 매수하여 사밧티 사람들이 기원정사에서 붓다의 설법을 듣고 나올 때 이 여자를 기원정사로 들어가게 했다. 다음날이 되어 사람들이 기원정사로 올 때에 이 여자는 반대로 기원정사에서 나오는 것이었다. 그리곤 사람들에게 간밤에 붓다와 같이 잤다고 말했다.

이렇게 몇 달을 반복하자 사밧티 사람들은 붓다를 의심하기 시작했다. 그리고 이 여자는 어느 정도의 기간이 지나자 천으로 아랫배를 불룩하게 감고 임신한 것처럼 꾸미고 붓다의 아이를 가졌다고 하였다. 이렇게 해서 또 8, 9개월이 지나자 나무로 만든 둥그런 것을 배에 감고 곧 출산을 할 것같이 꾸미고는 붓다께서 설법하시는 곳에 나타났다. 그리고는 비구들과 많은 재가자들 앞에서 "입으로는 그럴듯한 말을 하면서 나를 이렇게 임신시켜 놓고는 아는 체도 하지 않느냐?"고 욕하면서 붓다에게 대들었다.

그러자 붓다께서는 "그대의 말이 진실인지 아닌지는 나와 당신만이 아는 것이다."라고 하시면서 의연하게 계셨다. 그런데 그때 이 여자가 배에 감추었던 둥근 나무토막의 끈이 끊어지면서 땅바닥에 떨어졌다. 이로 인해서 그 여자가 거짓말을 했다는 것이 만천하에 드러났고 붓다의 명성은 오히려 더욱 높아졌다.

붓다를 모함하는 데에 실패하자 외도들은 이번에는 더 끔찍한 일을 저질렀다. 이들은 순다리라는 몸 파는 여자를 고용해서 붓다와 관계가 있는 것처럼 꾸몄다. 그리고 이 여자를 죽여서 그 시체를 기원정사 근처의 도랑에 감추어 두고는 국왕에게 이러이러한 여자가 보이지 않는다고 고발했다. 국왕의 명령으로 수색을 했더니 그 여자의 시체가 기원정사 근처의 도랑에서 발견되었다. 이들은 그 여자의 시체를 끌어올려 쳐들고 사밧티를 돌면서 시위를 했다. 비구들이 이 여자를 죽였다고 헛소문을 퍼뜨리면서 비구들은 입으로는 선행을 말하면서도 실제로는 이런 일을 저지른다고 비난했다.

그러자 사밧티 사람들은 그 말을 정말로 믿고 다음날 비구들이 탁발을 나가자 모두 냉대했다. 비구들이 이 사실을 붓다께 말씀드리자 붓다께서는 "내버려 두어라, 7일만 지나면 그러한 비난은 사라질 것이다."라고 말씀하셨다. 과연 7일이 지나자 그러한 일이 거짓이었다는 것이 판명되었고, 붓다와 불교 교단은 더욱 존경을 받고 사람들의 신망을 얻게 되었다. 외도들의 온갖 훼방은 그들의 명예만 실추시키고 불교는 도리어 이를 계기로 코살라 국에서 자리를 잡게 되었다.

기원정사가 지어지고 얼마 되지 않았을 때 코살라 국의 파세나디 왕이 불교에 대한 소문을 듣고 처음으로 기원정사에 계시는 붓다를 방문하였다. 그런데 직접 붓다를 뵙고 보니 붓다가 젊으신 것을 보고 놀랐다. 붓다께서 성도하신 지 얼마 되지 않았기 때문에 아직 30대였던 것이다. 파세나디 왕은 붓다를 보고 이렇게 물었다.

"세존이시여, 당신은 최고의 깨달음을 얻었다고 하는데 사실입니까?"

아마 나이가 지긋한 도사의 모습을 생각하다가 뜻밖에 너무나도 젊은 붓다를 뵙자 설마 이 분이 그런 최고의 진리를 깨달았을까 하는 의문이 들었던 것이다.

그러자 붓다께서 대답하셨다.

"대왕이시여, 그렇소. 만약 지금 세상에 최고의 깨달음을 얻었다고 하는 이가 있다면 그 사람은 바로 나요."

붓다의 대답을 듣고도 파세나디 왕은 말도 안 된다는 듯이 이렇게 반문했다.

"세존이시여, 많은 제자들을 거느리고 사람들로부터 존경을 받으며 세상에 명성이 알려진 사문이나 브라만이 적지 않습니다. 예를 들면, 푸라나 카사파나 막칼리 고살라, 혹은 니간타 나타풋타 같은 이들이 그러한 사람들입니다. 그런데도 그들에게 최고의 깨달음을 얻었는가라고 물어보면 아직도 얻지 못했다고 합니다. 그런데 고타마 당신은 나이도 어리고 출가한 지도 얼마 되지 않았는데 어찌 최고의 깨달음을 얻었다고 할 수 있습니까?"

그 당시 유명한 나이가 지긋한 육사외도들도 아직 최고의 깨달음을 얻지 못했다고 하는데, 어떻게 어린 당신이 깨달을 수 있겠느냐는 파세나디 왕의 힐문에 붓다께서는 이렇게 말씀하셨다.

"대왕이시여, 젊다고 해서 경시해서는 안 되오. 세상에 어리지만 경시할 수 없는 것이 네 가지가 있소. 대왕이시여, 크샤트리아는 젊다고 해서 경시해서는 안 되오. 뱀은 작다고 해서 경시해서는 안 되오. 불은 약하다고 해서 경시하면 안 되오. 또한 비구가 젊다고 해서 경시하면 안 되오."

이 말을 들은 파세나디 왕은 붓다께 승복하고 설법을 들었다. 붓다께 귀의한 파세나디 왕은 생애를 마칠 때까지 독실한 불교신자로서 불교 발전에 기여하였다. 마가다 국의 빔비사라 왕과 함께 코살라 국의 파세나디 왕도 붓다께 귀의함으로써 불교 교단은 더욱 발전하게 되었다.

수많은 브라만들이 귀의하다

사캬무니 붓다께서 코살라 국의 이챠난가라(Icchānaṅgala)라는 브라만 마을에 계실 때였다. 이 마을은 코살라 국 제일의 브라만인 포카라사티(Pokkharasāti)의 소유였다. 포카라사티는 국왕으로부터 여러 마을을 하사 받고 많은 제자들을 거느리면서 풍족한 생활을 하고 있는 세력가였다.

붓다께서 코살라 국에 오셔서 많은 사람들이 불교에 귀의하였고, 붓다에 대한 소문이 이 브라만의 귀에까지 들어갔다. 붓다께서 자기의 소유인 이챠난가라에 오셨다는 소문을 듣고 포카라사티 브라만은 붓다가 정말 소문대로 훌륭한 분인지 시험을 해 봐야 되겠다고 마음먹었다. 자기 제자 가운데에서 가장 젊고 똑똑하며 패기 있는 암바타(Ambaṭṭha)라는 사람을 보내어 붓다를 시험하였다. 브라만으로서의 자만심으로 똘똘 뭉친 암바타는 붓다께 무례한 태도를 보이면서 사캬 족과 같은 미천한 가문의 사람에게는 이 정도의 대우도 과분하다는 투로 말을 걸었다.

붓다께서는 이러한 암바타를 보고 옛날의 전설을 들어 사캬 족의 조상은 브라만의 조상보다 우수하며 사캬 족은 브라만의 주인이었다고 말씀하신 다음, 브라만의 조상은 노예이면서도 수양과 미덕을 쌓아 사람들의 존경을 받음으로써 브라만이 되어 그 덕이 오늘날까지도 미치고 있다고 하셨다. 그리고 요즘의 브라만들은 옛날의 브라만들처럼 성전聖典을 만들고 연구한다거나 수양을 쌓지 않고 권위를 내세우며 형식과 세속적인 데에 치중한다고 엄하게 나무라셨다. 또 이렇게도 말씀하셨다.

"그대의 스승은 머리 깎은 미천한 사문이 베다에 정통한 브라만과 대거리할 수 있는가라고 하면서 무시하지만, 그대의 스승은 파세나디 왕에게 공양을 받고 있는가? 그대의 스승은 왕과 대면하는 것조차 허락받지 못한다. 왕이 그대의 스승과 말을 할 때는 장막을 가리고 한다."

그 당시에 붓다께서는 파세나디 왕의 절대적인 지지를 받고 계셨기 때문에 암바타 청년의 스승인 포카라사티 브라만과는 달리 국왕의 무상사無上師로서 직접 대면하여 국왕을 지도하고 있다는 것을 빗대어 말씀하셨던 것이다. 그리고는 암바타에게 불교의 여러 가지 이치를 설명해 주었다. 암바타는 더 이상 할 말을 잃고 스승인 포카라사티에게 가서 자기가 보고 느낀 대로 붓다에 대한 얘기를 해 주었다. 포카라사티는 제자를 질책하면서 쫓아버리고는 스스로 검증해 보기 위해서 직접 붓다를 찾아갔다. 붓다께 여러 가지 질문을 하며 대들었으나 붓다의 논리 정연함과 인품에 감화되어 제자의 말이 거짓이 아니었다는 것을 깨달았다. 포카라사티는 다음날 아침 공양에 붓다를 초대하여 설법을 듣고 그 자리에서 법안을 얻었다고 한다.

포카라사티 외에도 권세 있는 브라만들이 붓다의 설법을 듣고 불교에 귀의했으나 사회적인 체면이나 가계의 계승 등이 문제가 되어 출가하는 사람들은 그리 많지 않았다. 그러나 이들은 재가신자로서 불교 교단에 적극 협력했으며, 또 이들의 사회적 영향력 덕분에 코살라에서의 포교도 성공적으로 이루어질 수 있었다.

사캬족에 대한 교화

친족을 교화하다

붓다께서 위없는 큰 깨달음을 이루신 뒤 수많은 출가제자들이 생겼다. 또한 마가다 국의 빔비사라 왕을 비롯하여 재가신도들이 수도 없이 귀의함으로써 붓다의 명성은 점점 널리 퍼져 나갔다. 이 소식이 붓다의 고향인 카필라바스투에도 전해져서 부친인 숫도다나 왕(정반왕)도 매우 기뻐하면서 여러 차례 사람을 보내어 붓다께 고향을 방문해 달라고 간청하였다. 사캬 족에게도 붓다의 가르침을 베풀어주면 좋겠다는 것도 있었지만, 모든 사람들이 존경해 마지않는 붓다가 된 아들을 만나보고 싶은 생각도 컸을 것이다.

그런데 사신으로 붓다를 찾아뵈었던 사람들마다 뵙자마자 붓다의 인격에 감화되어 본인들의 임무는 잊어버리고 모두 출가하여 카필라바스투로 돌아오지 않았다. 그래서 숫도다나 왕은 붓다의 어릴 적 친구였던 우다이(Udāyi)를 사자로 보내면서 절대 출가하지 말고 꼭 붓다를 모시고 카필라바스투로 돌아오라고 신신당부하였다. 그러나 우다이도 붓다의 설법을 듣고는 너무 감격해서 그 자리에서 출가를 해 버렸다. 그 후 우다이는 수행에 너무 열중한 나머지 자기가 거기에 왜 왔는지도 잊어버렸다. 그런데 나중에 생각이 나서 늦게나마 붓다께 슛도다나 왕이 자기를 보낸 이유를 말씀드리고, 고향 방문을 허락받았다.

마침내 붓다께서는 많은 제자들을 이끌고 카필라바스투로 가셨다. 고향을 처음으로 방문하신 것에 대해 시기가 정확하게 일치하지는 않지만 성도하신 지 5, 6년이 지나서였으니, 출가한 지 10여 년이 지난 뒤였던 것으로 추측된다. 붓다께서는 우선 카필라바스투 교외의 니그로다 숲에 머무르시며 성안으로 탁발을 갔다. 붓다께서 오셨다는 소식을 듣고 슛도다나 왕은 신하들을 이끌고 마중을 나갔다.

그런데 붓다께서 소박한 차림으로 탁발을 다니시는 것을 보고 반갑기도 하면서 못마땅해 했다. 붓다를 길에서 만난 슛도다나 왕은 붓다께 자신의 재력으로 수천 명의 제자들을 언제까지나 공양할 수 있는데 어째서 왕족의 체면을 손상시키면서 걸식을 하느냐고 나무랐다. 가문의 명예를 떨어뜨리는 행동을 제발 삼가 달라고 하는 슛도다나 왕에게 붓다께서는 탁발은 우리 가문의 오래된 전통이라고 대답하셨다. 우리 가문에 어디 탁발하는 사람이 있었느냐고 반문하는 슛도다나 왕에게 붓다께서는 사캬 족의 가문을 말하는 것이 아니라 출가사문의 가문을 말하는 것이라고 대답하셨다.

슛도다나 왕은 이제는 만인이 우러러보는 붓다가 된 아들이 너무 엄숙하고 훌륭해 보여 함부로 말을 붙이기도 어려웠다. 슛도다나 왕은 붓다가 된 아들에 대하여 한편으로는 자랑스럽고 한편으로는 아들을 잃은 것 같은 묘한 감정에 휩싸였다. 사캬 족은 자신들을 아주 훌륭한 가문으로 생각하였기에 매우 자존심이 강했으며 명예를 소중히 여겼다. 붓다께서 많은 제자들을 거느리고 고향을 방문했지만 처음부터 진심으로 붓다를 존경하고 예배하지 않았다. 붓다께서는 이들을 상대로 어려운 이야기를 해 봤자 잘 들으려고도 하지 않을 것 같아 여러 가지 신통을 보여주셨다고 한다. 그제야 관심을 보이기 시작한 이들에게 시론, 계론, 생천론의 삼론을 설해주시고, 이들에게 신심이 생기자 연기와 사성제에 대한 교리를 말씀해 주셨다. 그렇게 해서 붓다의 사촌 일곱 명이 나란히 출가하게 되었다.

사캬무니 붓다를 모시면서 늘 수행하여 '다문제일多聞第一'로 일컬어지는 아난다(Ānanda)도 붓다의 사촌형제였다. 또 붓다의 배 다른 형제, 즉 붓다를 키워준 이모이자 양모인 마하파자파티 왕비의 아들 난다(Nanda)도 출가하였다. 난다는 이때 이미 태자의 지위를 이어받고 있었는데, 붓다께서는 난다를 보자 다짜고짜 머리를 깎아 출가시켰다. 난다는 라훌라 대신 왕위를 이어 받게 된 데 대해 내심 미안한 생각이 들어 붓다께서 삭발을 시켜도 크게 저항하지 못했던 것 같다. 난다는 순다리(Sundarī)라는 미인과 막 결혼할 참이었는데 붓다께서 억지로 출가를 시켜버린 것이다.

순다리가 보고 싶어 수행도 제대로 하지 못하는 난다에게 붓다께서는 신통력으로 화상을 입은 볼품없는 암원숭이를 보여주고 순다리와 원숭이 중에 누가 더 예쁘냐고 물었다. 난다는 당연히 순다리가 더 예쁘다고 대답했다. 이에 붓다께서는 난다에게 500명이나 되는 천녀天女들을 보여주고, "순다리와 천녀들 중에서 누가 더 예쁘냐?"고 물었다. 난다는 "천녀의 아름다움은 순다리와는 비교도 안 됩니다. 마치 순다리와 암원숭이를 비교하는 것처럼 천녀의 아름다움이 훨씬 뛰어납니다."라고 대답했다. 붓다께서는 천녀들을 주면 열심히 수행하겠느냐고 물었다. 난다는 붓다의 말씀을 듣고 기뻐하면서 열심히 정진하였다.

　사람들은 처음에는 난다의 변화를 보고 무척 놀랐으나 난다가 천녀를 얻기 위해 수행한다는 것을 알고는 돈을 벌기 위해 일하는 품팔이와 다를 게 없다고 비난했다. 어떤 이익을 위해서 수행하는 것은 참된 수행이 아니라는 비난을 받게 되자, 난다는 점차 자신의 잘못을 깨닫게 되었다. 그때부터 열심히 수행해서 마침내 아라한의 깨달음을 얻었다. 그리고는 붓다께 처음의 약속을 취소해 달라고 간청했다. 이 이야기는 붓다의 신통력으로 난다가 깨달음의 길에 들어서는 과정을 잘 말해 주고 있다.

　일반인들에게 시론, 계론, 생천론의 삼론으로 불도에 이끄는 것과 마찬가지로 붓다께서는 난다에게도 처음에는 천녀의 유혹으로 수행의 길에 들어서게 했지만 점차 스스로 반성케 하고, 더욱 높은 경지로 이끄셨던 것이다. 다른 사람들은 태자의 신분으로 최고의 미인과 결혼하게 된 난다를 가장 행복한 사람이라고 생각했지만, 붓다께서 보시기에는 완전한 행복이 아니었기 때문에 난다에게 출가하여 깨달음의 길로 들어서게 하셨던 것이다.

하층민들도 붓다의 제자가 되다

아들 라훌라와 친족뿐만 아니라 사캬 족의 수많은 젊은이들 또한 붓다의 법문을 듣고 출가하게 되었다. 처음에는 반신반의하던 사람들도 붓다를 한번 뵙고 나면 그 인품과 논리 정연한 설법에 감화되어 그 자리에서 출가를 원했다.

붓다의 사촌들이 출가할 때 이발사였던 우팔리(Upāli)도 출가하였다. 우팔리는 출가해서 계율을 워낙 잘 지켰기 때문에 '지계제일持戒第一'로 불리어졌으며 붓다의 십대제자의 한 분이 되었다. 그 당시에 이발사는 천민계급에 속하였는데, 붓다께서는 우팔리를 자기의 사촌들보다 먼저 출가하게 하였다. 그 당시 출가승들의 법도에는 하루라도 먼저 출가한 사람이 상좌에 앉게 되어 있었기에 천민인 우팔리가 주인이며 왕족이었던 사람들의 사형師兄이 되었다. 붓다께서는 오만한 사캬 족의 마음을 고치기 위해서 일부러 그렇게 하셨던 것이다. 그 당시 이러한 법도는 매우 파격적인 일이었다. 엄격한 계급제도의 사회에서 세속의 지위나 계급, 직업 등에 상관없이 누구나 평등하게 대하는 단체는 불교 교단밖에 없었다. 붓다께서는 이렇게 말씀하셨다.

불법은 바다와 같다. 백 가지 강물이 흘러들어도 하나의 바닷물이 되듯이 네 가지 계급이 불법 속에 흘러들면 모두가 하나가 된다.

불교에서는 인간의 가치를 오직 그 사람의 행위에 둔다. 행위에 따라서 천한 사람도 되고 성자도 되는 것이지 계급이나 태생은 그다지 의미를 두지 않았다. 그리고 불교에서는 브라만교와 같이 상층계급만을 대상으로 법을 설하는 것이 아니라 모든 사람에게 평등하게 진리의 말씀을 전해 주었다. 붓다께서는 사람뿐만 아니라 살아 있는 모든 것에게 자비를 베풀어야 한다고 가르치셨다. 그렇기 때문에 출가를 하는 데도 계급이나 태생을 따지지 않으셨던 것이다. 또한 붓다께서는 하층민들의 삶이 더 괴롭고 고달프다는 것을 감안하여 그들에게 설법을 하실 때에는 어려운 말을 쓰지 않으셨다. 귀족들만 쓰는 산스크리트어를 쓰지 않고 민중들이 쓰던 말로 설법을 하셨던 것이다. 제자들에게도 그 지방에 가면 그 지방 사람들이 알아들을 수 있는 말로 가르치라고 하셨다.

십대제자

사리불舍利佛(Sāriputta)	지혜제일智慧第一
목건련 혹은 목련目犍連=目連(Moggallāna)	신통제일神通第一
마하가섭摩訶迦葉(Mahākāśyapa)	두타제일頭陀第一
수보리須菩提(Subhūti)	해공제일解空第一
부루나富樓那(Pūrṇa)	설법제일說法第一
가전연迦旃延(Kātyāyana)	논의제일論議第一
아나율阿那律(Anārtha)	천안제일天眼第一
우바리優婆離(Upāli)	지계제일持戒第一
라훌라羅睺羅(Rāhula)	밀행제일密行第一
아난다阿難陀(Ānanda)	다문제일多聞第一

붓다의 이러한 정신을 오늘에 되살려야 한다. 대중들이 불교와 멀어지는 원인 가운데 하나가 어려운 한문경전이 많은 탓도 있고, 불교를 마치 유식한 사람의 전유물처럼 쉽게 풀어쓰지 않는 탓도 있다. 붓다의 말씀이 어려워 일반 대중들이 못 알아듣는다면 불교의 존재 이유가 없어진다. 공부를 많이 하면 어려운 말도 쉽게 풀어 쓸 수 있는데, 어설프게 공부했기 때문에 불교를 어렵게 전달하고 있는 것이다. 어려운 베다어로 설법하지 말고 민중들이 이해할 수 있는 쉬운 마가다 말로 설법하라는 붓다의 말씀은 오늘날의 불교 지도자들이 반드시 귀담아 들어야 할 말씀이다.

사캬족 여성들의 출가

붓다께서는 부친인 숫도다나 왕(정반왕)이 노쇠해서 병환 중이라는 소식을 들었다. 부친의 수명이 얼마 남지 않았다는 것을 아시고 고향인 카필라바스투로 향하셨다. 숫도다나 왕은 붓다께 마지막 법문을 청했다. 붓다께서는 부친을 위하여 설법을 하신 후 손을 잡고 말씀하셨다.

"모든 근심을 푸시고 아무 일도 걱정하지 마십시오. 제가 지금까지 말씀드린 것을 생각하시면서 마음을 평안히 가지십시오."

그러자 숫도다나 왕은 이렇게 말했다.

"이제야 나는 행복하다고 생각한다. 나의 아들이 붓다가 되어 살아 있는 동안에 찾아와 죽어가는 것을 지켜보고 있다. 나보다 더 행복한 사람은 없다. 나는 이제 아무 미련도 없다."

　이러한 말을 남기고 편안하게 눈을 감았다. 이때 붓다와 출가한 난다와 라훌라, 아난다 외에도 많은 친족이 임종을 지켜보았다. 붓다께서는 비통해 하는 이들에게 인생의 무상함을 설하셨다. 그리고 손수 향수를 가지고 부친의 시신을 닦고 관에 넣었다. 붓다와 난다는 관의 앞쪽을 메고 아난다와 라훌라는 관의 뒤쪽을 메고 화장장으로 갔다. 카필라바스투의 많은 백성들은 이러한 광경을 보고 모두 엎드려 절을 하고 눈물을 흘렸다.

　며칠 후 붓다께서 카필라바스투 근처의 니그로다 숲에 머무르고 계셨다. 이모이자 붓다를 길러주신 양모인 마하파자파티가 500명이나 되는 사캬 족의 여인들을 데리고 붓다를 찾아뵈러 왔다. 마하파자파티는 손수 지은 가사 두 벌을 붓다께 바치고 출가를 허락해 달라고 했다.

　"옛날부터 여러 붓다께서는 여인의 출가를 허락하지 않았습니다. 여자는 집에 있으면서 출가하지 않고도 열심히 정진하여 업을 닦으면 바른 깨달음을 얻을 수 있습니다. 여러분들도 그렇게 하시는 것이 좋을 것입니다."

　붓다께서 단호히 거절하셨는데도 마하파자파티는 거듭하여 간청하였다. 붓다께서 계속 거절하시자 마하파자파티는 울음을 터뜨렸고 이를 본 500명이나 되는 여인들도 모두 따라서 울었다. 그렇게 출가시켜 달라고 하다가 이들이 궁으로 돌아가자 붓다께서는 곧바로 코살라 국의 기원정사로 돌아오셨다. 이 소식을 들은 마하파자파티와 500명의 여인들은 머리를 깎고 가사를 걸치고 붓다를 따라서 기원정사를 찾아왔다. 마침 아난다가 정사에서 나오다가 발에는 피가 흐르고 말할 수 없이 초췌해진 이들과 마주치게 되었다. 마하파자파티는 아난다에게 출가 허락을 받아달라고 눈물을 흘리면서 부탁하였다. 마하파자파티의 주름진 얼굴을 보고 마음이 움직인 아난다는 붓다께 간곡히 청했다. "붓다를 길러주신 어머니가 저렇게 목숨을 걸고 먼 길을 왔는데 만약 들어주시지 않는다면 어떤 일이 일어날지 모르겠습니다."고 하면서 애원하였다.

그러나 붓다께서는 여인은 승단에 둘 수가 없다고 말씀하셨다. 그래서 아난다가 붓다의 가르침에 남녀의 구별이 어디 있느냐고 여쭈었다. 붓다께서는 가르침에 남녀의 구별은 없지만 승단에 여자가 들어오는 것은 마치 기름진 밭에 나쁜 풀이 나는 것처럼 수확에 지장이 있을 것이라고 말씀하셨다. 아난다가 다시 붓다께 키워주신 어머니인 마하파자파티를 버리실 것이냐고 눈물을 흘리면서 간청했다. 붓다께서는 결국 마하파자파티와 500명의 사캬 족 여인들을 불러 놓고 여인들이 승가에 들어오려면 팔경계八敬戒를 지켜야 한다고 말씀하셨다.

첫째, 비구니는 보름마다 비구들 가운데에서 가르침을 받을 스승을 찾아야 한다.
둘째, 비구니는 비구가 없는 곳에서 안거를 해서는 안 된다.
셋째, 안거를 마친 비구니는 비구와 비구니가 있는 곳에서 포살과 자자를 하고 훈계를 받아야 한다.
넷째, 정학녀正學女[1]는 2년을 수행하며 계를 지킨 다음 대중을 따라 구족계를 받아야 한다.

다섯째, 비구니는 비구를 비방하거나 꾸짖지 못하며 속인들 앞에서 비구의 파계나 허물을 말해서는 안 된다.

여섯째, 비구니는 비구의 죄를 들어 허물을 꾸짖지 못한다. 그러나 비구는 비구니의 허물을 꾸짖을 수 있다.

일곱째, 비구니가 승잔죄僧殘罪[2]를 범하면 보름 동안 참회하고 벌을 받아야 하며 대중에게 죄의 용서를 받아야 한다.

여덟째, 비구니는 계를 받은 지 백 년이 되어도 새로 수계한 비구를 보면 일어나 맞이하고 예배해야 한다.

이와 같은 여덟 가지 계를 지켜야 출가를 허락할 수 있다는 붓다의 말씀을 듣고 마하파자파티와 500명의 여인들은 기꺼이 그러겠다고 맹세하였다. 까다로운 조건을 붙여 출가를 막으려 했지만 이들이 모두 팔경계를 준수하겠다고 맹세를 하자 마침내 여성들의 출가를 허락하셨다. 붓다께서 여성의 출가를 말리신 것은 여러 가지 이유가 있다.

첫째, 붓다의 말씀처럼 비구들의 승단에 여성들이 들어오면 수행에 방해가 되는 것은 사실이다. 무수한 세월에 걸쳐서 잠재의식에 훈습된 것은 쉽게 고쳐지지 않는다. 인간이 외로움을 느끼고 남녀 간에 정이 싹트는 것은 본능이라 할 수 있다. 그래서 남녀가 함께 생활

---

1) 정학녀正學女: 식샤마나(śikṣamāṇā)라고도 하며 비구니가 되기 위하여 18세에서 20세가 될 때까지 따로 법과 계를 받드는 단계의 예비 비구니, 즉 사미니를 말함.
2) 승잔죄僧殘罪: 참회하면 승단에 남아 있을 수 있는 비교적 가벼운 죄.

하게 되면 불미스러운 일이 일어나기 쉽다. 또한 남녀 간의 애정이 얽히게 되면 마음이 한 곳에 모아지기 어렵고, 미워하고 질투하는 감정들이 우후죽순처럼 돋아나와 수행에 장애가 된다. 붓다께서는 이러한 점을 가장 우려하셨을 것이다.

여성의 출가를 반대하셨던 또 다른 이유는 비구니들만 모여 있을 때 강도와 도둑 등 외부로부터의 침입이나 위험에 대한 방비가 어려운 점 때문이다. 그래서 붓다께서는 여성들의 출가를 허락하시면서 비구 가운데에 스승을 찾고 반드시 비구가 있는 곳에서 안거를 하라고 조건을 붙이신 것이다. 이는 위험에 노출되기 쉬운 비구니들을 비구들이 보호하도록 하기 위한 조치로 보인다.

또 한 가지 이유는 여성들이 남성들보다 감성적이고 정에 약하기 때문에 수행에 전념하기 어렵다고 보셨다. 단체 생활이나 대중 지도는 감성보다는 이성적 판단이 더 중요시되기 때문에 이러한 점도 고려하셨던 것이다. 팔경계를 보면 대체로 남성인 비구에게 권한을 준 것처럼 보인다. 비구의 허물을 들추거나 꾸지람하지 못한다고 하신 것, 비구니는 계를 받은 지 백 년이 되어도 새로 수계한 비구를 보면 일어나 맞이하고 예배해야 된다고 하는 것 등은 매우 심한 남녀차별처럼 보인다.

하지만 이것은 붓다께서 처음부터 여성들의 출가를 막기 위한 구실로 팔경계를 만들었기 때문이다. 경전에 보면, 붓다께서는 수행에 있어서 남녀 차별이 없다고 분명히 말씀하셨고, 사소한 계율에 얽매이지 말라고 하셨다. 그런데 2,500년 전에 여성들이 출가할 때의 상황을 고려하지 않고 비구니스님들을 차별하는 풍토가 있다. 이는 붓다의 참뜻을 모르는 잘못된 태도라고 할 수 있다.

붓다의 중재로 평화를 찾다

붓다께서는 고향을 여러 번 방문하셨던 것으로 추측된다. 사캬 족과 콜리야 족의 분쟁에서 중재를 한 붓다를 뵙고 500명이나 되는 사캬 족의 자제들이 출가했다고 한다.

붓다께서 고향을 방문하셨을 때 마침 가뭄이 들어 사캬 족과 이웃나라인 콜리야 족 사이에 흐르는 로히니 강물의 관개문제로 두 종족이 유혈충돌 직전에까지 이르렀다. 물을 먼저 끌어 쓰려다가 두 나라 사이에 싸움이 일어났던 것이다. 이 소식을 들은 붓다께서는 이들을 찾아가 타이르시고 화합하게 만드셨다. 먼저 붓다께서는 물과 사람의 목숨 중 어느 것이 더 중요한가를 물으셨다. 그리고서 이러한 비유를 들어 말씀하셨다.

어느 날 사자가 큰 나무 밑에 누워 있었는데 바람이 불어 열매가 떨어져서 사자의 얼굴을 때렸다. 그래서 사자는 이 나무를 한번 혼내 주려고 마음먹고 있었는데 며칠 있다가 한 목수가 수레바퀴를 만들 목재를 구하러 산에 왔다. 사자는 그 목수에게 저 나무가 바퀴로 쓰기에 좋을 것이라고 말했다. 목수는 사자의 말대로 그 나무를 베었더니 쓰러진 나무가 목수에게 바퀴에 사자 가죽을 대면 참 질길 것이라고 속삭였다. 그래서 목수는 사자도 잡아 죽였다고 한다.

사캬 족과 콜리야 족의 싸움은 서로에게 득이 될 것이 없다는 붓다의 말씀 덕분에 사캬 족과 콜리야 족은 서로 화해하고 사이좋게 물을 끌어다 쓰게 되었다. 이 일로 해서 사캬 족과 콜리야 족의 사람들은 붓다의 인품과 지혜로움을 존경하게 되었고, 500명이나 되는 젊은이들이 출가했다고 한다. 이후에도 붓다께서는 고향 사람들을 많이 출가시켰다. 나중에는 양모인 마하파자파티와 아내인 야쇼다라까지도 출가했다. 이렇게 가족과 친지는 물론이고 고향사람들이 어려운 구도의 길로 들어선 것은 붓다와 붓다께서 설하신 진리에 대한 절대적인 믿음 때문이었다.

성경의 「마태복음」에 이런 장면이 나온다. 예수가 고향에서 사람들을 가르치려 하자 이 사람은 목수의 아들이며 어머니는 마리아이고 형제들은 누구누구라고 하면서 예수를 믿지 않았다. 그러자 예수는 "예언자는 자기 고향과 자기 집에서는 배척을 당한다."고 말했다. 이와 같이 고향 사람들의 존경을 받기는 쉽지 않다. 마치 아내의 눈에는 영웅이 없다는 말처럼 가까운 사람들은 그 사람의 출생배경, 성장과정, 장단점 등에 대해 익히 알고 있다. 그래서 타지역 사람들처럼 절대적인 신뢰를 하기도 어렵고 신비감도 느끼지 못하기 때문이다.

그러나 붓다는 가족은 물론이고 고향 사람들이 모두 존경하고 예배했으며, 더구나 수많은 사람들이 세속의 영화를 버리고 출가하였다. 경전의 여러 장면에 의하면, 누구나 붓다를 한번 뵈면 그 인품에 감동하고 또 붓다의 설법을 들으면 수긍하지 않는 사람들이 없었다. 인류 최고의 멘토인 붓다의 리더십은 깨달음에서 나오는 것이었다. 특히 아들 라훌라를 출가시키고 이복형제인 난다와 일곱 명이나 되는 사촌들도 모두 출가를 시킨 것을 보더라도 깨달음의 길이 궁극의 행복이라는 것을 알 수 있다. 붓다 스스로 진리에 대한 확신과 이들에 대한 진정한 자비가 없이는 친족의 교화는 불가능했을 것이다.

다섯째 마당

붓다의 유언

계으르지 말고
정진하라

깨어 있음은 불사不死의 길이요,
해이함은 죽음에 이르는 길이다.
깨어 있는 자들은 결코 죽지 않으니,
게으른 이들은 죽은 자와 같다.

- 사캬무니 붓다

최후의 가르침

사캬 족의 멸망

붓다의 만년에는 여러 부족들이 큰 나라에 통합되어 가고 있었다. 비교적 작은 부족에 속했던 사캬 족도 이웃의 코살라 국에 의해 멸망하였다. 일찍이 코살라 국의 파세나디 왕은 사캬 족에게 왕비를 바치도록 했다. 가문의 명예와 전통에 자부심을 가지고 있던 사캬 족은 코살라 국의 왕에게 사캬 족의 딸을 바치는 것은 수치라고 생각했다. 그러나 코살라 국이 워낙 강대했기 때문에 차마 거절은 못하고 다른 사람을 보내는 계교를 썼다. 그 당시 사캬 족의 마하나마 왕은 자신의 하녀인 나가문다(일설에는 맛카리라고도 함)와의 사이에서 태어난 아사밧캇티야라는 딸을 바쳤다. 파세나디 왕은 아사밧캇티야를 사캬 족의 순수 혈통을 지닌 여인으로 알고 정실로 맞이하였다.

파세나디 왕의 비가 된 아사밧캇티야가 아들을 낳았는데 이름이 비두다바(Viḍūḍabha)였다. 비두다바 왕자는 어릴 적 외가인 카필라바스투에 간 적이 있었다. 이 무렵 카필라바스투에서는 붓다를 영접하기 위하여 강당을 짓고 신성한 곳이라 하여 자리를 깔고 향을 사르고 바닥에는 향유를 뿌려 놓았는데 비두다바가 이곳에 또래들을 데리고 와서 더럽혀 놓았던 모양이다. 이때 사람들은 화를 내면서 종의 자식이 감히 이 신성한 곳을 더럽혀 놓았다고 화를 내었다. 이렇게 종의 자식이라는 모욕을 당한 비두다바는 자신의 태생에 대해서도 알게 되었고, 사캬 족에게 복수하리라 마음먹었다. 부왕인 파세나디는 붓다께 귀의하여 남의 나라를 정복하겠다는 생각을 하지 않았는데 아들인 비두다바는 달랐다. 파세나디의 뒤를 이어 코살라 국의 왕이 된 비두다바는 왕위에 오르자마자 군대를 이끌고 사캬 족을 쳐들어 왔다.

붓다께서는 이 소식을 들으시고 비두다바 왕이 군대를 이끌고 오는 길목에서 좌선을 하고 계셨다. 뜨거운 햇살 아래에 엄숙하게 앉아 계시는 붓다를 뵙고 비두다바 왕은 수레에서 내렸다. 그리고는 붓다께 여쭈었다.

"세존께서는 어찌하여 가지와 잎이 무성한 나무가 많은데 썩은 고목 아래에 앉아 계십니까?"

붓다께서 대답하셨다.

"친족의 나무 그늘은 시원하다네. 하지만, 친족의 가지와 잎이 위험에 빠져 있는데 몸을 감출 곳이 어디 있겠소?"

이 말씀을 들은 비두다바 왕은 느끼는 바가 있어 군사를 돌렸다. 그렇게 하여 세 번이나 쳐들어갔지만 비두다바 왕은 번번이 붓다를 길목에서 마주치게 되어 돌아왔다. 그러나 네 번째는 붓다께서도 사캬 족이 받아야 할 업보를 아시고 자리를 피했다. 사캬 족은 비두다바 왕의 공격에 저항다운 저항도 해 보지 못하고 패배하여 많은 사람들이 살육을 당하게 되었다. 그때에 사캬 족의 마하나마(Mahānāma)[1] 왕은 비두다바 왕에게 이렇게 간청했다.

"내가 지금부터 연못에 뛰어들어 물에서 나올 때까지 공격을 중지해 주시오."

비두다바는 외조부격인 마하나마 왕의 청을 받아들이지 않을 수 없었다. 마하나마 왕은 연못에 뛰어 들어갔다. 그 사이에 공격이 중지되고 많은 사캬 족들이 도망칠 수 있었다. 그러나 아무리 오래 기다려도 마하나마 왕이 물에서 나오지 않았다. 비두다바 왕이 신하를 시켜 물속에 들어가 보게 하였더니 마하나마 왕은 자기의 머리를 풀어 물속의 나무뿌리에 묶고 죽어 있었다. 마하나마 왕의 희생으로 많은 사캬 족들이 목숨을 구하게 되었지만, 카필라 국은 완전히 멸망하게 되었다. 이후에 비두다바 왕은 이 연못에서 배를 띄우고 놀다가 배에서 불이 나 타 죽었다고 한다.

사캬 족이 학살된 곳은 현재 네팔의 사가빈하와라는 마을이며 『대당서역기』를 쓴 중국의 현장玄奘 스님이 그 곳을 방문했을 때는 탑이 세워져 있었다고 한다. 그 당시에는 강한 나라가 약한 나라를 침략하여 통합하던 시기였기 때문에 사캬 족도 그 와중에서 희생을 당한 것이었다. 비두다바 왕의 어릴 적 이야기는 전쟁을 위한 하나의 구실에 불과했는지도 모른다. 그러나 사캬 족은 멸망했지만 사캬무니 붓다라는 불세출의 위인이 세상에 출현하셔서 사캬 족의 이

---

[1] 마하나마 왕은 붓다의 숙부이기도 했다.

름을 길이길이 빛내고 있다.

사촌동생 데바닷타의 반역

붓다의 만년에 일어난 비극적인 사건은 사캬 족의 멸망 이외에도 사촌동생인 데바닷타(Devadatta; 調達)의 승단에서의 반역이었다. 데바닷타는 아난다와는 나이가 비슷하고 붓다보다 서른 살 정도 연하였다. 원래 데바닷타가 출가를 원할 때에 붓다께서는 집에서 보시나 하면서 불교를 위해 일하도록 권하셨다고 한다. 그러나 데바닷타는 다른 사촌들과 같이 출가를 하였다. 데바닷타는 늘 붓다께 미움을 받는 것으로 생각했다. 자기의 바르지 못한 생각은 느끼지 못하고 붓다를 원망했던 것이다.

다른 사캬 족의 출가자들은 아라한이 되거나 높은 경지의 깨달음을 얻었는데, 이에 반하여 데바닷타는 단지 세속적인 신통력만 생겼다. 그 신통력으로 마가다 국의 왕자인 아자타삿투의 환심을 사서 많은 공양을 받았다. 그 일을 아신 붓다께서는 세간적인 욕망이나 명예, 재산 등은 출가자를 망치는 것이라고 훈계하셨다.

"어리석은 자에게 과분한 보시를 하는 것은 악을 키우는 원인이 된다. 우매한 자는 청정한 행으로 제자를 모을 생각은 하지 않고 어떻게 하면 제자를 많이 모을까만 생각하고 타인의 지배자로서 군림할 것만 생각한다. 사람이 보다 많은 공양을 원하면서 한편으로는 깨달음을 얻고자 하는 것은 무리이다. 그러니 깨달음을 구하는 마음은 어느 사이에 탐욕으로 변하고 만다. 지나치게 얻는 것만을 탐하는 자는 스스로를 해치게 된다. 그러므로 너희는 데바닷타가 많은 공양을 받는 것을 부러워해서는 안 된다."

그리고 또 이렇게도 말씀하셨다.

"파초와 대나무와 갈대는 열매를 맺으면 그것으로 인하여 죽는다. 노새도 또한 새끼를 배면 그것으로 몸을 잃는다. 데바닷타도 지나치게 많은 공양을 받으면 그와 같이 될 것이다."

그러나 데바닷타는 붓다의 말씀에 귀를 기울이지 않고 도리어 분개하면서 자기의 야심을 키워나갔다. 아자타삿투 왕자와 친해진 데바닷타는 아자타삿투가 아버지인 빔비사라 왕을 대신하고, 자기도 사캬무니 붓다를 대신해서 새로운 나라, 새로운 교단을 만들어 보자고 약속했다.

언젠가 데바닷타는 대중이 모인 자리에서 붓다께 "세존은 연로하였으니 이제 은거하면서 평안한 날을 보내시고 교단은 저에게 맡겨 통솔하게 해 주십시오."라고 말했지만 붓다께서는 이렇게 말씀하셨다.

"나는 네가 말하지 않아도 물러날 때가 되면 물러날 것이다. 사리풋타나 목갈라나 같은 훌륭한 제자가 있지만 한 사람도 빠짐없이 제자들을 거느리기가 쉽지 않은 일인데 어찌 그대와 같이 다른 사람의 침을 6년이나 먹은 열등한 인간에게 교단을 맡기겠는가?"

6년이나 침을 먹었다는 말은 데바닷타가 아자타삿투 왕에게 아부하여 공양을 받은 것을 말한다. 이렇게 해서 붓다께서는 데바닷타가 반역의 마음을 품은 인물로 결코 교단을 위할 인물이 아니라는 것을 여러 사람들에게 보이신 것이다. 언젠가 데바닷타는 승단을 분열시키기 위하여 자기를 따르는 무리들과 함께 붓다께 다섯 가지의 요구 조건을 제시했다.

첫째, 비구는 마을에서 떨어진 곳에 살아야 한다.
둘째, 탁발만으로 생활해야 하며 공양 초대를 받아서는 안 된다.
셋째, 분소의糞掃衣[2]만을 걸치며 신자로부터 받은 옷은 입지 않는다.
넷째, 나무 밑에서만 살며 집안에 들어가지 않는다.
다섯째, 고기는 먹지 않는다.

이러한 조건을 제시하고 데바닷타와 그의 추종자들은 득의만만했다. 왜냐하면 붓다의 제자들보다 자기들이 더 엄격한 계율을 지킨다는 것을 사람들에게 알릴 수 있고, 사람들이 자기들을 다시 존경할 것이라고 믿었기 때문이다. 그리고 붓다께서 탁발을 마치시고 정사로 돌아와서 설법을 해 주시기 위해 강당에 계실 때 대중들 앞에서 데바닷타는 이렇게 말했다.

"세존이시여, 비구는 마을에서 떨어진 곳에 살아야지 재가자들과 가까이 있어서는 타락하기 쉽다고 봅니다. 또 참된 수행자는 탁발만으로 생활해야 하며 속인의 초대를 받아 맛있는 것을 즐겨 먹는 것은 타락의 시작이라고 봅니다. 또 사문은 한평생 분소의만을 입어야

---

[2] 분소의糞掃衣: 넝마조각의 옷. 수행승들은 버려진 천을 기워서 옷을 만들어 입었으며 이것을 분소의라 했음.

지 공양 받은 사치한 옷을 입는 것은 사문답지 못한 일입니다. 그리고 수행자는 바깥에서 살며 나무 밑에서 수도하는 것을 원칙으로 삼아야지 지붕이 있는 곳에서 자는 것은 마음을 나태하게 하니 좋지 않다고 생각합니다. 또 탁발을 하여 얻은 음식이지만 고기를 먹는 것은 살생을 금하는 계율에 비추어 볼 때 묵과할 수 없는 엄중한 악덕입니다. 이러한 것을 지켜야 참된 수행자라고 할 수 있으며 소욕지족의 선법을 지킬 수가 있어 정진, 지계, 청정의 여러 가지 선덕을 쌓게 되고 빨리 열반에 들 수 있습니다. 세존께서는 이러한 다섯 가지를 지키는 데에 대해 어떻게 생각하시는지요?"

언뜻 들으면 매우 훌륭하고 그럴싸해서 많은 사람들이 수긍하리라 믿었다. 그리고 많은 사람들이 이러한 주장을 옳다고 여기고 자기들의 편이 될 것이라고 데바닷타와 그의 추종자들은 생각했다. 그러나 붓다께서는 이렇게 말씀하셨다.

"데바닷타여, 그러한 다섯 가지가 좋다고 생각하면 그대 자신이 스스로 잘 행하여라. 나는 그러한 것을 금하지는 않는다. 오히려 칭찬하고 싶다. 그러나 누구에게나 그것을 강요할 수는 없다. 몸이 허약한 자도 있고 남의 호의를 거절하여서는 안 될 때도 있다. 자기가 스스로 행하는 것은 좋으나 남에게 강요하는 것은 옳지 않다. 더구나 그대는 이러한 조항을 비구들을 분열시키고자 일부러 만든 것 같구나."

이렇게 속마음을 들키자 데바닷타는 할 말이 없었다. 그때 데바닷타의 추종자 가운데 한 사람이 데바닷타의 편을 들어 이렇게 말했다.

"세존께서 데바닷타의 말이 옳다고 하면서도 그가 화합을 해치려 한다고 말씀하시는 것은 그를 질투해서 그런 것이 아닙니까?"

그러자 붓다께서는 그를 향하여 말씀하셨다.

"어리석은 자여, 나에게 무슨 질투심이 있겠는가? 과거의 붓다께서는 비구는 속세와 멀리 떨어져 있는 것이 좋다고 하셨다. 나는 그것을 칭찬하며 그렇게 하는 것을 허락하고 있다. 나는 동시에 민가와 가까이 있는 것도 허락하고 있다. 과거의 붓다께서는 탁발을 하는 것을 칭찬하며 그것을 허락하고 있다. 나도 또한 그것을 칭찬하며 허락하고 있다. 그러나 동시에 거사들의 청에 의하여 공양하는 것도 허락하고 있다. 과거의 붓다께서는 분소의 입는 것을 칭찬하셨고 그것을 입는 것을 허락하셨다. 나도 또한 그것을 칭찬하며 허락하고 있다. 그러나 동시에 공양을 받는 옷을 입는 것도 허락하고 있다. 과거의 붓다께서는 노천에서 생활하는 것을 칭찬하고 그것을 허락하셨다. 나도 그것을 칭찬하며 허락하고 있다. 그러나 동시에 집 안에서 사는 것도 허락하고 있다. 나는 죽이는 것을 보거나 듣고 또는 나를 위하여 살생한 세 가지 부정한 고기를 먹는 것은 금하고 있다. 그러나 내가 모르는 곳에서 나를 위하여 잡지 않은 세 가지 깨끗한 고기를 먹는 것은 허락하고 있다. 그러한 것들은 너희들이 생각하는 것보다는 열반에 드는 데 장애가 되지는 않는다. 그러나 그러한 조항을 들어 너무 명확하게 구분 짓는 것은 오히려 열반에 장애가 되는 것이다. 나는 그러한 장애를 알고 있다."

이러한 말씀을 통해서 보면 붓다께서는 대단히 합리적이시고 상황에 적절하게 행동하시는 분임을 알 수 있다. 계를 지키는 것은 열반으로 가기 위한 수단이지 계를 지키는 것 자체가 목적이 되어서는 안 될 것이다. 그렇기 때문에 붓다께서도 세세한 계율의 조항에는 구애받지 말라고 하셨던 것이다. 아무리 좋은 일이라도 어떤 한계를 지어 놓고 거기에 집착하는 것은 열반에 도움이 되기는커녕 도리어 장애가 될 수 있다는 말씀이다.

붓다께서는 출가하여 수행하실 때 누구보다도 엄격하고 혹독한 고행을 하셨다. 그러나 그러한 극단적인 방법은 결코 수행에 도움이 되지 않는다는 것을 몸소 체험하셨기 때문에 중도를 주장하셨던 것이다. 비구들은 걸식에 의존하여 생활하며 분소의를 입어야 하고 노천에서 수행하며 고기를 먹지 말아야 한다는 것 등의 원칙이 정해져 있었다. 하지만 붓다께서는 사람에 따라 체질이 다를 수도 있고, 또 신자의 호의를 무시할 수 없는 경우도 있기 때문에 계에 집착한 융통성 없는 모습은 그야말로 형식에 불과한 것이며, 계를 제대로 실천하는 것이 아님을 알고 계셨던 것이다. 지금도 엄격한 계행을 고집하며 율사律師로서 이름을 떨치고 있는 출가자들 중에는 곁에 가기도 부담스러울 정도로 찬바람이 쌩쌩 나는 분들이 간혹 있다. 그러한 분들은 계율에만 집착하여 도리어 지계의 본질을 놓치고 있다고 할 수 있다. 그렇다고 계율을 무시하고 막행막식하며 기본적인 예의도 갖추지 않는 수행자들도 문제다. 자기의 편의에 따라 계행을 무시하는 것도 바른 수행자의 자세라고는 할 수 없다.

이런 것을 잘 알고 계시는 붓다께서 데바닷타가 제시한 다섯 가지 계행의 조목조목에 대하여 그 허구성을 갈파하시자 데바닷타는 할 말을 잃었다. 결국 데바닷타의 음모는 대중들 앞에서 그 허상을 드러내고 말았던 것이다. 데바닷타는 이러한 일로 인해서 붓다를 더욱 증오하게 되었으며 아자타삿투 왕자를 부추겨 부왕인 빔비사라를 유폐하고 왕위를 찬탈하게 하였다. 왜냐하면, 빔비사라 왕이 붓다의 강력한 후원자였기 때문에 승단을 찬탈하는 데에 방해가 된다고 생각했기 때문이었다.

데바닷타의 꼬임에 빠진 아자타삿투는 빔비사라 왕을 유폐하고 자기가 왕위에 오른 다음 부친을 감옥에 가두어 굶어죽게 했다. 데바닷타는 또 아자타삿투에게 부탁하여 자객을 시켜 붓다를 살해하려고 했다. 그리고 그 자객은 다른 두 사람으로 하여금 죽여 버리게 하고 또 그 두 사람은 다른 네 사람을 시켜 죽여 버리게 하고 또 그 네 사람은 다른 여덟 사람을 시켜 죽여 버리게 하고 그 여덟 사람은 다른 열여섯 사람을 시켜 죽여 버림으로써 흔적을 남기지 않으려고 했다.

그러나 최초로 자객으로 갔던 사람은 붓다를 뵙자 붓다의 위력에 그 자리에 엎드려 용서를 빌고 바로 불교신자가 되었다. 이때 수많은 제자들이 데바닷타가 보낸 자객이 붓다를 해치려 한다는 소문을 듣고 저마다 몽둥이를 들고 붓다께 달려 왔다. 그러나 붓다께서는 여래의 죽음은 사람의 힘으로 좌우할 수 있는 것이 아니라고 하시면서 깨달음에 장애가 되는 일에 마음을 빼앗기지 말고 제각기 자신의 길을 닦아 스스로의 마음을 잘 지키도록 하라고 말씀하셨다.

데바닷타는 그 이후에도 붓다께서 영취산靈鷲山[3]에 계실 때 큰 바위를 굴려 붓다를 해치려고 했지만 파편이 붓다의 발가락에 튀어 피만 약간 흘리고 말았던 적도 있었다. 또 사나운 코끼리를 가진 사람을 매수하여 붓다께서 라자가하에 탁발하러 가실 때를 기다렸다가 코끼리를 풀어놓게 했다. 코끼리는 코를 치켜들고 붓다를 향해 사납게 달려왔지만 붓다께서는 조금도 두려워하시지 않고 자비로운 마음으로 서 계셨다. 사납게 달려오던 코끼리는 붓다 앞에서 얌전하게 무릎을 꿇었다. 붓다께서 오른손을 뻗어 코끼리를 어루만지자 코끼리는 붓다의 발의 먼지를 털어드린 다음 물러갔다.

이 일로 해서 붓다의 명성은 더욱 높아지게 되었고 데바닷타의 음모는 만천하에 드러났다. 이 사건을 안 라자가하의 사람들은 데바닷타에게 공양을 하지 않았다. 데바닷타는 그를 따르는 무리들과 함께 사람들에게 공양을 강요했기 때문에 평판이 더 나빠졌다. 붓다를 해치려는 데바닷타의 음모는 모두 실패하고 나중에는 자기를 추종하는 비구들을 데리고 상두산으로 갔다. 그때 데바닷타의 꼬임에 빠져 그를 따라갔던 무리가 500명이나 되었다고 한다.

이때 사리풋타와 목갈라나도 데바닷타를 따르는 체하면서 함께 상두산으로 갔다. 데바닷타는 그곳에서 자기의 추종자들을 모아 놓고 설법을 한 다음 붓다를 흉내 내어 자기는 등이 아프니 가서 쉬어야겠다고 말하면서 사리풋타와 목갈라나에게 대신 설법을 시켰다. 사리풋타와 목갈라나는 데바닷타가 잠든 틈을 타 이들 비구들을 모아 놓고 그들에게 바른 가르침을 설해 주었다. 그러자 그 많던 비구

---

3) 영취산靈鷲山: 마가다 국의 수도인 라자가하에 있었던 산으로서 현재는 인도의 비하르 주에 해당한다. 원어로는 기자쿠타 파보타(Gijjhakūṭa pabbata)라고 하는데 기사굴산耆闍崛山이라고 음사한다. 봉우리가 마치 독수리가 앉아 있는 것처럼 생긴 데서 유래한 이름이다. 부처님의 설법 장소로 흔히 등장하는 곳이다.

● 영취산 산정

들은 모두 법안을 얻고 지금까지 자기들의 생각이 얼마나 잘못 되었는가를 깨달았다. 그리고는 모두 죽림정사로 되돌아왔다. 잠에서 깬 데바닷타는 그 많던 비구들이 하나도 보이지 않자 낙담하여 피를 토하고 9개월 동안 앓다가 죽었다고 한다. 또 어떤 경전에서는 데바닷타가 붓다를 해치기 위하여 손톱 밑에 독을 바르고 붓다의 방에까지 숨어들어 기회를 엿보다가 자기가 도리어 독 때문에 죽었다고도 한다. 『관무량수경觀無量壽經』에서는 이러한 이야기가 더 발전되어 데바닷타가 지옥에 빠졌는데, 붓다께서 다시 구제해 주셨다는 내용이 나온다.

부왕인 빔비사라 왕을 죽였던 아자타삿투 왕은 그 이후에 자기의 잘못을 참회하고 붓다께 귀의하여 독실한 불교의 후원자가 되었다. 아버지를 죽인 일 때문에 늘 괴로워하다가 결국은 붓다께 가서 참회하고 용서를 빌었던 것이다. 붓다께서 아자타삿투 왕이 참회하러 왔을 때에 이렇게 설법하셨다.

"세상에는 두 가지 종류의 사람이 있다. 이들은 모두 천상에 태어날 수 있는 사람들이다. 하나는 죄를 짓지 않고 선을 닦은 사람들이고, 하나는 죄를 지었으나 참회하고 마음을 고치는 사람이다."

이렇게 말씀하시고 게송을 설하셨다.

극악한 죄를 지었으나 참으로 뉘우치면 죄가 소멸한다.
날로 뉘우쳐 그치지 않으면 죄의 뿌리를 뽑을 수 있다.

불교에서는 이처럼 우리의 마음을 중시하기 때문에 아무리 큰 죄를 지었어도 지심으로 참회를 하면 그 죄의 뿌리를 뽑고 구제받을 수 있다. 사람들은 죄를 지으면 자포자기하여 더 많은 죄를 짓는다. 그러나 불교에서는 아무리 큰 죄를 지었어도 잘못을 참회하고 죄과를 달게 받겠다는 마음을 먹으면 다시는 더 죄를 짓지 않게 되고 새롭게 태어날 수가 있다고 한다. 붓다의 가르침에 의하면, 우리는 순간순간 육도윤회를 한다. 내 마음이 자비로 가득 차 있으면 극락정토, 누군가를 증오하고 싸우려 든다면 그 순간이 곧 아수라의 세계이고, 참을 수 없을 정도로 괴로우면 그곳이 지옥이다. 우리는 끝까지 늘 자신의 허물을 살피고 참회함으로써 순간순간 새롭게 태어날 수 있다. 우리 마음을 어떻게 향하느냐에 따라서 늘 극락에 살 수도 있고 지옥에 살 수도 있다.

어쨌든 이 일로 인해서 아자타삿투 왕은 데바닷타를 멀리 하게 되었고, 그 때문에 데바닷타는 더욱 괴로워했다고 한다. 사캬 족의 멸망과 함께 데바닷타의 반역은 붓다의 만년에 일어났던 가장 큰 사건의 하나로서 붓다의 마음을 아프게 했다.

으뜸 제자 사리풋타와 목갈라나의 죽음

붓다의 제자는 이루 말할 수 없이 많았다. 그 중에서도 사리풋타(Sāriputta)와 목갈라나(Moggallāna)는 상수上首 제자로서 붓다의 기대와 촉망을 받던 제자였다. 어릴 적부터 친구였던 두 사람은 함께 출가하여 붓다의 가르침을 받고 열심히 수행한 결과 사리풋타는 '지혜제일', 목갈라나는 '신통제일'이라는 칭호를 얻었다. 붓다께서는 이 두 제자를 항상 칭찬하셨고 신뢰하여 붓다를 대신해서 설법을 맡기는 일도 많았다. 그리고 교단 내에 분쟁이 생길 때에도 이 두 사람에게 맡겼다. 데바닷타가 붓다께 반역하여 사람들을 선동해 교단이 분열의 위기에 처했을 때도 사리풋타와 목갈라나가 수행자들을 설득해서 이를 수습했다.

사리풋타와 목갈라나는 불교 교단을 발전시키는 데 더할 나위 없이 큰 역할을 하였다. 특히 목갈라나는 수행을 통해 얻어지는 일종의 법력이라 할 수 있는 신통력을 이용해서 불교 교단을 외부로부터 보호하고 또 내부의 분열을 방지했다. 그리고 친구인 사리풋타가 항상 옆에서 도와주었기 때문에 이 두 사람이 있는 한 불교 교단은 누구도 넘볼 수 없었다. 그만큼 이 두 사람을 경계하는 외도들의 반감이 컸다. 불교 교단이 확대됨에 따라 위기감을 느낀 이들은 붓다의 상수 제자인 사리풋타와 목갈라나를 제거함으로써 불교 교단의 위세를 약화시키려고 하였다. 자이나교는 불교와 거의 동시대에 발생한데다 불교와 비슷한 교리를 지니고 있었기 때문에 그들은 항상 불교를 라이벌로 생각했다.

언젠가 목갈라나가 홀로 선정에 들어 있다가 자이나 교도들에게 전신을 두들겨 맞아 뼈가 부러지고 살이 찢겨나가는 중상을 입었다. 그러나 체력이 강했던 목갈라나는 거의 죽을 지경이 되어서도 며칠을 더 버티면서 탁발을 나가려고 했다. 이 소식을 들은 사리풋타가 달려왔다. 라자가하 근처의 어느 마을에서 막 입멸하려고 하는 목갈라나를 본 사리풋타는 너무나 슬퍼하며 목갈라나에게 말했다.

"그대는 신통제일이라는 칭호를 들을 정도로 뛰어난 법력을 지니고도 왜 이 지경이 되었는가? 어찌하여 신통력으로써 그들의 폭력을 피하지 않았는가?"

이 말을 들은 목갈라나가 대답했다.

"이것은 내가 전세에 지은 업보를 받는 것일세. 나는 전세에 아내의 꼬임에 빠져 눈이 불편한 부모님을 숲에 버려 돌아가시게 했는데 지금 그 과보를 받고 있는 것이네."

아무리 신통력을 지닌 목갈라나였지만 전세의 업보는 피할 수가 없었던 것이다. 나중에 붓다께서도 목갈라나는 부모를 해친 죄로 오랫동안 지옥에서 고통을 받다가 이 세상에 태어나 깨달음을 얻고 아라한이 되었으나 그래도 남아 있는 전세의 악업 때문에 박해를 받고 비참한 최후를 마친 것이라고 하셨다. 코살라의 왕이었던 비두다바가 사캬 족을 멸망시키려고 했을 때 목갈라나는 신통력으로써 카필라바스투를 쇠로 덮으려고 했지만 붓다께서는 이것을 말리셨다. 사캬 족의 멸망은 업보에 따른 것이기 때문에 어떠한 것으로도 피할 수 없다고 하셨던 것이다. 붓다께서도 때로는 신통력을 보여 많은 사람들을 교화하셨지만 신통력에만 의존해서 교화하는 것은 금지하셨다. 데바닷타의 경우에는 신통력만을 앞세워 아자타삿투 왕의 환심을 사고 대중들을 현혹시키면서 물의를 일으켰으나 끝내 파멸하고 말았다. 그래서 붓다께서는 이렇게 말씀하셨다.

"비구들은 브라만이나 장자, 거사들에게 신통력을 보이고 가르쳐서는 안 된다. 다만 조용한 곳에서 진리를 깊이 생각하고 만약 자기에게 공덕이 있으면 스스로 감추고 허물이 있으면 감추지 말고 드러내어 참회하라."

또 언젠가 흉년이 들어 비구들이 탁발하는 것이 어려워졌을 때 비구들이 신통력으로써 다른 지방으로 날아가 양식을 구해오겠다고 했을 때도 붓다께서는 이를 금하셨다. 수행의 과정에서 생기는 법력인 신통력을 삶의 방편으로 이용하는 것은 철저히 금하셨던 것이다. 목갈라나도 그러한 의미에서 외도들의 공격을 받고도 전세의 업보인 것을 알고는 선정에 들어 그러한 핍박을 기꺼이 받았던 것이다. 목갈라나로부터 자신의 죽음은 전세의 업보 때문이라는 말을 들은 사리풋타가 말했다.

"우리 두 사람은 같이 도를 구하여 출가했고 똑같이 붓다의 제자가 되어 깨달음을 얻은 것처럼 입멸도 함께 하도록 하자."

그리고는 사리풋타는 붓다께 먼저 입멸하겠다고 허락을 얻고 고향인 나라카(nālaka)에 가서 친족들에게 최후의 설법을 한 다음 입멸했다. 그 뒤를 이어 목갈라나도 고향 사람들에게 최후의 설법을 한 다음 입멸했다. 이 두 사람의 위대한 제자가 입멸한 다음 얼마 되지 않아서 붓다께서도 입멸하셨는데, 붓다의 입멸을 차마 볼 수가 없어서 두 사람이 붓다보다 먼저 입멸하였다는 설도 있다.

붓다께서는 사밧티의 교외에 있는 기원정사에 계실 때 마가다 국의 나라카에서 사리풋타가 입멸했다는 소식을 들으셨다. 사리풋타의 시중을 들던 춘다(Cunda)라는 사미가 사리풋타의 유품인 발우와 가사를 가지고 붓다께 달려와서 알렸던 것이다. 아난다가 춘다에게 사리풋타가 입멸했다는 소식을 먼저 들었다. 그래서 붓다께 춘다를 데리고 가서 뵙게 한 다음 춘다를 대신해서 붓다께 말씀드렸다.

"세존이시여, 이 사람은 춘다입니다. 마가다 국에서 급히 달려왔는데 사리풋타가 입멸했다고 합니다. 사리풋타의 발우와 가사도 여기에 가져왔습니다. 그 말을 듣고 저는 앞이 캄캄해졌습니다."

아난다는 사리풋타가 붓다의 으뜸가는 제자이며 만약 붓다께서 계시지 않는다면 사리풋타가 교단을 이끌 사람이라는 것을 알고 있었기 때문에 사리풋타가 입멸했다는 소식을 듣고는 놀라서 탄식을 했던 것이다. 그러나 붓다께서는 아난다에게 이렇게 이르셨다.

"아난다야, 내가 벌써 가르치지 않았더냐? 모든 사랑하는 사람과는 이별해야 할 때가 온다. 이 세상에 무상하지 않은 것은 하나도 없기 때문이다. 아난다여, 큰 나무에서는 가지 하나가 먼저 마르는 일이 있다. 그와 마찬가지로 나보다 먼저 사리풋타가 죽었다. 변하지 않는 것은 없기 때문이다. 그러나 아난다여, 나는 그대들에게 말하지 않을 수 없다. 자기를 섬으로 하고 자기를 의지하되 다른 것에 의지하지 말라. 법을 섬으로 의지하고 법을 의지하되 다른 것에 의지하지 말라."

마지막 구절의 '자기를 섬으로 하고 법을 섬으로 하라.'는 말씀은 '자등명, 법등명自燈明 法燈明'이라고 한문으로 번역된, 자기를 등불로 삼고 법을 등불로 삼으라는 유명한 말씀이다. 또 '자귀의, 법귀의自歸依 法歸依', 스스로에게 의지하고 붓다께서 가르쳐 주신 진리에 의지하라는 것이다.

붓다께서는 다른 종교의 창시자나 지도자들이 흔히 저지르는 자신의 신격화 같은 어리석음과는 근본적으로 거리가 먼 분이었기 때문에 무조건 믿고 따르라는 식의 가르침은 내리지 않으셨다. 대신에 언제나 스스로를 살피고 진리에 비추어 나아가라고 하셨다. 그렇기 때문에 불교는 쉬우면서도 어렵다. 다른 것에 의지하여 무조건 믿으면 마음이 편하고 든든할지도 모른다. 하지만 그 믿는 것의 허구성이 발견될 때는 더 깊은 절망감에 빠지게 된다. 그러나 언제나 깨어 있으면서 자신의 마음을 살피고 진리에 의거하여 살아가는 사람에게는 두려움도 슬픔도 괴로움도 없다.

사리풋타와 목갈라나의 죽음은 사캬 족의 멸망과 함께 붓다의 만년에 일어났던 가장 슬픈 사건이었다. 그러나 붓다께서는 담담하게 이를 받아들이셨다. 과거의 업력에 의한 과보는 피하기 어려우며 모든 것은 무상하며 변하기 때문이다. 그러한 이치를 거스르려고 할 때에 괴로움이 생기는 것이다.

　사리풋타와 목갈라나가 입멸한 지 얼마 되지 않았을 때 붓다께서는 밧지 국의 웃카첼라(Ukkacelā)라는 마을에 머무르고 계셨다. 갠지스 강 근처의 이 마을에서 어느 날 저녁 붓다께서 많은 비구들을 모아놓고 포살의식을 행하셨다. 그때 붓다께서는 대중들을 둘러보시고 사리풋타와 목갈라나가 보이지 않자 이렇게 말씀하셨다.

　"비구들이여, 사리풋타와 목갈라나가 죽은 이후로 이 집회는 텅 빈 것 같구나. 저 두 사람의 얼굴이 보이지 않는 집회는 쓸쓸하기 그지없구나."

　아무리 무상을 절감하시는 붓다께서도 두 제자의 빈자리를 보고 허전한 마음을 금할 수 없으셨던 것이다. 사리풋타와 목갈라나는 붓다의 제자라고는 하나 거의 연배도 비슷했으며 스승과 제자 사이를 뛰어넘어 서로 뜻이 통하는 사이였다. 그런 두 제자를 먼저 보내셨으니 붓다께서도 몹시 공허하셨던 것이다. 하지만 붓다께서는 다시 제자들에게 이렇게 말씀하셨다.

　"그러나 비구들이여, 이 세상에 존재하는 것은 어느 것 하나, 어느 한 사람이라도 영원히 변하지 않는 것은 없다. 이것은 진리이다. 비구들이여, 큰 나무에서는 많은 가지 중에서 먼저 잎이 지는 가지도 있을 것이다. 그와 마찬가지로 그들 두 사람은 먼저 갔다. 이 세상에서 변하지 않는 것은 없기 때문이다. 그러므로 비구들이여, 나는 그대들에게 이르노라. 스스로를 섬으로 하고 스스로를 의지하되 다른 것을 의지해서는 안 된다. 법을 섬으로 하고 법을 의지하되 다른 것에 의지해서는 안 된다."

여기에서도 붓다께서는 스스로에게 의지하고 법에 의지하라는 자귀의, 법귀의의 가르침을 설하고 계신다. 사리풋타와 목갈라나의 죽음을 통해서 붓다께서는 거듭 제자들에게 무상의 이치를 깨우쳐 주셨던 것이다.

사리풋타와 목갈라나의 우정은 참으로 아름다운 것이었다. 보통 교단에 두 사람의 지도자가 있을 경우 서로 권력을 다투기 마련인데 사리풋타와 목갈라나는 마지막까지 서로를 존경하고 불교를 위해서 힘을 합쳤다. 최후의 순간까지도 거의 동시에 맞이했던 것이다. 이는 붓다의 가르침 덕분이기도 하지만 두 사람의 자질이 매우 훌륭했다는 것을 말해 준다. 목갈라나의 죽음을 보고 한 발 앞서 입멸한 사리풋타의 우정과 함께 그러한 사리풋타의 죽음을 긍정하고 그것을 빌어 제자들에게 '자귀의, 법귀의'라는 가르침을 내리신 붓다의 위대함이 더욱 돋보이는 장면이다.

노쇠한 몸을 이끌고 전법의 길을 떠나다

붓다께서는 35세에 성도를 하시고 45년이라는 오랜 기간에 걸쳐서 설법을 하시며 교화를 하셨다. 그 기간 동안 붓다께서는 한 곳에 머물지 않는 것을 원칙으로 하시고 계속하여 이 나라에서 저 나라로, 이 마을에서 저 마을로 다니시며 온갖 계급의 사람들을 교화하셨다.

경전에 나타난 붓다의 생애를 살펴보면, 크게 성도 전후에 대한 것과 각지를 유행하며 교화하신 기간, 그리고 열반 전후의 시기로 나누어 볼 수 있다. 성도 전후에 대한 것은 붓다께서 직접 회고하시는 형식으로 서술되어 있는 것이 많으며, 각지를 유행하며 교화하신 것들은 시자였던 아난이 붓다의 말씀을 기억하여 서술한 것이 많다. 그리고 붓다의 입멸 전후에 대한 기록은 『대반열반경大般涅槃經』에 수록되어 있는데 『대반열반경』이라는 이름의 경전은 여러 종류가 있다. 이들 경전마다 간혹 내용이 다른 점도 있지만 큰 줄거리는 대체로 일치한다.

『대반열반경』에 의하면, 붓다께서는 아니룻다와 아난다 등의 제자 500명을 거느리고 마가다 국의 라자가하를 출발하여 점차로 북상해서 말라 국의 쿠시나가라에서 열반하신 과정이 그려져 있는데, 약 반 년에 걸쳐 일어난 일이라고 할 수 있다. 그리고 『대반열반경』에서는 붓다께서 입멸하신 후 장의에 관한 것과 유골의 분배 등에 대한 사실도 기록하고 있다.

이때 붓다께서 보내신 마지막 우기 안거가 포함되어 있는데, 바로 전 해에는 사밧티의 기원정사에서 안거를 하셨다. 당시 79세였던 붓다께서는 당신의 몸을 마치 낡은 수레를 가죽 끈으로 겨우 붙들어 매어 놓은 것과 같다고 고백을 하신 적이 있다. 이 무렵에는 사캬 족도 멸망했으며, 사리풋타와 목갈라나도 입멸을 하고, 친하게 지내던 빔비사라 왕도 7, 8년 전에 아들에게 시해를 당했고, 코살라 국의 파세나디 왕도 세상에 없었다.

붓다께서는 아끼는 제자와 가까운 사람들이 차례로 세상을 떠나고 당신께서도 입멸할 날이 가까워 온 것을 아시고 아난다와 제자들과 함께 아직도 불교가 덜 알려진 서북 방향의 쿠시나가라를 향하여 걸어 올라가셨다. 쿠시나가라는 말라 국의 영토에 있었는데 그때까지도 불교를 모르는 사람들이 많았기 때문에 붓다께서 이곳을 교화하신 다음 고향인 카필라바스투에 가까이 가려고 하신 것으로 보인다.

붓다께서는 일단 라자가하를 떠나 북쪽으로 천천히 걸어서 올라가셨다. 여행을 시작하시던 무렵은 현재의 5, 6월경이었는데 낮 최고 기온이 섭씨 50도 가까이나 되는 더운 날이었을 것이다. 80을 바라보는 연세에 법을 전하기 위해 먼 길을 떠나신다는 것은 생사의 괴로움을 겪는 중생들에 대한 자비심 없이는 어려운 일이었다. 붓다께서는 가시는 도중에 여러 곳을 들러 사람들에게 설법을 해 주시고 북쪽을 향해 나아가셨는데 『대반열반경』에서는 각처에서 설법하신 내용들이 많이 나온다.

붓다께서 어느 때 나란다를 지나 파탈리풋타(Paṭaliputta)라는 마을에 가셨을 때 사람들에게 계에 대해 말씀해 주셨다.

거사들이여, 오계를 범한 파계자는 다섯 가지 재난이 있다.
첫째, 계를 범한 파계자는 제멋대로 방일하여 재물의 손실이 있다.
둘째, 나쁜 평판이 생긴다.
셋째, 계를 범한 파계자는 어떠한 모임에 가도 자신이 없고 불안해하며 부끄러워한다.
넷째, 계를 범한 파계자는 정신이 착란되고 몽매한 채로 죽는다.
다섯째, 죽은 후에 고계苦界, 악취惡趣, 타처墮處, 지옥에 태어난다.

거사들이여, 계를 잘 지키는 지계자는 다섯 가지 공덕이 있다.

첫째는 불방일로 인하여 큰 재산을 얻을 수가 있다.

둘째, 좋은 평판이 생긴다.

셋째, 어떠한 모임에 가도 자신이 있고 두려워하거나 부끄러워할 것이 없다.

넷째, 바른 정신을 가지고 죽는다.

다섯째, 죽은 다음에 선취, 천계에 태어난다.

이렇게 마을 사람들에게 늦게까지 설법을 하시고 여기에서 성을 쌓고 있던 마가다 국의 대신 스니다(Sunida)와 밧사카라(Vassakāra)로부터 제자들과 함께 공양을 받으셨다. 붓다께서는 그들이 성을 쌓는 것을 아난다와 함께 둘러보시고 이렇게 말씀하셨다.

이곳은 종교적인 성자가 머무는 곳이 되고 상인이 모여 수도가 될 것인데 세 가지의 재앙이 있다. 물에 의한 것과 불에 의한 것, 그리고 불화에 의한 것이 그것이다.

과연 붓다의 예언대로 이곳은 나중에 마우리아 왕조의 아쇼카 왕이 수도로 삼게 되었고 번창하다가 나중에 갠지스 강의 범람으로 멸망하게 되었다. 파탈리풋타 마을에서 설법을 하고 공양을 받으신 다음 붓다께서는 갠지스 강을 건너셨다. 파탈리풋타 마을의 나루터에 많은 사람들이 나와 붓다를 전송했는데 대신인 밧사카라도 그곳에 있었다. 붓다의 뒤를 따르면서 이별을 아쉬워하던 밧사카라가 붓다께 말씀드렸다.

"세존이시여, 오늘 세존께서 떠나신 이 문을 고타마 문이라고 이름 붙이고 싶습니다. 또 세존께서 건너시는 이 나루터를 고타마 나루라고 이름 붙이고 싶습니다."

붓다께서는 밧사카라의 청을 들어주셨다. 이때 강물이 불어나 사람들은 배와 뗏목을 구하여 건널 준비를 하고 있었는데, 붓다께서는 신통력으로 제자들과 함께 저쪽 언덕에 이미 가 계셨다. 그리고 게송을 들려 주셨다.

> 세상 사람들이 둥지를 엮는 동안
> 깊은 곳에 다리를 만들어서
> 흐름을 잘 건넌 사람이야말로
> 잘 건넌 자, 지혜 있는 사람이라고 한다.

이 게송은 열반의 저 언덕에 지혜롭게 도달하는 것을 비유로 말씀하신 것이다. 세상 사람들이 현실에 안주하여 있는 동안에 부지런히 정진하여 열반의 저 언덕에 도달해야 한다는 말씀이다. 저 언덕에 도달한다는 것은 파라미타(pāramitā)라고 하며, 한문으로는 바라밀波羅蜜이라고 음사하고, 의역하여 도피안度彼岸이라고도 한다. 무명으로 인하여 괴로움으로 가득 찬 현실을 이 언덕, 즉 차안此岸이라고 하고 그것을 벗어버린 열반의 세계를 저 언덕, 즉 피안彼岸이라고 비유한 것이다.

갠지스 강을 건너 북쪽으로 계속해서 올라가신 붓다께서는 밧지 국의 코티가마(Koṭigāma)라는 마을에 도착하셨다. 이곳에서 붓다께서는 제자들에게 사성제에 대한 가르침을 설하셨다.

> 비구들이여, 사성제를 깨닫지 못하고 통달하지 못한 까닭에 나나 너희들은 이와 같이 오랫동안 윤회전생을 한 것이다.
> 그러나 비구들이여, 이제 사성제를 깨닫고 통달해서 유애有愛가 끊어지고 유루有漏가 다했으니 다시는 재생과 윤회가 없다.

『대반열반경』은 붓다께서 입멸하시기 전 반 년 정도의 기간 동안에 설법하신 것들이다. 붓다께서 마지막으로 길을 나서서 가시는 곳마다 마지막으로 설하신 것이기 때문에 그만큼 더 절절하게 마음에 와 닿는다. 또한 이 경을 통하여 붓다께서 남기시고자 했던 메시지를 생생하게 느낄 수 있다.

붓다께서는 사성제에 대해서 그 동안 많은 설법을 하셨다. 그런데 마지막까지 사성제를 깨닫지 못해서 윤회전생하고 있다고 역설하실 정도로 사성제의 중요성을 강조하셨다. 괴로움과 괴로움의 원인, 그리고 괴로움을 없앤 상태와 그러한 상태에 도달하기 위한 방법인 고·집·멸·도 사성제는 근본불교에서부터 대승불교의 마지막 단계인 밀교에 이르기까지 변함없이 관통하는 불교의 근간이라 할 수 있다.

붓다께서는 계속해서 북쪽으로 올라가시다가 나디카(Nādika)라는 마을에 들어가셨다. 아난다가 이 지역에 살던 불자들이 죽은 뒤 어디에 태어나는가를 붓다께 여쭈어보았다. 아난다의 물음에 대하여 붓다께서는 이렇게 대답하셨다.

"아난다여, 사람이 목숨을 그치는 것은 불가사의한 일이 아니다. 그러나 죽을 때마다 여래에게 와서 그 사람의 행방을 묻는다면 여래로서는 번거로운 일이다."

이렇게 말씀하시고는 죽은 사람이 어디에 태어나는가를 알 수 있는 표준으로서 '법경法鏡'이라는 가르침을 내리셨다. '법경'은 법을 바르게 알기 위한 거울로서 이 거울에 비추어 보면 사후의 운명에 대해 알 수 있다고 한다. 불·법·승의 삼보와 성스러운 계에 대한 절대적인 믿음과 귀의를 통하여 자기가 태어날 곳을 알게 된다는 것이다. 그 판단의 표준은 다음과 같다.

첫째, 붓다는 최고의 인격자이며 위없는 인천人天의 스승이라고 절대적으로 믿는 것,

둘째, 법은 보편타당성이 있는 진리이며 사람들을 열반이라는 이상에 이르게 하는 최상의 가르침이라는 것을 절대적으로 믿는 것,

셋째, 승가는 수행을 쌓아 존경을 받아 마땅한 붓다의 제자들의 모임으로서 중생을 이끌고 지도한다는 것을 절대적으로 믿는 것.

넷째, 삼보를 바르게 이해하고 절대적으로 믿는 것에 더하여 살생과 투도, 거짓말, 사음 등을 하지 않는 성계聖戒를 지키는 것.

이러한 네 가지를 잘 지키면 죽어서 나쁜 곳에 태어나지 않고 수다원須陀洹(sotāpamma)[4]이 될 수 있다는 것을 미리 알 수 있다는 말씀이다. 수다원은 성자의 무리에 들어갈 수 있는 초보 단계의 깨달음이라고 할 수 있다. 수다원 다음에는 사다함斯陀舍(sakadāgāmin)[5],

아나함阿那含(anāgāmin)⁶⁾을 거쳐서 드디어 아라한에 이르게 된다. 붓다께서는 이렇게 삼보에 귀의하고 성계를 잘 지키면 거기에 비추어 자기가 사후에 어떻게 될지를 알 수 있다고 하셨으며, 이것을 법의 거울, 즉, '법경'이라고 하셨던 것이다.

붓다께서는 계속 북쪽으로 가셔서 밧지 국의 수도인 베살리 근처의 암바팔리(Ambapāli) 숲에 머무셨다. 베살리는 그 당시 6대 도시에 들어가는 상업도시였다. 암바팔리 숲은 베살리의 유명한 유녀遊女⁷⁾의 이름을 딴 숲이었다. 암바팔리는 베살리뿐만 아니라 인근 나라에까지도 소문이 날 정도로 유명했다. 원래 그녀는 어릴 때 망고 숲에 버려졌는데 망고 숲을 지키는 사람이 데려다 길렀다. 그래서 망고 숲을 지키는 사람의 딸이라는 뜻으로 암바팔리라고 불리어졌다. 그녀는 워낙 미모가 출중하여 베살리뿐만 아니라 이웃 나라에서도 귀공자들이 돈을 싸들고 와서 구혼을 했다. 그들은 암바팔리를 둘러싸고 서로 싸움을 벌이기도 하였는데, 이에 지친 그녀는 결혼하지 않고 유녀가 되었다. 빼어난 미모에 노래와 춤에도 능하고 예절 바른 암바팔리는 많은 사람들의 사랑을 받았고, 베살리에서 몇 손가락 안에 드는 부자가 되었다.

---

4) 수다원須陀洹(sotāpamma): 번뇌가 없는 성자의 흐름에 들어갔다고 해서 예류預流라고 함. 깨달음의 단계를 나타내는 사향사과四向四果의 최초의 단계.
5) 사다함斯陀含(sakadāgāmin): 한 번 천계에 태어난 다음 다시 인간계에 돌아와서 깨달음을 얻는 자를 의미. 일래一來로 의역함.
6) 아나함阿那含(anāgāmin): 인간계에 다시 돌아오지 않고 천계 이상의 계위에 올라가서 깨달음에 이르는 자를 의미. 불환不還으로 의역함.
7) 유녀遊女: 남자들을 즐겁게 해 주고 돈을 버는 여자.

붓다께서 머무르시던 암바팔리 숲도 그녀의 소유였는데, 평소 소문을 듣고 붓다를 존경하던 그녀는 붓다께서 그곳에 머무신다는 소식을 듣고 마차를 타고 가서 법문을 들었다. 붓다의 설법을 듣고 기쁨에 넘친 암바팔리는 그 자리에서 붓다와 여러 비구들을 공양하고 싶어 했다. 붓다께서 침묵으로 허락하시자 암바팔리는 빨리 돌아가 다음날 공양 준비를 하려고 했다.

그런데 급히 서두르다가 릿차비(Licchavi) 족들의 수레와 충돌하게 되었다. 릿차비 족은 베살리의 명문가였는데, 이들도 붓다께서 오셨다는 소식을 듣고 망고 동산으로 급히 달려가던 중이었다. 릿차비 족의 귀족들은 수레가 뒤집혀 화가 나서 암바팔리를 질책하였다. 암바팔리는 붓다께 공양을 올리기 위해 서두르다가 사고를 냈으니 용서를 해 달라고 했다. 그 말을 들은 릿차비 족 사람들은 깜짝 놀라며 붓다께 공양할 수 있는 권리를 자기들에게 십만 금에 팔라고 부탁했다. 그러나 암바팔리는 베살리 마을 전부를 준다고 해도 그것만은 양보하지 못하겠다고 했다. 릿차비 족 사람들은 붓다께 공양할 기회를 유녀에게 빼앗긴 것을 매우 유감스러워했다.

릿차비 족 사람들이 붓다의 설법을 들으러 몰려 올 때 그들의 옷차림과 수레가 얼마나 화려하고 장엄했던지 붓다께서는 비구들에게 도리천忉利天[8]의 신들을 본 적이 없는 사람은 저 릿차비 족의 행렬을 보고 도리천을 생각하라고 하실 정도였다. 그들은 붓다를 뵙고 설법을 들은 다음 붓다께 자기들의 공양을 받아달라고 간청했다. 그러나 붓다께서는 암바팔리와의 선약 때문에 안 된다고 하셨다. 릿차비 족 사람들은 매우 애석해 하면서 물러갔다. 다음날 암바팔리는 붓다와 여러 비구들에게 공양을 올린 다음 자기의 소유인 암바팔리 숲을 붓다와 교단에 기증하겠다고 말씀드렸다.

『대반열반경』에 나오는 이 이야기를 통해 보면, 붓다께서는 지위고하와 신분을 가리지 않고 모든 사람을 평등하게 대하셨다는 것을 알 수 있다. 아무리 돈이 많다고 하여도 암바팔리는 남들이 천시하는 유녀에 불과했다. 그러나 붓다께서는 베살리의 명문 귀족 릿차비 족의 청을 물리치시고 암바팔리에게 공양의 우선권을 주셨던 것이다. 암바팔리는 나중에 출가하여 비구니가 되었으며 상당한 경지에 이르렀다고 한다. 『장로니게長老尼偈』에는 암바팔리가 남긴 몇 개의 게송이 전해지고 있는데, 젊어서의 자기의 미모는 완벽했으나 나이 들고나니 보잘것이 없어졌으며 오직 연기와 무상 등의 진리를 설하신 붓다의 말씀만이 잘못된 것이 없다는 내용이다.

붓다의 가르침에는 비밀이 없다

붓다께서는 암바팔리의 망고 동산에서 한참을 머무르신 다음 벨루바나(Veḷuvana)9) 마을로 가셨다. 이때는 우기가 막 시작되던 때였는데, 우기에는 엄청난 비가 계속해서 내릴 뿐 아니라 더위와 습도가 대단했다. 붓다께서는 제자들에게 모두 적당한 곳을 찾아가 우안

---

8) 도리천忉利天: 인도 신화에 나오는 33천의 하나로서 수미산의 정상에 있으며 거기에는 신들의 왕인 제석천이 살고 있다고 함.
9) 벨루바나(Veḷuvana): 대나무숲. 죽림竹林이라고 의역함.

거에 들어가라고 명하시고 당신은 이 마을에서 안거에 들어가셨다. 그러나 붓다께서는 더위를 이기지 못하시고 병이 났다. 이때 매우 혹독한 병을 앓으셨는데, 붓다께서는 이렇게 생각하셨다.

'가까이에서 시봉하는 이들에게 알리지도 않고 비구들에게는 한 번도 깨달음의 기회를 주지 않은 채 열반에 드는 것은 여래의 행위가 아니다. 그러므로 지금은 정진으로 이 병을 견디고 유수행留壽行으로 수명을 늘리자.'

그리고는 뛰어난 정신력으로 병을 극복하셨다. 우기가 지나고 그늘에서 쉬고 계시는 붓다께 아난다가 말씀드렸다.

"세존이시여, 병환이 완쾌되어서 정말 다행입니다. 붓다께서 병환이 드셨을 때는 앞이 캄캄했습니다. 그렇지만 세존께서 승단에 아무런 유언도 남기지 않으시고 돌아가실 리는 없다고 생각하고는 겨우 안심할 수 있었습니다."

아난다는 붓다께서 마지막으로 어떤 비밀한 가르침을 전해 주시지 않을까 기대했던 것이다. 혹은 붓다께서 돌아가시기 전에 틀림없이 유언을 남겨 누군가에게 교단을 이끌 것을 지목하실 거라고 생각했던 것이다. 그러나 아난다의 말을 들은 붓다께서는 이렇게 말씀하셨다.

"아난다여, 그 기대는 잘못 되었구나. 비구들은 나에게 무엇을 바라는가? 아난다여, 나는 모든 법을 설했다. 제자에게 숨기면서 스승만이 움켜쥐고 있는 비밀스러운 어떠한 가르침도 없다. 아난다여, 나는 내가 이 교단의 지도자라든가, 비구들이 모두 나에게 의지하고 있다고 생각한 적은 없다. 여래가 비구의 모임에 대해 어떤 지시를 한다는 것은 있을 수 없다."

아난다는 붓다께서 앓고 계셔도 후계자를 지목하든지 누군가에게 별도의 가르침을 내리지 않고는 열반에 들지 않으실 것이라고 믿었다. 그래서 붓다께서 앓고 계셔도 그저 '한 숨 돌리는 정도의 시간이다'라고만 생각했던 것이다. 여기에 대하여 붓다께서는 당신의 가르침에는 비밀이 없으며 안과 밖이 다르지 않은 가르침을 설하셨다고 하셨다. 그리고 비구의 모임은 좋은 벗의 집단이므로 누가 승단을 이끈다는 생각은 그릇된 것이라고 하신 것이다. 브라만교의 우파니샤드라는 말은 스승과 제자가 무릎을 맞대고 비밀리에 전수해 준다는 뜻이 있다. 그러나 붓다의 가르침에 비밀스러운 것은 없었다. 어떤 사람에게는 가르쳐주고 다른 사람에게는 가르쳐주지 않는 법도 없고, 활짝 열어놓으셨다는 것이다. 그래서 경전에서는 붓다의 가르침을 '현실적으로 증명되는 것, 때를 격하지 않고 과보가 있는 것, 눈 있는 자는 와서 보라고 말할 수 있는 것, 능히 열반으로 인도하는 것, 또 지혜 있는 자가 각기 스스로 알 수 있는 것'이라고 하였다.

붓다께서 설하신 법은 하늘나라의 일이나 사후 세계의 일이 아니었다. 우리 인생과 직결되는 현실 문제에 대한 것이었다. 만약 붓다께서 사후의 일이나 우리가 가보지 못한 천국에 대해, 증명하기 어려운 신이나 신의 계시에 대해 말씀하셨다면 우리는 그 말씀이 참인지 거짓인지 따지기 어려웠을 것이다. 또한 아득한 과거의 일이나 오지 않은 미래의 일을 언급하셨어도 우리는 그 진위를 확인하기 어려웠을 것이다. 그러나 붓다께서 말씀하신 연기의 이치나 사성제의 도리는 너무나 명백하여 누구나 수긍할 수 있는 것이다.

이러한 점이 불교가 다른 종교와 차별되는 점이다. 다른 종교는 신을 내세우고 신의 나라와 사후의 세계를 말하였다면 붓다께서는 현실적으로 증명되는 것만 말씀하셨다. 그리고 시간을 기다리지 않고 그 과보가 즉시 나타나는 것만 말씀하셨다. 붓다께서는 천상의 일이 아니라 지상의 일을 말씀하셨으며, 내세의 운명이 아니라 지금 이 순간 현실에서의 인간의 문제를 말씀하셨다. 미래의 일을 말씀하셔도 그것은 현재에 바탕을 두고서 그 결과를 예견하신 것으로 콩 심은 데 콩 나고 팥 심은 데 팥 나는 이치를 말씀하신 것이다. 각자의 인생을 잘 살펴보면 다 스스로 만든 것임을 알 수 있다. 굳이 전생까지 들먹일 필요도 없다. 그렇기 때문에 붓다께서 말씀하신 진리는 '때를 격하지 않고 과보를 알 수 있는 것'이다. 이것을 한문으로는 '즉시적卽時的', 혹은 '현생적現生的'이라고 한다.

언젠가 우파바나(Upavāna)라는 제자가 붓다께 여쭈었다.

"대덕이시여, 현생적이라고 하는데 대체 어떤 것이 현생적인 가르침입니까?

이에 붓다께서는 집착을 예로 들어 말씀해 주셨다.

"우파바나여, 여기에 한 비구가 어떤 물건을 보았다고 하자. 그리하여 그는 그 물건을 인식하고 그것에 대해 더러움에 물든 염심染心을 일으켰다고 하자. 그때 그는 자기를 돌아보고 '아, 나에게 염심이 생겼구나' 하고 이해한다. 우파바나여, 이것이 현생적인 법이다. 우파바나여, 그런데 여기에 또 한 명의 비구가 어떤 물건을 보았다고 하자. 그러나 그는 그 물건을 인식하면서도 염심을 내지 않았다고 하자. 그때 그는 자기의 마음을 돌아보고 '아, 나에게는 염심이 없구나' 하고 이해한다. 우파바나여, 이것이 현생적인 법이다."

이와 같이 붓다께서는 우리의 마음에 떠오르는 것을 그대로 이해할 수 있는 것을 현생적이라고 하셨다. 만약 누군가가 사후 세계나 천국에 대한 이야기, 혹은 신의 계시에 대한 것을 말했다면 그것이 실현될 때까지는 믿을 수가 없다. 죽은 다음 심판을 받는지 어떤지, 혹은 말세가 올 것인지 아닌지는 그때 가봐야 알 수 있는 것이다. 세상 사람들은 보지도 않은 신을 믿으면서 신의 나라에 대해 말하고 있다. 그러나 붓다의 말씀은 우리의 마음을 어떻게 향상시키느냐에 대한 것으로 자기의 마음을 잘 관찰하면 누구나 바로 알 수 있는 것이다. '눈 있는 자는 와서 볼 수 있는 것이고, 지혜 있는 자는 스스로 알 수 있는 것'이다. 사후 세계가 아니라 지금 바로 우리는 우리의 마음을 관찰하여 다스림으로써 열반을 얻을 수가 있다. 예를 들면, 지금 자기가 누구를 미워하고 있는 경우 그 미움의 실체를 파악하여 그것이 쓸데없다는 것을 깨닫고 미워하는 마음을 버려버린다면 그 순간 마음이 평화로워지며 그만큼의 열반이 얻어진다.

또 다른 예를 들어 보자. 어떤 물건을 보고 욕심을 냈다가 욕심이 하잘 것 없다는 것을 깨닫고 욕심을 버린다. 그 순간 마음의 평화가 찾아온다. 그것이 곧 해탈이다. 이처럼 붓다께서 가르쳐 주신 대로 자신의 마음을 잘 살피면 괴로움의 원인이 밝혀지고 그 원인을 제거하면 괴로움을 벗어나 열반이 얻어진다.

편견과 관습, 권위에 무릎 꿇지 말라

붓다께서는 아난다에게 다시 이렇게 말씀하셨다.

"아난다여, 나도 이제 늙어서 팔십이 되었다. 마치 낡은 수레를 가죽 끈으로 묶어 겨우 지탱하는 것처럼 나의 몸도 가죽 끈으로 묶어 겨우 조금씩 움직이고 있다."

붓다께서는 육신의 무상함을 이미 알고 계셨고, 생겨난 것은 모두 멸한다는 것을 알고 계셨기 때문에, 이때 이미 반열반(般涅槃 ; parinibbāna)을 예감하고 계셨던 것이다. 반열반은 완전한 열반에 든다는 의미로서 육신이 있는 한 업의 소멸이 완전히 끝난 것이 아니므로 육신이 멸했을 때 완전한 열반에 든다고 생각했던 것이다. 그러나 붓다께서 가르치신 본래의 뜻은 반드시 죽어야만 열반을 얻는 것은 아니었다. 지금 이 순간에도 모든 집착을 벗어버리고 괴로움에서 벗어나게 되면 그것이 곧 열반이다. 그렇기 때문에 붓다께서는 당신의 무상한 육신에 예배하지 말고 스스로를 의지하고 진리를 의지하라고 가르치셨다. 그래서 붓다께서는 아난다에게 이렇게 이르셨다.

> 그러므로 아난다여, 그대들은 다만 <u>스스로</u>를 섬으로 하고 <u>스스로</u>를 의지처로 삼아야지 다른 것을 의지처로 삼아서는 안 된다. 법을 섬으로 하고 법을 의지처로 삼아야지 다른 것을 의지처로 삼아서는 안 된다.
> 아난다여, 지금은 물론이고 내가 죽은 뒤에도 <u>스스로</u>를 섬으로 하고 <u>스스로</u>를 의지처로 삼아야지 다른 것을 의지처로 삼아서는 안 된다.

법을 섬으로 삼고 법을 의지처로 삼아야지 다른 것을 의지처로 삼아
서는 안 된다. 지금에 있어서도, 내가 죽은 후에도 이렇게 하는 사람
이야말로 나의 제자 중에서 으뜸가는 자일 것이다.

스스로를 의지처로 하고 법을 의지처로 한다는 말씀은 우리가
불교를 공부하는 데에 있어서 가져야 할 기본 태도를 말씀하신 것이
다. 스스로의 마음을 잘 살펴 괴로움에서 벗어나는 길을 찾고 진리에
의지해야 하며, 어떠한 편견이나 관습, 혹은 권위가 있다 하여 무조
건 믿어서는 안 된다는 것이다.

불교를 제외한 거의 대부분의 종교는 신의 존재를 믿고 구원을
바란다. 신이 창조하였기에 오직 신의 힘으로 구원될 수 있으니 신에
게 절대적으로 복종함으로써 구원될 수 있다고 믿는다. 이들에게는
인간이 신을 능가하는 것은 상상도 못할 일이며 그런 생각을 가진다
는 것 자체가 불경스러운 일이었다. 붓다 당시의 브라만교도 이와 비
슷했다. 그러나 불교는 처음부터 신의 존재를 부정하였다.

사캬무니 붓다께서 불교를 일으키셨지만 육신의 붓다도 궁극적
으로 의지할 대상은 아니다. 붓다께서 성도하시고 가장 먼저 인식하
신 것은 연기법이었다. 이 우주는 어떤 초월자가 만들고 움직이는 것
이 아니라 서로가 의존하여 생성하고 관계를 맺는 상대적인 세계라
는 것이었다. 그런 의미에서 불교에서는 바깥에 의존할 만한 절대적
인 신이 없다고 한다. 오직 자기 자신과 진리만이 의지처가 되는 것
이다. 자기 자신을 등불로 삼고 진리인 법을 등불로 삼아야지 어떤
절대자나 한 개인의 숭배에서 열반이 얻어지는 것이 아니라는 말씀

이다.

　자기의 마음을 잘 살펴 현재의 괴로움에서 벗어나려는 것이 불교의 근본정신이다. 그것은 지혜를 개발하는 것이다. 탐·진·치의 어리석음을 지혜를 통해서 벗어남으로써 모든 괴로움에서 벗어날 수 있다. 그것이 해탈이고 열반이다. 불교는 붓다의 말씀을 의지처로 삼고 오직 자신의 마음에 비추어 길을 열어간다. 진리를 의지처로 삼고 따라가면 모든 괴로움에서 벗어나게 된다. 이것은 이 세상 모든 종교와 다른 불교의 특색이기도 하다.
　그래서 『법구경』에서도 이렇게 말씀하셨다.

　　자신이 의지할 곳은 자신뿐이다.
　　다른 어떤 것에도 의지할 곳은 없다.
　　그러므로 자기가 잘 제어되었을 때
　　그는 얻기 어려운 의지처를 얻은 것이다.

　이처럼 붓다께서는 철두철미한 자기 형성의 길을 말씀해 주셨다. 불교의 수행은 신에게 구원받고자 하는 것도 아니고 신의 은총으로 하늘나라에 태어나고자 하는 것도 아니다. 오직 철저한 자기 성찰로 괴로움의 원인을 파악하고 그것을 없애 절대적 자유와 평안을 누리는 것이다.

붓다도 육신은 병들고 죽는다

우기의 안거가 끝나고 어느 정도 몸을 회복하신 붓다께서는 베살리로 탁발을 나가셨다. 붓다께서 베살리에 들르셨을 때의 추억을 더듬으며 아난다에게 말씀하셨다.

"아난다여, 베살리는 좋은 곳이다. 우데나 영지靈地는 좋은 곳이다. 고타마카 영지는 좋은 곳이다. 삿탄바 영지는 좋은 곳이다. 바흐풋타 영지는 좋은 곳이다. 사란다다 영지는 좋은 곳이다. 그리고 이 차팔라 영지도 좋은 곳이다."

영지는 불교 교단을 위해서 만들어진 일종의 휴게소 같은 곳이었다. 붓다께서는 전에도 베살리에 오셔서 많은 사람들에게 가르침을 주셨는데, 그때마다 들르셨던 곳들을 마지막으로 회상하시면서 칭찬하신 것이었다. 붓다께서 우기에 안거를 하며 머무시던 베살리 교외의 대림이라는 곳에는 중각강당重閣講堂이라고 하는 큰 정사가 세워지기도 했다.

베살리는 자이나교의 교조인 마하비라의 출신지였기 때문에 자이나 교도들이 많았다. 붓다께서는 이곳에 오셔서 그들을 상대로 설법을 하시고 불교로 개종시키기도 하셨다. 그렇게 개종한 대표적인 예가 사찻카(Saccaka)[10]라는 귀족이었다. 이 사람은 자이나 교도로서 지식도 높고 많은 종교가들과 교류를 하고 있었는데 붓다와 여러

---

10) 사찻카(Saccaka): 앗사지 비구를 베살리에서 만난 인연으로 붓다를 친견하고 불자가 되었음.

차례 문답하고 나서 붓다야말로 가장 위대한 분이라는 것을 인정하고 불교 신자가 되었다.

또 베살리에는 자이나 교도로서 시하(Siha)라는 유명한 장군이 있었는데, 사람들이 붓다에 대해 얘기하는 것을 듣고 붓다를 뵙고 싶어 했다. 그래서 교조인 마하비라에게 자기의 뜻을 말했더니 마하비라는 사캬무니 붓다는 사설邪說을 얘기하는 자라고 하며 찾아가지 말라고 하였다. 그 후에도 시하 장군은 붓다를 뵙고 싶어 하고, 마하비라는 그를 말리는 일이 몇 차례 더 있었다. 그런데 마침내 궁금증을 이기지 못한 시하 장군은 사람들을 데리고 붓다를 뵈러 갔다. 그는 붓다께 시론, 계론, 생천론에 이어서 사성제에 대한 설법을 듣고 그 자리에서 법안을 얻었다고 한다. 그래서 붓다께 귀의하고 붓다의 교단에만 공양을 올리겠다고 맹세했다. 그러나 붓다께서는 자이나 교도들에게도 여전히 공양을 올리라고 하셨다.

이것은 붓다께서 보여주신 다른 종교에 대한 관용의 태도를 엿볼 수 있는 대목이다. 다른 종교에서는 영향력 있는 사람이 개종하면 그것을 큰 선전도구로 삼고 자기들의 종교가 우월한 것처럼 자랑한다. 그러나 붓다께서는 『육방예경』이나 시하 장군의 경우처럼 지금껏 가지고 있던 그 사람의 종교에 더욱 의미를 더하여 바른 길로 이끌어 주셨으며, 종교를 바꾸는 데 신중하라고 말씀하셨다. 붓다께서는 상업도시로서 번창한 이곳 베살리를 여러 번 방문하여 교화하신 결과 붓다의 만년에는 베살리에 불교신자가 상당히 많이 늘었던 것으로 보인다. 붓다께서는 추억이 깃든 여러 곳의 영지를 칭찬하시고 나서 아난다에게 이렇게 말씀하셨다.

아난다여, 수행이 진전되어 사신족四神足을 닦아 통달하고 익힌 사람은 그가 원하는 대로 일 겁一劫이라는 긴 세월 동안 또는 일 겁 이상도 이 세상에 머무를 수 있다.

그런데 아난다여, 여래는 이미 그러한 사신족을 닦아 통달하고 익혔으므로 만일 마음만 먹으면 일 겁 혹은 그 이상도 이 세상에 머무를 수가 있다.

사신족은 수승한 정신통일을 얻고자 원하는 욕신족欲神足, 수승한 정신통일을 얻고자 노력하는 근신족勤神足, 수승한 정신통일을 얻고자 마음을 모으는 심신족心神足, 수승한 정신통일을 얻고자 사유 관찰하는 관신족觀神足의 네 가지를 말하는데 이것을 사여의족四如意足이라고도 한다. 여래는 이 사신족을 통달하였으므로 이 세상에 일 겁劫이나 그 이상도 수명을 연장하여 머무를 수 있다고 암시를 하셨는데도 아난다는 알아듣지 못했다고 한다. 경전에서는 아난다가 악마에 홀려 이 말을 알아듣지 못했으며, 이때 붓다께 일 겁 동안 이 세상에 머무르셔서 사람들을 지도해 주시기를 간청했어야 하는데 그렇지 않았기 때문에 붓다께서 입멸하실 것을 결심하셨다고 한다.

그러나 붓다께서 무상을 몸소 보여주시기 위해서 반열반에 드셨다고 보는 게 더 타당할 것이다. 아난다는 붓다께서 무상에 대해 말씀하셨어도 더 살아 계실 것으로 믿었다. 다른 많은 불제자들도 그렇게 믿는 사람들이 많았다. 그래서 붓다께서 몸소 무상을 보여줄 필요가 있었던 것이다. 일찍이 악마가 붓다께 열반을 권했던 적이 있었다. 그때 붓다께서는 이렇게 대답하셨다.

악마여, 나에게 비구, 비구니, 우바새, 우바이의 제자들이 나오고, 또 그들이 총명하여 가르침을 받고 두려워하지 않으며, 가르침을 받들어 지니고 가르침대로 행하며, 올바르게 행동하고 스승의 말을 잘 파악하여 그것을 다른 사람들에게 설명하여 이해시키며, 외도의 삿된 설이 나타날 때는 그것을 진리로 제지할 수 있을 때까지는 열반에 들지 않겠다.

악마여, 나의 이 청정한 행이 나 혼자만의 것이 아니고 온 세상에 번성하여 널리 알려지고 많은 사람들의 것이 되어 널리 행해지고 사람들에게 충분히 이해될 때까지 나는 열반에 들지 않겠다.

붓다의 제자들이 붓다의 가르침을 잘 이해하여 다른 사람에게도 충분히 이해시킬 수 있고, 그들의 활약으로 불교가 영원히 발전할 수 있게 될 때까지는 열반에 들지 않겠다는 말씀이었다. 이제 악마가 다시 나타나서 붓다께서 예전에 하신 말씀을 들먹이며 이제 그렇게 되었으니 빨리 입멸하시라고 재촉하였다. 그러자 붓다께서는 악마에게 이렇게 말씀하셨다.

"악마여, 나는 나의 입멸에 대해 괴로워하지 않는다. 여래는 이제부터 3개월 후에 열반에 들 것이다."

앞에서도 언급했지만, 경전에 나타나는 악마는 붓다의 마음의 갈등을 상징적으로 나타낸 것이다. 붓다께서는 성도 직후 생로병사의 비밀과 그것을 초월하는 법을 아셨을 때 입멸을 생각하셨다. 하지만 육도를 윤회하며 고통의 바다에 빠져 있는 어리석은 중생들을 보시고 자비심을 내어 법륜을 굴리셨던 것이다. 붓다의 가르침이 널리 퍼져 제자들이 그 법을 잘 이해하고 남들에게도 충분히 이해시킬 능력이 갖추어지기 전에는 입멸하지 않겠다고 결심하셨고, 어느 정도 목표가 달성되었기 때문에 입멸하시려고 생각하셨던 것이다. 어느 날 아난다에게 일러 가까운 곳에서 수행하는 제자들을 베살리 근처의 대림의 중각강당으로 모이라고 하셨다. 이곳에 모인 비구들을 향하여 붓다께서는 이렇게 말씀하셨다.

비구들이여, 나는 법을 알고 이것을 그대들에게 가르쳤다. 그대들은 이것을 잘 이해하고 받아들여 널리 알려라. 그렇게 해서 이 법이 오랫동안 존속하게 된다면 그것은 중생의 이익을 위하고 중생의 행복을 위한 길이 될 것이다.
또한 비구들이여, 이 법 안에서는 서로 잘 화합하고 공경하여 조금이라도 다툼이 있어서는 안 된다. 한 스승으로부터 가르침을 받은 사람은 같은 물, 같은 가슴 안에 있는 것처럼 하지 않으면 안 된다. 서로 격려하고 즐거워하며 방일함이 없이 정진하라.
이제 나는 그대들에게 고한다. 나는 이제 오래지 않아 세상을 떠나게 된다. 앞으로 삼 개월 뒤에 여래는 입멸하게 되리라.

붓다의 유언이라고도 할 수 있는 이 말씀에는 다른 종교에서 흔히 보는 것처럼 자신을 신격화한다거나 신비화하는 것은 하나도 없다. 오직 중생들의 이익과 행복을 위하여 진리를 잘 이해하고 널리 가르치라는 말씀, 그리고 도반들끼리 화목하게 지내며 서로 격려하고 게으름 없이 정진하라는 말씀이 전부였다. 삼 개월 뒤에 입멸하시리라는 붓다의 말씀을 들은 비구들은 너무나 놀라서 땅에 몸을 던지고 슬퍼하며 소리를 내어 울었다. 그리고는 붓다께 여쭈었다.

"붓다께서는 어찌하여 이렇게 빨리 세상을 떠나려 하십니까? 어찌하여 저희들의 안목을 멸하시는 일이 이리도 빠르십니까?"

그때 붓다께서는 조용히 그들을 타이르셨다.

"비구들이여, 슬퍼하지 말라. 내가 전에도 늘 말하지 않았던가? 아무리 사랑하는 사람이라도 반드시 이별하지 않으면 안 된다. 살아서의 이별도 있고 죽어서의 이별도 있다. 죽은 뒤에는 그 경계를 달리하지 않으면 안 된다. 비구들이여, 이 일은 아무리 애써도 면할 수 없는 일이다. 모든 생명은 반드시 멸한다. 살아 있는 생명으로서 나고 죽는 법칙을 면할 수 있는 것은 아무 것도 없다."

이어서 붓다께서는 게송을 읊으셨다.

나는 이제 나이 들고 수명은 얼마 남지 않았다.
그대들을 버리고 나는 가지 않으면 안 된다.
비구들이여, 방일하지 말고 계를 잘 갖추어라.
명상으로 자기의 마음을 잘 다스리고
그 마음을 잘 지켜야 한다.
내가 가르친 법과 율에 있어서 방일하지 않으면
반드시 생사를 뛰어넘는 고의 종말을 보리라.

이별을 슬퍼하는 제자들을 위로하시는 붓다의 모습에서 우리는 죽음을 초월한 훌륭한 성인의 진면목을 볼 수 있다. 제행무상을 머리로는 이해해도 가슴으로는 받아들이기 힘들다. 즐겁고 행복한 시간이 늘 그대로 존속되기를 바라고 나의 젊음이 언제까지나 이대로 있기를 원한다. 그러나 그것은 우리의 욕심일 따름이다. 이 세상에 생겨난 것은 반드시 멸하기 마련이다. 붓다께서는 당신의 입멸을 통하여 그저 경계를 달리한다는 말씀으로 죽음을 표현하셨고, 생사의 이치를 일깨워 주셨다.

붓다의 마지막 말씀은 법에 의지하여 계를 잘 지키고 항상 자기 자신의 마음을 잘 살펴 정진하라는 말씀이었다. 그렇게 하면 붓다처럼 생사를 초월할 수 있기 때문이다. 붓다께서는 분명히 말씀하셨는데도 어리석은 중생들은 삶에 대한 집착을 놓지 못한다. 집착을 놓아 버릴 때에 비로소 생사를 초월했다고 할 수 있다. 죽는다는 것은 진리이다. 진리를 거스르려고 하는 데서 괴로움이 생긴다. 진리를 받아들일 때 괴로움에서 벗어날 수 있다. 제자들은 붓다의 입멸을 눈앞에 두고 그것을 받아들일 수 없었다. 그래서 괴롭고 슬펐다. 하지만 붓다께서는 생긴 것은 멸한다는 이치를 체득하셨기 때문에 담담하게 제자들을 깨우칠 수 있었던 것이다.

제자들에게 입멸의 시기를 알리고 마지막으로 설교를 하신 다음 붓다께서는 베살리를 떠나셨다. 붓다께서 어느 날 아침 가사를 입으시고 발우를 들고 마지막으로 베살리에 탁발을 나가셨다. 그리고 마을을 돌아 나오실 때에 추억이 깃든 베살리를 그윽이 바라보고 계셨다. 경전에서는 "마치 코끼리가 사물을 바라보듯 지그시 베살리 마을을 응시하셨다."고 묘사하고 있다. 그리고는 아난다에게 말씀하셨다.

"아난다여, 여래가 베살리 마을을 보는 것도 이것이 마지막이다. 자! 아난다여, 이제 반다가마(Bhaṇḍagāma) 마을로 가자."

죽음을 미리 예견하고 주위를 둘러보는 붓다의 심정을 짐작할 수는 없다. 만약 우리가 앞으로 석 달 뒤에 죽게 된다는 것을 알고 있다면 어떤 심정일까? 아마 대부분은 몸부림치면서 괴로워할 것이다. 그러나 붓다를 따라 공부하고 수행하는 불자들은 죽음에 대해 깊이 생각하고, 두려워하지 않고 편안한 마음으로 죽음을 받아들일 수 있어야 한다. 죽음을 외면하지 않고 그 의미를 제대로 파악한다면 죽음을 초월할 수 있다. 불교는 생로병사라는 인간의 근본적인 고통에서 완벽하게 벗어나는 길을 열어주는 종교이다. 신에게 매달려 애원하거나 환락에 몸을 맡기고 외면하는 것은 일시적인 마취에 불과하다. 붓다께서 말씀하신 계행을 잘 지키고 방일하지 말며 자신의 마음을 돌아보아 잘 제어하면 생로병사에서 벗어날 수 있다.

다시는 윤회하지 않는 법

붓다께서는 베살리를 떠나 반다가마라는 마을에 이르렀을 때 제자 비구들에게 이렇게 설법하셨다.

"사람들은 네 가지 가르침을 깨닫지 못하고 그것을 통달하지 못했기 때문에 오랫동안 이 세상에서 저 세상으로 유전하고, 끝없이 여기저기 떠돌아다닌다. 그 네 가지란 무엇인가? 비구들이여, 사람들은 성스러운 계戒·정정定·혜慧·해탈解脫을 깨닫지 못하고 통달하지 못했기 때문에 오랫동안 이 세상에서 저 세상으로 유전하고, 끝없이 여기저기 떠돌아다닌다."고 말씀하시면서 계·정·혜·해탈을 깨닫고 그것에 통달하면 생존에 대한 집착을 버리고 다시는 윤회하지 않는다고 말씀하셨다.

성스러운 계를 깨달아 그것에 통달하고, 성스러운 정신통일을 깨달아 그것에 통달하고, 성스러운 지혜를 깨달아 그것에 통달하고, 성스러운 해탈을 깨달아 그것에 통달한 사람은 생존에 대한 갈애를 단절하고 생존의 원인을 다 없앰으로써 다시 태어나지 않는다.

위와 같이 반다 마을에서 설법하신 붓다께서는 계속 북상하시며 보가라는 곳에 도착하셨다. 그곳의 아난다 영지라는 곳에서 붓다께서는 제자들에게 사대교법四大敎法을 설하셨다. 이 내용은 붓다께서 입멸하신 후에도 붓다의 말씀인가 아닌가를 판단하는 표준이 되는 것이다. 사대교법은 다음과 같다.

첫째, 어떤 비구가 '나는 이 가르침을 직접 사캬무니 붓다께 들었기 때문에 이것이야말로 불교의 바른 교법이며 계율이며 이것은 확실히 스승의 가르침이다'라고 주장하더라도 이것을 무조건 받아들이거나 혹은 무조건 부정해서는 안 된다. 우선 그러한 말을 경과 율에 비추어 보고 경과 율에 합치하지 않으면 그것은 세존의 말씀이 아니며 그 비구는 세존의 말씀을 잘못 전한 것이라고 판단하라. 만약 그 말이 경과 율에 비추어 합치하면 그것은 세존의 말씀이며 그 비구는 세존의 말씀을 잘 전한 것이라고 판단하라.

둘째, 어떤 비구가 박학한 장로비구와 상수비구를 포함한 승가로부터 이 가르침을 들었기 때문에 이것은 틀림없는 붓다의 가르침이다'라고 주장하여도 이것을 무조건 받아들이거나 혹은 무조건 부정해서는 안 된다. 이 경우에도 마찬가지로 첫째의 경우와 같이 경과 율에 비추어 보고 진위를 판단하라.

셋째, 어떤 비구가 '박학한 장로비구와 상수비구로부터 이 가르침을 들었기 때문에 이것은 틀림없는 붓다의 가르침이다'라고 주장하여도 이것을 무조건 받아들이거나 혹은 무조건 부정해서는 안 된다. 이 경우에도 마찬가지로 첫째의 경우와 같이 경과 율에 비추어 보고 진위를 판단해야 한다.

넷째, 만약 어떤 비구가 '박학한 장로비구나 상수비구로부터 이 가르침을 들었기 때문에 이것은 틀림없는 붓다의 가르침이다'라고 주장하여도 이것을 무조건 받아들이거나 혹은 무조건 부정해서는 안 된다. 이 경우에도 마찬가지로 첫째의 경우와 같이 경과 율에 비추어 보고 참된 붓다의 말씀인지 아닌지를 판단하라.

경과 율에 비추어 본다는 것은 진리에 맞는지 안 맞는지를 판단해 보라는 의미이다. 이러한 진위판단의 네 가지 원칙을 사대교법이라고 한다. 불교에서 말하는 진리의 기준은 삼법인三法印이다. 모든 것은 끊임없이 변한다는 제행무상諸行無常, 모든 현상과 존재에는 불변의 실체가 없다는 제법무아諸法無我, 진리를 깨달아 괴로움을 벗어난 상태인 열반적정涅槃寂靜의 삼법인에 비추어 보고 그것에 맞지 않으면 그것은 붓다의 말씀이 아니라고 할 수 있다.

붓다께서 비구들에게 일러주신 사대교법은 오늘날 더욱 유효한 가르침이라고 할 수 있다. 불교가 2,500년이라는 세월을 전해 내려 오면서 이제는 어느 것이 진짜 붓다의 말씀인지, 아닌지 구분하기 어려운 측면이 있다. 붓다의 근본정신으로 되돌아가자는 정신으로 성립한 대승불교가 등장하면서 불교는 많은 변화가 있었다. 방편이라는 이름으로 변질된 부분도 없지 않다. 불교를 바르게 이해하기 위해서도 붓다께서 말씀하신 사대교법은 가장 적합한 기준이라 할 수 있다. 어떤 스님이나 어떤 종단에서 말했다 하더라도 그대로 믿지 말고 반드시 붓다께서 일러주신 기준에 비추어 보고 판단해야 한다. 그렇

삼법인三法印

법인 : 부처님의 가르침, 즉 진리의 표시

제행무상諸行無常
여러 가지 현상(제행)은 항상 변화한다

제법무아諸法無我
여러 가지 사물(제법)에는 변하지 않는 자아라는 것이 없으며 모든 것은 서로 의지하는 관계성에 의하여 존재한다.

열반적정涅槃寂靜
모든 괴로움이 사라진 깨달음의 편안한 경지. 제행무상과 제법무아를 통찰함으로써 얻어진다. 열반은 니르바나의 음사이며 활활 타던 것이 꺼진 상태를 의미한다. 열반과 적정은 같은 의미이다.

∗ 여기에 일체개고一切皆苦(제행무상을 통하여 괴로움을 느끼는 것)를 더하여 사법인四法印이라고도 한다.

게 함으로써 붓다의 진의를 왜곡하지 않고 바른 가르침을 얻을 수 있으며 불교의 본질에 접근할 수 있기 때문이다.

붓다께서는 사대교법에 대한 설법을 하시고 나서 제자들과 함께 파바(Pāvā)라는 마을로 가셨다. 이 마을에서 대장장이 춘다(Cunda)[11]의 망고 동산에 머무르셨다. 대장장이 춘다는 붓다께서 자기의 망고 동산에 머무신다는 말을 듣고 부랴부랴 붓다를 찾아 뵈었다. 춘다는 앞으로 어떤 사문을 참된 사문으로 존경해야 하는가에 대해 붓다께 여쭈어 보았다.

붓다께서는 사문에는 네 가지가 있다고 말씀하시고, 승도勝道, 설도說道, 활도活道, 오도汚道 등의 사문에 대해 말씀하셨다.

첫째, 승도 사문은 스스로 바르게 수행을 해서 견혹見惑, 수혹修惑의 여러 가지 번뇌를 끊고 최고의 성자로서 세간의 참된 지도자가 된 자를 말한다. 견혹은 사성제와 연기의 이치를 알지 못하는 데서 오는 번뇌를 말하며, 수혹은 우리가 태어날 때부터 본능적으로 가지고 있는 탐·진·치 등의 근본적인 번뇌를 말한다. 그렇기 때문에 이치적으로 깨달아 견혹은 벗어나기가 비교적 쉬우나 수혹은 끊기가 매우 어렵다. 견혹과 수혹을 다 끊은 성자를 아라한이라고 한다.

둘째, 설도 사문은 불교의 바른 세계관과 인생관을 확립하고 사람들에게 가르침을 설하는 사문이다.

셋째, 활도 사문은 불교의 바른 가르침에 의거하여 불도 가운데에서 생활하는 사문을 말한다.

---

11) 춘다(Cunda): 원래의 이름은 춘다 카마라풋타(Cunda Kammāraputta).

넷째, 오도 사문은 겉으로는 점잖은 사문의 행세를 하고 있지만 실제로는 마음이 사악하고 허위로 가득 차 있으면서 재가자들의 공양을 받기를 즐겨 하며 불도를 더럽히는 사문을 말한다. 이런 못된 사문들을 잘 묘사한 글이 있다. 일본 신의진언종新義眞言宗의 개조로 16세에 출가해서 구사, 유식, 화엄, 삼론 등을 두루 배우고 일본 밀교의 새로운 장을 열어 밀엄 존자密嚴尊者로 불렸던 흥교 대사興教大師의 참회문에 이런 글이 있다.

이름은 비구를 빌려서 가람을 더럽히며
모양은 사문의 법의를 걸치고 신시信施를 받으면서
지켜야 할 계는 잊어버리고
지켜야 할 율의도 다 버려 버렸네.
제불께서 싫어하시는 일 서슴지 않고 행하며
보살들의 고뇌에도 아랑곳없네.
희희낙락 노닥거리며 우스갯소리와
입에 발린 헛소리, 속이는 말로
세월만 헛되이 보내고 있구나.
좋은 벗 멀리하고 어리석은 자 친근하여
선근은 뿌리내리지 못하고 악행에만 힘쓰네.
이양利養 얻기 위해 자화자찬하며
덕 있는 스승 보면 질투심이 불꽃처럼 솟아오르네.

붓다의 법이 쇠하는 말법시대가 되면 이런 오도 사문들이 많아진다. 불자들은 이런 사문의 유형을 잘 살펴보고 훌륭한 사문은 높이 공경하고 받들어야 하겠지만 오도 사문에겐 공양을 올리지 말아야 한다.

마지막 공양을 올린 춘다를 위로하다

붓다의 설법을 듣고 기뻐한 춘다는 다음날 붓다를 공양에 초대했다. 이튿날 춘다는 여러 가지 음식을 준비했다. 그 중에서도 특히 버섯으로 만든 특별한 음식도 준비했다. 이 음식은 전단梅檀 나무에서 자라는 버섯으로 만든 매우 맛있는 요리였다. 일설에는 붓다께서 춘다가 올린 돼지고기 요리를 드시고 돌아가셨다고도 하는데, 이것은 이 버섯을 좋아하는 돼지를 이용하여 버섯을 채취했기 때문에 잘못 전해진 것이다.

『대반열반경』에 의하면, 붓다께서는 이 버섯 요리를 당신에게만 가져오고 다른 사람들은 못 먹게 하셨다. 그리고 "춘다여, 이 세상에서 이 음식을 먹고 소화시킬 수 있는 자는 악마와 범천, 신들과 인간, 사문과 브라만 중에서 오직 여래밖에 없다."라고 하시면서 남은 요리를 모두 구덩이에 묻으라고 하셨다.

이와 같은 경전 내용에 의하면, 붓다께서는 음식이 상한 것을 미리 아시고 혼자만 드셨던 모양이다. 춘다가 정성껏 차린 음식을 상했다고 하여 먹지 않았을 때 실망할 춘다를 생각해서 그대로 드셨을 것이다. 붓다께서는 이미 입멸하실 것을 알고 계셨기 때문에 춘다의 공양을 계기로 삼으셨는지도 모른다. 붓다께서는 춘다의 공양을 드시고 심한 설사병에 걸렸다. 경전에서는 피가 섞인 설사를 계속하셨지만 바르게 사념하시고 바르게 의식을 보전하시면서 고통을 참으셨다고 한다. 그렇게 고통스러움에도 아난다를 재촉하여 쿠시나가라로 향하셨다.

쿠시나가라로 가시는 도중에 길옆의 나무 아래에서 가사를 네 겹으로 깔고 쉬시면서 아난다에게 마실 물을 떠오라고 하셨다. 아난다는 방금 전에 오백 대의 수레가 지나갔기 때문에 물이 흐려서 마실 수가 없다고 하면서 조금만 더 가면 카쿠타(Kakuṭṭha)라는 강이 있으니 거기는 물도 깨끗하여 마실 수 있고 몸도 씻을 수 있다고 말씀드렸다. 그래도 붓다께서는 물을 떠 오라고 하셨으나 아난다는 또 전과 마찬가지의 대답을 했다. 세 번째로 붓다께서 물을 떠오라고 하셨을 때 아난다는 할 수 없이 물을 뜨러 갔다. 그랬더니 이상하게도 수레가 지나가서 흐려 있어야 할 물이 맑고 깨끗하게 흐르고 있었다. 아난다는 여래의 신통력과 불가사의에 놀라면서 물을 떠 왔다.

그때 이곳을 지나던 푸쿠사(Pukkusa)라는 상인이 붓다가 계신 곳으로 왔다. 이 사람은 말라 국 사람으로 알라라 칼라마의 재가제자였다. 그는 붓다의 설법을 듣고는 이렇게 말했다.

"세존이시여, 지금 세존의 말씀을 듣고 보니 알라라 칼라마에 대한 저의 존경심은 태풍 속의 먼지, 급류 속의 낙엽처럼 날아가 버렸습니다."

그렇게 말하면서 그 자리에서 붓다의 재가신자가 되었다. 그리고는 금색 옷을 붓다께도 올리고 또 아난다에게도 올렸다. 푸쿠사가 떠나자 아난다는 금색 옷을 붓다께 입혀드렸다. 그랬더니 붓다의 피부색이 금색 옷보다도 더 밝고 청정하게 빛났다고 한다. 그 모습을 보고 놀라워하는 아난다에게 붓다께서는 여래의 입멸이 가까워 오기 때문에 그런 것이라고 말씀하셨다. 그리고 아난다에게 오늘 밤 쿠시나가라의 사라 나무 숲 속의 한 쌍의 사라 나무 사이에서 완전한 열반에 들 것이라고 이르셨다.

붓다께서는 제자들과 함께 카쿠타 강에서 목욕을 하시고 입을 씻으시고 물을 드셨다. 그리고는 근처의 망고 나무 숲에서 가사를 네 겹으로 펴고 앉아 잠시 쉬신 다음 아난다에게 이렇게 말씀하셨다.

"아난다여, 사람들은 대장장이 춘다에게 이렇게 비난할 지도 모른다. '여래께서는 춘다의 공양을 마지막으로 입멸하셨다. 그것은 너에게 이익 됨이 없을 것이다.' 아난다여, 이로 인해 춘다는 나에게 최후로 올린 공양을 후회할지도 모른다. 그러면 너는 이렇게 위로하여라."라고 말씀하시면서 춘다가 올린 공양은 경사스럽고 좋은 일이라고 위로하라고 하셨다. 음식을 시여하는 데는 큰 공덕과 큰 이익이 있는데, 그것을 먹고 여래가 위없는 바른 깨달음을 얻어 붓다가 될 때와 또 하나는 그것을 먹고 여래가 완전한 열반에 들 때 그 공덕이 가장 큰 공덕과 복덕을 가져온다고 설명하셨다. 붓다에게 마지막 공양을 올린 춘다는 장수하게 되고, 좋은 곳에 태어나게 되고, 안락을 얻고, 명성을 얻으며, 천계에 태어나는 공덕을 얻을 것이라는 말로 춘다를 위로하라고 하셨다. 죽음을 앞에 두고서도 마지막 공양을 올린 춘다가 여래를 돌아가시게 했다고 비난을 받을지도 모르니 잘 위로하라고 부탁하는 붓다, 붓다의 지극한 배려심, 자비심을 엿볼 수 있는 장면이기도 하다.

게으르지 말고 정진하라

어느 정도 피로가 회복되시자 붓다께서는 계속 걸어서 마침내 쿠시나가라의 사라 숲에 이르셨다. 붓다께서는 아난다에게 명하여 두 그루의 사라 나무 아래에 자리를 만들게 하시고 머리는 북쪽으로 향하고 오른쪽 옆구리를 아래로 하여 누우셨다. 그때 대지는 진동하고 한 쌍의 사라 나무가 때도 아닌데 갑작스럽게 꽃을 피웠다고 한다.

붓다께서는 사라쌍수 아래에서 비구들에게 "스스로를 의지처로 삼고 진리를 의지처로 삼아 게으르지 말고 정진하라."는 마지막 설법을 하셨다. 그리고 여래를 참으로 경배하고 존경하는 것은 진리에 따라 올바르게 행동하는 것이라고 하셨다. 붓다께서는 아난다에게 말씀하셨다.

비구 또는 비구니 혹은 재가신자로서 법을 잘 알며 법을 잘 따르고 행하는 자만이 붓다를 최상으로 숭배하고 존경하여 공양하는 것이다. 그러므로 아난다여, 법을 잘 알고 법에 따라 행해야 한다는 것을 마음속에 깊이 새겨 잊지 말아라.

붓다께서는 최후의 순간까지도 오직 진리를 탐구하고 진리에 따라 행동하라고 하셨다. 한편 아난다가 붓다께서 입멸하신 후에는 갓 출가한 수행자나 재가신자는 누구를 존경하면서 받들어 모셔야 하는가에 대해 여쭈었을 때 이렇게 대답하셨다.

"여래가 태어난 탄생지, 도를 깨친 성도지, 처음으로 다섯 비구에게 법을 전한 초전법륜지, 그리고 입멸한 네 곳을 보면서 여래를 생각하고 세상을 무상하게 여기면서 깊은 신심을 내라."

진리를 모르는 초심자들에게는 여래의 탄생과 성도, 초전법륜지, 입멸지 등을 보면서 무상을 생각하라고 하셨던 것이다. 붓다께서 말씀하신 네 곳, 즉 탄생지인 카필라바스투, 성도지인 보드가야, 초전법륜지인 바라나시, 입멸하신 쿠시나가라는 지금도 불교의 사대성지四大聖地로서 많은 불자들이 참배하고 있다.

아난다는 또 붓다께 출가한 사람들은 여인에 대해 어떠한 태도를 취해야 하는가에 대해 여쭈었다. 붓다께서는 여인을 보지 않는 것이 가장 좋으나 보게 되면 말을 걸지 말라고 하셨다. 여인이 말을 걸어 올 경우에는 바른 사념을 지니도록 하라고 훈계하셨다.

식욕, 수면욕, 성욕은 우리 중생들이 태어나면서부터 가지게 되는 본능적인 욕망이다. 식욕과 수면욕은 지극히 개인적인 것으로 스스로 해결하고 조절하면 되는 일이다. 그러나 성욕은 다르다. 성욕으로 인해서 수많은 번뇌가 일어나기 때문에 붓다께서는 출가 수행자에게 이성과 말도 붙이지 말라고 단단히 훈계하셨다.

이어서 아난다는 붓다께 유해를 어떻게 모셔야 하는지에 대해서도 여쭈었다.

"아난다여, 출가자들은 여래의 유해를 어떻게 모시겠다는 것에 대해서는 생각하지 말라. 그대들은 단지 출가 본래의 목적을 향하여 바른 마음으로 노력하며, 게으르지 말고 정진하라. 여래에 대해 깊은 존경심을 지닌 현자가 왕족이나 브라만, 장자들 사이에 있을 것이니 이들이 여래의 유해를 모실 것이다."

출가승들은 여래의 유해를 어떻게 모셔야 할지에 대해 고민하지 말고 수행만 잘 하면 재가자들이 알아서 할 것이라는 말씀이셨다.

이렇게 말씀하시는 동안 아난다는 슬픔을 이기지 못해 한쪽 구석에서 울고 있었다. 붓다께서는 아난다가 보이지 않는 것을 아시고 아난다를 불러오게 하여 위로해 주셨다.

"아난다여, 그대는 여래의 입멸을 슬퍼하거나 한탄해서는 안 된다. 여래가 늘 말하지 않았더냐? 아무리 사랑하는 사람이라도 마침내 헤어져야 할 때가 있다. 태어나고 자라고 허물어지는 것은 피할 수 없는 일이다. 그대는 오랫동안 사려 깊은 행동으로 열심히 여래를 모시어 여래에게 이익과 안락을 주었다. 그대는 많은 복덕을 지었으니 이제부터 더욱 열심히 정진하여 열반의 경지에 이르라."

그리고는 비구들을 향하여 아난다를 이렇게 칭찬하셨다.

"비구들이여, 아난다에게는 특별히 네 가지 훌륭하고 뛰어난 점이 있다. 비구나 비구니, 우바새, 우바이의 사중四衆이 아난다를 만나는 것만으로도 만족하며 아난다가 설법을 하면 그것을 듣고 더욱 기뻐하고 만족해 한다."

한편 붓다께서는 아난다를 시켜 쿠시나가라 사람들에게 여래는 오늘 밤 입멸할 것이므로 붓다의 임종을 보지 못해서 후회하는 사람이 없도록 소식을 전하라고 하셨다. 쿠시나가라는 말라 국의 영토에 있었는데, 공화제를 실시하는 나라였기 때문에 마을사람들이 공회당에 자주 모여 집회를 하였다. 공회당에 있던 쿠시나가라 사람들에게 붓다께서 곧 입멸하신다는 소식을 알리자, 사람들은 붓다께서 왜 이리도 빨리 입멸하시려는가 하면서 애통해 했다. 그들은 붓다께 달려와 임종을 지켜보려고 했다. 한 사람 한 사람씩 뵙다가는 밤이 다 갈 것이므로 마을의 대표자가 와서 먼저 인사를 드렸다.

그때 120살이나 된 늙은 유행승 스밧다(Subhadda)라는 사람이 나타났다. 이 사람은 붓다께서 입멸하신다는 소식을 듣고 세상에 드물게 나타나시는 붓다를 뵙지 못하고 죽는다면 한이 될 것이라고 했다. 그리고 붓다를 뵙고 자기의 의문점을 풀고 싶다고 했다. 아난다는 붓다께서 매우 지쳐 계시며 곧 열반에 드실 것이기 때문에 안 된다고 거절했지만, 스밧다는 재삼 간청하였다. 아난다와 스밧다가 옥신각신하는 것을 들으신 붓다께서 스밧다를 만나겠다고 하셨다. 붓다를 뵙게 된 스밧다는 매우 기뻐하며 예를 올리고 의문점을 여쭈었다. 스밧다는 육사외도의 이름을 거론하면서 그들은 모두 스스로 진리를 깨달았다고 하는데 누가 과연 참된 깨달음을 얻었느냐는 것이었다. 여기에 대하여 붓다께서 말씀하셨다.

"스밧다여, 그러한 일을 알아서 무슨 이득이 있겠느냐? 그런 것보다 훨씬 중요한 진리가 있다. 스밧다여, 여래는 29세에 진리를 구하여 출가하여 이제 50년이 지났다. 그동안 나는 바른 이치와 법의 영역만을 걸어 왔다. 그러니 내가 설한 법과 율에 따라 수행하면 팔정도라는 실천덕목을 얻을 수 있고 그러면 수다원[12], 사다함[13], 아나함[14], 아라한[15]의 경지에 도달할 수 있다. 내용이 없는 공허한 논의는 사문에게 무관한 것이다. 스밧다여, 비구다운 비구가 팔정도에 의지하여 바른 생활을 하면 그들에게는 공허하지 않은 진실한 세계가 나타나고 또한 세상에서 존경받는 자가 된다."

붓다께서는 팔정도에 따라 바른 생활을 하면 진리의 세계가 드러나며, 그 이외의 것은 공허한 논의에 불과하다는 아주 실질적인 말씀을 해 주셨다. 불교 수행은 해탈을 위한 길로서 사성제 가운데 도성제에 속하는 팔정도에 함축되어 있다 해도 과언이 아니다. 대승불교의 발전으로 보시, 인욕과 같은 이타행이 강조되어 대승보살의 실천행으로 육바라밀이 나오기도 하지만, 불교 수행의 모든 것은 팔정도에 있다.

스밧다는 붓다께 설법을 듣고 그 자리에서 바로 출가하고 싶어 했다. 붓다께서는 당장 구족계를 주라고 하셨다. 스밧다는 붓다의 마지막 제자가 되었던 것이다. 원래 외도들이 불교승단에 들어가려면 4개월의 기간이 필요했으나 스밧다는 그 자리에서 바로 구족계를 받았다. 그리고는 곧 법안을 얻어 아라한이 되었다.

붓다께서는 마지막으로 아난다를 비롯한 여러 비구들에게 당부의 말씀을 하셨다.

"아난다여, 여래가 입멸한 뒤 그대들은 이렇게 말할지도 모른다. '우리에게 이제는 스승의 말씀만 남아 있으며 스승께서는 이 세상에 계시지 않는다.'라고. 그러나 아난다여, 여래가 입멸한 후에 여래가

---

12) 수다원: 예류豫流
13) 사다함: 일래一來
14) 아나함: 불환不還
15) 아라한: 응공應供

지금까지 설한 법과 율이 그대들의 스승이 될 것이다."

그리고 이제는 장로비구를 부를 때는 '대덕大德'이나 '존자尊者'라는 말을 쓰라고 하셨다. 그리고 사소한 계 조항은 비구들의 모임에서 의논하여 취소하여도 좋다고 하셨다. 이러한 말씀은 승단의 위계질서를 지켜 상하가 서로 존중하고 이끌어주는 관례를 남기도록 하신 것이다. 또한 사소한 계율의 항목은 승단의 회의를 통하여 취소해도 좋다는 원칙을 제시하심으로써 시대에 뒤떨어지거나 상황에 맞지 않는 계율에 얽매여 쓸데없는 분규나 수행에 지장을 초래하는 일이 없도록 하라는 지침을 주셨다. 한편 승단의 규칙을 따르려 하지 않고 승단의 화합을 깨뜨리고 못된 짓을 하는 비구에게 내리는 가장 큰 벌은 그 비구를 상대로 아무도 말을 걸지 않는 것이라고 하셨다. 이것을 범단벌梵檀罰이라고 한다.

"아난다여, 그러한 비구에게는 말하고 싶은 것은 무엇이든지 말하도록 내버려두되 다른 비구나 비구니 쪽에서 말을 걸거나 질책하거나 가르친다든지 하는 일은 하지 말라."고 하신 것이 바로 범단벌이다. 승가의 징계방법은 이렇게 평화적이었다. 아무도 상대를 해주지 않는다는 것은 그 안에서는 죽은 것이나 다름없기에 잘못을 깨우치게 하는 데 이보다 더 좋은 방법이 없다.

붓다께서는 마지막으로 비구들에게 어떤 의문점이 있거든 물어보라고 하셨다.

"비구들이여, 붓다와 가르침, 그리고 승가에 대해, 혹은 수행 방법에 대해 의문이 있으면 무엇이든지 물어라. 여래가 입멸한 다음에 묻지 못한 것을 후회하지 말고 의문이 있으면 지금 말하라."

이렇게 비구들을 향해 세 번을 물었으나 아무도 의문을 제기하는 사람이 없었다. 붓다께서는 다시 "그대들 가운데에서 부끄러워서 감히 묻지 못하겠거든 동료를 통해서라도 대신해서 질문하라."고 하셨다. 대중들이 계속해서 침묵을 지키자 아난다가 이렇게 말했다.

"저는 여기 있는 모든 대중들이 모두 청정한 믿음을 가지고 있음을 믿습니다. 여기 있는 어느 비구도 붓다와 붓다의 법과 승가에 대해 의심을 가지고 있는 사람은 없습니다."

아난다의 말을 듣고 붓다께서 말씀하셨다.

"아난다여, 나 또한 여기에 있는 비구 가운데에 가장 나이 어린 비구라도 모두 도의 자취를 보아 악도에 떨어지지 않을 것이라는 것을 알고 있다. 가장 어린 비구라도 일곱 번 오고가면 반드시 괴로움에서 완전히 벗어나리라. 이제 나는 가르칠 법을 다 가르치고 제도할 자를 다 제도했다. 그리고 아직 제도되지 않은 자들에게는 제도될 수 있는 인연을 주었다. 이제 나는 할 일을 다 마쳤다. 이제 내가 더 산다 해도 나는 아무런 얻을 바가 없다."

붓다의 가르침을 직접 들은 제자들은 누구나 아라한이 될 것이라 예언하시면서 당신의 할 일을 다 하셨기 때문에 이제 열반에 드신다는 말씀이셨다. 붓다께서는 마지막으로 제자들에게 말씀하셨다.

"비구들이여, 이 세상 모든 것은 무상하다. 게으르지 말고 정진하여라. 이것이 나의 마지막 말이다."

그리고는 조용히 선정에 드셨다. 붓다께서는 초선初禪에서 제이선第二禪으로, 제이선에서 제삼선으로, 제삼선에서 제사선으로, 다시 제사선에서 공무변처정空無邊處定으로 옮겼다가 무색정無色定으로 나아가고 다시 최고의 선정인 비상비비상처정非想非非想處定에 들었다가 성자의 무심정無心定이라는 멸진정滅盡定에 드셨다.

아직 아라한의 경지에 들지 못했던 아난다는 이때 붓다께서 꼼짝하지 않으시고 무념무상의 선정에 드시자 입멸하신 줄 알고 옆에 있던 아나룻다(Anārutha)에게 붓다께서 입멸하신 것이냐고 물었다. '천안제일天眼第一'이라고 불린 아나룻다는 선정에 있어서는 누구보다도 뛰어났기 때문이다. 아나룻다는 붓다께서는 아직 입멸하신 것이 아니며 단지 멸진정에 들어 계신다고 대답했다.

아난다와 아나룻다 등 수많은 비구 제자들과 쿠시나가라의 재가신자들이 지켜보는 가운데 붓다께서는 멸진정을 나와서 다시 비상비비상처와 공무변처를 거쳐 가장 아래의 초선에까지 이르신 다음 다시 차례로 제사선에 이르러서 마침내 입멸하셨다. 지관止觀이 균형을 이루는 제사선이 선정으로서는 가장 이상적이었기 때문이다. 붓다께서 입멸하실 때에 인도의 최고의 신 범천梵天(브라만)은 이렇게 게송을 읊었다고 한다.

　　이 세상에 태어난 모든 생명은
　　언젠가 그 신명을 버려야만 한다.
　　비할 바 없는 여래, 능력을 갖추신 정각자,
　　이러한 스승께서도 때가 되면 돌아가신다.

또 위대한 신 제석천帝釋天(인드라)은 이렇게 게송을 읊었다.

진실로 제행은 무상이며
생멸을 성품으로 한다.
생겨난 것은 또한 멸하니
그 고요함이야말로 진정한 안락이다.

아난다는 붓다께서 입멸하실 때의 심정을 이렇게 말했다.

일체의 자비심을 갖추신 그분 정각자께서 입멸하실 때 나는 두려워 머리털이 곤두섰다.

천안제일의 아나룻다는 이렇게 게송을 읊었다.

마음이 편안해진 구제자救濟者께서는
이제 들숨도 날숨도 없구나.
욕망이 없는 분이 적정에 드시니
이제 깨달은 분은 멸하고 말았다.
흔들리지 않는 마음으로써
고통을 훌륭히 참아내시고
등불이 꺼지는 것처럼
완전한 해탈을 이루셨다.

이렇게 해서 마침내 붓다께서 입멸하시자 아직 마음의 때를 완전히 버리지 못한 비구들은 땅에 뒹굴면서 울음을 터뜨리며 비통해

했다.

"아, 붓다께서는 무슨 까닭에 이리도 빨리 열반에 드십니까? 원만한 분께서는 무슨 까닭에 이리도 급히 열반에 드십니까? 세상의 눈은 무슨 까닭에 이리도 빨리 모습을 감추십니까?"

이때 아나룻다 존자는 슬퍼하는 비구들을 위로하였다.

"여러분, 세존께서 항상 말씀하시지 않았습니까? '아무리 사랑하고 마음에 맞는 이도 마침내 헤어져야 한다. 그것을 어찌 피할 수 있겠는가? 세상의 모든 것은 성주괴공成住壞空의 이치를 벗어날 수 없으니 그것을 거스르는 것은 이치에 맞지 않는 것이다.'라고 하셨으니 슬픔을 거두십시오."

마음의 때를 완전히 버린 비구들은 "세상의 모든 현상은 무상한 것이다. 변해 가는 것을 어찌 멈출 수 있겠는가?"라고 하면서 바르게 사념하고 바르게 의식을 보전하며 슬픔을 지그시 참았다고 한다.

아난다와 아나룻다는 날이 밝을 때까지 법담을 나누며 붓다의 곁을 지키다가 쿠시나가라의 말라 족 사람들에게 붓다의 입멸을 알렸다.

붓다께서 반열반에 드신 때를 남방불교에서는 탄생과 성도 때와 마찬가지로 베사카(vesākha) 달이라고 하는데 이것은 대략 양력 5월경이다. 그러나 중국이나 우리나라, 일본 등 북방불교 권에서는 음력 2월 15일에 입멸하신 것으로 본다. 붓다께서 베살리에서 마지막 우기를 보내시고 석 달 뒤에 입멸하셨다고 하므로 인도의 우기는 대략 베사카 달이 끝나고 2개월 정도 지난 뒤 시작되어 3개월 정도 계속하고 끝난다. 그러면 대략 10월이 되는데 이때부터 석 달 뒤면 다음 해의 일, 이월이 되므로 북방불교의 설과 어느 정도 비슷하다고 할 수 있다. 더구나 사라 나무의 꽃이 일찍 피었다는 것으로 미루어 보면 북방불교의 전래설이 더 믿을 만하다.

붓다께서 반열반에 드셨다는 소식을 들은 쿠시나가라의 말라족 사람들은 매우 슬퍼하면서 향과 꽃과 악기를 가지고 몰려와서 붓다의 성체 주위에 장막을 치고 향과 꽃을 올리며 악기를 연주했다. 이렇게 하여 7일이 흐르는 동안 많은 사람들이 경배를 하기 위해 몰려 왔다. 그리고는 붓다의 성체를 화장하기 위하여 옮기려고 했지만 움직이지 않았다. 그러나 아나룻다의 가르침에 따라서 붓다의 성체를 성의 북문에서 중앙으로 옮기고 다시 동문을 지나서 동쪽의 천관사天觀寺라는 곳으로 옮겨가 다비茶毘(jhāpeti; 유해를 火葬하는 불교식 장례법)를 하려고 했다.

붓다의 성체聖體는 전륜성왕의 예에 따라 좋은 천으로 몇 겹을 싸고 훌륭한 관에 넣고 향과 꽃을 바치고는 천관사로 옮겼는데, 다비를 하려고 하자 불이 붙지 않았다. 경전에 의하면, 사리풋타와 목갈라나가 죽은 다음 제일가는 상수제자였던 마하카사파가 오지 않았기 때문이라고 한다. 마하카사파는 그 당시 마가다 국의 남쪽 지방을 유행하고 있다가 붓다의 입멸이 가까워졌음을 느끼고 500명의 비구들을 거느리고 급히 쿠시나가라로 향하고 있었다. 도중에 나무 밑에서 잠시 쉬다가 만다라 꽃을 든 한 사명 외도를 만났다. 그에게 붓다의 소식을 물었더니 그는 붓다께서 7일 전에 이미 입멸하셨으며 자기가 들고 있는 만다라 꽃은 붓다 유해에 바쳐진 것을 한 송이 얻은 것이라고 하였다.

● 쿠시나가라에 있는 붓다 열반상

　이 소식을 들은 범부 비구들은 가슴을 치며 슬퍼했다. 그러나 깨달음의 경지가 높은 비구들은 무상에 대해 생각하며 슬픔을 억누르고 있었다. 그런데 그들 중에 늙어서 출가한 한 비구가 슬픔에 잠겨 있는 비구들에게 이렇게 말했다.
　"그대들은 어째서 그토록 슬퍼하는가? 저 대사문은 지금까지 우리에게 이래라 저래라 간섭하면서 잔소리가 많았잖소. 그러나 대사문이 없어진 지금 이제부터는 우리가 하고 싶은 것은 하고 하기 싫은 것은 하지 않을 수 있소. 그러니 오히려 기뻐해야 하지 않겠소?"
　이 말을 들은 마하카사파는 너무 놀랐다. 앞으로 교단 안에 이러한 비구가 많아지면 바른 법과 율을 잃게 되어 불교가 쇠퇴할지도 모른다는 생각이 들었다. 이를 방지하기 위해서 신속히 붓다의 가르침을 결집해야겠다고 결심했다. 마하카사파 일행이 드디어 화장장에 도착하여 붓다의 성체를 세 바퀴 돌고 예를 올리니 화장하려던 나무가 저절로 타올랐다고 한다. 다비가 끝나자 말라 족 사람들은 붓다의 사리를 집회장으로 옮기고 7일 동안 음악과 꽃, 향을 바치며 경배했다.

마가다 국의 아자타삿투 왕은 붓다께서 쿠시나가라에서 열반에 드셨다는 소문을 듣고 사신을 파견하여 유골을 나누어 달라고 했다. 붓다도 왕족 출신이고 자기도 왕족 출신이기 때문에 사리 분배에 참석할 권리가 있으며, 더군다나 사리탑을 세워 공양 올릴 장소가 있기 때문에 사리를 나누어 달라고 했다. 또 베살리의 릿차비 족도 사신을 파견하여 마찬가지로 사리를 나누어 달라고 했다. 이 밖에도 카필라바스투의 사캬 족, 알라카파의 부리 족, 라마가마의 콜리야 족, 베다디바의 브라만들, 파바의 말라 족 등이 모두 사신을 파견하여 사리를 나누어 달라고 했다. 그러나 쿠시나가라의 말라 족은 이렇게 말했다.

"당신들은 여러 가지 이유를 들어 사리를 나누어 달라고 하지만 붓다께서는 우리 마을에서 열반에 드셨기 때문에 당신들의 요구에 응할 의무가 없소."

그러자 각 부족의 사신들이 화를 내고 분위기가 험악해 졌는데, 이때 도나(Doṇa)라는 브라만이 이렇게 그들을 화해시켰다.

"모두 제 말을 들으십시오. 붓다께서는 인욕의 공덕을 설하셨습니다. 이 훌륭한 분의 유골을 나누는 데 다투어서는 아니 됩니다. 모두 진정하고 서로가 화해하여 붓다의 사리를 나누도록 합시다. 그리고 사람들이 붓다께 귀의할 수 있도록 널리 사방에 탑을 세웁시다."

그래서 각 부족들은 도나의 제안대로 팔등분해서 나누어 가졌다. 이것을 경전에서는 '불골팔분佛骨八分'이라고 한다. 도나는 사리 분배가 끝나고 사리를 담았던 항아리를 얻어갔다. 나중에 핍팔리바나의 모리야 족도 늦게 도착해서 사리를 나누어 달라고 했지만 그때는 이미 분배가 끝났기 때문에 할 수 없이 다비한 재를 얻어갔다. 그래서 여덟 곳의 사리탑과 병탑과 회탑灰塔을 포함하여 열 군데에 탑이 세워졌다. 이것은 모두 재가신자들의 신심을 고취시키기 위하여 남겨진 것이며 출가비구들에게는 붓다의 교법과 율이 남아 있었다.

19세기 말까지만 해도 사캬무니 붓다가 정말 역사상의 인물인가 아닌가에 대해서 서양에서는 의견이 많았다. 그런데 1898년경에 프랑스의 고고학자 뿟페가 네팔 남쪽 피푸라바라는 곳에서 사리병 한 개를 발굴했다. 이 항아리에는 "세존이신 붓다의 이 사리병은 사캬 족이 그 형제 자매 처자와 함께 신심을 가지고 안치하여 받들어 모시는 것이다."라고 하는 기록이 있었다. 이에 불골팔분의 이야기가 역사적 사실로서 입증되었다.

그 해의 우기 안거 중에 500명의 비구들이 라자가하 교외의 칠엽굴에서 마하카사파, 아난다, 우팔리 등을 주축으로 붓다께서 설하신 법과 율의 결집을 했다. 결집은 합송合誦이라고도 하는데 먼저 한 사람의 비구가 나와서 붓다께서 생전에 설하셨던 교법이나 계율을 외우면 모여 있던 다른 비구들이 들어보고 잘못된 것이 없을 경우 일정한 형식으로 정리하여 이것을 함께 외웠다. 그리고는 모두가 이것을 기억하였다가 후대에 전했다. 백 년쯤 뒤에 문자로 기록되기 시작하여 우리가 지금 보고 있는 경전의 원형이 되었다.

붓다께서 입멸하신 후 200년 정도 되었을 때 아소카 왕이 전 인도를 통일하고 불교에 귀의하였다. 그는 불교를 널리 전하기 위하여 전도사를 각지에 파견하였고, 또 8개소의 붓다 사리탑을 열어 사리를 더욱 세분하여 8만 4천 개의 사리탑을 세웠다고 한다. 붓다께서는 육신은 입멸하셨지만 그 가르침은 오늘날까지도 이어져서 우리 인류에게 지혜와 자비의 빛을 드리우고 있다.

여섯째 마당

살아 있는
모든 것들을
행복하게 하라

모든 중생을 행복하고 평안하게 하라.
약한 것이든 강한 것이든,
길거나 억세거나 혹은 중간이거나
짧거나 작거나 혹은 크거나
보이거나 보이지 않거나
멀리 살거나 가까이 살거나
태어났거나 태어나려고 하는 것이나
살아 있는 모든 것들을
빠짐없이 행복하게 하라.

- 사캬무니 붓다

지혜와 자비의 길

진리란 무엇인가

붓다께서는 깨달음을 이루신 뒤 녹야원에서 다섯 비구들을 상대로 처음으로 법륜을 굴리신 이래 45년 동안 한결같이 고苦로부터의 해탈을 강조하셨다. 언제 어디서나 진리에 부합한 붓다의 언행과 사상은 장구한 역사를 통하여 인류의 귀감이 되었다. 수많은 사람들이 붓다의 가르침으로 인생의 고뇌에서 벗어나 정신적 평온을 누렸고, 그 가르침은 지금까지 이어지고 있다. 한편 붓다의 가르침은 불교사상이라는 큰 흐름을 이루어 인간의 정신생활을 윤택하게 하고, 사회의 흐름을 바꾸어 놓았을 뿐 아니라 찬란한 문화를 창조하는 원동력이 되기도 하였다.

세계 역사상 무력을 쓰지 않고 온화한 진리의 말씀만으로 인류에게 이처럼 큰 영향을 미친 분은 아직까지 없었다. 붓다께서 설하신 진리는 인류의 지적 수준이 높아지고 과학이 발달함에 따라 더욱 그 빛을 더하고 있다. 불교교리가 뛰어난 철학적 분석과 통찰에 의하여 이루어 졌으며, 아울러 이를 입증하는 수행체계가 체계적으로 갖추어져 있기 때문이다. 이는 어디까지나 진리의 이해를 '괴로움으로부터의 해탈'이라는 대전제 아래 연기의 법칙에 입각하여 합리적이고 객관적으로 인생과 우주를 관찰했기 때문에 가능한 것이었다.

붓다의 가르침에 나타난 여러 가지 사실들에 비추어 볼 때 붓다께서는 브라만의 관습에 바탕을 둔 전통 사상과 신흥 사상가들의 주장 그 어느 쪽에도 기울지 않는 중도적 입장의 진리를 수립하셨다. 붓다께서는 낡은 믿음, 곧 브라만의 관습을 버리라고 하셨고, 동시에 신흥 외도들의 주장을 조리 있게 논파하셨다. 붓다께서는 깨달음의 토대 위에서 인도의 여러 사상들을 고차원적으로 정화함으로써 시공을 초월하여 의지할 수 있는 최상의 진리를 제시하셨다.

언젠가 붓다께서는 제자들에게 이 세상에는 브라만을 비롯한 많은 사상이 있지만 마치 수많은 동물의 발자국이 코끼리 발자국 안에 다 들어가는 것처럼 불교 사상을 벗어나지 못한다고 말씀하셨다. 또한 붓다께서는 여러 주의 주장을 내세우는 이들에게 자기 견해만을 고집하고 상대방의 견해를 인정하지 않는다면 어리석고 무지한 자라고 하셨다. 이러한 붓다의 견해는 『숫타니파타』 「시詩의 장章」에 잘 나타나 있다.

> 사람들은 제각기 다른 견해를 고집하면서 서로 의견을 달리하여 싸우고 있다. 스스로 진리를 아는 자라 자칭하며 여러 가지 논쟁을 하고 있다.
>
> 그들은 모두 각기 다른 견해를 품고서 '너는 어리석은 자다. 아직 진

리에 이르지 못했다.'고 비난한다. 그들은 모두 '보라, 나야말로 진리를 아는 자'라고 외쳐대고 있다. 그러나 그들 가운데 누구의 말이 과연 진실이겠는가?

붓다께서는 서로 자기의 것만이 진리라고 하는 데 대하여 이렇게 비판하셨다.

그들은 모두 편견에 사로잡혀 잡다한 생각을 이리저리 하면서 '내 말은 진리요, 남의 말은 거짓이다'라고 편협한 주장을 하고 있는 것이다.

붓다께서는 진리가 결코 일방적인 주장으로 확정되는 것이 아님을 통찰하셨던 것이다. 이는 불교를 제외한 타종교가 진리의 객관성이 없으면서도 일방적으로 타인에게 강요하는 모습과 지극히 대조적인 모습이라고 할 수 있다. 타종교인에게 당신들의 진리가 참된 진리라고 주장할 수 있는 근거는 무엇인가라고 물으면, 흔히 자기들의 창조주가 진리라고 했다는 것이다. 그 창조주가 정말 있느냐고 물으면, 자기들의 성전에 있기 때문에 진리라는 것이다. 이것을 논리학에서는 '순환의 오류'라고 한다. 혹은 '논점선취의 오류'라고 하기도 한다.

순환의 오류라는 것은 쉽게 예를 들면, 어떤 아이에게 "너는 어떻게 일등을 했느냐?"고 물으면 "공부를 제일 잘했기 때문이지요." 하고 대답한다. 그러면 "너는 어떻게 해서 공부를 제일 잘할 수 있었느냐?"고 물으면 "그야 일등이기 때문이지요." 하고 대답하는 것과 같은 것이다. 다시 말하면 "A는 참이다. 왜냐하면 B가 참이기 때문이다. 그리고 B가 참인 것은 A가 참이기 때문이다."라고 하는 것과 같은 식이다. 이러한 논법은 A가 참이라는 아무런 근거도 제공받을 수 없고, 어떤 객관성도 보장받을 수가 없기 때문에 순환논증의 오류라고 한다. 그런데 사람들은 이러한 오류에 잘 속는 경향이 있다.

이러한 것과 대조적으로 불교의 진리는 스스로 검증해 보고 알 수 있는 것이다. 그리고 붓다께서는 인간의 사유 능력으로 해결할 수 없는 형이상학적 문제에 대하여 논쟁하는 것을 부정적으로 생각하셨다. "그들은 자기의 견해에 탐닉하여 더러움에 젖어 있으며", "욕심에 끌리고 바라는 것에 구애되어 있는 사람이 어찌 자신의 견해를 넘을 수 있겠는가?"라고 하여 형이상학적인 논쟁이야말로 아무런 도움이 되지 않는다고 비판하셨다. 또한 우리의 인식 범위를 벗어난 검증되지 않는, 검증하기 어려운 어떤 특수한 형이상학설을 수립하려고도 하지 않으셨다.

모르는 것은 설하지 않는다

붓다께서는 그 당시의 모든 사상과 대립하여 새로운 종교를 창설하거나 새로운 형이상학을 창조한 것이 아니었다. 붓다께서는 우리의 인식이 미치지 않고, 경험으로 알 수 없으며, 이율배반에 빠지는 형이상학적 희론을 배제하고, 진실된 실천적 방법을 제시함으로써 진리에 도달하는 길을 열어 보이셨던 것이다. 붓다께서는 『여시어경如是語經』에서 말씀하셨다.

> 비구들이여, 나는 알고 있는 것, 보이는 것, 유루有漏의 멸진만을 설한다. 모르는 것, 보이지 않는 것은 설하지 않는다.

이처럼 붓다께서 열어 보이시고자 했던 진리는 어떤 오묘한 형이상학을 말씀하시거나 하늘나라의 일, 신들의 계시, 혹은 죽어서의 일 등에 대한 것이 아니었다. 붓다께서는 오직 우리가 지혜를 가지고 보면 잘 알 수 있는 현실에서의 고를 없애는 것에 대해서만 말씀하셨다. 그것이 유루(우리의 삶에서 고를 발생시키는 번뇌. 더러운 때라는 뜻)의 멸진이라는 것이다. 그리고 붓다의 가르침에 어떤 기묘하고 특수한 실천방법이나 비밀은 없었다. 여실상如實相을 관찰함으로써 누구나 실천할 수 있는 가르침이었다. 붓다께서는 이렇게도 말씀하셨다.

> 진리는 나에 의하여 잘 설해졌다. 그것은 현실에서 증명되는 것이며, 때를 두지 않고 과보가 있는 것이며, 와서 보라고 할 수 있는 것이며, 잘 열반으로 인도하는 것이며, 또한 지자智者들 스스로가 깨달을 수 있는 것이다.

그러나 그 당시 대부분의 사상이나 종교는 그렇지 않았다. 예를 들면, 우파니샤드의 철학은 사회적 보편성을 갖지 않았다. '비설秘說'이라는 뜻을 가진 우파니샤드는 신뢰할 수 있는 제자에게만 비밀스럽게 전하는 것으로 여겨졌다. 여기에 반하여 붓다의 가르침은 누구에게나 명명백백하여 『장아함경』에서는 "여래가 가르치고 보인 법과 율은 공명하게 빛을 발하며 비밀로 덮여 있는 것이 없다."고 말씀하셨다.

붓다는 누구에게나 가르침을 베풀고 그들을 위하여 현실세계에서 괴로움을 제거할 수 있는 실천적 방법을 제시하셨다. 또한 브라만 지상주의의 모순점을 지적하고, 그 당시의 미신적인 관습들에 대하여 합리적 비판을 가하셨다. 이는 전도된 현실과 미망에 굴복하지 않고 언제나 실천적 입장에서 진리에 도달하는 길을 제시하고자 하셨기 때문이다.

붓다의 실천적 입장은 상대방의 성격이나 인식 능력 정도에 따라서 여러 가지 방법으로 설명되었는데, 이것을 대기설법對機說法이라고도 하고, 방편이라고도 한다. 예를 들면, 붓다께서 바보 출라판타카에게 오직 신발을 쓸고 닦고 하는 것으로 마음의 때를 벗을 수 있도록 가르치신 것처럼 상대방의 지식 수준에 맞추어 설법 방법을 달리하셨던 것이다. 하지만 지식이 많고 수행을 한 브라만들에게는 깊은 경지의 가르침을 설해 주셨고, 또 이들은 붓다의 설법을 한 번만 듣고도 곧 법안을 얻었다고 한다. 붓다의 생애를 살펴보면, 붓다가 천상과 인간의 스승이요, 인류 최고의 멘토라는 것을 생생하게 알 수 있다.

한편 붓다께서는 모든 가르침의 초점을 오직 괴로움을 제거하는 데 두셨기 때문에 그 외의 논의는 무의미한 희론에 불과하다고 보셨다. 『법구경』에서 "무익한 천 마디의 말보다도 유익한 한 마디의 말이 더 낫다."고 하신 것은 이를 두고 하신 말씀이다. 그렇다고 철학적 사유를 무조건 배척하신 것은 아니었다.

붓다께서 언젠가 제자들과 숲을 거니시다가 심사파라는 나무의 잎을 두세 개 따서 들어 보이시며 제자들에게 물으셨다.

"이 손에 있는 나뭇잎과 저 숲에 있는 나뭇잎은 어느 것이 더 많은가?"

제자들은 당연히 숲에 있는 잎이 많다고 대답했다. 그러자 붓다께서는 이렇게 말씀하셨다.

"그것과 마찬가지로 내가 생각하고 있어도 그대들에게 가르치지 않은 것이 그대들에게 가르친 것보다 훨씬 많다. 어째서 그러한 것을 가르치지 않았는가 하면 그러한 것은 해탈에 이르게 하는 것이 아니기 때문이다."

붓다께서 철학적 사유를 회피하신 것이 아니라 철학적 사유를 하되 그것이 우리의 괴로움을 해결하고 열반으로 이끄는 것이 아니면 무용하다고 보셨다는 것을 알 수 있는 대목이다.

치우치지 않은 붓다의 가르침

초기 경전들을 통해 볼 때 붓다께서는 무의미하고 쓸데없는 일들을 논의하지 말며 뚜렷하고 확실한 근거를 가진 것이 아니면 믿지 말라고 하셨다. 특히 그 당시 주종을 이루던 브라만들이 이유도 따지지 않고 관습대로 문구를 외우고 의식을 행하는 것에 대하여 맹인 줄

서기와 다름없다고 호되게 비판하신 적이 있다. 또한 브라만들이 떠드는 말은 웃음거리의 이름뿐인 공허하고 허망한 것이라고 할 수 있으며, 이는 마치 보지도 못한 미녀를 사모하며 본 적도 없는 궁전에 오르는 사다리를 만드는 것과 같다고 하셨다.

브라만의 옛 신앙에 의하면, 물은 모든 것을 깨끗하게 하는 힘이 있다고 하여 브라만 교도들은 강물에 몸을 씻었다. 지금도 성스러운 강이라고 하여 전국에서 몰려든 수많은 사람들이 갠지스 강에서 몸을 씻는다. 강변에서는 화장한 재를 강물에 뿌리고, 심지어 화장할 돈이 모자라 장작을 적게 산 사람들은 타다 남은 시신을 강물에 버리기도 하는데, 그 물에서 목욕을 하고 심지어 마시기도 한다. 그렇게 함으로써 모든 죄업을 씻고 천계에 태어날 수 있다고 믿는다. 붓다 이전부터 전해 내려오는 관습이 2,500여년이 지난 지금까지도 이어지고 있는 것이다. 언젠가 붓다께서 사람들에게 더러운 삼베를 깨끗하게 씻어낸다는 비유를 들어 우리의 마음을 깨끗하게 해야 한다는 설법을 하셨다. 그때 순다리카(Sundarika)라는 브라만이 이렇게 물었다.

"그럼 붓다께서는 바후카 강으로 가십니까?"

이 브라만은 강물이 사람의 죄업을 깨끗하게 한다고 믿고 있었는데, 마음을 깨끗하게 해야 한다는 붓다의 설법을 듣고는 '마음을 깨끗하게 하기 위해서 붓다는 어느 강으로 가실까' 생각하다가 근처의 바후카 강으로 가시느냐고 물었던 것이다. 그의 질문에 붓다께서는 이렇게 말씀하셨다.

바후카 강에서, 아디캇카 강에서, 가야나 순다리카의 강물 속에서 어리석은 사람은 아무리 목욕을 하여도 그 악업이 깨끗해지지 않는다. 순다리카나 바후카나 아디캇카 그리고 다른 강물도 마찬가지이다. 그러한 강물이 무슨 작용을 하겠는가?

마음속으로 악한 생각을 일으키는 사람, 죄악을 범한 사람, 이러한 사람들의 깊은 악업을 강물은 깨끗이 하지 못한다. 재齋를 올리고 포살을 하듯이 마음이 깨끗한 사람, 행동이 깨끗한 사람은 저절로 수행이 성취된다.

브라만이여, 이곳에 와서 씻어라. 그대에게 안온함을 주리라. 그대가 만약 망령된 말을 하지 않고 생명 있는 것을 해치지 않고 주지 않는 것을 가지지 않고 믿음을 키우고 탐욕을 없앤다면 강에 가서 씻을 필요가 뭐가 있겠는가?

합리적인 사유를 무시하고 배타적인 맹신으로 치달을 때 주위에 어떠한 폐해를 끼치는가는 붓다의 지적이 아니더라도 익히 알 수 있다. 합리적인 사고와 동시에 붓다께서는 어느 한쪽에 치우치는 극단을 배제하셨다. 어느 한쪽에 치우치는 사고는 합리적인 생각이 들어설 틈을 주지 않는다. 특히 붓다께서는 십사무기에서 제시된 것과 같은 형이상학적인 문제에 대해서는 있다고 한다든지 없다고 하는 단견과 상견을 단호하게 배제하셨다. 그리고 어디까지나 중도의 입장에서 바로 보아야 한다고 말씀하셨다. 『숫타니파타』에서는 이렇게 말씀하셨다.

이 세상의 많은 사람들은 두 가지 입장에 의거하고 있다. 그것은 유와 무이다. 만약 사람이 바른 지혜를 가지고 세간의 출현을 여실히 관찰한다면, 세간에 있어서 무란 있을 수 없다. 또한 사람이 바른 지혜를 가지고 세간의 소멸을 여실히 관찰한다면, 세간에 있어서 유란 있을 수 없다.

모든 것이 있다고 한다면 이것은 하나의 극단이다. 모든 것이 없다고 한다면, 이것도 또 하나의 극단이다. 깨달음에 이른 사람은 이 양극단에 의지하지 않고 중도에 의하여 설법한다.

우리가 바른 지혜를 가지고 이 세상을 보면 현실세계란 분명히 있다. 좋은 것이 있고 나쁜 것이 있다. 부딪치면 아프고 누군가가 나를 꼬집으면 그를 미워한다. 그러나 또 한편 세상의 소멸을 관찰하면 이 세상에 영구불변하는 것은 없다. 실체라는 것은 존재하지 않는다. 찰나찰나 변해간다. 불교에서는 이처럼 유의 입장에서만 본다든가, 무의 입장에서만 보는 것은 한쪽에 치우친 극단적인 견해라고 하면서 양 극단을 배제하고 중도의 입장에서 세간을 바라보라고 하였다. 이처럼 없는 가운데에 나타나는 중도의 이치를 진공묘유眞空妙有라고 표현하기도 한다. 이것은 연기와 공에 대한 이해가 깊어지면 저절로 이해될 수 있는 경지이다.

중도의 입장에서 세상을 여실히 관찰하지 않고, 어느 한쪽의 편견에 사로잡힌 사람은 포용할 줄을 모른다. 더구나 그러한 것이 신의 이름을 빌어 자행될 때에는 주위에 막대한 피해를 끼치게 된다. 오직 신의 명을 받은 사명감에 불타서 죄의식도 느끼지 않으면서 온갖 악업을 저지른다. 하지만 붓다께서는 브라만이나 다른 사상가와 달리

독자적이며 합리적이고도 실천적인 인식으로 양 극단을 초월한 중도의 길을 열어 주셨다.

진리를 아는 사람은 다투지 않는다

붓다의 사상적 특징 중의 하나는 모든 대립을 초월하신 것이다. 이것은 붓다께서 논쟁을 초월하신 것과 같은 점이라고도 할 수 있다. 붓다께서는 모든 형이상학적 문제에 대해 서로의 주장이 옳다고 하는 것은 그들이 탐욕과 더러움에 물들어 있기 때문에 그렇다고 단정적으로 말씀하셨다. 꼭 형이상학적인 것만 아니라 모든 것에서 대립한다는 것은 옳지 못하다고 보셨다.

이 세상의 모든 주의 주장은 진리의 일부분만을 보고 있기 때문에 주장을 해 봐야 어차피 보는 시각에 따라 달라질 수 있다. 이는 '장님 코끼리 만지기'의 비유에서도 잘 나타나 있다. 코끼리 배를 만져본 사람들은 코끼리가 벽과 같다고 하고, 코끼리 꼬리를 만져본 사람들은 코끼리가 밧줄과 같다고 하는 식으로 모두가 부분적인 진리성밖에는 드러내지 못한다. 붓다께서는 부분적인 진리성을 내세워 서로 논쟁하는 것은 무의미하고 수행에 이익이 없다고 생각하셨다. 그래서 모든 대립을 초월하라고 하셨던 것이다. 붓다께서는 상견과 단견을 떠난 중도의 입장에서 우주의 실상, 진리의 본질을 파악하셨다. 진리 자체인 연기법을 직접 체득하셨기에 논쟁을 초월하고 대립을 떠남으로써 오히려 진리를 드러내실 수가 있었던 것이다. 경전에서는 여기에 대해 이렇게 말씀하셨다.

> 같다든가 훌륭하다, 혹은 뒤떨어진다고 생각하는 사람— 그들은 그 생각으로 인하여 다투게 될 것이다. …… 그러나 같다든가 같지 않다라는 생각이 없어진 사람은 누구와 논쟁을 벌일 것인가?
>
> 일체 세간에서 떠난 자는 전 세계에 비교할 것이 없다.

진리는 하나다. 두 개의 진리는 없다. 진리를 아는 사람이 진리를 모르는 사람과 논쟁하는 것은 아무 소득이 없는 것이다. 그래서 경전에서는 이렇게 말씀하셨다.

> 진리는 하나이고 제2의 진리는 존재하지 않는다. 그 진리를 아는 사람은 다투는 일이 없다.

또 『잡아함경』에서는 이렇게도 말씀하셨다.

> 나는 세간과 다투지 않는다. 그러나 세간이 나와 다툰다. 법을 말하는 사람은 세간의 어느 사람과도 다투지 않는다. 세간의 모든 현자가 없다고 인정한 것은 나도 또한 없다고 말한다. 세간의 모든 현자가 있다고 인정한 것은 나도 또한 있다고 말한다.

붓다께서는 특히 진리를 가지고 세간 사람들과 다투는 것은 없다고 말씀하셨다. 다른 사상과 차원을 달리하는 불교의 진리는 모든 동물의 발자국이 코끼리 발자국에 들어가는 것처럼 다른 모든 사상들이 가진 진리의 일면을 모두 포섭하는 것이기 때문에 굳이 다툴 필요가 없었던 것이다. 그러나 붓다께서는 진리를 말씀하시되 세간 상식에 어긋나는 것은 주장하지 않으셨다. 왜냐하면 진리라는 것도 우리의 상식을 벗어난 것이 아니기 때문이다. 진리를 깨달았다고 해서 이 세상의 일반적인 도덕이나 상식을 위배한다면 그러한 진리는 우리 인간에게 아무 소용이 없는 것이 된다.

이와 같이 붓다께서는 세속과의 논쟁을 멀리하면서도 상식에 합치하는 것은 수긍하는 유화적이고 합리적인 태도를 보이셨다. 이는 다른 종교인들이 자기의 교리에 위배되는 것에 대해서는 배타적이고 독선적인 경향을 보이는 것과 대조된다. 이것도 불교의 위대한 점 가운에 하나라고 할 수 있는데 경전에서는 이렇게 말씀하셨다.

예컨대, 청련화·백련화가 물속에서 생기고 물속에서 성장하여 물 위로 나타났는데도 물에 더럽혀지지 않는 것처럼, 실로 여래는 세간 속에서 성장하고 세간을 이겨내고 있으며 더욱이 세간에 더럽혀지지 않는다.

즉 붓다께서는 세간에 머무르고 세간을 상대로 설법을 하시지만 세간을 초월하여 거기에 물들지 않는다는 것을 말씀하셨다. 붓다께서 대립하지 말라고 하신 것은 무의미한 논쟁을 벗어나 마음의 평온을 얻고 참다운 진리를 깨닫도록 하려는 데 그 뜻이 있었다. 경전에서 이렇게 말씀하셨다.

'여래는 이것을 말한다'고 주장하는 것이 여래에게는 없다. 모든 사물에 대한 집착이 집착임을 확실히 알고 모든 견해에 있어서의 과오를 보고 고집하는 일 없이 성찰하면서 내심의 평안을 여래는 본다.

진정한 수행자는 다른 수행자에게 이끌려가지 않는다. 또 모든 것에 단정을 내려 고집하지도 않는다. 그러므로 모든 논쟁을 초월해 있으며 다른 여러 가르침을 특별히 우러러 보지도 않는다.

진정한 수행자는 모든 편견에서 벗어나 이 세상을 유유자적하게 살아가기 때문에 어떤 사람과도 말싸움을 벌이지 않는다.

이와 같이 붓다께서는 당시에 논의되고 있던 여러 주장들에 대해서 초월적 태도를 견지함으로써 진정한 인식에 도달하고자 하셨던 것이다. "세계는 유한한가 무한한가? 사후는 있는 것인가 없는 것인가? 신체와 영혼은 하나인가 별개인가?" 등의 질문에 대하여 붓다께서 대답을 보류하신 것도 이러한 질문 자체가 그릇된 것이기도 하지만, 이러한 논의가 수행에 이익이 없으며, 진리를 깨닫는 데 도움이 되지 않기 때문이다. 유명한 '독화살의 비유'에서 붓다의 뜻을 잘 알 수 있다.

실천이 따르는 붓다의 가르침

언젠가 붓다께서 사밧티의 제타 숲 급고독원에 계실 때였다. 그때 말룽캬풋타(Māluṅkyāputta)라는 비구가 혼자서 명상을 하고 있다가 이런 생각을 했다.

'자아와 세계는 시간적으로 무한한가 무한하지 않은가, 세계는 공간적으로 무한한가 유한한가, 영혼과 육체는 같은 것인가 다른 것인가, 여래는 사후에도 존재하는가 존재하지 않는가?'

이는 보통사람들이 흔히 궁금하게 생각하는 문제들로 말룽캬풋타라는 비구도 혼자서 인생과 우주에 대해 사유하다가 이러한 의문이 떠올랐던 모양이다. 말룽캬풋타가 가졌던 의문을 불교에서는 십무기十無記라고 한다. 무기無記(avyākata)는 기술하는 것도 설명하는 것도 불가능한 것이라는 의미가 있다. 우리가 인식할 수 있는 시간과 공간의 범위 내에 있는 것이 아니고, 현상계와 우리의 경험을 초월한 것이기 때문에 그것에 대해 어떤 판단을 내리는 것은 불가능하다고 보는 것이다.

말룽캬풋타는 이러한 문제에 대하여 아무리 생각을 해 봐도 알 수 없어서 다시 이렇게 생각했다.

'붓다께서는 이런 것들에 대해서는 아무 것도 말씀해 주시지 않는다. 나는 이런 것이 불만스러워 참을 수가 없다. 이것은 옳지 않다고 생각한다. 만약 직접 가서 여쭈어 보고 잘 말씀해 주신다면 청정행을 닦을 것이고 그렇지 않다면 수행을 그만두고 떠나버릴 것이다.'

말룽캬풋타는 붓다께 예를 올린 다음 "만약 붓다께서 제 의문에 대답해 주시지 않는다면 저는 수행을 포기하고 환속할 것입니다."라고 말했다.

붓다께서 말씀하셨다.

"말룽캬풋타여, 내 그대에게 묻겠다. 내가 그대에게 세상의 상·무상이나 세계의 유변·무변 혹은 사후의 세계 등과 같은 문제에 대해서 설해 줄 터이니 내가 있는 곳으로 와서 청정행을 닦으라고 한 적이 있는가?"

말룽캬풋타가 대답했다.

"아닙니다. 세존이시여."

다시 붓다께서 물으셨다.

"말룽캬풋타여, 나는 그대에게 그런 약속을 한 일도 없고 그대는 나에게 그런 일을 물어본 적도 없다. 그런데 그대는 누구를 비방하는가? 말룽캬풋타여, 여기에 한 어리석은 사람이 있어 만약 세존께서 그와 같은 문제에 대해 설해 주시지 않는다면 청정한 행을 닦지 않겠다고 생각한다면 그 어리석은 사람은 결국 그것을 알지 못한 채 생을 마치게 될 것이다."라고 하시면서 독화살에 대한 비유를 말씀하셨다.

말룽캬풋타여, 예를 들어 어떤 사람이 독화살에 맞았다고 하자. 그의 벗들은 그를 위하여 의사를 부를 것이다. 그러나 그가 나를 쏜 사람은 어떤 사람인지, 나를 쏜 화살은 어떤 활인지, 나를 상처 낸 화살은 재료가 무엇이며 화살 깃은 무슨 털인지, 화살촉은 어떤 것으로 만들어졌는지 등등을 알기 전에는 화살을 뽑아서는 안 된다고 고집을 부린다고 하자. 말룽캬풋타여, 만약 그렇다면 그는 그와 같은 것을 알기 전에 목숨이 다할 것이다.

말룽캬풋타여, 마찬가지로 세계는 상주하는가, 상주하지 않는가, 세계는 유한한가, 무한한가, 사람은 죽은 뒤에도 존재하는가, 존재하지 않는가 하는 것에 대한 견해가 있거나 없기 때문에 나를 따라 청정행을 닦는다든지 또는 그 때문에 청정행을 닦지 않겠다는 것은 옳지 못하다. 이러한 것을 알기 전에는 불교의 수행을 하지 않겠다는 것은 독화살을 맞은 사람이 고집을 부리는 것과 같은 것이다.

그러한 것에 대한 견해가 있어도 여전히 생로병사와 우비고뇌憂悲苦惱는 없어지지 않는다. 나는 현재의 이 삶에서 그것들을 정복하는 것을 가르친다. 그러므로 말룽캬풋타여, 내가 설하지 않는 것은 설하지 않은 채로 받아들여야 한다. 내가 설한 것은 설한 그대로 받아들여야 한다.

붓다께서는 당신의 가르침이 우리의 인식이 미치지 않는 형이상학적 문제를 해결하기 위한 것이 아니라 현재의 삶에서 발생하는 여러 가지 괴로움을 해결하기 위한 것이라고 말씀하셨다. 그래서 붓다께서는 당신이 설하신 것과 설하시지 않은 것에 대해서 이렇게 말씀하셨다.

말룽캬풋타여, 세계의 상常, 무상無常, 유변, 무변 등에 대하여 나는 설하지 않는다. 왜냐하면 그러한 것을 말하는 것은 이치에 맞지도 않고 청정행의 근본도 아니며 지혜·깨달음·열반으로 나아가게 하는 것이 아니기 때문이다. 그 밖의 다른 소견들에 대해서도 나는 설하지 않는다. 왜냐하면 그러한 것들은 이치에 맞지도 않고 청정행의 근본도 아니며 지혜·깨달음·열반으로 나아가는 길이 아니기 때문이다.

붓다께서는 오직 청정행의 근본이 되고 지혜·깨달음·열반으로 나아가는 데에 도움이 되는 것만 설하셨다. 그러한 것들에 대해 붓다께서는 이렇게 말씀하셨다.

말룽캬풋타여, 나는 어떤 가르침을 한결같이 설하는가? 나는 이러한 이치를 늘 설한다. 즉 괴로움에 대한 진리, 괴로움의 원인에 대한 진리, 괴로움의 소멸에 대한 진리, 괴로움의 소멸을 위해 실천해야 할 방법에 대한 진리에 대해서 늘 설한다. 왜냐하면 이는 이치에 맞으며 청정행의 근본이 되고 지혜·깨달음·열반으로 나아가게 하기 때문이다. 이것이 이른바 내가 설하지 않은 것은 설하지 않은 대로 받아들이고, 설한 것은 설한 그대로 받아들이라는 것이다.

붓다께서 언제나 설하시는 것은 청정행의 근본이 되고 지혜·깨달음·열반으로 나아가게 하는 것뿐이라는 말씀이다. 그리고 그것은 고성제·집성제·멸성제·도성제로서 이것으로 우리는 현실의 고통을 근원부터 제거할 수가 있다고 설하셨다. 사성제야말로 삶의 고통을 해결할 수 있게 하는 실질적인 가르침이라는 것이다. 그렇기 때문에 붓다께서 설하신 것에 대해서만 마음을 모으고 거기에 따라 수행을 함으로써 현실의 고뇌에서 벗어나야 한다는 말씀이었다.

붓다의 이러한 가르침은 붓다 이전 혹은 동시대의 사상가들과 많이 다르다. 그들은 말룽캬풋타처럼 우리의 인식 범위를 넘어서는 것들에 대해 추론하고 상상하며 자기 나름대로의 이론을 만들어 주장했다. 서양의 철학자들도 깊은 철학적 논의에도 불구하고 자신과 이웃에 어떤 변화도 가져오지 못하고 결국은 진리의 가장자리에서만 맴돌다가 생을 마감한 경우가 많다. 또한 역사상 주의와 사상의 이름으로 자행된 수많은 야만적 행위들을 생각할 때 붓다의 가르침은 진리에 접근하는 태도가 어떠해야 하는가를 잘 보여주는 것이다. 붓다의 사상은 삶에서 겪게 되는 온갖 괴로움의 실태를 바로 보고 그 원인을 규명하여 벗어나는 방법을 찾자는 데에 있고, 그것이 사성제로 축약되어 있는 것이다.

지혜가 있으면 와서 보라

붓다께서는 우주의 본질과 세계의 구성에 대하여서도 상견과 단견, 그리고 불결정설·회의설·창조설 등의 논리적 모순에 대해 비판하였다. 우리의 인식과 경험의 범위를 벗어난 것에 대하여는 침묵을 지킴으로써 문제 제기의 잘못을 지적함과 동시에 이러한 형이상학적 탐구가 우리의 해탈과 수행에 전혀 도움이 되지 않는다고 강조하셨다. 이러한 점은 소크라테스가 당시의 소피스트들이 실제의 도덕이나 수양에 무관한 단지 논의를 위한 논의를 일삼는 것에 반대하여 실천에 도움이 되는 덕을 주장한 것과 흡사하다고 할 수 있다.

한편 붓다께서는 일체가 우리의 오온을 떠나서는 존재하지 않으며, 그렇게 존재하는 것은 무상하여 영원불변한 것은 없다고 말씀하셨다. 어떤 비구가 "일체, 일체라고 말하는데 도대체 일체라는 것이 무엇입니까?"라고 여쭙자, 붓다께서는 이렇게 말씀하셨다.

비구들이여, 무엇을 일체라고 하는가? 그것은 눈과 물질이다. 귀와 소리, 코와 향기, 혀와 맛, 몸과 감촉, 의식과 관념이다. 비구들이여, 이것을 일러 일체라 한다.
비구들이여, 여기에 어떤 사람이 나는 이런 일체를 버리고 다른 일체를 말하였다고 말하는 사람이 있다면 그것은 단지 하나의 빈 말일 뿐 다른 사람에게 질문을 받으면 적절하게 설명하지 못하고 곤란에 빠지게 된다. 왜 그런가? 비구들이여, 그것은 있지도 않은 말을 하게 되기 때문이다.

이것은 『잡아함경』에 나오는 말씀인데, 붓다께서는 궁극적으로 세계란 우리 인간에게 있어 인식된 범위 내에서만 존재한다고 보셨다. 그리고 철저하게 인간 중심적이고 현실적인 입장에서 모든 것을 파악했으며, 괴로움의 문제를 해결하기 위하여 지혜의 눈으로 여실하게 관찰하는 태도를 취하셨다. 그것이 바로 연기의 공식으로 나타난 것이다. 연기의 공식에 의한 붓다의 객관적이고 합리적인 분석 방법은 인류 정신사에서 그 무엇과도 비교될 수 없는 위대한 것이었다.
다음으로 붓다의 가르침이 실천적인 면에서 후대에 어떻게 영향을 끼쳤는지에 대해서 살펴보자.

붓다의 가르침과 몸소 보여주신 언행은 실질적으로 인간이 고를 해탈하는 데 도움을 주기 위한 것이었다. 대부분의 종교나 철학 등은 대체로 심신의 속박과 고뇌로부터의 해탈에 그 궁극적 목표를 두고 있다. 붓다 당시에 인과나 업보설을 부정한 일부 외도들을 제외하면 브라만이나 일반 민중은 이생에서 복락을 누리고 사후에 천계에 태어나기를 기원하였다. 또 이들은 신에게 제사를 지내거나 극심한 고행을 통하여 심신을 분리함으로써 정신적으로 안온한 경지에 이르고자 했다. 그러나 붓다께서 제시한 실천법은 지금 당장 이 몸으로도 실현 가능한 것이었다. 사리풋타가 『잡아함경』에서 열반의 정의를 이렇게 내리고 있다.

"사리풋타여! 열반, 열반 하는데 도대체 열반이란 무엇입니까?"
"벗이여! 탐욕의 소멸, 성냄의 소멸, 어리석음의 소멸, 이것을 가리켜 열반이라 한다."

즉, 열반이나 해탈을 다른 외도들처럼 육신을 떠난 정신의 이상적인 경지, 혹은 이 세계를 떠나서 새로운 세계가 있는 것으로 설정하지 않았다. 현실에서 탐·진·치 삼독을 제거한 경지가 곧 열반이라고 했다. 또 열반에 도달하는 구체적 방법을 사리풋타는 이렇게 제시하고 있다.

"벗이여, 열반을 실천하는 데는 좋은 방법이 있다. 그것은 성스러운 여덟 가지의 바른 길[八正道]이다. 여덟 가지의 바른 길이란 정견·정사·정어·정업·정명·정정진·정념·정정이다. 벗이여, 이것이야 말로 열반을 실현하는 바른 길이며 거기에 이르는 방법이다."

이 말은 사리풋타가 붓다의 가르침을 대변한 것이다. 이처럼 불교에서는 누구나 능히 실천할 수 있고 도달할 수 있는 지극히 현실적인 수행방법을 제시하였다. 붓다께서 쾌락과 고행의 양 극단을 버리고 중도의 수행체계를 열어 보이신 것은 극단으로 치달아 해탈을 구하고자 했던 당시의 사상계에 있어서 일대 혁신이라고 할 만한 것이었다. 불교에서는 중도와 사성제, 팔정도 등의 수행체계를 세우고, 직접적인 수행을 통해 진리의 체득을 강조하고 있다. 이는 타종교들이 비체계적인 실천 덕목을 일방적으로 강요하는 것과는 차원이 다르다. 또 서양철학에서 흔히 볼 수 있는 것처럼 실천적 체계가 없는 형이상학적 논의와도 그 궤를 달리한다.

붓다께서는 노력 여하에 따라 진리에 도달할 수 있는 체계적이고 구체적인 길을 열어 놓으셨다. 진리 또한 우리가 괴로움에서 벗어나기 위해 필요한 것이라는 철저히 실천적인 입장을 드러내 보이셨다. 이는 인류 역사상 그 어떤 사상가도 시도하지 않은 것이다.

붓다의 탄생으로 우리 인류는 무명無明에서 벗어날 수 있는 한 가닥 빛을 얻었다. 불교를 제외한 이 세상 대부분의 종교와 철학이 자신의 문제는 잊어버리고 외부의 것에만 집착하여 행복을 얻는 길을 찾아 헤매고 영생을 갈구한다. 하지만 불교는 모든 문제가 자기 자신으로부터 발생한다는 것을 인식하고 합리적이고 이성적인 방법으로 문제를 해결해 나갔던 것이다.

붓다께서는 "나의 말을 믿고 따르라, 그렇지 않으면 영원한 유황불에 던져지리라."는 식의 독선적이고 비이성적인 일방적 주장을 하신 적이 전혀 없다. 또한 붓다는 실천이 없는 형이상학적 희론에 매달리거나 근거 없는 예언을 외친 적도 없다. 어디까지나 우리 스스로의 노력에 의하여 누구나 실천할 수 있고 체득할 수 있는 진리, 그리고 거기에 도달할 수 있는 길을 열어 보여 주셨던 것이다. 즉, 현실적으로 증험될 수 있고 지혜 있는 자라면 누구나 알 수 있는 법을 보여 주심으로써 인류의 정신을 개조하고, 인간을 고통으로부터 해탈케 하고자 하셨다. 『아함경』에서는 많은 사람들이 붓다의 설법을 듣고 붓다께 귀의할 때에는 이러한 정형구로 붓다를 찬탄하고 있다.

법은 세존에 의해 잘 설해졌나이다. 즉 이 법은, 현실적으로 증험되는 성질의 것이며, 때를 뛰어넘지 않고 과보가 있는 성질의 것이며, 와서 보라고 말할 수 있는 성질의 것이며, 열반에 잘 인도하는 성질의 것이며, 또 지혜 있는 자가 각기 스스로 알 수 있는 성질의 것입니다.

이처럼 붓다께서는 지혜가 있는 사람이라면 누구나 알 수 있고 현실에서 바로 인식할 수 있는 진리를 말씀하셨다. 붓다께서는 인류 역사상 그 누구도 시도해 보지 못했던 가장 평범하면서도 위대한 진리를 설하셨던 것이다. 그것은 인간이 올바른 이성과 양심을 지니는 한 영원히 멸하지 않을 진리의 빛인 것이다.

합리적인 사고를 배제한 채 무조건 교조적인 가르침을 강요하는 유일신교는 오늘날 과학이 발달하고 인간의 사고가 성숙함에 따라 그 허구성을 드러내고 있다. 또한 실천적인 면을 배제한 채 형이상학에만 천착해 온 서구 철학도 인류의 행복과 고통을 벗어나는 데 전혀 영향력을 발휘하지 못하는 상황에서 불교는 더욱 빛을 발한다.

붓다께서는 수행을 통하여 진리를 꿰뚫어 보시고, 시간과 공간을 초월하여 보편타당한 진리를 발견하셨을 뿐만 아니라 현실세계의 괴로움에서 벗어나 열반이라는 이상에 도달하기 위한 실천방법과 수행체계를 아울러 제시하셨기 때문이다. 이 세상의 수많은 사상과 종교가 진리의 일면만을 제시하고 있거나 확실한 실천체계를 제시하지 못하고 있다. 이에 반하여 붓다의 가르침은 이론적으로나 실천면에서 완벽한 조화를 이루면서 우리를 현실에서의 고의 세계로부터 해탈시켜 줄 수 있다는 데에 그 위대함이 있다.

한편 붓다께서 말씀하신 괴로움에서 벗어나는 방법은 지혜로운 사람이라면 스스로도 충분히 알 수 있고 그 결과가 금방 나타나는 것이다. 지금 가장 마음에 걸리는 괴로운 문제에 대하여 가만히 생각해 본다면 그 원인이 어디에서 온 것이며 그것을 어떻게 하면 제거할 수 있는가는 우리들 스스로 더 잘 알 수 있다. 마음을 고요히 하고 자신을 살펴보면 우리의 탐욕과 분노와 어리석음이 그 괴로움을 만들고 있다는 것을 알게 된다. 그리고 그 괴로움을 벗어나는 방법도 스스로 알게 된다. 그것이 붓다께서 말씀하신 지혜이며 이러한 지혜를 얻기 위하여 수행이 필요하다. 불교는 그 이외의 모든 것을 배제하는 실천적 종교이다.

붓다는 오직 길을 가리킨다

붓다께서는 우리의 인식능력으로 파악되지 않는 것, 경험으로 알 수 없는 것에 대해서는 따지지 말라고 하셨다. 붓다의 이러한 가르침에 대한 실천적 성격은 뗏목의 비유에서도 잘 나타나 있다. 『중아함경』에서 이렇게 말씀하셨다.

"수행승들이여, 가령 길을 걸어가는 사람이 도중에 큰 강을 만났다고 하자. 그리고 이쪽 언덕은 위험해서 무섭고 저쪽 언덕은 안전해서 무섭지 않다고 하자. 그때 그 사람은 생각하기를, '이쪽 언덕에서 저쪽 언덕으로 가야 하는데 배도 없고 다리도 없다.' 그래서 그 사람은 뗏목을 엮어 그 뗏목을 타고 안전하게 강을 건너 저 언덕에 이르렀다고 하자. 그가 저 언덕에 도달했을 때 그는 이렇게 생각한다고 하자. '이 뗏목은 안전하게 나를 건네주었다. 자, 나는 이 고마운 뗏목을 머리에 이거나 짊어지고 가야겠다.' 이렇게 생각했다고 한다면 그대들은 어떻게 하겠는가? 그 사람은 이렇게 해서 그 뗏목에 대해서 할 일을 다 한 것인가?"

비구들이 대답했다.

"그렇지 않습니다. 세존이시여."

붓다께서 다시 말씀하셨다.

"그와 같이 구원받고 건너도록 하기 위해서 나는 이 뗏목의 비유를 말했다. 진실로 뗏목의 비유를 알고 있는 너희들은 법이라고 할지라도 버려야 할 것이다. 그런데 하물며 비법非法에 있어서야 더 말할 것이 무엇이겠는가?"

　괴로움의 이 언덕에서 열반의 저 언덕으로 건너가는 뗏목의 비유는 불교의 깨달음의 상징처럼 얘기되고 있다. 우리가 붓다의 가르침을 배우고 일상생활에서 계행을 지키고 수행을 하는 것은 오직 괴로움을 여읜 해탈, 열반이라는 저 언덕에 이르고자 하는 것이다. 궁극적으로 해탈, 열반이라는 동일한 목표에 이른다는 대승불교의 일승一乘 사상도 붓다의 이러한 사상에서 이미 싹이 텄던 것이다.
　이처럼 붓다께서 가르치신 것은 오직 뗏목을 타고 저 언덕에 이르는 것이다. 그리고 언덕에 이르렀으면 계속해서 뗏목을 짊어지고 갈 필요가 없다고 가르치셨다. 뗏목은 붓다께서 설하신 진리와 실천 방법을 말한다. 진리조차도 저 언덕에 이르고 나면 소용이 없는 것인데, 진리 아닌 것에 대해서 논쟁하고 다투는 것은 아무 소용이 없다고 하신 것이다.
　우리가 괴로움에서 벗어나 열반의 저 언덕에 이르는 뗏목에는 여러 가지가 있지만 뗏목의 재료는 삼법인, 사성제와 팔정도로 대표되는 붓다의 가르침을 토대로 계행을 잘 지키는 것이다. 이러한 재료를 가지고 뗏목을 만들어 저 언덕에 이르되, 그 뗏목의 모양은 사람에 따라 달라질 수가 있다. 자기의 능력과 상황에 맞는 것을 선택하면 된다.
　붓다께서는 늘 말씀하시기를 당신은 진리의 창안자가 아니라 단지 괴로움에서 벗어나는 길을 발견했고, 그 길을 다른 많은 사람들에게 가르쳐주고 있는 데 불과하다고 하셨다. 붓다의 출가 동기도 그렇지만, 생로병사로 대표되는 우리의 괴로움의 근원을 밝히고 그것을 초월하는 방법을 찾기 위하여 정진하셨던 것이다. 붓다도 그러하셨듯이 불교의 모든 목적은 괴로움에서 벗어나는 데에 있다.

언젠가 붓다께서 사밧티의 동원정사에 머무실 때에 목갈라나라는 수학자가 찾아와 붓다께 여쭈었다.

"세존이시여, 제가 이 정사를 방문하기 위해서는 지나와야 할 길이 있습니다. 또한 제가 전문적으로 연구하는 수학에도 순서에 따라 가르치고 있습니다. 세존이시여, 당신의 가르침에도 역시 순서에 따라 배우는 길이 있습니까?"

붓다께서 대답하셨다.

"벗이여, 여래의 가르침에도 물론 순서에 따라 배워야 할 길이 있소. 예를 들면, 조련사가 말을 쉽게 다루려면 우선 머리를 바르게 하도록 조련하고 여러 가지 훈련을 시키는 것처럼 여래도 마땅히 가르쳐야 할 사람을 만나면 순서대로 가르쳐서 점차로 더할 나위 없는 안온의 경지에 이르게 하오."

붓다께서도 순서대로 가르치며, 그 가르침대로 하면 열반의 경지에 이르게 된다는 말씀이었다. 그렇게 말씀하시고는 비구들이 실천해야 할 것에 대하여 순서대로 자세하게 설명하셨다. 그러자 수학자 목갈라나가 다시 말했다.

"그렇다면 세존이시여, 그와 같은 지도를 받은 당신의 제자들은 모두 다 무상안온의 경지에 이르게 됩니까? 아니면 이르지 못하는 자도 있습니까?"

붓다께서 대답하셨다.

"벗이여, 여래의 제자 중에도 거기에 이르지 못하는 자도 있소."

목갈라나가 다시 여쭈었다.

"그렇다면 세존이시여, 분명히 열반의 경지가 있고 거기에 이르는 길도 있으며 붓다라는 훌륭한 스승도 계시는데 어떤 이유로 거기에 이르는 자도 있고 거기에 이르지 못하는 자도 있습니까?"

붓다께서 말씀하셨다.

"그렇다면 벗이여, 예를 들면, 여기에 어떤 사람이 있어 당신에게 라자가하로 가는 길을 물었다고 합시다. 당신은 그를 위해 상세하게 길을 가리켜 줄 것이오. 그래서 그 사람은 무사히 라자가하에 도착할 수가 있었소. 그러나 다른 한 사람은 길을 잘못 들어 엉뚱한 곳으로 갈 수도 있소. 왜 그랬다고 생각하시오?"

그러자 목갈라나가 대답했다.

"세존이시여, 나는 단지 길을 가리켜 줄 뿐이지 그 이상 어떻게 할 수 있겠습니까?"

붓다께서 목갈라나의 말을 듣고 다시 말씀하셨다.

"벗이여, 그와 같소. 열반의 경지는 분명히 존재하고 그곳에 이르는 길도 분명히 존재하오. 그리고 여래가 스승으로서 그 길을 가르쳐 주고 있소. 그러나 제자들 중에는 그 경지에 이르는 자도 있고 이르지 못하는 자도 있소. 여래인들 더 이상 어떻게 할 수 있겠소. 여래는 다만 길을 가리켜 주는 사람일 뿐이오."

붓다는 전지전능한 구제자가 아니다. 붓다께서는 괴로움에서 벗어나는 길을 발견하고 그것을 몸소 실천하여 증득하시고 우리에게 일러주신 스승이시다. 우리 안에 있는 능력을 일깨워 우리 스스로 붓다가 될 수 있도록 조언해 주는 멘토이시다. 우리는 붓다의 가르침을 잘 배우고 실천해서 괴로움을 벗어나야 한다. 지금 바로 이 순간 어떻게 하면 괴로움에서 근본적으로 벗어날 수 있을까를 생각하고, 거기에 초점을 맞춰야지 그 외의 형이상학적 논쟁은 무의미한 일이다.

붓다의 사상은 이처럼 현실적이고 실질적이며 모든 희론을 거부하는 실제의 우리 삶과 직결되는 가르침이다. 우리의 괴로움의 근원을 생각하다 보니 인간을 탐구하게 되었고, 인간의 몸과 마음의 구성 원리를 분석해 나가다 결국 무명에 의해서 모든 괴로움이 시작된다는 결론에 다다르게 되었다. 무명을 제거하기 위해서는 지혜가 필요하고, 지혜는 탐·진·치가 제거되면서 비로소 싹트게 된다. 그러기 위해서는 반드시 팔정도와 육바라밀이라는 실천 방도가 필요하다. 이와 같이 붓다의 가르침은 지극히 체계적이고 합리적이며 논리 정연하다.

붓다의 가르침의 핵심은 시종일관 괴로움의 원인을 밝히고 그것을 제거하는 방법을 설한 것이다. 지금까지 그 누구도 괴로움의 원인이 우리의 어리석은 마음으로 인해서 생긴다는 것을 발견하지 못했다. 모두 외부에서만 그 원인을 찾고 외부로부터 많은 것을 가져와 내 것으로 만들 때에 행복해질 수 있다고 믿고 있었다. 그러나 붓다께서는 괴로움에서 벗어나 진정한 안락을 누리려면 자기의 마음을 들여다보라고 하셨다. 우리의 마음이 모든 것을 만든다는 것을 발견하시고, 우리들에게 영원한 행복의 길을 가르쳐 주신 사캬무니 붓다, 이제 우리들의 몫은 붓다께서 제시해 주신 수행체계에 따라 수행하

고 붓다의 행을 실천하는 일이다. 그리하면 붓다께서 일찍이 수기授
記를 내려 주셨듯이 우리 모두가 붓다와 똑같다는 것을 자각하고 고
통에서 벗어나 영원한 행복을 누릴 수 있을 것이다.

살아 있는 모든 것들을 행복하게 하라

붓다께서는 가르침을 베푸는 데 있어서 상대와 논쟁을 하지 않
고, 상대방의 믿음체계를 존중해 주었다. 또한 사회의 관습이나 법도
도 인정하였다. 예를 들면, 『육방예경』의 경우와 같은 것이 그것이다.
브라만의 관습대로 동서남북 사방과 위아래를 보고 절을 하는 것을
보시고, 의미 없이 절만 할 것이 아니라 부모의 은혜와 나라의 은혜,
친구와 고용인 등 모든 중생의 은혜를 생각하면서 절을 하라고 충고
하신 것이 그러한 예이다. 붓다께서는 육방에 절하는 관습은 쓸데없
다며 말리신 것이 아니라 거기에 의미를 더하여 계속하게 하셨던 것
이다.

또 언젠가 붓다께서 나란다에 머무르실 때 우빨리라는 장자가
붓다의 제자가 되었다. 그 사람에게 붓다께서는 이렇게 말씀하셨다.

"우빨리여, 그대의 집에서는 오랫동안 자이나교의 무리들에게
보시를 베풀었다. 그러므로 그들이 왔을 때는 여전히 음식을 공양하
는 것이 좋겠다."

이렇게 말씀하시자 우빨리는 "세존께서 이와 같이 말씀하시기
때문에 저는 세존에 대해 더욱 더 흠모하게 되었습니다."라고 말했다.

자이나교도인 시하 장군이 붓다께 귀의했을 때도 붓다께서는 "당신처럼 명망 있는 사람이 갑자기 개종하는 것은 좋지 못하니 여전히 자이나교도들에게도 공양을 베풀라."고 하신 적도 있었다. 이와 같은 사실에서도 붓다의 넓으신 관용, 사회의 관습과 상대방의 믿음체계를 존중해 주셨던 붓다의 인품을 알 수 있다. 그러나 붓다의 이러한 태도는 그러한 관습들이 그 시대 그 상황에서 의의가 있기 때문이지 그것이 진리에 부합하기 때문에 인정한 것은 아니었다.

그리고 붓다께서는 이교도들에 대해서도 자비심으로써 가르침을 아끼지 않으셨다. 경전에서 이렇게 표현하고 있다.

비록 이교도라 할지라도 하나의 문장이라도 가르쳐 주면 좋다. 그렇게 하면 오랫동안 그들을 위하게 되며 그들을 안락하게 할 것이다.

붓다의 유화적이고 관용적인 태도는 독선적이고 배타적인 다른 종교나 주의 주장들과는 확실히 다른 것으로서 불교가 시대를 초월하여 어느 나라 어느 지방에서도 거부감 없이 발전할 수 있는 원인이 되었다. 과거의 십자군 전쟁이나 이슬람의 횡포 그리고 오늘날 중동을 비롯한 세계 여러 곳에서의 종교분쟁을 볼 때 붓다의 이러한 가르침은 실로 시사하는 바가 크다. 오늘날 불교가 세계 곳곳에서 환영을 받고 있는 것도 바로 자비정신에 바탕을 둔 포용력 때문일 것이다. 붓다의 가르침은 한마디로 살아 있는 모든 것들을 빠짐없이 행복하게 하라는 말씀에 있다 해도 과언이 아니다.

『숫타니파타』에 나오는 「자비경」의 말씀으로 내 인생의 멘토, 인류 최고의 멘토인 붓다의 생애를 매듭짓고자 한다.

    모든 중생을 행복하고 평안하게 하라.
    약한 것이든 강한 것이든,
    길거나 억세거나 혹은 중간이거나
    짧거나 작거나 혹은 크거나
    보이거나 보이지 않거나
    멀리 살거나 가까이 살거나
    태어났거나 태어나려고 하는 것이나
    살아 있는 모든 것들을
    빠짐없이 행복하게 하라.

    또 이렇게도 말씀하셨다.

    어느 곳에서나 그 누구라도
    속이지 말며 멸시하지 말라.
    성을 내거나 나쁜 마음으로
    다른 사람을 해치지 말라.
    마치 어머니가 하나뿐인 아들을
    목숨을 다하여 위험에서 지키려는 것처럼
    모든 중생에게
    끝없는 자비심을 베풀도록 하라.

위든 아래든 걸림 없이
모든 곳을 가로질러
미움도 버리고 원망도 버리고.
끝없는 자비의 마음을
온 세계에 펼치게 하라.

서거나 걷거나 앉거나 눕거나
깨어 있는 한 이 마음을 지녀라.
그들이 말하는 거룩한 경지가
바로 이것이다.
잘못된 견해에 빠지지 않고
고결하며 통찰력을 지닌 자는
감각의 욕망에 집착하지 않는다.
참으로 이러한 사람은
다시는 윤회에 들지 않는다.

내 인생의 멘토 붓다

2011년 1월 27일 초판 1쇄 발행
2025년 6월 25일 초판 7쇄 발행

지은이 이중석
발행인 박상근(至弘) • 편집인 류지호 • 편집이사 양동민
편집 김재호, 양민호, 김소영, 최호승, 정유리, 이란희, 이진우 • 디자인 나라연
제작 김명환 • 마케팅 김대현, 김대우, 이선호, 류지수 • 관리 윤정안
콘텐츠국 유권준, 김희준
펴낸 곳 불광출판사 (03169) 서울시 종로구 사직로10길 17 인왕빌딩 301호
　　　　대표전화 02) 420-3200 편집부 02) 420-3300 팩시밀리 02) 420-3400
　　　　출판등록 제300-2009-130호(1979. 10. 10.)

ISBN 978-89-7479-592-4 (03220)

값 20,000원

잘못된 책은 구입하신 서점에서 바꾸어 드립니다.
독자의 의견을 기다립니다. www.bulkwang.co.kr
불광출판사는 (주)불광미디어의 단행본 브랜드입니다.